读客文化

明末农民战争史

顾诚 著

北京日报出版社

图书在版编目（CIP）数据

明末农民战争史 / 顾诚著 . -- 北京：北京日报出版社，2022.5（2025.4 重印）
ISBN 978-7-5477-3962-4

Ⅰ.①明… Ⅱ.①顾… Ⅲ.①明末农民战争 - 战争史 Ⅳ.① K248.301

中国版本图书馆 CIP 数据核字 (2022) 第 009294 号

明末农民战争史

作　　者：顾　诚
责任编辑：王　莹
特邀编辑：高照寒　　丁　虹　　沈　骏
特约编辑：胡宝亮
封面设计：周雅静　　王　晓
出版发行：北京日报出版社
地　　址：北京市东城区东单三条8-16号东方广场东配楼四层
邮　　编：100005
电　　话：发行部：（010）65255876
　　　　　　　总编室：（010）65252135
印　　刷：三河市龙大印装有限公司
经　　销：各地新华书店
版　　次：2022年5月第1版
　　　　　　　2025年4月第7次印刷
开　　本：890毫米×1270毫米　1/32
印　　张：16.5
字　　数：390千字
定　　价：69.90元

我的治学经历[1]（代自序）

顾　诚

　　1957年9月，我考入北京师范大学历史系，学习比较努力，从图书馆借阅的书籍既杂且多，就是不爱记笔记，考试时两门主课往往得3分，还挨过批评。自己心里不服，下个学期硬背一通，考了两个5分。我并不觉得高兴，只是证明要拿个5分不难，真正多读点书才有点实际知识。1958年起掀起了"大跃进"运动，劳动多，政治活动多，上课徒具形式。1959年暑假，我们班为了勤工俭学，承担了故宫博物院明清档案部（现中国第一历史档案馆）整理清代乾隆朝一部分档案的任务，地点就在我校工会俱乐部，档案用汽车拉来，由档案部的黄先生指导我们进行分类，然后按时间顺序包裹。我们整理

---

[1]　编者按：此文是在整理顾诚先生遗稿时发现的，写作时间和背景不详，疑为未完成稿。该文与《我与明史》有相似之处，但写作重点不大一样，一些内容更为细致，有助于了解先生的治学经历和研究过程。经顾夫人同意，收入重版后的《明末农民战争史》，作为代自序。

的是乾隆后期的档案，其中有大量乾嘉白莲教起义的材料和四川、贵州、湖南三省交界地区的苗民起义的材料。大约一个多月基本完成了这项工作，同学们又去"密云钢铁公社"劳动，我刚到工地才住一天就接到通知让我回校进行科研，在国庆以前完成，向党献礼。我赶回学校，心想要在一个月之内完成一个项目，比较可行的是向明清档案部借阅全部苗民起义的档案，再参考《苗防备览》和相关的地方志，夜以继日地全力以赴，力争按期完成；当时还有患肺结核已愈正疗养的两位同学王君、张光华帮着誊清。那时年轻力壮，干劲十足，脑筋也好使，一个月时间就完成了一本七万字的《乾嘉年间苗民起义史稿》，如期在"十一"前夕把誊清稿交到系里献礼。国庆成果展览之后，这部稿子就无影无踪了。当时"政治觉悟"高，没有什么"私心杂念"，连改写得很乱的草稿在任务完成后也当成废纸扔了。这就是我第一次"著书立说"的经过。多年以后每想起来总觉得是件憾事，史稿内引用了大量当时无人阅过的第一手材料——原始档案，参考的书虽然不多，毕竟经过自己的一番排比研究，文字表达也颇费功夫，即便不能出版使更多的人看到，自己留着做个纪念和参考也是好的。

1960年中央组织编写全国高校统编教材，从各高等学校抽调教师和高年级学生参加编写。世界现代史教材由北京大学、北京师范大学、北京师范学院（现首都师范大学）、河北北京师范学院（现河北师范大学）、中国人民大学历史系的人员组成。编写组的大组长由北京大学周一良教授担任，其他领导成员有人大的杨田、北京师大的王绍岳、北京师院的康泠等人。我当时还是三年级的学生，也被抽调到这个组参与编写。说来可笑，世界现代史是四年级上的课，我还没学过竟然来编写全国高校的通用教材。这个编写组在人大铁狮子胡同的校舍待了一个多月，后来又搬到北京大学的十三公寓（那时刚建成）住了将近半年，北大校长陆平同志和哲学系主任冯定同志都给我们讲过形式和编写的指导性意见。刚过冬天，编写组又迁到二里沟市委党校的四号楼继续工作，直到完稿结束工作，那时已经接近1961年暑假。参加世界现代史编写工作对我后来大半生所走的道路可能起了关键性作用，前面讲过，我在年级（三个班，同学有一百多人）里并不是成绩一贯名列前茅，在编写组的后期我的学识和写作才能才表现出来。我成了一个小组的组长，组员四人差不多都是教研室主任，如北大王立等人，资历比我这个学生要强得多，但他们推我当组长，写的稿子交给我修改后再上交大组，有时改动得还相当大。我记得工作后期编写组从吉林师范大学借调了陈本善同志来，他是该校世界现代史教研室主任，看不起我这个学生组长，他把他写的稿子交给我，直截了当地说："我的稿子，你一个字也不能改！"读过他的稿子，我觉得不能用，又不能违背这位老师的嘱咐，只好自己动手另写一章，连同他写的那一章草稿上交大组审阅，结果大组决定采用我写的稿子。由于在编写组的表现，就有人认为我是个可培养的人才。人大的杨田同志私下找我谈话，要我毕业后到人大历史系去工作。周末回校就对总支书记冯效南同志谈了，她立即告诉我系里已经决定留我在系里工作，叮嘱我要严加保密，并且以服从组织分配为借口婉言谢绝人大的好意。到毕业前夕我回到系里，虽然还是挂着学生的白校徽，可是却在总支办公室参与同年级同学的毕业分配，这点是同学们都不知道的。

1961年开学后，我却被系主任白寿彝先生要去，跟他搞中国史学史，那时我大约每个月到西单武功卫白先生家听取他的指示并汇报治学情况。当时一起的有赵光贤、郭澎和另一位同事，他的姓名我现在已经记不得了。白先生让我以明代史学史为重点。经过很短时间的摸索之后，确定第一个研究对象是明中后期著名的史学家王世贞，我大约用了三个月时间仔细阅读了王世贞的史学著作，写出了一篇题为《王世贞的史学》的文章，白先生看后似乎不太满意，他写了个批语："王世贞先放下，继续读书。"这篇稿子直到二十年后才在《明史研究论丛》上发表出来，自然并不完全符合原貌。白先生分配给我的另一项任务是《明史》的编撰过程，我的第一步工作是把王鸿绪的《横云山人史稿》同钦定《明史》逐字逐句地对读，凡遇不同的地方都抄出来，列成了对照表，有五十多张大纸；另外还写出了一篇比较长的论文稿。我把文稿和作为根据的对照表一起交给白先生，白先生究竟仔细看了没有，我不知道。过了不久，白先生宣布史学史组改组，他同我们一起到北海公园（也可能是中山公园，记不清了）照了合影，原来的组就散了，郭澎回去教中国古代史，我到世界现代史教研室。我们离开后，白先生要了杨燕起、李起民两人去，工作方式也有很大的改变，让他们埋头研读《史记》，当时我们还有点羡慕呢！至于我写的关于明史的稿子和对照表，问过白先生，他说全部交给赵贞信先生了。我和赵贞信先生很不熟悉，他又不住在校内，不便去问；"文化大革命"开始以后更是不用提了。回想起来，花了半年时间（那时正是"三面红旗"导致的生活极端困难时期，人人吃不饱，许多同学都浮肿。我们尽管饥肠辘辘，可是精神上没有压力，不搞政治运动，不用去干重体力劳动，有时间专心读书了）认真校读两部书的结果不能加工发表，成果付诸东流，实在是件可惜的事。但也不能说工夫白费，经过这次校读，明代历史的基本线索和重大事件多少留下个印象，为以后治明清史打下了基础。

我离开史学史组以后，又回到世界现代史教研室，其间两度担任班主任（59级、63级），那时当班主任（又称辅导员）工作非常繁忙，和同学谈话有时直到熄灯时分，还安排不过来，至于下乡劳动自然是和同学一道。比如1965年下学期到1966年6月，整整一年就是带63级同学到山西长治参加"四清"，除搞运动外还要与农民同吃同住同劳动。等到回校时已经是"文化大革命"的风暴席卷北京各高校的时候了。这里还有个插曲要讲一下，1965年10月我还在长治乡下时接到系里来信通知，我已同系里另外三位同志调到学校新成立的外国问题研究所美国研究室工作，编制上已不属历史系。1966年6月回到学校，"革命师生"正在造反，揪斗校系领导人，五个年级的辅导员也多数被学生批斗。我是同历史系三年级学生一道下乡"四清"的，回校后自己斟酌以到历史系参加运动为好，如去外研所有躲避"史三"同学之嫌。所以约有半年时间工资在外研所领，却在历史系参加运动。幸好我和"史三"同学们关系不错，除了一张督促我积极参加运动的大字报以外，没有受到任何冲击。我只是参加历史系教师的运动，组织了一个保守的"战斗队"，响当当的造反派"师大井冈山"红卫兵得势以后，我们的那个"老保"组织自动瓦解，我也就到外研所去了。由于自己是"老保"，只能跟着掌权的造反派抄写大字报，跑跑腿，还是在"文化大革命"运动中随波逐流了。1971年"九一三事件"后，我心中暗想，看来"文化大革命"不可信，不能再跟着跑了。从此对运动消极应付，私下里重新阅读明清史书籍。

"文化大革命"开始时，我曾迫于压力把抄录的史料和一些史籍（那时藏书并不多）处理掉，且留了个心眼把农民起义的史料收藏起来，即便被人发觉也可以振振有词地说这是历史上阶级斗争的红线，应当保存。当时图书馆和系资料室都不开放，我私下找到管资料室的马国靖先生请她帮忙，她一口答应，要我在下午近六时利用人们去食堂吃饭的机会到资料室门前，她给我取出我要借的古籍，使我能在晚上和周末仔细阅读。这在当时是要冒相当风险的，我至今还对这位善良的先生心怀感激之情。当然，历史系资料室的藏书有限，远不能满足研究的需要。我就利用每年一个月的探亲假到南京去看书。南京图书馆古籍部在颐和路12号，离我五哥家极近，但当时也和其他图书馆一样不开放。我请五哥帮忙，他找了当时任职于江苏省"革命委员会"的一位老朋友写了介绍信，说工作需要查阅古籍，我就冒名顶替地在南京图书馆读了不少书，大约去过三次，每次近一个月，抄了许多较罕见的史籍和地方志中的史料；可能较晚一些时间，我还通过熟人在南京大学图书馆读了一些书，其中就有康熙二十三年（1684）编撰的河南《杞县志》孤本，这部书里的《李公子辩》具有重大史料价值，对于我后来研究李岩问题很有帮助。

总的来说，我从1971年冬天起开始偷偷摸摸地持续不断钻研明末农民战争的史事，比起其他大多数人从1977年才重新开始治学在时间上多争取了大约五年。这是值得庆幸的事。

1977年10月，在我的坚持下外研所让我回到历史系。系总支书记景存玉同志要我到世界现代史教研室去，理由是该室缺人，正好我又懂英语（其实我的英语水平只能勉强阅读）。我说："我的专业是明清史，如果系里一定要我去世界现代史教研室，那我还不如留在外研所。"她见我态度坚决就笑着说："你就说你的兴趣是明清史，不要说专业。"意思是我并没有专业，只是勉强同意我到中古史教研室工作。为了证明自己在明清史方面有一点基础，我立即动手把我在李岩问题上探讨的结果写成文章，这就是《李岩质疑》。1977年年底，我把稿子送到《历史研究》编辑部，该文发表在1978年5月号上。当时刊物不多，研究成果也不多，文章发表后反应颇为强烈，支持的人不少，反对者也甚多。因为历来都认为李岩确有其人（只是清初河南文人郑廉在《豫变纪略》中以亲身见闻指出李岩为乌有先生；康熙《杞县志》和康熙《开封府志》里收有《李公子辩》一文坚决否认杞县有李岩。但是即使在清初各种更加著名的相关史籍里还是有多少不等的李岩"事迹"，可以说这是当时人的共识。到乾隆四年（1739）钦定《明史》颁布以后，李岩的"事迹"被采入李自成传，遂成定论。1944年郭沫若《甲申三百年祭》中以大量篇幅叙述李岩，且给以高度评价；这篇文章在延安被定为整风文献，解放区各级干部都得认真学习，李岩的故事得到了空前的传布）。1964—1965年学术界曾就李岩评价问题展开过讨论，一时颇为热烈，发表的文章不少，一派认为李岩是李自成起义军中正确路线的代表，另一派则认为李岩是地主阶级分子，在起义军中起了破坏作用；自然也有些折中的意见。《人民日报》《光明日报》《文汇报》都发表了综合报道，后来在香港结集出版，书名就叫《李岩评价问题讨论集》。我的文章基本论点正是根本否定李自成起义军中有过李岩这个人物，所谓的评价自然就毫无意义。我发表这样的惊人之文，绝不是耸人听闻，也不是仅据郑廉和《杞县志》的旧说；而是花费了大量时间查阅过有关史料，其中仅地方志就有千部以上，何况还有时人文集、档案等资料；数量相当庞大，可是就是没有一条能证明李岩存在的确切材料。1984年出版的《明末农民战争史》的附表前面有一段话："过去在一篇关于李岩的拙稿中谈到，我们现在对许多职位很低的大顺政权文武官员都查得了可信的史料，为什么名声仅次于李自成的'核心人物李岩'却始终未能找到一条真实材料？我愿意借此机会建议对李岩问题关心的同志多做一些史料的发掘和鉴别工作，不要在不分真伪的'有史料依据'的水平上停滞不前。"现在，又过了十几年，查阅的书更多，仍然没有发现李岩的可靠材料。请同行学者想想，按通常的说法，李岩是崇祯十三年参加起义的，这正是李自成起义大发展时期，起义军先后攻克的大城市就有洛阳、襄阳、西安、太原、大同、北京等地，李岩既是制将军又是主要谋士，当时各方面的人都密切关注李自成起义军的情况，再说李自成军在北京停留了四十三天，在京的明朝官员就有两千多人，其他识字的人还多得很，为什么就没有人见过李岩并留下哪怕一条记载呢？至于野史中出现的大量李岩"事迹"，我在《李岩质疑》一文里已经做了论证，是由小说的虚构情节混入史籍的。明朝后期党争和绅衿纷斗非常激烈，编写小说和传奇作为斗争手段是常见的事，这种风气一直延续到清初。由"葫芦道人""懒道人"编写的《剿闯小史》在1644年秋天就已经在江南书店内发卖了，这时弘光帝已经即位，所以书中寄希望于弘光中兴，而且李自成也还在世，小说的编者除了收集一些广为人知的大事外，还杜撰了不少情节以增加趣味并弥补自己见闻的不足，其中就包括了有关李岩的创作。入清以后，《剿闯小史》曾多次改名，如《定鼎奇闻》《新世宏勋》。康熙十年计六奇编成《明季北略》，其第二十三卷（补遗）就是以《新世宏勋》为底本删改而成。此后人们以《明季北略》为史书加以引用，并未想到其中竟有小说家之虚构；如郭沫若的《甲申三百年祭》就是大量采用了《明季北略》卷二十三，以至李岩其人其事广为传播。1978年5月《李岩质疑》发表后，7月1日澳大利亚国立大学王赓武教授夫妇和美国耶鲁大学郑培凯先生来我校访问，由何兹全教授和我接待。当时，我很少说话，到上午快结束的时候，郑先生问我："顾先生发表了什么文章？"我回答："最近在《历史研究》上有一篇文章。"他突然想起来问道："是不是《李岩质疑》？"我说："是的。"他回到美国后立即告诉纽约州立大学水牛城（Buffalo）分校的戴福士教授（Prof. Des Forges）。戴福士教授研究的重点是河南省（史学界的一种分区研究方法），他阅读过郑廉《豫变纪略》等书后也对李岩的真实性表示怀疑，1977年冬曾来过中国访问，找到上海的杨宽教授等人交换意见，可是这些人谈的都是对李岩的评价，同他的本意不一致。于是，他回国后自己继续研究，正在这时他因郑培凯的推荐读了我的《李岩质疑》，立即来信表示同意。不久，他就寄来了自己的长篇打字文稿 *The Puzzle of Li-Yen*（《李岩之谜》），此文后来在美国刊物上发表。

1978年年底，在上海华东师范大学召开了"文化大革命"后第一次史学界学术讨论会，即中国农民战争史讨论会，尽管条件较差，到会的各地代表却非常踊跃。正是在这次会上认识了中国社会科学院历史所的谢国桢、王戎笙、白钢等八位先生，华东师大的谢天佑、王家范，兰州大学的赵俪生，郑州大学的高敏，山东大学的孙祚民，陕西师大的孙达人，河北大学的漆侠，当时在上海师大的王春瑜，还有很多同行，记不清了。会上讨论得非常激烈，主要是围绕着一些观点争论不休，自然是各持己见，得不出什么结论。会议发起单位华东师大还组织与会者在上海参观了党的"一大"会址、豫园，到苏州游览了拙政园、虎丘、寒山寺；会议结束时成立了中国农民战争史研究会，选举了第一届理事会，我也当选为理事。在20世纪80年代农民战争史研究还处于高潮，两年一次的年会颇受史学界的重视，由谢天佑、王家范主编的《中国农民战争史研究辑刊》和白钢主编的《中国农民战争史研究论丛》不仅能顺利出版，而且有相当影响。在这两种刊物上，我发表了一批有关明末农民战争史的专题研究文章，澄清了不少问题。到1982年冬终于写完了专著《明末农民战争史》，1984年该书才由中国社会科学出版社出版，印量达一万六千册，早已脱销。

在明末农民战争史的研究上，取得的进展主要为：

一、明末农民大起义的背景。对明朝末年阶级矛盾的极度激化，处于水深火热之中的农民除了奋起反抗别无生路，引用的典型史料颇能说明问题，从而论证了起义的正义性。

二、李自成早年当过放羊娃，参加起义前是米脂县银川（银字当写作圁）驿驿卒（马夫）。吴伟业《绥寇纪略》和《明史》等书说他同侄儿李过一道投入明朝官军，后来在金县起义的记载完全不可靠（参见《李自成起事考》）。

三、李自成参加起义后是在王左挂部下，编为八队，绰号"闯将"。王左挂投降后，李自成即成为一支独立的队伍，人称"八队"。长期以来，人们有一种错觉，以为"闯将"是"闯王"高迎祥部下的一员将。其实，"闯王""闯将""八大王""闯世王""点灯子""乡里人"等都只是参加起义的人为了避免暴露真实姓名以连累家庭和亲属而随口起的绰号，一般不存在从属关系。李自成也从来不是高迎祥的部将。根据明末残档，崇祯五年冬李自成（闯将）已在山西的各支起义军中名列前茅，为明廷所关注。许多书上说，崇祯九年高迎祥被俘牺牲后李自成才"继为闯王"，根本不对。据我的查考，李自成的绰号只有"闯将"，崇祯十五年为各部首领推举为"奉天倡义营文武大将军"，次年在襄阳又被推举为"奉天倡义文武大元帅"，他自己并没有称过"闯王"；"闯王"的称呼来自百姓。

四、李岩的问题，已如上述，不赘。

五、荥阳大会的问题。在许多史籍中都记载了所谓"荥阳大会"，据说崇祯八年起义军十三家七十二营会集于河南荥阳，决定

"分兵定向"；李自成还在会上发表了一通慷慨激昂的讲话，为许多史著甚至通俗读物所引用。其实，这个重大事件完全不可靠，它出自吴伟业的《绥寇纪略》，却同许多第一手材料相抵触。早在"文化大革命"以前，浙江方福仁先生就撰文首先指出"荥阳大会"纯属虚构（方文大概发表在《光明日报》上）。我完全赞同方福仁先生的论断，并用当时任职兵部尚书张凤翼的《枢政录》、河南巡抚玄默的《剿贼图记》、河南巡按金光宸的《两河封事》以及清初《荥阳县志》等第一手材料加以证实。

六、李自成起义军大发展的经过。

七、李自成建立政权的经过：崇祯十五年冬在河南各地建立地方政权；十六年春建立襄阳政权（开始有中央机构）；十七年（1644，即大顺永昌元年）在西安建立大顺政权；同年大顺军占领整个黄河流域（包括北京在内），从西北到山东沿海都派设了各级地方官员。

八、不同意所谓的李闯式"流寇主义"。

九、不同意把大顺军失败归因为进入北京后的"腐化变质，追求享乐"。

十、支持并补充论证了李自成牺牲于湖北省通山县九宫山麓，认为李自成出家的说法根本不可信。

以上详细论点见《明末农民战争史》及相关论文。

《明末农民战争史》交稿后，我立即开始了《南明史》的写作。由于在《明末农民战争史》前言里说明了要续写《南明史》作为"姊妹篇"，出版社也同意，并签订了合同，约定交稿时间。大约写了一半，中国社会科学出版社文史编辑室突然通知我，邓立群指示他们集中力量出版《当代中国》丛书，其他书一律推迟，《南明史》可以"慢慢写"。正好我早就对明代的卫所问题非常关心，既然

《南明史》可以推迟交稿，集中一段时间来探讨卫所问题未尝不是个机会。于是，在教学之余把科研的重点放在卫所的问题上，继续搜集材料进行研究。从1986年起，先后在《中国社会科学》《历史研究》《北京师范大学学报》上发表了四篇文章，分别题为《明前期耕地数新探》《论明帝国的管理机制》《谈明代的卫籍》《卫所制度在清代的变革》。在这几篇文章里基本上描绘了我的看法。主要论点是：

一、明代的卫所并不像一般史学著作中描述的那样仅仅是明中期以前的一种军事制度，其特点可归纳为：1.它是明帝国建立的一种军事体系，长期承担帝国的军事职能；2.卫所在很大程度上是一种"地理单位"，就是说大多数卫所管辖着大小不等的土地，这些土地不归行政系统的布政使司、府、州、县管辖；正因为明代疆土分别归行政系统（六部—布政使司、直隶府、州—府、州—县）和军事系统（五军都督府—都指挥使司、行都指挥使司、直隶卫—卫、直属都司的千户所—千户所）管理，所以存在着两种"地理单位"。这两种"地理单位"都属于明帝国的版图，并且可以互相转换，即行政系统的府、州、县可以改为军事系统的卫、所；卫、所也可改为或划出一部分辖区归府、州、县。在明朝建立之初是把大批元朝设立行政机构的地方改为都司、卫、所；明中期以后特别是在清代则是把卫、所改为或并入府、州、县。我称之为"地理单位的可转换性"。

二、明太祖为了解决军队的自给自足问题，大力推行屯田，元末战乱之后出现大量荒田，卫所制度建立后，根据朱元璋的命令各卫军士按不同比例分拨屯田。卫所的耕地不仅包括军士的屯田，还包括划归卫所管辖的民户耕种的田地。这些耕地的数字不在户部管辖之下，所以《明实录》中绝大多数年份记载的"是年天下田地数"都没有包括卫所辖区的耕地数；换句话说，这个数字只是十三布政使司和南、北直隶府、州的数字。根据这一基本论点，我就史学界长期讨论的明初耕地数提出了自己的看法。过去，日本史学家清水泰次教授在20世纪20年代发表文章对明初洪武年间的耕地数做了研究，他认为洪武年间有两种不同记载：《明太祖实录》中记载洪武十四年的耕地数为三百六十余万顷，洪武二十四年为三百八十余万顷；而洪武二十六年三月编成的《诸司职掌》却记载全国耕地数为八百四十九万余顷（有各布政司和直隶府、州分项数），为什么会出现这两个相差一倍以上的"权威性"数字？清水先生认为《明太祖实录》里记载的只是田、地数，而不包括山地、湖荡滩涂地，而《诸司职掌》则包括了田、地、山、荡各种土地。所以才出现两种不同的统计数字。到20世纪40年代，日本藤井宏教授经过查阅大量地方志，明代各地的耕地数都包括田、地、山、荡在内，并没有只统计水田和旱地的。因此，他提出另一种解释：明初，根据朱元璋的命令各地既调查了实际耕种的土地数，也调查了可供开垦的土地数。《明实录》中的数字是实际耕种的土地数，《诸司职掌》中的数字则为实耕地与可耕地之和。换句话说，只有《明实录》中的记载才是真实的，洪武年间的耕地不到四百万顷，此后明代耕地数虽有增长，但到明中期仍在四百余万顷徘徊，直到万历初年张居正厉行清丈田地才查出隐占的耕地，全国的耕地数上升至七百零一万顷。藤井先生的观点得到国内外多数学者的赞同，成为流行甚广的说法。

中山大学的梁方仲教授则持另一种观点，他认为明初之所以有两种全国耕地统计数是由于大小亩的关系，即丈量的方法不同，用通常的二百四十步为一亩（小亩）来统计数字自然大得多，这就是八百四十九万顷数字的由来；而有些地方习惯上通行大亩（自三百六十步为一亩至七百二十步为一亩不等），按这种方法去统计数字必然小得多。吴晗先生在《明初社会经济的发展》一文中列举了洪武十四年和洪武二十四年不到四百万顷的数字，接着写上《诸司职掌》中所载洪武二十六年的八百四十九万顷，据此断言洪武年间经过多年垦荒和审核耕地数有大幅度增长。

其实，洪武二十四年距洪武二十六年三月不过一年多，何况明帝国的版图早已奠定，全国耕地面积增加一倍以上是绝对不可能的。按我的观点，明初的耕地数应以《诸司职掌》的记载为准，因为它包括了行政系统和军事系统管辖的全部耕地在内（《诸司职掌》是由朱元璋亲自下令编制，编成后又经他审定，然后才颁发给内外各衙门的，绝不可能出现重大错误；但是，朱元璋出于对军事保密的考虑，把军事系统的都司、卫、所管辖的耕地数全部隐藏在行政系统的布政使司里面，这可以从两点来证明：一、河南、湖广二布政司的数字出奇地庞大；二、贵州、云南以及辽东、陕西以西的广大地区竟然连一亩耕地都没有），即在洪武后期全国耕地数为八百五十万顷左右。整个明代耕地数都在八百万顷以上（如《明实录》内绝大多数年份记载耕地数多为四百余万顷，可是在《明孝宗实录》里从弘治元年到十七年每年年底的耕地数都是八百余万顷，弘治十八年孝宗去世，武宗即位，耕地数又突然降到四百多万顷；而弘治年间修撰的《大明会典》却在"土田"项下先引《诸司职掌》的数字，然后记载弘治十五年全国耕地数为四百二十二万余顷。可见明中期官修权威文献中仍有两种不同记载）。到万历九年，张居正清丈全国耕地的结果为七百零一万顷，可是在《明神宗实录》里记载万历三十年全国耕地数高达一千一百余万顷，这是明代史籍中出现的最高耕地数。如果我们以洪武后期代表明初，弘治年间代表明中期，万历年间代表明后期，那么，就都能发现有两个不同的数字，二者之间相距四百余万顷。这四百余万顷正是军事系统卫所管辖的耕地数字。

总而言之，明代从洪武后期起，全国耕地一直保持在八百万顷以上；而到万历后期已增长到一千一百余万顷。

三、明代的卫籍。洪武年间朱元璋建立卫所制度时，规定官军到达指定卫所后立即盖房、屯田。待到屯种收获的粮食自给有余时，即将在原籍的妻子、儿女（少数也有父母、兄弟）接来卫所；未婚者由原籍军户（其父母、兄弟等亲属）代为娶妻送至卫所（若其家贫困无力娶妻，由邻里资助）。卫所官、军既有产业（住房、屯田），又有妻子同住，指定卫所又往往与原籍相距甚远，未经允许不得擅自回乡，几代以后同祖军原籍的亲属关系越来越疏远，而在卫所繁衍的后裔却越来越多。祖军的后裔因世代居住于卫所，逐渐演变成卫籍的主体（军官的长子袭承父职，次子以下为舍人；旗、军的长子亦须承袭，次子以下为军余；官、军的女儿大抵在卫所内婚配）。由于划归卫所管辖的地区常常有多少不等的原住民籍户口，这些人口因隶属关系也成为卫籍的组成部分。卫籍的官军后裔一般是知道自己的祖军原籍的，但他们在制度上已经成为卫所的居民，比如卫籍人士参加科举考试只能到与卫所相关的布政使司去参加乡试，而不能去祖军原籍应试。自然，这同卫学的广泛建立有密切关系。明中期以后，卫籍人士通过科举出任官职的人相当多，然而在史传中记载他们的籍贯时却往往呈现混乱，有的用卫籍所在地，有的则沿用其人的祖辈原籍。

原版前言

　　明末农民战争，是我国封建社会里规模最大的一次农民反抗地主阶级暴虐统治的武装斗争。它距离现在不过三百多年，保存下来的各种文献资料庞杂得很，发掘、整理和研究工作正处于方兴未艾的阶段，许多问题都还在探讨当中，现在呈献给读者的这部拙稿，自然不可能是成熟的作品。只是由于它在某些方面比起前人略有进展，关心的朋友认为公开出版将有助于普及这方面的知识和推动进一步的研究，我也就不揣谫陋拿了出来，衷心地希望得到批评和指正。我以为，在深入研究的基础上，通过接受正确的批评和自我批评，不断否定错误的说法，澄清模糊的论述，是学术上有所长进的表现。但愿我能够对自己写过的东西经常做检讨，不是见风转舵，故意标新立异，而是唯真理是求。科学是在不断发展的，后来者理应居上。如果拙著对于年轻一代治明末农民战争史的同志，能够成为攀登高峰途中的一块踏脚石，我就十分满意了。

本书原拟写成上、下两卷。上卷自这次农民战争爆发的背景写至大顺政权和大西政权的失败；下卷包括以农民军为主体的抗清斗争，至康熙三年夔东抗清基地被摧毁为止。计划这样写的原因是，论述明末农民战争的历史作用无法同农民军余部二十年的抗清斗争割裂开来。后来又考虑到，农民军的抗清斗争是在联明的旗帜下进行的，在叙述这些篇章时势必涉及南明的基本史实。为了读者利用的方便，不如把原定的上、下卷分别成书，即至李自成、张献忠牺牲为止的《明末农民战争史》和以农民军抗清斗争为主的《南明史》。由于上面已经说过的原因，明末农民战争的作用和历史意义只有放在本书的姊妹篇——《南明史》中一并论述。

最后，我谨向北京图书馆、中国科学院图书馆、北京师范大学图书馆、国家档案局中国第一历史档案馆以及其他一些单位的同志表示深切的谢意。没有他们的热情支持，本书是不可能写成的。

作者

一九八二年十一月二十七日

于北京师范大学

目　录

第一章
明末农民战争的背景

第一节　明后期政治的腐败

在明王朝统治时期（1368—1644），我国封建社会进入了自身发展的晚期。这个时期的特点在政治上的表现是统治集团的全面腐朽。从明英宗时起，政治就日益腐败，宦官专政、奸佞当权的事就已出现。明武宗朱厚照是个有名的浪荡君主，干出了许多荒唐可笑的事情。还在明中期时就爆发了叶宗留、邓茂七领导的闽浙农民起义；刘通、李原领导的荆襄流民起义；刘宠、刘宸、杨虎等人领导的河北农民起义，都是具有相当规模的农民阶级反对封建统治的武装斗争。明世宗朱厚熜继位以后，号称"嘉靖中兴"。实际上他为人极其偏执，又迷信道教，追求长生，所以奸臣严嵩父子趁机窃柄弄权，把国事弄得一塌糊涂。穆宗在位时间比较短，政治没有多大起色。

万历初年，社会危机已经相当严重。朱翊钧即位时年纪还小，朝廷事务实际上由大学士张居正主持。张居正看到统治危机的严重，采取了一系列改革措施，希望通过统治集团内部的整顿，缓和社会矛盾，增强政权机构的效能，重新稳定朱明王朝的统治。他的整顿吏治，加强边防，实行丈量土地，全面推行"一条鞭法"，在当时起了一定的积极作用，国力有所增强。但万历十年，张居正病死，朱翊钧一亲政，立即改弦易辙，使这场统治阶级的自救运动半途而废。从此明王朝的政治又沿着腐败的道路继续滑下去。

万历时期政治的败坏主要表现在两个方面：一是政事不理，二是贪财好货。朱翊钧成年累月深居宫中，"万事不理"[1]，不以国事为念。他自称"静摄"，实际上是在宫中鬼混。当时的臣下就有人在奏章里直言不讳地批评他"生长深宫，高居简出，一御文华殿则称过劳"。[2]"皇上每晚必饮，每饮必醉，每醉必怒。酒醉之后，左右近侍一言稍违，即毙杖下。"[3]他在位四十八年中有二十年左右不坐朝听政，臣下的奏章往往"留中"不做处理，以至朝廷官员无所事事，干脆回籍悠游林下。史载，在万历中后期，官员们由于见不着皇帝的面，送上的奏章又常被搁置，往往在递上致仕的手本后不管旨意如何便径自还家。朱翊钧却认为少一员官就少一份俸禄[4]，还可以免听

———————————

[1] 《明史》卷二四〇，《叶向高传》。

[2] 顾景星：《白茅堂集》卷三八，《吴亮嗣传》载吴亮嗣万历末年任兵科给事中时上的奏疏。

[3] 冯从吾：《请修朝政疏》，见《明经世文编》卷四九四。邹漪《启祯野乘》卷一《冯恭定传》中也说到万历皇帝荒于酒色："因曲蘖而欢饮长夜，娱窈窕而晏眠终日。"

[4] 王鸿绪：《横云山人史稿·叶向高传》记叶的奏疏说："陛下惜区区禄秩，不顾祖宗金瓯。夫承平无事，人主尝视士大夫轻而视官重，及乎有事，士大夫又视身家重而视官轻。至视官轻，而天下事不忍言矣。"

官员们"聒噪"，落得耳根清净，所以凡遇缺官也不派人递补。[1]这种离奇的做法使国家的中枢机构处于半停顿状态，大大助长了官场中的因循拖拉风气，也为朝廷和地方官员的贪赃枉法开了方便之门。此外朱翊钧贪婪成性。为了满足自己穷奢极侈的生活耗费和积攒金银财货，他竟然"生财有道"，以开矿征税为名，派出大批太监充任矿监税使，去往全国各地搜括民财。这些矿监税使所到之处：

> 不论地有与无，有包矿包税之苦；不论民愿与否，有派矿派税之苦。指其屋而挟之曰："彼有矿！"则家立破矣。指其货而吓之曰："彼漏税！"则囊立倾矣。以无可稽查之数，用无所顾畏之人，行无天理无王法之事。大略以十分为率，入于内帑者一，赵于中使者二，瓜分于参随者三，指骗于土棍者四。而地方之供应，岁时之馈遗，驿递之骚扰，与夫不才官吏指以为市者，皆不与焉。[2]

这实际上是打着皇帝的旗号在地方上公然劫夺。矿监税使和他们的爪牙无恶不作，曾激起了许多城镇人民的反抗，这就是史称的"市民运动"。当时的漕运总督李三才在奏疏中说："陛下爱珠玉，民亦慕温饱；陛下爱子孙，民亦恋妻孥。奈何陛下欲崇聚财贿，而不使小

---

[1]《明神宗实录》卷四一九，记万历三十四年大学士沈鲤等上言："今吏部尚书缺已三年，左都御史亦缺一年，刑、工二部仅以一侍郎兼理，大司马（指兵部尚书）既久在告，而左、右司马（指兵部左、右侍郎）亦未有代匮者，礼部止一侍郎李廷机，今亦在告，户部止有一尚书。盖总计部院堂上官共三十一员，见缺二十四员，其久注门籍者尚不在数内。此犹可为国乎？"

[2] 冯琦：《为灾旱异常备陈民间疾苦恳乞圣明亟图拯救以收人心以答天戒疏》，见《明经世文编》卷四四〇。

民享升斗之需；欲绵祚万年，而不使小民适朝夕之乐。自古未有朝廷之政令、天下之情形一至于斯而可幸无乱者。"[1]又说："闻近日章奏，凡及矿税，悉置不省，此宗社存亡所关。一旦众畔土崩，小民皆为敌国，风驰尘骛，乱众麻起，陛下块然独处，即黄金盈箱、明珠填屋，谁为守之？"[2]朱翊钧对此也置之不理，依然行其所素。

朱翊钧在位期间，天下已经很不安定。除了社会阶级矛盾日益激化外，由于朝廷和地方官员处置失宜，同边远地区少数民族的关系也恶化了。朝廷先后对宁夏、播州用兵，费了很大气力方告平定。特别是建州女真在努尔哈赤领导下迅速兴起，由明王朝镇守东北的屏障变成了对抗中央朝廷的一股重要势力。万历四十七年（1619），明廷抽调了大批精兵，并责令朝鲜和海西女真叶赫部出兵助战，兵员总额达十一万多人，在辽东经略杨镐的统率下四路出师，期以"旬日毕事"，一举荡平。由于战略错误，指挥失宜，萨尔浒一战竟以惨败而告终。从此，辽东的军事对抗便牵制了明王朝很大一部分力量，成了朝野瞩目的重大问题之一。

朱翊钧死后，长子朱常洛即位仅一个月也病死了。新上台的明熹宗朱由校年轻不懂事，宦官们为了窃柄弄权，领着他成天嬉戏。据说他喜欢弄木工活，宦官们就在他手提斧锯玩得兴致正浓时，拿来章疏奏请他定夺。他往往只听口头报告大意，即随口答道："我都知道了，你们用心行去。"[3]于是大权旁落，宦官把持朝政。太监魏忠贤同熹宗的嫫姆客氏相勾结，上下招权纳贿，把国事弄得腐败不堪。一帮依附于魏忠贤的无耻之徒还为他大颂功德，甚至呼之为"千

---

[1] 《明史》卷二三二，《李三才传》。
[2] 同1。
[3] 陈悰：《天启宫词》，见《昭代丛书》丁集，卷三三。

岁""九千岁"。在一次宴会上，有人当着熹宗和魏忠贤的面高唱颂词："好个魏公公，处置得惜薪司怎样轸恤商人，内府库怎样米积天堆，东厂怎样厘奸剔弊，宝和店怎样裕国通商。内修朝政，外镇边疆。"魏忠贤听了这样肉麻的奉承竟然处之泰然，朱由校也呆头呆脑一笑置之。[1]各省地方大员也对魏忠贤趋之若鹜，纷纷为他建生祠祈福，穷极华丽。朝野的党争便因之加剧。当时有名的东林党，主要由一批比较正直的知识分子组成，他们眼见国事日非，就利用讲学结社，评论朝政，希望皇帝能够除去奸邪，重整朝纲，实现清明吏治。依附魏忠贤的邪恶势力则结成阉党，对东林党人横加迫害。此后，明末的党争屡经反复，一直延续到南明覆亡。

上有所好，下必甚焉。明神宗、魏忠贤等既贪财好货，自然上行下效，养成一派贪污风气，出现"官以财进，政以贿成"。天启年间黄尊素曾说："大拜之事，相传必用间金数万。"对此，他不禁叹息道："呜呼，始进不正，以身为市，我朝相业可观矣！"[2]魏忠贤任用阉党周应秋为吏部尚书，公然按官职大小索价，每天得贿银一万两，人称"周日万"[3]。到了崇祯时，有人说："贿赂之盛，莫如此日。都下有'白变黄，黄变白'之谣。"[4]意思是官吏行贿原先用银子，后来改用金子，再后来又改用光彩夺目的珍珠。当时官场，诚如贴在

---

[1] 刘若愚：《酌中志》卷十六；又见《天启宫词》。

[2] 黄尊素：《说略》。

[3] 文秉：《先拔志始》。

[4] 陈宏绪：《寒夜录》卷中：崇祯元年户科给事中韩一良上言："今之世人，又何官非爱钱之人？皇上亦知文官不得不爱钱乎？何者？彼原以钱进，安得不以钱偿。臣所闻见，一督抚也，非五六千金不得；道府之美阙，非二三千金不得；以至州县并佐贰之求阙，各有定价；举监及吏承之优选，俱以贿成。"见《国榷》卷八九。至于职司风宪的科、道官，"人谓之抹布，言其只要他人净，不顾己污也"。见王鸿绪《横云山人史稿·韩一良传》。

长安门上的一首讽刺诗所云："督抚连车载，京堂上斗量。好官昏夜考，美缺袖中商。"[1]崇祯六年，朱由检在文华殿召谕朝臣说："吏、兵二部，用人根本，近来弊窦最多。未用一官，先行贿赂，文武俱是一般。近闻选官动借京债若干，一到任所，便要还债。这债出在何人身上，定是剥民了。这样怎的有好官，肯爱百姓？"[2]官员们的职位既然是花钱买来的，上任之后自然要竭力搜括，追本求利，满载而归。贪官污吏必然加重对人民的压榨，使社会矛盾进一步激化。

第二节　土地高度集中

明中期以后，从皇室到官绅地主兼并土地愈来愈猖狂，他们依靠政治权势大量地侵占官地和私田。皇帝在畿辅地区设立了许多皇庄。[3]宗室诸王、勋戚、太监也通过"乞请"和接受"投献"等方式，霸占了越府跨县的大片土地，成了全国最大的土地占有者。

先看宗室的占地情况。万历三十四年五月，四川巡按孔贞一上言："蜀昔有沃野之说，然惟成都府属，自灌抵彭十一州县开堰灌田故名焉。近为王府有者什七，军屯什二，民间仅什一而已。"[4]就是说，蜀王一府占去了成都平原依靠都江堰灌溉的最肥沃的土地百分之七十。河南开封的周王，兼并土地的结果，造成"田产子女尽入公

---

[1]　谈迁：《枣林杂俎》智集，"揭长安门"条。

[2]　孙承泽：《春明梦余录》卷四八。

[3]　正德年间，皇庄遍布畿内，"共计占地三万七千五百九十五顷四十六亩"。见林俊《传奉敕谕差勘畿内田地疏》，引自《明经世文编》卷八八。

[4]　《明神宗实录》卷四二一。

室，民怨已极"。时人有诗云："中州地半入藩府"，"惟余芳草王孙路，不入朱门帝子家。"[1]神宗的弟弟朱翊镠分封卫辉，占田四万顷；神宗诸子也群起效尤。福王朱常洵是神宗爱子，朝廷坚持要按潞王标准给田四万顷，经过廷臣和地方官员的力争才减为二万顷。瑞王分封于陕西汉中，朝廷赐给赡田二万顷，由陕西、河南、山西、四川摊缴租银。[2]大致而言，除了江浙财赋之区以外，全国的土地有相当大一部分落入了朱氏宗室的手里。

勋戚和太监侵占的田地主要是在畿辅地区。他们依靠同皇帝的亲近关系，通过请乞等手段攫取大片土地建立庄田。如明武宗时，太监谷大用"假勘地之名，混占产业庄田至一万有余顷，侵欺子粒官银至百万有余两"[3]；熹宗时权监魏忠贤，霸占的土地也多达万顷。[4]嘉靖初年，林俊在奏疏中指出："近年以来，皇亲侯伯，凭借宠暇，奏讨无厌。而朝廷眷顾优隆，赐予无节，其所赐地土，多是受人投献，将民间产业夺而有之。如庆阳伯受奸民李政等投献，奏讨庆都、清苑、清河三县地五千四百余顷；如长宁伯受奸民魏忠贤等投献，进讨景州、东光等县地一千九百余顷；如指挥佥事沈传、吴让受奸民冯仲名等投献，进讨沧州、静海县地六千五百余顷。"[5]勋戚倚势请乞之风一直延续到明末。崇祯三年，朱由检的岳父嘉定伯周奎，一次就"援例乞

[1] 汪价：《中州杂俎》卷一，《地理一》。
[2] 《崇祯长编》卷三六。
[3] 费宏：《乞正谷大用罪疏》，见《明经世文编》卷九七。
[4] 计六奇：《明季北略》卷三，记钱嘉征参魏忠贤十大罪疏中说："忠贤封公，膏腴万顷。"
[5] 林俊：《传奉敕谕差勘畿内田地疏》。

给赡地七百顷,随从尉军三十名"[1]。这些事例充分说明了政治势力在土地兼并过程中的作用。

一般的官僚地主即所谓缙绅之家,也利用他们在政治上的优越地位,巧取豪夺,兼并大片土地。就每一户来说,他们固然比不上宗室诸王、勋戚、太监的占田数,然而,他们人多势众,在各地是地主阶级中最有权势者。明末农民战争中,官僚地主的动向是最值得注意的问题之一。李自成、张献忠等农民军打击的重点之一就是官僚地主,而反抗农民起义最顽固的也正是官僚地主。史籍中有关明末官僚地主占田的记载极多。郑廉记载河南的情况说:"缙绅之家,率以田庐仆从相雄长,田之多者千余顷。即少亦不下五七百顷。"[2]崇祯初年,河南巡按毛九华上言:"势豪之家,仆隶多至数百,奸民乘势投献,百姓受其鱼肉。"[3]正是在官绅地主的疯狂兼并下,明末土地高度集中,绝大多数农民被剥夺了土地,变成官绅地主的佃仆,或者被迫四处流亡。这种情况在当时人的笔下屡见不鲜,如说:"富者动连阡陌,贫者地鲜立锥。饥寒切身,乱之生也,职此之由。"[4]"富者极其富……贫者极其

---

[1]《崇祯长编》卷四一。这里再举几个例子:北直隶玉田县在明朝末年"官勋地"多达十三万余亩,其中乾清、慈宁两宫地为六百三十三顷,寿宁公主地二百三十八顷,景府地四百三十七顷(乾隆二十一年《玉田县志》卷三,《田赋》)。东安一县就星罗棋布了未央宫、永清公主、永安公主、恭圣夫人、英国公、镇远侯、太宁侯、安平伯、惠安伯、嘉祥公主、顺义府仪宾、锦衣卫指挥的大片庄田(见康熙十六年《东安县志》卷四,《赋役》)。明亡时,崇祯帝的姑母荣昌大长公主在顺天、保定、河间三府占有"赐田及自置地土"多达三十七万余亩,她还说"仅足糊口",充分反映了皇室勋戚的贪得无厌(见《明清史料》丙编,第三本,第二六四页)。

[2] 郑廉:《豫变纪略》卷二。

[3]《崇祯长编》卷三六。辛陛在《愍言》中列举了明王朝败亡的原因,其中之一为"缙绅势重":"仕进出身,自非齐民敢望项背,乃高门大阀,仆从如云。田连阡陌而不知休,窖满金钱而不知止。杀人于寸幅之中,破家于立谈之顷。郡县之威立沮,台司之法不行。"见《寒香馆遗稿》卷二。

[4]《明清史料》甲编,第十本,第九七三页。

贫。"[1]卢象升在奏疏中指出："贫者日益贫，富者日益富，大约贫民之髓富民实吸之。"[2]顾炎武则说："吴中之民，有田者什一，为人佃作者什九。"[3]这些叙述都表明明末社会的两极分化达到了十分尖锐的程度。

第三节　国家财政破产和赋税加派

明代的财政，前期以本色（米、布等实物）为主，中期以后随着商品经济的发展，白银等折色的地位逐渐上升，成了国家收支的主要体现物。大致说来，供政府开支用的归户部、工部、光禄寺、太仆寺分别掌管，其中主要是户部的太仓库。从矿冶征收的税金和漕粮改折的金花银，照例解送内承运库，除了一小部分作为武臣的俸禄，绝大部分都供御用，成了皇帝的私财，一般称为内帑。由于明中后期皇帝挥金如土，每年一百多万两的金花银满足不了他们的欲壑。从明武宗开始，就不断提取太仓银两供内用。万历年间，宁夏、朝鲜、播州先后用兵，花去了大量军费。[4]朱翊钧又以婚礼、珠宝、袍服等名义，向户部索取白银多达一千余万两。[5]更加上乾清宫等修建工程，最后弄到"太仓、光禄、太仆银括取几尽"[6]，国家财政入不敷出。原先各省、府、州、县还有自

[1] 《崇祯长编》（不分卷本）。

[2] 卢象升：《卢忠肃公集》卷十，《报明屯田牛具以备核销疏》。

[3] 顾炎武：《日知录》卷十。

[4] 宁夏之役耗银一百八十七万余两，朝鲜用兵费银七百八十余万两，播州之役用银二百万余两。见《明经世文编》卷四四四，王德完：《稽财用匮竭之源酌营造缓急之务以光圣德以济时艰疏》。

[5] 见上条所引王德完疏。

[6] 《明史》卷七九。

己的小家底，供地方不时之需。后来几次下令，把外库的藏银输解户部。如天启六年，根据南京操江御史范济世的建议，熹宗朱由校发布上谕说："朕思殿工肇兴，所费宏巨，今虽不日告成，但所欠各项价银已几至二十万。况辽东未复，兵饷浩繁，若不尽力钩稽，多方清察，则大工必至乏误，而边疆何日敉宁。殊非朕仰补三朝阙典之怀，亦非臣下子来奉上之谊也。"[1]因此下令各地加紧搜括，藏银一律解送京师。这种竭天下之力以奉一人的做法，终于导致了内外交困，加速了国家财政的全面破产。国家财政既陷于绝境，皇帝的内帑又舍不得往外拿，为了应付日益增多的军费开支，朝廷就不断地加派赋税。

关于明代赋税的加派，一般只讲主要的几次。万历末年，辽左用兵，每亩加银九厘，一共加赋五百二十万两。这是明末农民大起义爆发以前朝廷加派的饷银。崇祯三年，再按亩加征三厘，加上万历年间的九厘，每亩共征一分二厘，统称辽饷。这是在明末农民战争刚开始时加派的情况。此后，崇祯十年，根据杨嗣昌的建议，天下按亩加粮六合，每石折银八钱，共增赋二百八十万余两，称为剿饷；崇祯十二年又以军费无着，加派练饷七百三十万两。先后共增饷银一千六百七十多万两，超过常年岁入一倍以上。[2]直到明王朝灭亡才停止了崇祯年间的加派。剿饷和练饷的加派，虽然不能列为引起明末农民战争爆发的原因，但这里连带叙述一下，可以说明明王朝这种饮鸩止渴的办法，起了为渊驱鱼的作用，加速了自己的灭亡。

明末的加派并不只是三饷，宗室的禄米和赐予的庄田，有不少是通过加派赋税来实现的。明宗室的人数大约以三十年翻一番的几何级

---

[1]《日知录》卷十二。
[2]《春明梦余录》卷三六，载御史吴履中论加派疏中说："国家岁入计一千四百六十余万，而辽饷五百万不与焉。"

数增加。中期以后，单只支付这数以万计的龙子龙孙的禄米，就成了国家财政和地方开支的一个严重的问题。为了应付这个难题，地方官员只有一面对宗室拖欠，一面向农民加派。以陕西白水县为例："嘉靖加派一百八两八钱七分，万历加派七百三十五两五钱五分，俱系宗室日繁，剜肉医疮。"[1]明后期赐予新封亲王的庄田，动辄万顷，实际上天下根本不存在这么多无主的"闲田"，除了"尺寸皆夺之民间"以外，相当一部分是通过加派取得租银来顶替的。如河南息县，额派福府地一千一百五十七顷三十二亩，就全部是"在本县条鞭内一例派征"[2]。瑞王的二万顷赡田，也完全是靠陕西、河南、山西、四川按分摊田亩数加派赋税来取得租银的。[3]

此外，还有临时需索。崇祯年间，给事中孙承泽在《劾军前私派疏》中说："忆臣待罪县令时，倏奉一文取豆米几千石、草几千束运至某营交纳矣。倏奉一文买健骡若干头、布袋若干条送至某营交纳矣。倏奉一文制铜锅若干口、买战马若干匹送至某营交纳矣。并不言动支何项钱粮，后日作何销算，惟曰迟误则以军法从事耳。……是以私派多于正赋，民不堪命，怨声四起。"[4]

在征收赋税的时候，又有所谓带征和预征。带征是指历年拖欠未完的钱粮，于征收当年正额时带征若干分；预征是指除了责令完纳当

---

[1] 顺治《白水县志》卷上。又如湖广武昌、岳州、长沙、衡州、宝庆等府"钱粮则派自加饷以来，王禄、赡田、藩工等项，比旧额倍加焉。闾阎无完缉之居，郡县少报满之吏。官司相见，无不攒眉"。见《明末农民起义史料》，第六七页。

[2] 康熙《汝宁府志》卷六，《食货下·四》。

[3] 《崇祯长编》卷三六；《国榷》卷八八。

[4] 《春明梦余录》卷三六，《本计》条。又，漆嘉祉在《实求安攘疏》中说，百姓除了缴纳加派的赋税以外，"复益以地方私派，如供亿修筑之摊派，买米买硝黄之赔补。上檄所下，锱铢皆给于民。公课有额有期，私编难以数定，难以刻待"。见康熙二十三年《新昌县志》卷五。

年赋税外，提前征收来年的部分钱粮。崇祯元年，户科给事中瞿式耜上言道：

> 计海内用兵十年矣，无事不取之民间，而郡县催科苛政，无一事不入考成。官于斯土者，但愿征输无误，以完一己之功名，谁复为皇上念此元元者哉！故一当催征之期，新旧并出，差役四驰，枷系枷锁，载于道路；鞭笞拷打，叫彻堂皇。至于滨水荒陂，不毛山地，即正供本自难完，今概加新饷，倍而又倍，荒山荒地，谁人承买？卖子鬻妻，逃亡遍野。而户下所欠，终无着落，以累其宗族、亲戚者又不知凡几矣。……自逋欠日久，故一当催征，今日张一示比崇祯元年钱粮，明日张一示比天启七年钱粮，后日张一示比天启六年钱粮，层累而上。而民之耳目乱，手足忙，心计亦惶惶靡定。将完旧乎，则恐征新者之敲比也；将完新乎，则恐征旧者之敲比也。[1]

地方官吏还巧立名目，私行加派，从中侵渔。崇祯初年，兵部尚书梁廷栋就说过：

> 今日间左虽穷，然不穷于辽饷。一岁之中，阴为加派者不知其数。如朝觐考满、行取推升，少者费五六千金。合海内计之，国家选一番守令，天下加派数百万。巡抚（当是巡按之误）查盘缉访，馈遗谢荐，多者至二三万

---

[1]《瞿忠宣公集》卷二，《清苛政疏》。

金。合海内计之，国家遣一番巡方，天下加派百余万。[1]

梁廷栋身为兵部尚书，说这番话是为加派辽饷做辩护，但他指出地方官阴为加派的数额，比明增的辽饷还要大，则是符合实际的。朱由检刚即位时说过"加派之征，势非得已，近来有司复敲骨吸髓以实其橐"[2]，也是指的这种情况。

我们在上面谈到明后期由于土地兼并的激烈进行，大多数田产落到了王公贵族、官僚地主的手里。按道理说，农民失去了土地也就不该再承担田税。实则不然。豪绅地主不仅享有额定的优免权利，而且还勾结吏胥，通过诡寄、飞洒、影射等方式逃避粮税。如陕西西乡等地，"富民置产，弃多贫民。买者宁多其价而少带其粮，卖者并负空差而愿图厚价。孰知多蓄之家利在轻徭，而穷民过眼之价转手为空，且自贻剜肉医疮之患矣。迨于既久，田连阡陌者赋止勺圭，地无立锥者输且关石。催科者无可伊何，但令里老辈四六包赔而已"[3]。又如湖广潜江一带的情况是，小民"产去粮存"，"以致阡陌其田者无升合之税，税至数十石者地鲜立锥，敝也久矣"[4]。

---

[1] 夏燮：《明通鉴》卷八二。崇祯年间河南巡按御史金光宸在疏中谈到中州四大病时说："又中州之私派病民也，夫钱粮正项尚自不数，而曷云私派。盖一法出则一弊从之。有等不肖有司，弁髦明禁，不详院、道，有借兵以私加，有假饷以擅派，有因修筑而科敛，有借解运而重征，或立杂支名色，或托费用不充，凡言设处，借一派十。虑乡绅之发私也，则漏阎阖家而洒茅屋，以为此人所不知者。追呼倍急，比责更严，反留正项在后，假口民欠，耸听吁苦，其实先已饫私橐矣。"见《金双岩中丞集·两河封事》。
[2] 孙承泽：《思陵勤政记》。
[3] 康熙五十七年《西乡县志》卷六，《艺文》载万历六年孙澜《旧均粮碑记》。
[4] 《潜江旧闻》卷六，载万历年间袁国臣撰《清田碑记》。又如："天启初给事中甄淑言：小民所最苦者无田之粮，无米之丁，田鬻富室，产去粮存，而犹输丁赋。"见乾隆二十一年《获嘉县志》卷六，《赋役》。

沉重的赋税使农民不堪负荷，大批地逃亡。地方官却不顾农民的死活，用严刑峻法追比钱粮，甚至责令现在的农户代纳逃户的粮税。"明季启、祯间，有赤子无立锥地而包赔数十亩空粮者，有一乡屯而包赔数十顷空粮者。"[1]每逢官府开征的时候，追呼敲朴，惨绝人寰。万历年间就有人说过，"饥羸之夫，腹无半菽，而手足犹絷于桁杨"[2]。崇祯年间，陕西临潼县知县许中泽，"催科过严，每比较日，什排浴温泉，泉水为赤"[3]。李清在其所著书中说："予尝过恩县，见乙榜令催比钱粮，血流盈阶，可叹！"[4]

除了田赋以外，各种明增暗添的徭役也压得劳动人民喘不过气来。这里举一个例子以见一斑。崇祯七年，直隶大名府奉文起运天津米豆，按规定官府须发给运夫脚价。开州的承办人员却"私派里甲小车二千余辆，每辆折银二两方准免运。……钻拘车夫，大肆勒索。折收银钱，使阖州倒囊以输，无一里不吮其膏血者"[5]。

无穷无尽的横征暴敛，迫使农民大批地逃亡。地方官吏为了足额，采取一户逃责令九户分赔，九户逃则勒逼一户独承，甚至"民有丁壮逃窜，而掠童稚以索赋"[6]。这样辗转相牵，往往出现整村农民逃散一空的情况。天启七年，吴应箕在一封信里，谈到他途经河南真阳的见闻：

自晨发，出郭门二十里，又行四十里。此日天色甚

---

[1] 康熙十一年《景州志》卷一，《版籍》。
[2] 《荆州府志》卷七九，《纪事》载袁宗道：《救荒奇策》。
[3] 顺治十八年《临潼县志》，《人物志》。
[4] 李清：《三垣笔记》卷上。
[5] 《崇祯八年手札》。
[6] 乾隆三十一年《嵩县志》卷十九，《田赋》。

霁，搴帷而眺，则四十里中一望皆黄茅白草，察所过之处，皆行地亩中，亩之疆界尚在，而禾把之迹无一存者，计耕作久废矣。即问舆夫："此县东西南北，其田地荒芜尽如此乎？"夫答曰："如此者十有八九。息县较好，然如此者亦十有四五矣。"心怪其言，到驿舍见有备中火老人及吏役在焉，即呼问曰："向所见一路荒芜之田，无差粮乎？"数人同声对曰："前此皆膏腴之业，差粮如何得蠲？"即问："何不耕？"对曰："无牛。"问："何以无牛？"则谓："多盗卖出境者，无牛因以无佃，此其一端也。又本县马户差徭苛急，每报一人，人不堪役，则先卖其牛弃其地，久之而其人亦逃矣。人去则田无主，故不耕。人去而粮犹在，则坐赔于本户，户不堪赔则坐之本里，或又坐之亲戚。此被坐之家，在富者犹捐橐以偿，至贫者则尽弃户而去。故今村落为墟，田亩尽废，皆由此耳。"因又问："此有田弃走之家，始何不卖以与人，而甘抛弃若此？"则又对曰："夫差徭政为有田地者苦耳，今赔者欲弃其产而不得。况受其业，而粮即派其家，能堪之耶？于是相率而逃，相率而荒，日甚一日，故遂至此极矣。"又问："独无以此情白之县者乎？"对曰："此县令多举贡，日暮途穷，贪得为念，又衙门弊多，度力不足以区处，遂日操鞭扑，设法扳坐，只求粮完，自免上司谴责耳，何暇顾人户之逃、田亩之荒也。甚至有告理者则反笞之，所以百姓虽愁怨，率无敢言者。"予又问："此是通衢，司道必由此乎？"曰："然。""抚按由此乎？"曰："然。""州郡由此乎？"曰："然。"予问："曾有由此而问厥故者乎？"金曰："无有。"予不觉浩叹。[1]

这段话，确实是一件很重要的史料，它令人信服地揭示出，正是由于明朝廷、抚按、司道、州郡、县令等的倒行逆施，造成了农民同土地相分离，使社会生产日益萎缩。脱离了土地的农民，为了生存下去，只有揭竿而起，同吃人统治展开拼死的搏斗，以鲜血和生命为代价，为社会生产的恢复和发展开辟道路。

第四节　水利失修和灾荒频仍

马克思曾经指出："利用渠道和水利工程的人工灌溉设施成了东方农业的基础。""这种用人工方法提高土地肥沃程度的设施靠中央政府办理，中央政府如果忽略灌溉或排水，这种设施立刻就会荒废下去。"[2]在明朝末年，我们又看到了由于水利失修带来的严重灾荒。从万历年间起，朝廷一面从国库提取大笔金钱供自己穷奢极侈的耗费，一面又要筹措庞大数额的军饷用于镇压少数民族和农民的反抗，国家财政陷入了不可摆脱的危机。政府根本无力顾及水利的维修，常年有限的一点河工经费又被官员们贪污私肥。以黄河来说，明代原来定有"三年一小挑，五年一大挑"的疏浚制度。万历以后，"凡大挑、小挑之费，俱入上下私橐"，致使河床淤积的泥沙越来越厚，河

---

[1] 吴应箕：《楼山堂集》，《书》卷二。

[2] 马克思：《不列颠在印度的统治》，引自《马克思恩格斯选集》第二卷，第一七五页。

堤"连年冲决"[1]。管河的官吏甚至幸灾乐祸，"天启以前，无人不利于河决者。侵克金钱，则自总河以至闸官，无所不利；支领工食，则自执事以至于游闲无食之人，无所不利。……于是频年修治，频年冲决，以驯致今日之害，非一朝一夕之故矣"[2]。这正是崇祯年间"河患日棘"[3]的根本原因。其他水系的情况也差不多。崇祯初年，给事中黄承昊面奏"东南时患水灾，皆水利不修之故"。崇祯皇帝问："水利何为不修？"大学士周道登、钱龙锡回答说："水利是东南第一大事，但修理须要钱粮。"朱由检一听要钱，立刻沉默不语，过了好半天才拐弯抹角地说："要修水利，可扰民否？"于是，在不愿"扰民"的幌子下把这件"东南第一大事"轻轻地放在了一边。[4]

水利失修严重地削弱了农民抗御自然灾害的能力，而政府的一味追比钱粮迫使农民大批逃亡，又加重了灾荒的破坏性。明朝后期留下了许多关于饥荒惨状的描写，直到现在，读起来仍然令人触目惊心。万历年间的记载说：

> 数年以来，灾警荐至。秦晋先被之，民食土矣；河洛继之，民食雁粪矣；齐鲁继之，吴越荆楚又继之，三辅又继之。老弱填委沟壑，壮者展转就食，东西顾而不知所往。[5]

这里说明了灾荒的普遍性。再看万历四十三年山东青州府推官黄

[1] 文秉：《烈皇小识》卷六。

[2] 《日知录》卷十二，《河渠》。

[3] 《明史》卷八四，《河渠二》。

[4] 《烈皇小识》卷一。又，张国维疏中也说："东南水利未尝不修举，缘视为故套塞责了事，徒令胥役向民邀索而已，以致日坏一日。"见《张忠敏公遗集》卷二。

[5] 《明经世文编》卷四四〇。

槐开的一件申文：

> 自古饥年，止闻道殣相望与易子而食、析骸而爨耳。今屠割活人以供朝夕，父子不问矣，夫妇不问矣，兄弟不问矣。剖腹剜心，支解作脍，且以人心味为美，小儿味尤为美。甚有鬻人肉于市，每斤价钱六文者；有腌人肉于家，以备不时之需者；有割人头用火烧熟而吮其脑者；有饿方倒而众刀攒割立尽者；亦有割肉将尽而眼瞪瞪视人者。间有为人所诃禁，辄应曰："我不食人，人将食我。"愚民恬不为怪，有司法无所施。枭獍在途，天地昼晦。[1]

次年，山东诸城县举人陈其猷进京会试，依据亲身见闻绘了一份《饥民图》伏阙上疏，其序略云：

> 臣自正月离家北上，出境二十里，见道旁刮人肉者如屠猪狗，不少避人，人视之亦不为怪。于是毛骨懔懔。又行半日，见老妪持一死儿，且烹且哭。因问曰："既欲食之，何必哭？"妪曰："此吾儿，弃之且为人食，故宁自充腹耳。"臣因此数日饮食不能甘，此时苟有济于死亡，直不顾顶踵矣。乃入京之初，恶状犹横胸臆间。越二三日，朋侪相聚，杯酌相呼，前事若忆若忘。既而声歌诱耳，繁华夺目，昨日之痛心酸鼻者，竟漠然不相关矣。呜呼，臣

---

[1] 康熙十二年《青州府志》卷二〇，《灾祥》；又见李世熊《寒支初集》卷九，《黄槐开传》。

饥人也，饥之情、饥之味皆其习见而亲尝者，犹且以渐远渐隔而忘之。乃欲九天之上、万里之遥，以从来未见之情形，冀其不告而知、无因而痛，不其难乎？[1]

崇祯年间，灾荒更加频繁，许多地方几乎无年无灾。农民大起义的发源地——陕北，正是著名的重灾区。马懋才的《备陈灾变疏》详细地描述了崇祯元年延安地区天灾人祸的情况。疏中写道：

臣乡延安府，自去岁一年无雨，草木枯焦。八九月间，民争采山间蓬草而食，其粒类糠皮，其味苦而涩，食之仅可延以不死。至十月以后而蓬尽矣，则剥树皮而食。诸树惟榆树差善，杂他树皮以为食，亦可稍缓其死。殆年终而树皮又尽矣，则又掘山中石块而食。其石名青叶，味腥而腻，少食辄饱，不数日则腹胀下坠而死。民有不甘于食石以死者始相聚为盗，而一二稍有积贮之民遂为所劫，而抢掠无遗矣。有司亦不能禁治。间有获者亦恬不知畏，且曰："死于饥与死于盗等耳，与其坐而饥死，何若为盗而死，犹得为饱鬼也。"

最可悯者，如安塞城西有粪场一处，每晨必弃二三婴儿于其中，有涕泣者，有叫号者，有呼其父母者，有食其粪土者。至次晨则所弃之子已无一生，而又有弃之者矣。

更可异者，童稚辈及独行者一出城外，更无踪影。后

---

[1] 乾隆二十九年《诸城县志》卷三〇，《列传二》。

见门外之人炊人骨以为薪，煮人肉以为食，始知前之人皆为其所食。而食人之人亦不数日面目赤肿，内发燥热而死矣。于是，死者枕藉，臭气熏天。县城外掘数坑，每坑可容数百人，用以掩其遗骸。臣来之时，已满三坑有余，而数里以外不及掩者又不知其几矣。小县如此，大县可知；一处如此，他处可知。……

然臣犹有说焉。国初每十户编为一甲，十甲编为一里。今之里甲寥落，户口萧条，已不复如其初矣。况当九死一生之际，即不蠲不减，民亦有呼之而不应者。官司束于功令之严，不得不严为催科。如一户止有一二人，势必令此一二人而赔一户之钱粮；一甲止有一二户，势必令此一二户而赔一甲之钱粮。等而上之，一里一县无不皆然。则见在之民止有抱恨而逃，漂流异地，栖泊无依，恒产既亡，怀资易尽，梦断乡关之路，魂消沟壑之填，又安得不相率而为盗者乎！此处逃亡于彼，彼处复逃之于此，转相逃则转相为盗。此盗之所以遍秦中也。[1]

看了这些惊心动魄的叙述，我们对于明末农民战争为什么必然爆发，明王朝为什么注定要灭亡，就能够有一个比较深刻的了解了。

---

[1] 雍正《陕西通志》卷八六，《艺文二》；又见嘉庆《延安府志》卷七二。《明季北略》卷五题为《马懋才备陈大饥》，文字取舍也有所不同。

第五节　军制的败坏

明朝的军制，开初是寓兵于农。明太祖朱元璋实行军民分籍制度，编为军户的农民世代为兵。政府把他们按照卫所的编制组织起来，进行屯田。沿边卫所三分守城，七分屯种；内地二分守城，八分屯种。每名军士给田五十亩和耕牛农具。收获所得以十二石归军士自己食用，余下的作为本卫所军官的俸粮和储积。在这种制度下，政府只对屯田情况进行督察，不用给饷。所以朱元璋曾不无得意地说：吾养兵百万，不费民间一粒粟。可是，后来法久弊生，军队的屯田多被军官、豪右和内监占夺。即如卢象升所言："塞上民田少而军地多。因循日久，俱为豪右所占。是以屯日益窘，军日益贫。甚至当军者无地，种地者非军，豪强侵霸以肥家，公私因是而交困。"[1]英宗以后，沿边的战事逐渐增多，"疆场戒严"，相应而来的是军队训练和戍守的时间增加，农事自然受到影响。还有不少屯地被持敌对态度的少数民族所占领，出现"田在敌外"[2]的情况。军屯既败坏得有名无实，商屯又由于开中盐法的废弛而破坏无遗，朝廷只有从国家财政中拨给饷银。万历以后，国家财政入不敷出，拖欠军饷的情况越来越严重。加上官吏的克扣，士卒能领到的饷银就很少了。在明末灾荒连年、粮价陡涨的情况下，士兵的生活更陷于绝境。天启七年八月，陕西巡抚胡廷宴的奏疏中说：

临巩边饷缺至五六年，数至二十余万；靖卤边堡缺二

---

[1]《明大司马卢公奏议》卷十，《参豪奸孙光鼎抗屯疏》。
[2]《明史》卷七七，《食货一》。

年、三年不等；固镇京运自万历四十七年至天启六年，共欠银十五万九千余两。各军始犹典衣卖箭，今则鬻子出妻；始犹沿街乞食，今则离伍潜逃；始犹沙中偶语，今则公然噪喊矣。[1]

崇祯年间，卢象升任宣大总督时，在巡视山西边防后给朝廷的报告中说：

今逋饷愈多，饥寒逼体。向之那钱借债勉制弓矢枪刀，依然典且卖矣。多兵摆列武场，金风如箭，馁而病、僵而仆者且纷纷见告矣。每点一兵，有单衣者，有无裤者，有少鞋袜者，臣见之不觉潸然泪下。[2]

在另一件奏疏里，他又说：

所辖之军，其饷银自去年十一二月到今，分毫未领也。各军兵虽复摆墙立队，乘马荷戈，而但有人形，全无生趣。往时见臣督临，犹跪路跪门，纷纷告讨。此番则皆垂首丧气而已。彼其心岂不甚苦，势岂不甚危，情岂不甚迫？盖知臣无以应之，讨亦如是，不讨亦如是，故付之含泪不言耳。微臣知此，亦不觉泪从心底出也。况时值隆冬，地居极塞，胡风朔雪，刺骨寒心，微臣马上重裘，犹

---

[1] 《崇祯长编》卷一。
[2] 郑天挺、孙钺编：《明末农民起义史料》，第二〇五页。

然色战难忍，随巡员役，且有僵而堕马者。此辈经年戍
守，身无挂体之裳，日鲜一餐之饱。夫独非圣明宇下苍
生、臣等怀中赤子乎？铤而走险，所不忍言，立而视死，
亦不忍见。一镇如此，三镇可知。[1]

军政败坏还表现为军队战斗力严重削弱，兵变和逃亡层出不穷，
军事纪律废弛已极。

明末官军战斗力的脆弱，无论在对满洲贵族的战争中，还是在镇
压农民起义的过程中，都可以举出大量的例证，这里就不细说了，只
附带谈一下家丁和亲军的问题。明后期，将领克扣士卒粮饷是一个极
其普遍的现象。[2]他们用朘削所得，过着花天酒地的糜烂生活，且向
兵部官员、监视太监和纪功御史等人行贿，营求升迁或开脱罪责。[3]
这就决定了他们同士卒的矛盾必然激化，平时摩擦甚多，战时更不可
能做到上下齐心。将领们为了保住自己的性命和地位，采取了自养家
丁的办法。他们把克扣来的钱财拿出一部分，豢养一小批经过挑选的
士兵，给予较好的生活待遇和马匹器械等装备。将领即便革职离任，
家丁也依旧由他们带回原籍供养。[4]这样，到了关键时刻，家丁就成

---

[1] 《卢忠肃公集》卷八。
[2] 如天启四年刑科给事中解学龙上言，山海关"三帅各万二千金为治第之资，令
人骇愕。营房每间价六金，镇将侵克，费不五六钱，马料刍豆，十扣其半"。见《国
榷》卷八六。
[3] 吴裕中《治兵理财实效疏》中说："方今武弁惟事苞苴，参游结契于监司，总戎
献媚于抚按。彼别无点金之术，不过借经费名以侵克军糈耳。究其始，岂非枢部（兵
部）自树之风声哉！谋登坛者费数万，求专城者费数千。虽关说疏题或出他人，而牵
制操纵总在该部。"见同治八年《江夏县志》卷八，《艺文志》十二。
[4] 崇祯二年十一月由于满洲贵族军侵入畿辅，朝廷通令天下勤王的诏书中还特地提
到："废闲将领，家丁可当一部者，抚按验给遣发。"见《国榷》卷九〇。

了将领邀功的王牌或逃命的盾牌。戴笠曾经指出，明朝边将"一万额兵，止有六千，以四千为交际、自给、养家丁之用。沿袭既久，惟仗家丁以护遁、冒功，而视彼六千为弃物。弃物多而家丁少，终不能以御敌"[1]。可见，家丁制度是明朝后期军政败坏情况下出现的一种畸形产物，它标志着官军逐渐由维护整个地主阶级统治的力量，蜕变成为将领们谋取个人私利的工具。[2]正是由于存在着这种不成文的家丁制度，我们在论述明末官军时，既要看到它在总体上十分虚弱，又要看到那些军阀们在个别场合，还是可以拿出一批亡命之徒来孤注一掷。

明末的兵变是统治集团危机的一个重要表现。万历以来，军队由于缺饷而哗变的事件已时有所闻。天启年间，福宁、杭州等地也先后发生兵变，还有援辽军队哗变于北直隶玉田县的事。崇祯年间，情况更为严重，以致"饥军哗逃，报无虚日"[3]。如元年七月，辽东宁远官军缺饷四个月，士卒们枵腹难忍，群起哗变。辽东巡抚毕自肃、宁远总兵朱梅都被叛兵捉住，"棰击交下"，毕自肃惭愤自尽。又如二年底至三年初，山西勤王兵哗于近畿，甘肃勤王兵哗于安定；崇祯八年，川军哗变，总兵邓玘被火焚死；崇祯九年，宁夏饥卒因缺饷而哗

---

[1] 引自谢国桢《增订晚明史籍考》第二五六页。天启年间，辽东经略熊廷弼在一封信里写道："操练之檄，何月不行；操练之事，何日不说？乃诸镇将自一二蓄养内丁外，皆视营兵为无用，而不屑操。不惟不操也，且使为内丁厮役，且夺其马与内丁骑，而代为喂养。……幸语诸镇将，以视内丁之心视营兵，则无不强也；以收拾内丁之心操练营兵，则无不可战也。一将官以百十内丁战，何如以一二千营兵战；一大帅以一二千内丁战，何如以一二万营兵战？是大有益于自家者。"引自《明经世文编》卷四八二，《熊经略集》。

[2] 沈德符：《万历野获编》补遗卷三，《家丁》条说："今西北将帅所蓄家丁，其廪饩衣械过额兵十倍。每当大敌，用以陷阵，其善战者多以首功自奋。"

[3] 《明清史料》乙编，第九本，第八七四页。

变，巡抚王楫被杀。[1]这仅是其中比较典型的例子。哗变的兵丁有一部分参加了农民起义，由于他们受过正规的军事训练，对于提高农民军的作战能力起了一定作用。

明末官军纪律的败坏，达到了令人难以置信的程度。如史籍中所说："今官兵所至，动以打粮为名，劫商贾，搜居积，淫妇女，焚室庐。小民畏兵，甚于畏贼。"[2]崇祯八年，户部尚书侯恂给陕西三边总督洪承畴的信里说："贼来兵去，兵去贼来。贼掠于前，兵掠于后。贼掠如梳，兵掠如剃。总督之令不能行于将帅，将帅之令不能行于士卒。今日之事，其何以济！"[3]

军纪败坏的一个重要表现，是所谓"杀良冒功"。明朝廷为了鼓舞士气，立下了赏格，规定斩首一级赏银三两，后来又增加到五两；将校也以获级多寡论功行赏。于是官军往往对手无寸铁的平民滥施屠杀。如天启四年，蓟辽督师孙承宗在谈到辽东官军滥杀无辜时指出："甚至喑哑孤儿，立杀受赏。"[4]崇祯四年，陕西副总兵赵大胤在韩城，"报斩贼五十级，而妇孺之首三十有五"。[5]五年，山西兵追剿起义军进入河南，"其将使县令报功。令曰：'无首级何以报？'将曰：'易耳！'少顷，进千级，其中有庠士八十余人"。[6]崇祯十一年，清兵深入畿辅，退出后，明总兵王朴纵兵斩居民首冒功。时人钱天锡作《哀庆都歌》云："各携利刃争相逐，函首忙报将与督。哄然

[1] 《国榷》卷九五。
[2] 冯钦明：《上家邺仙大司马书》，见《甲申纪事》。
[3] 《怀陵流寇始终录》卷八。
[4] 《国榷》卷八六。
[5] 《怀陵流寇始终录》卷四。
[6] 《怀陵流寇始终录》卷五。

攘臂受赐金，屠尽一家与九属。"[1]在河南商丘，甚至出现官军追杀平民，口称"借脑袋献功"[2]。官军的纪律败坏不仅给广大群众带来极大的灾难，就连地主、官绅之家也往往受到他们的侵害。因此，在明末社会舆论以至奏章中，"贼梳兵篦"之类的说法屡见不鲜。这正是后来李自成起义军提出"剿兵安民"口号的背景。

第六节　裁驿递

明代在全国交通线上设有驿站，作为政府上传下报的通信脉络，也为高官显宦公务往来提供交通工具和食宿条件。按规定，每隔十里置铺，铺有铺长；六十里设驿，驿有驿丞。铺的主要责任是传递文书，在达官显贵往来时也有导迎的义务。驿的主要任务是为政府官员提供舟车、马匹、夫役等交通工具和住宿膳食条件，也有传递紧急公文的责任。初期，制度比较严格，未经朝廷允许，一般官员不能私自利用驿站。到明中期以后，随着吏治的全面败坏，驿递制度也弊窦丛生。大小官员往来于道路时，常常任意勒索夫、马，甚至敲诈"折干"，即令驿站提供超过实际需要的供应，其超过部分折成银子纳入私囊。这样，就使驿站有限的人力、物力应接不暇，疲于奔命，甚至为了赔补经费而卖儿卖女。天启二年御史方震孺曾经说过：

　　至若驿递，夫只有此数，马只有此数，而自有东事以

---

[1] 康熙十七年《庆都县志》卷四，《艺文》。
[2] 郑廉：《豫变纪略》卷一。

来，军情旁午，差官络绎，奚啻百倍于前。而欲其照旧支撑必无幸也。臣所经过，自通州次抵山海，见夫头、马户以及车户，无不泣下如雨，不忍见闻。而瘦马走死道旁者又不可胜计。[1]

崇祯初年，御史毛羽健上疏陈驿递之害说："兵部勘合有发出无缴入，士绅递相假，一纸洗补数四。差役之威如虎，小民之命如丝。"[2]崇祯二年吴牲也上言说："今天下驿递之疲惫极矣。……驿递非破家荡产以供，则鬻妻卖子以应。当此民穷财尽之秋，更罹狼吞虎噬之惨。"[3]地方官吏还任意克扣驿站经费，贪污私肥，更使在驿站供役的穷苦百姓既填不饱肚皮，更养不起驿马。陕西巡按练国事在奏疏中曾经指出："秦晋驿递，例不全给。今募夫之苦，更加十倍，故人人思逃。凡在冲路，宜全给以安人心。"[4]另一件史料更具体地谈到安定（今甘肃定西市安定区）的驿站情况："安定站银五万有奇，每发不过一二千金。县令例扣四百，余始分给驿所。"[5]

人马饥疲，含辛茹苦，颠沛奔波于驿递路上，这就是明末社会的又一个侧面。康熙《陇州志》里面保存着一首"执鞭士"（当即驿站马夫，或称驿卒）唱的《关山谣》：

肥马血出，瘦马骨折。

---

[1] 方震孺：《淮南方孩未先生全集》卷三，《请搭棚厂添马价疏》。
[2] 《明史》卷二五八，《毛羽健传》。
[3] 吴牲：《柴庵疏集》卷五，《回銮大肆骚扰疏》。
[4] 康熙十二年《延绥镇志》卷六之一，《艺文志》载练国事《五事疏》。
[5] 孙奇逢：《夏峰先生集》卷七。

行行行行，方知马力。[1]

崇祯二年，刑科给事中刘懋上言，建议对驿递严加整顿，重新规定使用驿递的标准。他在疏中认为经过整顿，革除各种弊病以后，驿站经费每年可以节省几十万两银子，移抵一部分加派的新饷。崇祯帝听说能够捞到银子，立即兴奋起来，下令改刘懋为兵科左给事中，专门负责驿递的整顿事宜。表面上冠冕堂皇地宣布采取这一措施，是为了"革除滥给勘合火牌，以苏民困"，实际上裁减下来的驿递经费，并没有按刘懋的建议，用于抵销部分加派的新饷，而是全部责令解部移作军用。在刘懋的主持下，朝廷颁布了新定的使用驿递规章，同时宣布裁减驿站经费。根据崇祯四年二月刘懋《驿递裁扣事竣疏》中所列数字，各省裁节银共计六十八万五千七百二十余两。[2]

在明末败坏已极的吏治下，所谓整顿不过是一纸具文。[3]本来就困敝不堪的驿站，被凭空裁去了一大笔经费。刘懋建议的原意是割肉补疮，本不足取；到了崇祯帝那里，裁驿递却变成了割肉喂虎，不仅于旧疮无补，反而又添上了新创。随着驿站经费的裁减，驿夫枵腹、

---

[1]　康熙《陇州志》卷七，《艺文》。

[2]　《崇祯长编》卷四二。

[3]　明末河南巡按御史金光宸著《两河封事》内收有一件题本，其中谈道：崇祯八年，明四川总兵邓玘在湖广樊城兵变中被烧死。邓玘和当时的大学士王应熊同里，其子文是王的干儿子。邓玘的兄弟邓琳，为了把家眷和搜括来的财物运回老家，竟由王应熊出面托兵部尚书张凤翼题请，借口把邓玘的棺柩运回四川，骗取了乘用驿递从河南淇县到四川的勘合。勘合上规定只准用马十二匹、人夫六十名。王应熊却写了名帖，让邓玘的家丁向沿途州县强行索取驿马二十五匹、人夫一百二十三名，超过定额一倍。不仅如此，邓玘的家人还勒逼驿站穷夫给压马钱、折干银两。行经禹州时，勒索折干银二十两。驿站不敢开罪，向州库借来铜钱十二千。家人未餍所欲，大怒，把两名驿卒锁着脖子，打成重伤。内阁大学士和兵部尚书通同作弊，足以说明这种"整顿"究竟有多大的实际意义了。

驿马倒毙的现象愈来愈严重了。大批原来依靠驿递勉强维持生计的壮丁被迫逃亡，其中相当一部分人加入了农民起义队伍。杨士聪说：

> 天生此食力之民，往来道路，博分文以给朝夕。一旦无所施其力，不去为贼，将安所得乎？后有自秦、晋、中州来者，言所擒之贼，多系驿递夫役，其肩有痕，易辨也。[1]

明末农民战争中杰出的领袖人物李自成，就是在驿站待不下去了，才投身于农民起义的。正如史籍所说："李自成一银川驿之马夫耳，奋臂大呼，九州幅裂。"[2] 由此可见，明廷的裁驿递，对于迫使更多的贫苦群众走上叛逆者的道路是一个重要的因素。

第七节　农民大起义的前奏

从上面概括描述的明朝末年社会阶级矛盾在各方面的表现，我们可以清楚地看到，以朱明王朝为代表的统治阶级已经极度腐朽，烈火在地下运行，一场大规模的农民革命正在酝酿当中。

万历年间，统治阶级中的某些人士已经怀着不安的心情，指出朱明王朝业已面临着社会的大动荡。如郭正域在题为《法祖停税赋》的

---

[1]　杨士聪：《玉堂荟记》卷下。史悼在《恸余杂记》中也说："余尝北上公车，每见赤条寨汉鹤立站头，候人雇替，一切肩舆重扛，不过十余钱，即送大地十里余，谓之招班，得此便苟延一日之命，其穷如此。而秦、晋之间尤甚。故驿递一裁而此辈无以自活。"
[2]　康熙十二年《延安镇志》卷二三一，《建置志·驿递》。

奏章里说：

> 自古乱亡之祸，不起于四夷，而起于小民。秦之强盛，兼并六国，卒之扰乱天下者，非六国也，乃陈胜、吴广一二小民也。汉之天下，四夷款塞，呼韩来朝，卒之扰乱天下者，非四夷也，乃黄巾等贼一二小民也。元之天下，灭金灭宋，一统四海，卒之扰乱天下者，非金非宋也，乃韩山童、刘福通一二小民也。[1]

安州知州张遂在《兴除议》一文中，也大声疾呼"盗贼可忧"。他说：

> 国家自庚戌以来，北击胡，东挂倭，西灭哱，南平播，节年不闻以盗为苦也。间即桴鼓时闻，皆谓鼠窃不足虑，而不知秦之亡非以陈胜乎？汉之亡非以张角乎？唐之亡非以黄巢乎？天以水旱开其机，上以暴敛驱其众，此盗之所由起也。……而奸雄如陈胜、黄巢之流，非可以威降、术羁，此其人最足为隐忧，是在庙堂之上，当预有以罗致驾驭之也。[2]

然而，统治集团所代表的，正是社会上盘根错节的反动势力，它们自身已经无法解脱社会危机。在这种情况下，打破封建统治的枷

---

[1] 《明经世文编》卷四五四，《郭文毅集》。
[2] 康熙十九年《安州志》卷十，《艺文》。

锁，为历史的前进开辟道路的，只能是农民的革命运动。

农民的起义并不是一帆风顺的，明王朝也不是一推就倒的。从万历年间起，各地的农民曾经多次举起义旗，向腐朽统治发动冲击。例如，万历十六年，刘汝国在南直隶太湖、宿松地区领导起义，自称济贫王[1]，铸铜印大书"替天大元帅"[2]，"就富民箱困，招徕饥民共食之。饥民随者数万人"[3]。起义农民多次击败官军。明政府地方当局派人招抚时，刘汝国断然拒绝，并在回信里义正词严地宣布："豪家不法，吾取其财以济贫，此替天行道，而违之是逆天也。"[4]同年春，在湖广等地也发生过饥民抢米的风潮。如大冶县"谷价腾踊，间阎萧条。一夫攘臂大呼，轰然蚁聚，动百十人。持斧破廒，所至一空"[5]。

万历二十七年，白莲教徒赵古元（原名赵一平）在徐州一带组织起义。他的徒众到处宣传，"世道之将变，尊古元为真人"。赵古元等制订了详细的起义计划，"约以二月二日各处兵马八路齐起，先扬淮，次取徐州新河口，阻绝粮运；次取金陵、燕都，大事可定"。明地方官僚惊呼："黄巾、赤眉之祸，再见于目前。变生呼吸，可为寒心。"[6]

万历三十四年，南京又有无为教徒刘天绪等人密谋起义。刘天绪"自称为辟地定夺乾坤李王"，"又自号为龙华帝主"。[7]

天启二年，山东白莲教徒在徐鸿儒领导下举行起义。这次起义具

---

[1] 《潜江旧闻》卷一。毛奇龄《后鉴录》作"自称顺天安民王"。

[2] 《后鉴录》。《潜江旧闻》卷一作"佩大将军印"。

[3] 《后鉴录》。

[4] 同3。

[5] 康熙二十二年《大冶县志》卷四，《治忽·灾异》。

[6] 《明神宗实录》卷三四五。

[7] 沈德符：《万历野获编》卷二九；《明神宗实录》卷四二八。

有广泛的群众性，当地农民"多携持妇子、牵牛架车、裹粮囊饭，争趋赴之，竟以为上西天云"[1]。起义军很快就攻克了郓城、邹县、滕县、峄县等县城，计划"南通徐、淮、陈、颍、蕲、黄，中截粮运，北达神京，为帝为王，改元建号"[2]。同时还有北直隶景县民于弘志等起义响应。天启四年九月，南直隶颍州、砀山以及河南永城一带，有杨桓、杨从儒的密谋起义。他们"啸聚徒众，私相部署，伪称懿德元年"[3]。

这些中小规模的农民起义，都在萌芽阶段或初起之时即被明王朝血腥镇压了下去。然而，反革命的屠刀并不能解决尖锐的社会阶级对抗。统治者的倒行逆施，势必激起人民群众更大规模的反抗。

总之，从万历后期到天启年间，整个中国的天空已经彤云密布，不时发出隐隐的闷雷声。那些中小规模的地区性农民起义，就像一阵阵刺目的闪电，不仅揭露了笼罩大地的黑暗，更有力地预示着一场大规模的暴风雨就要来临了。

---

[1] 康熙十二年《郓城县志》卷九，《灾祥》。
[2] 王一中：《靖匪录》，见《括苍丛书》第一集。
[3] 道光《阜阳县志》卷二三，《杂志·摭史》。

第二章
明末农民战争的爆发

第一节　陕西农民首建义旗

在叙述明末农民战争的历史时，人们习惯于以天启七年（1627）发生在澄城县的农民起义作为起点。这是可以的。但是，我们也应当指出，这只是选择了一个具有典型性的标志，实际上很难说陕西的农民起义是在天启七年才开始的。崇祯初年担任陕西三边总督的杨鹤说过：

> 内地流贼起于万历、天启年间。援辽兵丁陆续逃回，不敢归伍，因而结聚抢掠，以渐蔓延。不幸边地亢旱四载，颗粒无收，京、民二运转输不继，饥军饥民强半从贼，遂难收拾。[1]

---

[1]　杨山松：《孤儿吁天录》卷之末，《先大父抚贼之谤》。

杨嗣昌在崇祯十年的一个奏疏里说得更加明确：

　　　　流贼之祸，起于万历己未（四十七年，1619年）。辽
　　东四路进兵，三路大溃，于是杜松、王宣、赵梦麟部下之
　　卒相率西逃。其时河南抚臣张我续、道臣王景邀击之于孟
　　津，斩首二十余级，飞捷上闻。于是不入潼关，而走山西
　　以至延绥，不敢归伍而落草。庙堂之上，初因辽事孔棘，
　　精神全注东方，将谓陕西一偶（隅）不足深虑。不期调援
　　不止，逃溃转多。饥馑荐臻，胁从弥众。星星之火，至今
　　十九年。[1]

杨鹤父子叙述的情况是可靠的，在其他一些史籍里面可以得到印
证。如戴笠、吴芟在叙述陕西农民起义的开始时就明确指出：

　　　　陕西兵于万历己未四路出师，败后西归，河南巡抚张我
　　续截之孟津，斩三十余级。余不敢归，为劫于山西、陕西边
　　境。其后调援频仍，逃溃相次，边兵为贼由此而始。天启辛
　　酉（元年），延安、庆阳、平凉旱，岁大饥。东事孔棘，有
　　司惟愿军兴，征督如故。民不能供，道殣相望，或群取富者
　　粟，惧捕诛，始聚为盗。盗起，饥益甚，连年赤地，斗米千
　　钱不能得，人相食，从乱如归。饥民为贼由此而始。[2]

---

[1]　杨嗣昌：《杨文弱先生集》卷十。
[2]　《怀陵流寇始终录》卷一。

在地方志里，也有早期起义农民流动于各地的零星记载。如《汉阴县志》说："（万历）四十三年，流贼劫掠乡村，出没无常，为地方患。"[1]《霍州志》载："天启三年，流寇突至霍州南关，杀数人。"[2]《洋县志》载："天启四年七月，流贼突至斜堰河坝，杀死周之弘，邑为骚动。"[3]《西乡县志》说："（万历）四十八年，流贼俞士乾率众犯境。天启七年，流贼王魁禄率众犯平地等处。"[4]《国榷》也记载了四川巡抚尹同皋上言："陕西流盗由保宁入川，蹂躏广元、神宣之间。天启六年八月，神宣指挥吴三桂御之，斩三级，一系贼魁。十二月，又从眉林沟入犯，守备王虎等御之，斩纪守恩等十二人，追至宁羌界。秦蜀两道，事权宜兼制，乞敕陕西各道府多方缉抽。从之。"[5]

这些事实说明，从万历末年起，陕西军民就已经开始了抗暴图存的武装斗争。早期的起义群众虽然人数不是很多，活动的范围却相当广，在同陕西相邻的山西、四川都留下了他们的足迹。只是由于当时的声势还不够大，首领人物也不为人们所知。关于这些早期的起义队伍，除了一些点滴的记录以外，无从弄清他们的确切情况。

天启七年，陕西澄城县爆发的农民起义，正式拉开了明末农民战争的序幕。

澄城在当时是一个十分贫穷的县份，境内大部分是山谷。史籍记载，这里"土瘠赋重"，本地农民由于负担不了政府的沉重赋税，

[1] 康熙十四年《汉阴县志》卷三。

[2] 道光六年《直隶霍州志》卷十六，《灾祥》。

[3] 康熙三十四年《洋县志》卷一，《灾祥》。

[4] 康熙五十七年《西乡县志》卷一，《僭乱》。

[5] 《国榷》卷八八。

逃亡的很多，丢下大片土地没有人耕种。隆庆、万历年间，还有来自朝邑、郃阳、蒲州等邻近州县的农民开荒佃种。天启以后，由于政府的压榨越来越重，又加上天灾，户口凋敝更甚。"四远之民，望澄以为苦海。"[1]尽管生产的破坏、人民的灾难已经到了极其严重的程度，明政府不但不设法救济，反而一味追逼钱粮。髓干血尽的农民被逼得走投无路，感到与其束手毙命于杖下，不如揭竿而求生。天启七年（1627）二月十五日黄昏时，知县张斗耀正坐堂比粮，怒火填膺的农民们各持利器，从西门拥进公堂。张斗耀见势头不好，吓得躲进私宅，被郑彦夫等人追上乱刀砍死。[2]澄城农民抗粮杀官的消息迅速传布开来，各地的农民、饥军纷纷响应，一场轰轰烈烈席卷全国的燎原大火就这样点燃了。

关于澄城农民起义，有的史籍描绘得非常形象。《鹿樵纪闻》说：

> 崇祯改元之岁，秦中大饥，赤地千里。白水王二者，鸠众墨其面，阗入澄城，杀知县。[3]

《烈皇小识》写得更是有声有色：

> 先是天启丁卯，陕西大旱。澄城知县张耀采催科甚

---

[1] 乾隆四十九年《澄城县志》卷七。
[2] 金日升：《颂天胪笔》卷二一，《附纪》；《熹宗实录》卷七七。按：这两部书的记载，都是根据当时陕西巡抚张维枢的奏疏，比较翔实可靠。其他一些史籍关于澄城起义的记载，就多有失实之处。例如被农民砍死的知县张斗耀，往往误写为张耀采。据《澄城县志》和《蒲州志》（张为蒲州进士）均作张斗耀，可以同前揭书相印证。
[3] 《鹿樵纪闻》卷下。

酷，民不堪其毒。有王二者，阴纠数百人聚集山上，皆以墨涂面。王二高喝曰："谁敢杀张知县？"众齐声应曰："我敢杀！"如是者三，遂阗入城。守门者不敢御，直入县杀耀采。众遂团聚山中。[1]

这里的问题是，澄城的农民起义是否就是白水县民王二领导的起义？据顺治《白水县志》载："崇祯二年，白河北王二、种光道倡乱。官兵以不谙地势陷败。后结连延、庆诸贼，至流毒天下。"[2]上引澄城起义的原始记载，只提到郑彦夫其人，并没有说王二是这次起义的领导者。而《白水县志》在记载王二起义时，又没有涉及澄城杀官事。可能这是在不同时间和不同地点发生的两个事件，被某些史籍的作者糅合为一了。在这些情节上的差异没有考定的时候，用澄城农民抗粮杀官的提法，比白水农民王二领导澄城起义要妥当一些。

澄城农民起义爆发之后，陕西许多地方的饥民和饥军也闻风而动。

府谷县有王嘉胤率领"杨六、不沾泥等群掠富家粟。有司捕之急，聚为盗"[3]。白水县王二等人起义后，攻破宜君县城，放出狱囚，随即北上同王嘉胤会合，人数达到五六千名，聚集在延安、庆阳的黄龙山。[4]不久，被明陕西督粮道洪承畴击败，转入山谷。安塞人高迎

---

[1] 文秉：《烈皇小识》卷二。

[2] 顺治四年《白水县志》卷上，《扼要》。乾隆十九年《白水县志》卷一，《地理·兵寇》改"白河北王二、种光道倡乱"为"洛河北民王二、种光道聚众为盗"。

[3] 管葛山人（彭孙贻）：《平寇志》卷一。《怀陵流寇始终录》卷一说，王嘉胤是定边营逃卒。

[4] 《怀陵流寇始终录》卷一作黄陇山。

祥在崇祯元年率众起义，带领一支队伍同王嘉胤会合。[1]

清涧县人王左挂（原名王子顺）也召集"骑贼万人反于宜川之龙耳嘴"[2]。他的部下头目有苗美、飞山虎、大红狼等人。崇祯三年二月，王左挂向明总兵杜文焕乞抚，不久复谋再起，被洪承畴和陕西巡按御史李应期定计杀害。王左挂受抚时，部下苗美等人不从，带着队伍向西转移，被官军击溃，苗美也被清涧庠生李攀龙杀害于贺家湾。[3]

汉南人王大梁起义后，有部众四百人，自称大梁王。崇祯元年十月，他纠集成县、两当二地的农民三千多人，攻克陕西略阳，逼近汉中府（府治在南郑县）。[4]二年二月，陕西商洛兵备道刘应遇，会合四川官军吴国辅部围剿汉中，起义军大败，王大梁被俘杀。除了三百多人突围逃入四川以外，参加起义的群众都遭到屠杀。[5]

点灯子，名赵胜，又名赵四儿，原是清涧县书生，借住在本县石油寺里日夜攻书。有人讹传他夜间点灯于孤寺，像平话中描绘的黄巢那样造兵书谋反，又喧传官府将要逮捕他。赵胜无以自明，担心被诬陷入狱，终于逼上了梁山，在解家沟花牙寺聚众起义。[6]

崇祯元年十二月，陕西三边总督武之望奏固原兵变。参加兵变的

---

[1] 《怀陵流寇始终录》卷一。

[2] 《怀陵流寇始终录》卷一。又，该书说"左挂，名之爵，非子顺"。《国榷》卷九一，于崇祯三年正月下记"陕西边盗王子顺，号左挂子"；六月下记"王子顺，一名王之爵"；十二月下引总兵杜文焕语"清涧贼王之舜"。可见爵字乃舜字形近之讹。其他史籍多作王子顺，当从之。此外，《国榷》卷八九，记崇祯元年十一月，"白水盗王子顺……"；《怀陵流寇始终录》卷一，也有崇祯元年十一月"白水王子顺反"的记载，似乎把王左挂误认为王二了。

[3] 《国榷》卷九一。

[4] 《怀陵流寇始终录》卷一。

[5] 《平寇志》卷一；《国榷》卷九一。

[6] 吴伟业：《绥寇纪略》卷一，说点灯子原名茆长庚。《怀陵流寇始终录》卷一，根据杨鹤奏疏写作赵四儿，应当说比较可靠。

士卒劫取了固原州库的财物，接着转攻泾阳、富平、三原，官军游击李英也被俘虏。[1]

崇祯二年四月，阶州士兵周大旺也率众起义，不久被明副总兵贺虎臣部镇压下去。

崇祯三年十一月，陕北延西一带由于缺饷四年，本地极目黄沙，一物不产，粮食贵得好比珍珠，饥军们实在被逼得无路可走，在神一元领导下举行起义，参加的有三千多人。起义后，连续攻克新安边、宁塞营、柳树涧三堡，杀参将陈三槐，随即占领保安县。四年正月，明副总兵张应昌、苑攀龙部同神一元领导的起义军作战于保安，神一元阵亡，他的弟弟神一魁被推举为首领。[2]

农民起义的声势一天天扩大，北方官僚们束手无策。崇祯元年七月，陕西巡按御史李应期上言说：

> 全陕地多硗确，民鲜经营。慨自边疆多事，征兵征饷，闾阎十室九空。更遇连年凶荒，灾以继灾，至今岁而酷烈异常也。臣自凤汉兴安巡历延庆、平凉以抵西安，但见五月不雨，以至于秋，三伏亢旱，禾苗尽枯，赤野青草断烟，百姓流离，络绎载道。每一经过处所，灾民数百成群，拥道告赈。近且延安之宜、雒等处，西安之韩城等

---

[1] 《绥寇纪略》卷一；《怀陵流寇始终录》卷二。
[2] 《怀陵流寇始终录》卷三、卷四；《国榷》卷九一，引总兵杜文焕语；《平寇志》卷一。《怀陵流寇始终录》说神一元是从辽阳逃回的边兵。又，《杨鹤对诏狱供状》中说，神一元起义中的另一位首领高应登，也在保安战役中被官军杀害。但史籍中，在这以后仍然多见闯天王高应登的名字。究竟是杨鹤的报告有错误，还是某些史籍把高迎祥误书为高应登，或者在明末农民战争中，有两位首领人物都叫高应登，现在还不清楚。

属，报有结连回罗，张旗鸣金，动以百计。白昼摽掠，弱血强食。盖饥迫无聊，铤而走险。与其忍饿待毙，不若抢掠苟活之为愈也。

李应期接着向皇帝请求："伏（俯）念奏（秦）灾重大，关系匪轻，敕下户部覆议，将天启七年负欠并今岁加派地亩辽饷亟赐免征，复将见年者酌减一半，其余军饷宗禄一并宽缓。不然，即日取此饿莩毙之杖下无益也。更祈皇上敕部俯查万历十一年并十三年全陕大荒事例，慨发帑金遣官赈济，于以救灾民而安地方。异日公家之赋，尤（犹）可望之将来。如曰内帑以（已）匮，诸饷不继，蠲赈两端，概靳不施，万一祸乱大作，天下动摇，勿谓臣今日缄口不言。"[1]

李应期奏疏中请求蠲税和赈济，是从统治者的根本利益着眼，希望朝廷拿出点残羹剩饭施舍给农民和边军，使他们能够苟活下去。这在起义刚刚爆发时，不失为缓和阶级矛盾的一个重要办法。可是，明廷连这样一点微小的让步和施舍也不肯答应，饥寒交迫的军民只有自寻出路，越来越多地涌进起义的行列。崇祯二年正月，陕西巡抚胡廷宴、延绥巡抚岳和声向朝廷报告："洛川、淳化、三水、略阳、清水、成县、韩城、宜君、中部、石泉、宜川、绥德、葭州、耀、静宁、潼关、阳平关、金锁关等处，流贼恣掠。"[2]农民起义在陕西大部分地区如火如荼地展开了。

---

[1] 孙承泽：《山书》卷一。
[2] 《国榷》卷九〇。

第二节　勤王兵的哗变

崇祯二年十月，后金贵族军队大举内犯，从北直隶遵化、蓟州地区破边墙而入，攻陷遵化、玉田、三河、香河、顺义等县，兵锋直抵北京城下。明遵化巡抚王元雅自杀，入援的山海关总兵赵率教阵亡。崇祯帝朱由检惶遽失措，轻信宦官一面之词，中了皇太极设下的反间计，把蓟辽督师袁崇焕逮捕下狱（次年处死）。辽东总兵祖大寿吓得心惊胆战，拉起队伍跑回山海关。为了挽救危局，朝廷下令各地督抚火急勤王。山西总兵张鸿功遵照兵部的檄调，带领晋兵五千入援，山西巡抚耿如杞也自告奋勇，领着抚标营和太原营三千多名官兵赶赴畿辅勤王。陕西三边总督杨鹤和陕西巡抚刘广生、甘肃巡抚梅之焕、延绥巡抚张梦鲸，也应诏抽调各镇精兵一万七千多人，由沿边五大镇总兵吴自勉、尤世禄、杨麒、王承恩、杨嘉谟率领，入卫京师。此外，奉檄入援的，还有河南巡抚范景文、江西巡抚魏照乘、郧阳抚治梁应泽等人统率的官军[1]。

山西总兵张鸿功的军队到达畿辅地区以后，兵部传令驻守通州，第二天调守昌平，第三天又调守良乡。按照规定，军队到达汛地的当天不准开粮。山西兵三天调了三个地方，三天没有领到口粮。士兵们极为愤慨，就自己在驻地附近抢掠粮食。朝廷又以耿如杞、张鸿功未能约束军队，下令逮捕。这五千名精锐士卒，眼见巡抚和总兵下狱问罪，就一哄而散，逃回山西。事情闹大以后，明廷不仅不自究处置失宜，反而把耿如杞、张鸿功处死。[2]

---

[1]　范景文：《范文忠公全集》卷二，《奏疏》。

[2]　据耿如杞《世笃堂集》所收《勤王揭稿》，哗变的军队是张鸿功所统山西镇兵，耿如杞所领抚标营兵和太原营兵，后来也散去七百名。朱由检却不问情由，不据刑律，把耿如杞、张鸿功一并处斩，借以发泄自己因后金贵族军队深入畿辅的羞怒。

陕西三边军队在勤王途中也一再发生哗变。

延绥镇兵由于总兵吴自勉克扣行粮，勒索不愿入卫的军士缴纳贿银和盗卖军马，引起士兵们的强烈不满，许多人开小差不辞而别。延绥巡抚张梦鲸因此忧愤而死。[1]

甘肃巡抚梅之焕和甘镇总兵杨嘉谟统领的军队，在崇祯三年正月走到安定县时也发生哗变。据参加者的口述，这次兵变的原因是，入卫行程远达六千里路，没有发给安家粮食；统兵官员迫于朝廷严旨，一个劲儿地赶着士兵们快走。士兵们负载的盔甲、铳炮又重，困苦不堪，"几日人马俱倒"。他们愤愤不平地说，"左右是死，不如就死在这里"。于是在王进才、殷登科、吴天印的领导下奋起反抗，格杀出面阻拦的参将孙怀忠、把总周道昌、连登魁，夺取了营中饷银，"介马西驰"，自行返回驻地。到达兰州时，巡抚梅之焕布置的内奸，把兵变的领袖人物王进才等杀害。经过整顿以后，一部分军队继续东行勤王，一部分坚决不愿意去的被遣还原戍地。[2]

边兵的奉调勤王和哗变，对于刚刚兴起的陕西农民起义的发展有主要影响。抽调入卫的兵丁都是当地驻军的精锐，他们开拔勤王，自然大大削弱了地方当局用来镇压起义农民的力量。这正是促使三边总督杨鹤采取招抚政策的主要原因之一。杨嗣昌在崇祯四年，替他的父亲杨鹤辩解的奏疏中，就有这样一段话：

> 臣父未任以前，业已蔓延猖獗。然沿边四抚五镇未有
> 他故，犹可弹压撑持。不幸臣父受事，延、甘、陕抚连换

---

[1] 《绥寇纪略》卷一。

[2] 梅之焕：《梅中丞遗稿》卷一，《定乱疏》；《崇祯长编》卷三一。关于这次兵变，还可以参看拙稿《李自成起事考》，载《中国史研究》一九七九年第二期。

八人，勤王五帅并发，精锐尽付东行。缓急无一可恃，而贼党始横。庆阳之围，杜文焕、贺虎臣方溃保安，谁与剿贼？臣父提卒三百，抚定神一魁数万众而散遣之，非得已也。[1]

勤王兵的哗变，不仅打乱了明廷的军事部署，牵扯了地方官员的精力，而且参加兵变的士卒往往不敢归伍，其中不少人漂泊无着，连群结伙地投入农民起义。这样，就使相当一批原来用以镇压农民起义的力量，转化成了反抗明王朝的力量。他们受过军事训练，有作战经验，对于提高农民军的战斗力是有重大意义的。崇祯三年以后，农民起义在陕西的扩展和大批农民军渡过黄河进入山西，同陕、晋勤王兵的几次哗变有着密切关系。

第三节 张献忠、李自成参加起义

在崇祯初年群雄并起的历史条件下，张献忠、李自成这两位后来在明末农民战争中起了巨大作用的人物也先后参加了起义。关于他们的家庭、早期经历和参加起义的情况，各种史籍的记载很不一致。由于起义农民的领袖人物大抵出身于社会底层，在旧王朝统治下他们是被人忽视的芸芸众生，因此要弄清他们"微时"的经历相当困难。

张献忠，陕西延安人，一说属军籍延安卫柳树涧人[2]，出生于明

---

[1] 《杨文弱先生集》卷四，《情急呼天身代父罪疏》。
[2] 康熙十二年《延绥镇志》卷五之四，《纪事志·僭国列传》。

万历三十四年（1606）九月十八日。[1]他的家庭情况众说纷纭，但都缺乏可靠的根据。有的记载："张献忠，亦秦人。父业履，母织席。献忠自少读书不售，遂与逃兵三百人起而为盗，转掠豫楚间，号八大王。"[2]有的说他"儿时随父贩枣至四川内江。以驴系绅坊，粪溺污其石柱。绅仆骂之，鞭其父，令以手掬他所。时献在边，怒目不敢争，誓云：'我后来时尽杀尔等，方泄吾恨。'后入蜀，内江民无噍类"[3]。还有的记载说："张献忠，陕西肤施人，阴谋多狡。父快，屠沽而贱，母沈，并早死。献忠依丐徐大为活。尝窃邻人鸡，偶见詈之。献忠曰：'吾得志，此地人亦如鸡焉。'其残忍之心，少年已萌。及长，益无赖。适流贼王嘉胤作乱，献忠投之，号八大王，又号黄虎。"[4]另一种说法是："张献忠，本铁匠子，年少刚狠，承造军器，官吏有陋规，而煤铁有余。后煤铁既少而陋规日增，工食克扣而限期更迫，匠不堪命，因以倾家，而追逼复首及之。乃入王嘉胤党，贼中称为八大王，自称为西王。"[5]吴伟业在《绥寇纪略》中叙述张献忠事迹时，开头就说，"张献忠，不知其所自起"，接着又介绍了一种说法："相传献忠肤施人，隶延安卫籍，固将家子。少时从军犯法，得总兵陈洪范救免，刻楠檀为洪范像事之。其为贼也，与汝才同

---

[1]《绥寇纪略》卷九云，李自成生于万历三十四年，又说与献忠同岁。余瑞紫：《流贼陷庐州府纪》说，九月十八日为献忠生日。又，《明季北略》卷十六，《张献忠围桐城》条云："九月初十为献忠生日。但这条记载，说崇祯十三年九月张献忠在南直隶桐城庆寿，实际上那时献忠在四川，所记有误。"

[2]《续编绥寇纪略》卷五。

[3] 顾公燮：《消夏闲记摘抄》卷中，《张献忠》条。

[4] 抱阳生：《甲申朝事小纪》卷七，《张献忠记》。

[5] 沈颐仙：《遗事琐谈》卷五，《寇祸本末》。

起……"[1]关于张献忠曾经在明政府军中服役的说法流传得很广，但并不大可靠。[2]

从我们现在所见到的材料来看，张献忠的家庭情况，仍然是弄不清的问题之一。某些比较可靠的文献表明，张献忠少年时代大概曾经受过一些教育，达到粗通文字的水平。例如，乾隆《宝丰县志》记载了这样一段逸事，崇祯十五年五月十三日，献忠所部起义军攻克河南宝丰县，"劫集诸生于城东河厌龙王庙。各问姓名，令勿惊怕。操土音云：'咱是斯文一气，老子学而未成。'款语良久，遣各入城，遂拔营去"。[3]张献忠在青年时期曾经当过延安府的捕役，常常受到同事的欺侮，有不胜压抑之感，乃"拊髀叹曰：嗟，大丈夫安能久居

---

[1] 《绥寇纪略》卷十，《盐亭诛》。

[2] 《平寇志》卷三，也有类似记载："献忠少从军，隶总兵王威麾下，犯法当刑。陈洪范以别将谒威。献忠等十八人已解衣就刑，见陈，仰而乞命，洪范为之请，威不肯赦。献忠缚最后，年少，貌多伟。洪范目而异之曰：'若必不可原，请特贳此儿。'威笑而允之，曰：'诺。'十七人伏法，献忠鞭一百独免。"佚名《纪事略》中说："大盗张献忠者，系陕西榆林卫卒，先隶抚军洪承畴标兵。承畴奉敕办寇，献忠随师（中）牟县。承畴见其剽悍亡命，遂充旗手。历行间多年，鸠凶徒为翼，恃勇逞强，不守兵律。承畴虽每示以法，而不置之以死者，怜其勇也。时有响马绰号黄虎者，啸聚群盗，围掠中牟四十日，承畴率兵逐之，黄虎过黄河，走山西五台山。献忠率亡命往从之，绰号八大王，改营曰西，示自立也。"同书内以张献忠自述的口气，叙述了一段他在1645年称帝于成都之后，"谕诸文武"的话说："如朕微时，曾隶洪承畴标下吃粮，充一旗手，也曾冒矢石，探虎穴。援辽时，朕年未弱冠，亦曾兵刃交接，斩首级十余颗，论起来也博得个一官半职。岂知对垒交锋处有我，叙功疏上无我。到得恩诏下颁，部议上陈，为官者依然官上加官，到朕名下，不过同众兵分吃些牛酒。朕愤不过，所以自中牟县领着黄虎时起手，纵横天下，以至今日，抚有兹土，皆赖尔众将士勠力同心所致也。"这类记述虽然绘声绘色，叙述得相当详细，但用有关的背景材料来检验，却很难令人置信。

[3] 乾隆八年《宝丰县志》卷五，《杂志·兵燹》。按，崇祯十五年，张献忠起义军没有到过河南宝丰县，这里记的年代有错误，应当是崇祯十四年五月十三日。

人下耶！"[1]于是决然舍去，参加了农民起义。[2]在同官军作战中，他"临战辄先登，于是众服其勇"[3]，很快就成了一支队伍的领导人，自号西营八大王。从这时起，直到崇祯十六年建立大西政权，"八大王"的旗号出现在黄河、长江流域的许多地方，在各部起义军中是一支名闻遐迩的部队。

李自成，陕西米脂县人。明朝末年，这里的阶级矛盾十分尖锐。早在万历年间，米脂县的农民就在明政府的赋税重压下大批地逃亡。当时的一位知县张可立，对米脂的困苦情况做过这样的描写：

> 本县原额地粮草站，除免征奏豁，其实征之数，开载别册，一览了然矣。先以十三里之民，耕种前地，办纳前粮，尚多荒逋。剜并里之后，暵疲之余，在者仅二里耳。地之愈荒，粮之愈逋，无怪也。且宽衍川地，尽属军屯；峻埪山冈，方为民产。春当种而冻弗消，秋未收而霜已降。糊口实难，竭泽奚忍？目今催督之令，急于星火，参罚之例，严于震霆。有司即工于催科，如罄室之民何哉！……未荒者因荒粮之赔而尽荒，未逃者因逃粮之加而尽逃。窃不知县事所终矣。边地之荒，边民之苦，人人知

---

[1] 康熙六年《陕西通志》卷三一，《杂记·盗贼附》。
[2] 关于张献忠参加起义的时间，除了某些不大可靠的记载（如《平寇志》卷一）以外，一般都付之阙如。康熙十二年《延绥镇志》卷五之四，《纪事志》中说："张献忠者，延安卫柳树涧人也。为府中快手，不得志，去而从神一魁，领红旗为先锋，有力多诡，同伙咸尊事之。"把张献忠的开始投身农民革命说成是"从神一魁"，看来不对，因为神一魁兄弟起义是在崇祯三年十一月，而张献忠在这以前就据有米脂县十八寨（诸书都记于崇祯三年，但月份不一致），而且从后来的活动情况看，他同神一魁部也没有什么关系。总之，目前所见到的史籍，最早提到张献忠是在崇祯三年。
[3] 同1。

之、悯之。其招来之法，非不明且具也。行之数年，效未一睹，何哉？抛荒之册甫上，督征之令已下，不曰荒者难征也。抚字之望甚殷，参罚之章□贷，不曰存者赔难也。岂惟百姓剥肤，有司亦束手矣。因荒荒熟，因亡亡存，民之苏也，其何日之有？[1]

　　在万户萧疏、百姓流离的环境中，李自成经历了人间最早的磨炼。万历三十四年（1606）八月二十一日，他出生在米脂县双泉里的一个农户家里。[2]祖父名叫李海，父亲李守忠，母亲的姓氏有金姓、吕姓诸说。[3]家境十分贫寒。[4]自成乳名黄娃子，一作黄来儿，幼年曾

[1]　康熙二十年《米脂县志》卷四，《田赋》。

[2]　《绥寇纪略》卷九、《怀陵流寇始终录》卷七，都说李自成生于万历三十四年八月二十一日；《鹿樵纪闻》亦作是年八月；《明季北略》卷五《李自成起》条，记于同年五月。冯甦《见闻随笔》卷一，《李自成传》作万历"三十三年八月二十一日巳刻"，比上述诸书提前了一年。康熙十二年谭吉璁重修《延绥镇志》，记"万历二十五年（1597）八月己巳之酉刻"自成出生。这些说法都没有举出原始材料作根据，仅录以备考。

[3]　崇祯十五年正月，明米脂县知县边大绶写的塘报稿中说："贼（指李自成）祖李海、父守忠，系本县双泉都二甲人。"见顾炎武《明季实录》。康熙《延绥镇志》云，其母吕氏为怀远堡人；《绥寇纪略》卷九、《见闻随笔》卷一，谓其母为金氏。同书又说"自成于高（迎祥）为甥舅"，其母又当为高氏，恐不可信。

[4]　有的史籍说，李自成的家庭本来比较富裕。如说他的祖父"世农自饶"（《平寇志》卷一）；甚至还说他娶了一个妓女为妻（《绥寇纪略》卷九），后来因为李自成和侄儿李过荒嬉败家，"尽亡其赀"，以致家道中落。这种说法很不可靠。康熙六年《陕西通志》卷三一，《李自成传》，说他"少孤贫，为驿卒"；费密《荒书》也说其"父为农，贫甚"。明末米脂县知县边大绶，在崇祯十五年正月，掘毁李自成的祖父和父亲的坟墓后，给陕西总督汪乔年的报告里描述的情况是：墓在荒山野冈之中，没有墓碑，除了下葬时从土中挖出的一个黑碗以外，没有任何殉葬品，足以证明自成的祖父和父亲都是非常贫穷的。

经被舍入寺庙，唤作黄来僧[1]，后来又到地主家放羊。[2]成年之后，应募到本县圙川驿充当驿卒。按照谭吉璁的说法，自成"二十一岁应募银川驿马夫"[3]，如果所言有据，则当为天启六年（1626）。

史籍中保存了一些李自成参加起义以前，备受官府和豪绅欺辱的情况。费密《荒书》记载说：

> 父亡，自成年长无依，为米脂县圙川驿马夫。艾乡绅之门有石坊，艾送客忽见自成坦卧其上，怒之。他日又溺于艾乡绅门墙，擒入，棰楚乱下，系于庭柱。艾之季子出，手持饼啖。自成饥甚，向艾子乞余饼。季子骂曰："我宁饲狗，岂以与汝？"投饼于地，脚踏而去，自成深恨。艾乡绅又送官责治，适自成骑死驿马二匹，追赔比较甚严；又骑死一匹。遂欲走亡，无可依者。

---

[1] 费密《荒书》记载："自成产时，其父梦一黄衣人入其土窑，故小名黄娃子。"按，《米脂县志》收录当地土语称幼儿为"娃"，费氏所记与当地风俗相合。《绥寇纪略》卷九，记自成小名为黄来儿。《明季实录》所收米脂县知县边大绶塘报稿中说："闻贼李自成，幼曾为僧，俗名黄来僧。"又冯甦《见闻随笔》云：自成"小字硙生"；《鹿樵纪闻》卷下，《闯献发难》条，记"李自成，初名鸿基，小字黄来儿，又字枣儿"。

[2] 前引边大绶塘报稿中，记自成曾"为姬氏牧羊奴"，最可信。谈迁《北游录·纪闻上》，《惠世扬》条云"李自成故牧卒，尝给事世扬之门"；光绪《米脂县志》卷十二，记自成"幼牧羊于邑大姓艾氏"；康熙《延绥镇志》卷五之四说："十余岁即与回回婆家牧马。丧父，为酒佣，日沉醉；主者遣之去，学锻，又不成。为人耕田，常枕耒而卧，不事事。"

[3] 见康熙十二年《延绥镇志》卷五之四，《纪事志·僭国列传》。冯甦《见闻随笔》说，自成"年二十余执役银川驿"。按，据康熙二十年《米脂县志》等书，银川驿当写作圙川驿。圙川，又名圙水，即无定河，流经米脂县境。

郑廉在《豫变纪略》里，也有一段类似的记载：

> （自成）为驿卒，能得众。时岁洊饥，邑官艾氏贷
> 子钱，自成辄取之。逾期不能偿，艾官怒，嗾邑令笞而枷
> 诸通衢烈日中，列仆守之，俾不得通饮食。盖欲以戚其众
> 也。诸驿卒哀其困，移诸阴而饮食之。艾仆呵骂不许。自
> 成忿然曰："唉，吾即死烈日中何害？"则跟跄力荷其枷
> 仍坐烈日中，竟不饮食，虽惫甚不少屈也。众益哀之，不
> 胜其忿，遂哄然大哗。毁其枷，拥自成走出城外，屯大林
> 中，不敢出。然犹未至伤人也。而县尉则乘赢马率吏卒执
> 弓刀而往捕之。林莽菁密，不敢入。相持良久，日且暮，
> 众不得已，杖白梃一哄而出。县尉惊，堕马死；吏卒溃而
> 奔，弓刀器械悉为其有。是夜遂乘势袭城，奋袂一呼，饥
> 民群附，一夜得千余人，出而走，转掠远近。旬日间其势
> 益众，又与盗相通为声援，往来奔窜，号曰闯将，俨然自
> 为一部矣。[1]

李自成后来在发布的《永昌元年诏书》中曾经说，"朕起布
衣，目击憔悴之形，身切痛瘵之痛"[2]。看了上面的两段引文可以知
道，这绝不是无根之语，而是如实地反映了他在明王朝统治下所经历

---

[1] 参考清初当地志书和其他史籍，李自成初起事时，似乎并没有攻下米脂县城，县
尉堕马而死也无从证明。郑廉在崇祯十五年，曾经卷入同李自成联合作战的罗汝才部
起义军，有可能听到一些起义军首领人物的情况，但由于他在起义军中时间短、地位
低，所谈细节不一定很准确。
[2] 《平寇志》卷九。

过的苦难生涯。

崇祯二年，明廷下令裁减驿站经费，作为驿站马夫的李自成又身受其害，被迫离开了驿站。次年，陕西灾荒更趋严重，隔河的山西省又以"防寇"为名，禁止把粮食卖往陕西。陕北的米价涨到六钱银子才能买到一斗米。饥民们大批流亡外地，参加起义的不少。"米脂人从贼者十之七，邑几空。"[1]正是在这种形势下，李自成领着本村一批走投无路的群众，参加了不沾泥领导的队伍，踏上了农民革命的征途。[2]康熙《米脂县志》中说："明末李自成，银川驿之一马夫耳。因裁驿站、饥荒，无所得食，奋臂一呼，卒至土崩，不可救！"[3]这段话多少说明了明朝末年反动统治阶级的所作所为，导致了劳苦群众的揭竿而起，为自身的灭亡造就了一大批掘墓人。

在起义农民的队伍里，李自成号称闯将，他领导的那一支部队称

---

[1] 《绥寇纪略》卷一。
[2] 各种史籍叙述李自成参加起义的时间很不一致。边大绶塘报中，引述与李自成同里的一个名叫李成的人的话说，李自成"自崇祯三年，西川贼卜（不）沾泥作乱，流入贼营，不知下落"。康熙二十年《米脂县志》，记"崇祯三年，大旱，夏秋无收。李自成以驿卒失公文，盗起"（卷一，《舆志》第一），可以大致确定是在崇祯三年。
[3] 康熙二十年《米脂县志》卷五，《邮传》第五。

为"八队"[1]。史称自成"猛勇有胆略"；"御众严，号令一，领一军不敢仰视，以故制胜，雄于诸寇"[2]。英勇战斗加上纪律严明，这就是李自成领导的起义军逐渐在明末农民战争中崭露头角、创立丰功伟绩的重要原因。

第四节　起义早期的特点

经过长时间酝酿的明末农民起义终于爆发了。这次农民起义由于它所处的历史条件，注定要成为我国封建社会里发展水平最高的一次

---

[1] 《绥寇志略》等书说，李自成曾经和侄儿李过一道赴甘肃投入明政府军。崇祯三年，甘镇军队在巡抚梅之焕统率下奉诏入卫京师，途经金县时，李自成领导士卒起义，杀金县知县和参将王国，从此走上了农民起义的道路。这种说法不符合历史事实。请参看拙文《李自成起事考》，载《中国史研究》一九七九年第二期。又，许多史籍都说，李自成之被称作"闯将"，乃因为他是闯王高迎祥属下的一员将。根据现存档案文献来判断，可以肯定闯将和闯王都是绰号。李自成同高迎祥之间并不存在从属关系。这点，我们在下面叙述到明末农民战争的进程时，还将进一步阐明。有的书（如冯甦《见闻随笔》卷一，《李自成传》）说，高迎祥"于自成为甥舅"，有的书（如《绥寇纪略》卷九）又说"自成于高为甥舅"，未必是事实。到目前为止，还不能证明自成的母亲姓高；也没有材料能说明自成妻高氏是高迎祥的同族。至于李自成起义军在崇祯十五年以前，称作"八队""老八队"，是因为他投入不沾泥手下时，被编为八队。不久，不沾泥受抚，李自成部和其他几队就成了独立的队伍。换句话说，他从来不是闯王高迎祥下面第八队的首领。康熙十九年《延安府志》，记载崇祯四年十一月，"降贼不沾泥张存孟复叛，陷安定。王承恩讨克之。贼走绥德，银川驿马夫李自成往从之，为队长"。这里，把李自成参加起义的时间定于四年十一月以后，失之过迟；但指出他是不沾泥部下的队长则是正确的。康熙十二年《延绥镇志》中说，自成从驿站被裁后，"亦复无聊"。里中"谬相推为里长，使主征会以自给。值催科甚迫，县令笞之，加以枷。自成脱去，窜入王左挂子、苗美队中，号八队闯将。八队者：一队眼钱儿、二队点灯子、三队李晋王、四队蝎子块、五队老张飞、六队乱世王、七队夜不收、八队李自成也"。尽管谭吉璁误不沾泥为王左挂，所开列的八队首领名单确凿与否，目前还难以考定，但他也没有把李自成列为高迎祥的部将。

[2] 康熙六年《陕西通志》卷三一，《杂记·盗贼附》。

农民战争。但是，它自身也经历了一个由低级向高级发展的过程。参加起义的群众，需要经过同旧王朝的反复较量，不断地吸取经验和教训，增长斗争的智慧、才干和勇气，才能够逐渐成熟起来。

在起义爆发的初期，揭竿而起的农民和他们的领袖人物，在思想认识上、作战能力上、军事组织上都呈现出幼稚的特征。第一，在思想上，起义农民们尽管拿起了武器，却并没有意识到，他们已经开始了推翻朱明王朝的宏伟事业。由于他们的眼光狭隘，还不可能对明王朝的黑暗腐朽有一个全面的认识。他们仍然认为自己是朝廷的子民，他们的仇恨往往只是集中在那些直接压榨欺凌自己的官吏和豪绅身上，他们的斗争不过是为饥寒所迫，采取武力挫败官府的催科，并且从富家大户的粮仓里夺取活命之资。正因如此，起义农民在这个阶段里，常常受到封建正统思想的束缚。一旦朝廷和地方高级官员宣布"赦罪招安"和放赈的时候，起义队伍中的许多群众以至于不少领袖人物，往往自投罗网，接受招安。他们既然尚未意识到，明王朝维护的正是使自己遭灾受难的暴虐统治，出现这种现象就是毫不奇怪的了。所以，我们应当如实地把起义初期农民们的接受招安，看作觉悟尚低的一种表现，而不能过分苛责，一见"受抚"就给加上投降、背叛之类的罪名。

第二，起义初期的农民，在组织上是相当松散的。他们刚从逃荒的饥民（流民）、饥军转化而来，常常牵家带口，队伍庞杂得很。[1]史料中提到他们的人数时，动辄成千成万，给人一种印象，似乎他们的兵力在数量上早已对官军占了绝对优势。实际上这是一种假象，真

---

[1]　阎尔梅说过，"寇起山陕之初，各携其妻孥、亲戚置营中"，见《阎古古全集》卷六，《流寇议》。

正出阵迎敌的人是比较有限的。

第三，在早期的起义队伍中，虽然有一部分来自现役兵丁或出身卫籍，具有多少不等的军事知识，但多数是吃大户的饥民。他们缺乏军事素养和作战经验，同官军作战时常常打败仗。由于明朝政府和各级官吏的残酷榨取，迫使大批的饥民涌入起义军。尽管他们敌不过官军，大批地遭到屠戮，人数却在不断增长。等到他们自己也从斗争中积累起作战经验之后，他们的勇气和深厚的群众基础，就使双方的力量对比逐渐发生变化，优势从官军手中转到农民军方面。

第四，这次起义是在西北地区首先爆发的，这里本来就是汉、回、蒙古各兄弟民族错居的地方。在明王朝反动统治下，各族劳动人民都同样受到残酷的压迫。所以，几乎从起义爆发之日起，就有许多回族、蒙古族的人民参加进来，同汉族人民并肩战斗。像绰号为"老回回"的马守应，就是陕西清涧县最早投身农民革命的一位著名领袖。他所带领的队伍，在明末农民战争中转战大河南北，为推翻明王朝的统治做出了重大的贡献。

第五，这次起义的首领人物，甚至于一些部下偏裨以及战士，差不多都起了一个绰号。史籍说："一时贼首，多边军之豪及良家世职，不欲以姓名闻，恐为亲族累，故相率立诨名。"[1]这种起诨名、立绰号的做法，主要是起义前期敌我力量悬殊的产物，它一直延续到明末农民战争的中期。后期起义军已经在斗争中壮大起来，逐渐走向正规化，就普遍地使用自己的真实姓名了。

---

[1] 《怀陵流寇始终录》卷一。

第三章
起义初期明政府的对策和义军主力转入山西

第一节　杨鹤主抚政策的失败

　　当农民起义的火焰刚刚点燃的时候，明朝在陕西的地方官员，唯恐这把火烧到自己身上，担心朝廷追查责任，会受到严厉制裁。同时又幻想来年夏收之后，为饥寒所迫的起义农民将会自动解散回乡。于是，他们采取鸵鸟政策，禁止各府县报告"变乱"的消息。崇祯初年任陕西巡抚的胡廷宴，每逢州县以"盗贼"事上报，就不问情由地把来人打一顿板子，说道："此饥氓也，掠至明春后自定耳。"[1]然而，纸是包不住火的，农民起义的声势一天比一天高涨，地方官再也无法掩盖了，只好硬着头皮向朝廷报告。兵部奉旨查核时，地方官又互相推诿。陕西巡抚胡廷宴说是延绥巡抚岳和声管辖的边兵作乱，岳和声

---

[1]　《怀宗崇祯实录》卷一。

又说是陕西内地的饥民为"盗"。陕西巡按御史吴焕在疏中则各打五十大板，说："盗发于白水之七月，则边贼少而土贼多。今年报盗皆骑锐，动至七八千人。则两抚之推诿隐讳，实酿之也。"[1]不久，岳和声病死，胡廷宴罢斥；改以刘广生巡抚陕西，张梦鲸巡抚延绥。这时陕北的农民起义已经初具规模了。

在如何处置业已揭竿而起的农民问题上，明朝廷和地方官员总的来说，都主张剿抚并用，但究竟以剿为主还是以抚为主，就常常出现意见分歧。崇祯二年二月，明陕西三边总督武之望病死，朱由检任命左副都御史杨鹤接替。杨鹤抵任以后，看到陕西各地的灾荒十分严重，无衣无食的饥民千百成群地加入起义队伍中去，使他所部署的军事追剿收效甚微，官军疲于奔命，起义农民却有增无减。他感到光靠军事手段解决不了面对的社会问题。另外，崇祯二年底奉诏抽调大批精锐开赴京畿勤王，又使他深感兵力不足，穷于应付。在这种捉襟见肘的情况下，杨鹤提出了招抚为主、追剿为辅的方针。崇祯四年正月，他在奏疏中指出，"盗贼"之起，"总因饥荒至极，民不聊生"。采用剿的办法需要调集大军，"行粮犒赏，所费不赀"，结果仍然是"诛不胜诛"，"屡剿而屡不定"。采取招抚的办法要想真正取得效果，也需要由政府拨款帮助农民渡过难关。他说："盖解而散，散而复聚，犹弗散也。必实实赈济，使之糊口有资，而后谓之真解散。解散之后尚须安插，必实实给予牛种，使之归农复业，而后谓之真安插。如是则贼有生之乐，无死之心，自必帖然就抚。抚局既定，剿局亦终。臣所谓欲行剿抚之实著，必有剿抚之实费者此也。"他还指出，如果只是"空言"招抚，不解决农民的生活问题，那就是

[1] 《国榷》卷九〇。

"徒以抚愚贼，是即以贼自愚，此不终日之计也"。最后，杨鹤认为剿和抚都要花费大笔金钱，效果却不一样："况费之于剿，金银一去不还，且斩首太多，上干和气。费之于抚，金钱去而民在，活一人即得一人性命，盗息民安，利莫大焉。"[1]

　　杨鹤把农民起义看作一个严重的社会问题，他从比较长远的观点为明王朝最高统治者出谋划策，主张把钱花到招抚赈济上面，帮助农民复业。这样做不仅可以弭患消萌，而且农民安插既定之后，政府还可以继续征收赋税，所以说"利莫大焉"。如果一味主剿，把钱用于军费，不仅无法恢复社会生产，花掉的钱不能通过赋税形式收回来，而且他自己的经验也证明，不解决农民的生活问题，参加起义的人势必越来越多，剿局既不易结，后患也更加严重。这就是杨鹤建议以抚为主的主要原因。

　　杨鹤的主张得到相当一部分廷臣和地方官员的支持，崇祯皇帝也一度认可。崇祯四年正月的一次廷对当中，朱由检就明确指示陕西参政刘嘉遇说："寇亦我赤子，宜抚之。"刘嘉遇连忙答应道："今正用抚。"[2]同月，朱由检在内外臣工的再三呼吁下，勉强拿出帑金十万两，派御史吴甡赍往陕西放赈[3]，"招抚流盗"。为此发布诏书说：

---

[1]《崇祯长编》卷四二。兵部职方司李继贞也有类似主张，他在崇祯三年十月上疏请赈延绥说："皇上以数万金钱而活数十万生灵，福泽莫大焉。活数十万生灵而农桑复业，赋税尝（常）供，所获不止数十万金钱也，利莫大焉。"见《延绥纪略》卷一。

[2]《国榷》卷九一。杨鹤在《微臣负不白之冤事题本》中说："伏睹皇上召对计吏，临御平台，圣谕有言：流贼原是中原赤子，不可纯以剿为事。"见《明末农民起义史料》，第二三页。

[3]《崇祯长编》卷四二载：四年正月二十三日，"帝以延镇岁祲民饥，命户、兵二部发银十万两，遣御史吴甡前往赈济。仍令府州县有司设法凑济，以杜乱源"。《崇祯实录》说这十万两银子出自户部和工部。其他史籍都只说是发帑金，没有指出是部帑，还是属于皇帝的内帑。

陕西屡报饥荒，小民失业，甚至迫而从贼，自罹锋刃。谁非赤子，颠连若斯，谊切痌瘝，可胜悯恻。今特发十万金，命御史前去，酌被灾之处，次第赈给。仍晓谕愚民，即已被胁从，误入贼党，若肯归正，即为良民，嘉与维新，一体收恤。[1]

杨鹤的主张既经朝廷批准，就有恃无恐地在陕西大力推行。当时东路起义军王嘉胤、罗汝才、张献忠、马守应、李自成、蝎子块等部，都已经渡河进入山西。留在陕西的主要是西路各支起义军，其中神一魁所部力量最大。崇祯四年二月二十四日，神一魁统众六七万人包围庆阳府城，并且分遣部队攻克合水县城，活捉知县蒋应昌，一时声威大震。杨鹤当时手头没有多少兵马，只好委派宁州知州周日强等人前往招安。神一魁同意后，在三月初九日派孙继业、茹成名等大小头目六十余人，率众至宁州接受招安，同时送回合水知县蒋应昌和保安县印。杨鹤为了张扬其事，命周日强在城楼上安设龙亭，导引"受抚"头目在龙亭前跪拜，山呼万岁，然后到公署拜谒杨鹤，再一道前往关帝庙起誓。经过这么一番表演，算是达成了招安的协议。十六日，神一魁亲自赴宁州投见总督。杨鹤摆出一副恩威并用的架势，先数落神一魁犯有十项"罪行"，然后宣敕赦免，授予神一魁守备官职

---

[1] 《国榷》卷九一。杨鹤在崇祯四年二月二十二日题本中引用这个诏书的文字略有不同："朝廷轸念饥贫，特行赈赉。嗟尔百姓，何故不安本分，甘作非为？即有已被胁从，误投贼党，若肯归正，便为良民，嘉与维新，一体收恤。"见《明末农民起义史料》，第十一页。

的札付，散给降丁以饥民印票，勒令解散遣送回乡。[1]

这时，御史吴甡携带着朝廷颁发的十万两银子来到陕西，同府县官一道招抚放赈。在一个很短的时间里，流离在外的饥民纷纷回籍领取救济，不少起义军的首领也率部受抚。如点灯子受抚于清涧；满天星受抚后，杨鹤从他一万两千人的队伍中，选拔骁勇留在营中，其余解散回乡；上天龙、王老虎、独行狼、郝临庵、刘六等部，也一度受抚。除了进入山西的以外，留在陕西的各部几乎都接受过明廷的招安。从吴甡依据亲身经历写出的记载中，可以窥见这种抚局的一点实际情况：

> 道路皆怨抚、道招安贼首，给札予官，占据要村，纵其党众，剽掠四乡，谓之打粮。予行去延郡二十里许，获报前山皆贼。予势不可退，令军弁执赈抚饥民牌单骑驰往，谕之曰："朝廷钦命赈院来赈汝矣，各归乡里候赈，聚此无为也。"贼众诺而退。[2]

吴甡所说"道路皆怨"，当然是指家有余粮的富室。他的记载表明，在抚局羁縻下的起义农民，一方面对政府怀有希望；另一方面为了眼前不致饿死，又不得不四处打粮。主剿派人士正是抓住了这一点，呼之为"官贼"，对招抚政策展开猛烈攻击。

---

[1] 参见杨山松《孤儿吁天录》卷之末，《先大父抚贼之谤》以及《怀陵流寇始终录》卷四。《绥寇纪略》卷一引新任陕西巡按御史吴甡疏说："督臣杨鹤以本年三月移镇宁州，招抚一魁，安插宁塞者四千有奇。尚有未尽余党如郝临庵、刘六等众不下数万。"《国榷》卷九一，引总兵杜文焕言亦云：杨鹤"力主款，且出示曰：一魁就款，已题宁塞安插……"看来，神一魁部跟着受抚的只是一部分，也没有都解散回乡。
[2] 吴甡：《忆记》卷一。

杨鹤的抚局没有推行多久，就以失败而告终。抚局的失败表现为两点：一是进入山西的起义军声势越来越大；二是在陕西的起义军出现所谓"旋抚旋叛"的问题。

　　关于起义农民"旋抚旋叛"的原因，本来是非常简单的。农民们的起义是由于天灾、人祸，衣食无着，与其坐而待毙不如铤而走险。明廷虽然宣布了招抚政策，但并没有解决农民们迫在眉睫的生活问题。史料记载，吴甡赍来的赈银十万两，加上藩王以下捐助的五万两和粮食二万石，"所救不及十一"[1]，无异于杯水车薪。崇祯四年七月，李继贞的奏疏中说得很明白："前赈臣携十万金往，度一金一人，止可活十万人，而斗米七钱，亦止可活五十日耳。皇上宜敕赈臣回奏，前十万金果足乎？不则当早沛恩膏，虽内帑不宜惜也。"[2]李继贞在这里给朱由检算了一笔账，指出朝廷发放的赈金远不足以解决农民的生活和安置问题。所以，他劝告皇帝要从大处着眼，不要顾惜内帑。这种话对于好货成癖的朱由检，是很难入耳的。饥民饥军既然无以为生，要他们放下武器就只能是一种幻想。这一点，杨鹤本人又何尝不清楚。他在崇祯四年七月的奏疏中说："诸贼穷饿至极，无处生活，兵至则稽首归降，兵去则抢掠如故。此必然之势。"[3]他费尽心机，勉强维持着对神一魁部的抚局。可是，从山西返回的点灯子、上天猴、浑天猴等部起义军，却在五月间一举攻破金锁关（在今陕西铜川市境），杀死都司王廉。七月二十九日，又有西路起义军中

[1]　《绥寇纪略》卷一。
[2]　同1。
[3]　《杨鹤对诏狱供状》，见《明末农民起义史料》，第二九页。

的李老豺、独行狼部攻占中部县（今陕西黄陵县）。[1]真所谓"一波未平，一波又起"，杨鹤的抚局成了一个不堪收拾的烂摊子。

主剿派的杀降，也是招抚政策破产的原因之一。有的起义农民在受抚以后，竟被官府设计诱杀。例如，王左挂在崇祯三年受抚于清涧地区，同年八月，陕西巡按李应期、延绥巡抚洪承畴和总兵杜文焕秘密策划，事先布置官军把王左挂、苗登云等九十八人全部杀害。又如崇祯四年四月，"洪承畴命守备贺人龙劳降人酒，降人入谢，伏兵斩三百二十人"[2]。农民们从一再受骗当中逐渐清醒过来，认识到只有斗争下去才能死里求生。

朱由检原来以为只要颁发一纸赦书，略加赈济，就可以把起义农民遣散归里，依旧充当纳粮当差的"良民"。受抚者的"旋抚旋叛"，使他的如意算盘落空了。于是，他不顾自己曾经亲笔写下"杨鹤相机招安，允协朕意"的批示[3]，一变而为主剿。四年五月，他在谈到李应期等诛杀受抚首领王左挂时，公然声称："贼势猖獗，招抚为非，杀之良是。"[4]接着便把责任一股脑儿推到陕西三边总督杨鹤身上。这年九月，朱由检下令说：

> 杨鹤总制全陕，何等事权。乃听流寇披猖，不行扑
> 灭，涂炭生灵，大负委任。着革了职，锦衣卫差的当官
> 旗，扭解来京究问。员缺推堪任的来用。练国事姑着降三

---

[1] 吴甡：《忆记》中说，他当时正奉命巡方至距中部县四十里的地方，"忽有难民奔窜而来，言中部昨夜已为红狼等贼所陷"。这里说李老豺、独行狼攻占中部，是根据《杨鹤对诏狱供状》。

[2] 《绥寇纪略》卷一。

[3] 《陕西三边总督杨鹤题为布信招降事》，见《明末农民起义史料》，第十三页。

[4] 《国榷》卷九一；《平寇志》卷一。

级，戴罪剿贼自赎，如仍玩纵，定行重治不宥。[1]

杨鹤的被罢官，标志着明廷在策略上，由以抚为主向以剿为主的转变。在明末官僚士绅的著述中，常有杨鹤主抚遗祸天下的说法。他们认为，"流寇"初起的时候力量并不大，只要调集官军一鼓而歼之，就可以把农民起义扼杀在摇篮之中。只是由于杨鹤一意主抚，才使农民起义得以发展起来，以致不可收拾。因此，在主剿派的心目中，杨鹤成了众矢之的，被视为罪魁祸首。这种看法并不符合历史事实。因为：一、杨鹤并不是单纯主抚的，在任职期间他也曾多次组织官军对起义农民进行攻剿，只是由于精锐部队被调去京畿勤王，在力不从心的情况下，才更多地采用招抚的办法。二、在明廷这个反动营垒中，杨鹤是比较能够正视现实的。他看到单纯军事追剿不能从根本上解决，通过招抚安插的办法，使起义农民解散归农，本来是从反动统治阶级的长远利益着想，并不是出于对农民的同情。然而，杨鹤的主张毕竟以他自己的被撤职、下狱、遣戍而宣告失败。失败的根本原因，不是由于农民的觉悟已经提高到不同明王朝妥协的程度，而是由于朱由检之流的鄙吝和短视。

朱由检的为人，颇有点乃祖万历皇帝朱翊钧之风。史家说他"言朘削则喜，请兵食则怒"[2]，"征榷之使，急于星火；搜括之命，密如牛毛"[3]，是一点也不过分的。在农民已经被迫拿起武器来维护自己的生存权利的时候，他不仅没有设法减轻农民的负担，反而加紧了压榨。崇祯二年七月，户部左侍郎李成名眼见催征饷银实在难以

[1] 《杨文弱先生集》卷四。

[2] 《怀陵流寇始终录》自序。

[3] 顾炎武：《天下郡国利病书》卷二八。

足额，建议以九分为率，朱由检却仍坚持按十分通解。[1]三年九月，巡按御史李应期要求豁免陕西一省的欠赋，朱由检拖到这年年底，才勉强答应免去崇祯元年和二年积欠在民的税额，当年的欠税仍不准免。[2]四年二月，户部无钱发兵饷，向皇帝乞讨内帑，朱由检也一口拒绝。[3]特别是在崇祯三年十二月初一日，他又发布了全国增派辽饷的诏令：

> 向缘东事倥偬，履亩增赋，宵寝无日，久轸朕怀。乃迩来边患靡宁，军兴益急，户部咨奏再三，请于每亩除见加九厘外，仍再征银三厘，前后共银一分二厘。惟北直保、河六府向议免征，今量行每亩加征六厘。前项俱作辽饷，事平即行停止。朕因廷议既协，权宜允从。凡我百姓，各有同仇之志，能无好义之思？……[4]

同月，户部管理新饷的右侍郎周士朴报告说，加派和杂项两种赋税，经过多次催促，各地仍然没有解运到部。要求严诘各省巡抚和巡按御史，限部文到达三天之内，开列拖欠官员职名具奏。朱由检立即同意由"户部勒限各抚按查拖欠根因，一一指名纠参，以凭惩处；如过限不参，一体重治"[5]。为了防止官官相护，他在次年九月，特别派了一个"有心计"的太监张彝宪，总理户、工二部钱粮，设署建牙，

————————

[1]《国榷》卷九〇。

[2]《怀陵流寇始终录》卷三。

[3]《怀陵流寇始终录》卷四。

[4]《崇祯长编》卷四一。

[5] 同4。

以总督体统行事。[1]四年十二月，朱由检见考选官员中，不少人在任职期间没有征足钱粮，大发雷霆，把户部尚书毕自严关进监狱。廷臣上疏营救，他痛加训斥。"自是考选，唯论钱粮，不及抚字，士风一变。"[2]

明廷一面装出一副悲天悯人的样子，企图运用招抚的手法瓦解农民起义；一面又凶残暴戾地加紧向农民追逼赋税。这种自相矛盾的政策，充分暴露了统治者的伪善嘴脸。当时奉命前往陕西赈济灾民的御史吴甡就说过："是时州县官仍行催科，死逃徭粮，皆责见在户代纳，流离载道。"[3]

饥民们拿着受抚时发给的"免死票"回到家乡，等待他们的依旧是饥饿和官府的追呼敲朴，除了重新组织起义，没有别的道路可走。吴甡在奏疏中说："延长长川、安定、清涧、绥德、米脂、吴堡、葭州皆其原籍，解散者一二，啸聚者千百。乡村打粮日无宁刻，士民称为官贼。人人恨招抚矣。"[4]这指的是那些士绅豪族，他们的见解同朱由检倒是一致的：农民们如果不"安分守己"地死于

[1] 到崇祯六年，张彝宪上言："天下逋赋至一千七百余万，请遣科、道官督征。"朱由检大怒，责成各省抚、按回奏。给事中范淑泰疏言："民贫盗起，逋赋难以督追。"他置之不理。见《明史》卷二六七，《范淑泰传》；《明通鉴》卷八二、八三。
[2] 《怀陵流寇始终录》卷四；《国榷》卷九一。李清《三垣笔记》说："上初即位便严于钱粮，部议知府非完钱粮不得升司道，推、知（指府推官、知县）非完钱粮不得与考选。于是松江方郡伯（知府）岳贡、苏州陈郡伯洪谧，有住俸数十次、降至八十余级者。"
[3] 吴甡：《忆记》。崇祯四年五月吏科给事中邓英上言："今海内民穷已极，物力几何？有额编又有加派，有正供又有杂项，有见征又有带征。顷者催使四出，追呼遍野，敲朴淋漓，民间鬻子析骨之惨，种种不忍见闻。……如臣乡近来追征之苦，鸡犬皆惊。闻有负瓦、揭木、弃室家而群聚为盗者，有越狱大盗肆行劫夺，捕官不敢问、有司莫以告者。诸如此类，尽足干和。秦、晋流寇可为近鉴。"见《崇祯长编》卷四六。
[4] 《怀陵流寇始终录》卷四。"延长长川"四字在《国榷》卷九一内写作延川。

063

饥寒或官府的枷责，那就动用武力加以剿灭。总之，为了他们的享乐和安宁，农民们不应当有活路。

第二节　起义军在山西的发展

陕西农民起义之后不久，就开始小规模地越过黄河，进入山西。开初是倏来忽去，后来由于山西地方当局借口"防盗"，下令闭粜，禁止把粮食运进有起义农民活动的灾荒地区。这样，陕西起义农民强行渡河入晋之事就不断增加。

起义军大规模地进入山西是在崇祯三年。从这年二月开始，老回回马守应、八金刚、王子顺、上天猴等部渡过黄河，攻克了蒲州。然后分兵两路：东路沿赵城、洪洞、汾州、霍州一线；西路沿石楼、永和、吉州、隰县一线活动。[1]十月二十八日，由于饥民的内应，起义军占领了晋西北重要城镇河曲，控制了黄河渡口。[2]由于明政府改变了以抚为主的政策，调集大军由新任陕西三边总督洪承畴指挥，加紧了对陕西农民军的追剿。在军事上受到压力的各部起义军，陆续转移到黄河以东。因此，从崇祯四年到六年，起义军活动的重心是在山西境内。除了早先入晋的几支起义军外，王嘉胤、张献忠、李自成、罗汝才等部都先后进入山西。其中实力最强的是王嘉胤部。

---

[1]《平寇志》卷一，《国榷》卷九一等书说，起义军进入山西后，"贼首自号横天一字王"。这个说法常见于史学论著。其实，正确的写法应是横天王、一字王，这两个人也并不是入晋各部起义军的共同首领。

[2]《怀陵流寇始终录》卷四。顺治七年《河曲县志》亦载："乱民王可贵引贼入，城遂陷，时十月二十八日也。"

起义军的大举入晋，使明政府山西当局深感不安。他们一面调派兵员堵剿，一面指责陕西当局"以邻为壑"，没有将起义军就地歼灭。然而，严酷的阶级对立在山西也同样存在，来自陕西的义军不过起了一种催化作用而已。起义军所到之处，得到了山西贫苦群众的热烈欢迎，大批破产农民涌进了起义队伍；有的州县农民也自发地举行起义。崇祯四年三月，太仆寺卿郑宗周上言：

> 盖晋土自天启初年以来，无岁不灾，而去年尤甚。重以沿黄之派，急于星火，转运艰难。在朝廷虽算价二十二万，而民间所费实已不止百万。有司但顾考成，新旧并催，鬻子卖妻，剜心敲髓，民之皮骨已尽。今日春雨未沾（指朝廷分文不予救济），风霾日异，人心汹汹，朝不保夕。弱者转于沟壑，强者嗔目语难。斩揭四起，势所必至。[1]

另一位明朝官僚则说："沁（阳）之南暨邑（指阳城县）东西，贼建号树帜者不一而足，或以万计，或数千。既揭竿，胁从者且十五六。至若上党（今长治）、汾水亦不啻几过。"[2]崇祯三年底，一位山西乡绅就指出："始之寇晋者，秦人也；今寇晋者，半晋人矣。二三月间，从贼者十之一，六七月而从贼者十之三，至今冬而从贼者十之五六矣。"据此，他提出"欲除晋之盗，莫先欲抚晋之贫

---

[1] 《崇祯长编》卷四四。
[2] 张慎言：《冀南道兵备副使王公平寇碑》，引自康熙四十五年《泽州志》卷三〇，《艺文》。

民"[1]。只知道从农民身上榨取钱财的明政府，根本不愿救济贫民，山西的农民起义日益扩展就是很自然的了。

崇祯四年五月，王嘉胤的队伍进展到晋东南的沁水、阳城一带。明政府虽然派了悍将曹文诏部尾随追击，却因为"贼势甚众，不能取胜"[2]。军事上既然无能为力，官军就转而采取阴谋手段。曹文诏听说部下士卒张立位的姐姐是王嘉胤的妻子，就亲自秘密找张立位谈话，布置他诈降充当内应。王嘉胤在裙带关系面前丧失警惕，竟把这个内奸当作亲信，任用为帐前指挥。六月初二日，张立位同他的姐姐和王嘉胤的部将王国忠串通一气，用酒把王嘉胤灌醉刺死。[3]随即放火为号，同曹文诏部官军里应外合，直扑起义军营垒。起义军大乱，遭到严重损失。王嘉胤手下的右丞白玉柱投降。左丞紫金梁（王自用）领着余众逃出，会合山西境内的他部义军，声势复振。

史籍记载紫金梁会合的起义军一共有三十六营，众号二十万。这三十六营的首领人物，各种文献记载详略不等，其间也有传闻失实的地方。为了使读者对在山西活动的起义军有一个大致的了解，这里举出当时山西一个乡绅的记载供参考：

---

[1] 王臣直：《存恤良民以辑流寇议》，引自康熙九年《绛州志》卷四，《艺文》。

[2] 乾隆四十八年《府谷县志》卷四，《人物》。

[3] 见1；又见道光《榆林府志》卷三二，《人物志·近代忠节分编》。按，王嘉胤牺牲事，《平寇志》卷一作"六月癸巳朔，曹文诏击斩王嘉胤于阳城"；《绥寇纪略》卷一作"六月初二日，王嘉允在阳城南山夜饮，醉虐其下，左右杀之，以其首献"，都没有提到张立位、王国忠同谋作乱事。据崇祯五年冬，陕西三边总督洪承畴的题本，总兵曹文诏下有实授守备王国忠，千把总名单中有张立位。这就证实了《府谷县志》的记载，王国忠、张立位因刺杀王嘉胤有功于明王朝，被赏给低级官职。康熙四十五年《泽州志》卷二八，《祥异附兵燹》载"崇祯四年，河曲贼王加印由沁水入阳城山中，其党张登喜斩其首以降"，也不够准确。

紫金梁其首也，余八大王（张献忠）、扫地王、邢红狼、黑煞神、曹操（罗汝才）、乱世王、闯将（李自成）、撞塌天（当即闯塌天刘国能）、满天星、老回回（马守应）、李晋王、党家、破甲锥、八金刚、混天王、蝎子块、闯王（高迎祥）、点灯子（赵胜）、不沾泥（张存孟）、张妙手、白九儿、一阵风、七郎、大天王、九条龙、四天王、上天猴（刘九思）、丫头子、齐天王、映山红、催山虎、冲天柱、油里滑、屹烈眼（当即草里眼贺一龙）。[1]

这里需要指出三点：一是各种史籍的作者，对当时农民军的内部组织情况不一定了解得那么清楚，难免发生错误；二是起义军的行动经常在变化，有的队伍时而在山西，时而又返回陕西，更增加了记叙的困难；三是说以紫金梁王自用为首，其实他当时只是各部起义军一种松散联盟的盟主，各部首领的独立性是非常大的。

明政府在确立以剿为主的方针以后，三边总督洪承畴加紧了对农民军的镇压。这时，后金贵族入侵畿辅地区的军队早已饱掠而还，明廷可以腾出手来了。陕西总兵王承恩、甘肃总兵杨嘉谟等部勤王兵，先后被调回陕参加追剿。官军齐集陕西，农民军就转入山西。洪承畴

---

[1] 张道浚：《兵燹琐记》。吴伟业《绥寇纪略》卷一所记与此相同，当即本此。《平寇志》卷一仅记首领十四位，下云"分为三十六营"；十四人中有十一人与上列名单相同，其他三人是显道神（高加讨）、乡里人（刘浩然）、活地里（当系活地草贺宗汉）。据后来任山西巡抚的吴甡奏疏，这三人确实长期留在山西，直到被明政府所剿灭。又，《怀陵流寇始终录》卷四，引曹应秋的说法，当时"自秦渡河而东"的起义军首领"共二十四家，贼众共一万四千"，王嘉胤被害后"有众十六万"。曹应秋开列的二十四位首领同《兵燹琐记》相校也有差异。

一面派出官军追剿留在陕西的起义军，一面抽调兵马尾随入晋，配合山西官军夹剿。崇祯四年七月，点灯子赵胜在陕西连续遭到官军的追击，立脚不住，被迫转入山西。洪承畴和部将曹文诏、艾万年追过黄河。九月十八日，赵胜部在晋西石楼县遭到官军的夜袭。由于变生意外，赵胜在匆忙中"裸身提刀欲战"，被官军砍死。[1]

赵胜部虽然遭到挫折，起义军在山西境内却仍然发展很快。各部分头作战，流动不居，使官军疲于奔命。是时，山西的起义军主要活动于三个地区，一是平阳（今晋南临汾一带），一是泽、潞（今晋东南晋城、长治一带），一是汾、太、沁、辽（今晋中地区）。明廷命宣大总督张宗衡驻平阳，统部将白安、虎大威、李卑、贺人龙、左良玉等士卒八千人，负责今晋南、晋东南四十一州县的追剿事宜；山西巡抚许鼎臣驻汾州（今汾阳），统领张应昌、苟伏威、史记、颇希牧、艾万年等部士卒七千人，镇压今晋中地区的义军。由于防区过广，起义军又好比水银泻地，无所不在，官军的追剿很少收到预期的效果。

到崇祯五年，李自成在山西境内的各支起义军中已经崭露头角，成了重要的首领之一。这年八月，山东道御史刘令誉上言：

> 有自贼中逃回者言，旧在晋中贼首掌盘子等十六家，最枭猿者为闯将、紫金梁，戴金穿红，群贼效之。遂皆以

---

[1] 《绥寇纪略》卷一。《平寇志》卷一和《国榷》卷九一，都说赵胜是被俘后遭杀害。张道濬《从戎始末》却有不同说法：他率领家丁随同山西官军"游击王尚义、汾州营游击刘光祚兵，六月十六日与贼战于临县之三教村。余家丁张三皋先入，斩贼首点灯子，贼遂披靡。众狃胜纷逐，贪不知止。贼反戈乘之，我兵覆。刘光祚仅以身免，余家丁死于阵者亦十一人。贼张而东……"

红衣为号。[1]

同年七月，"李自成、八大王（张献忠）、老回回（马守应）、紫金梁（王自用）、翻山鹞（高杰）等寇掠蒲州。攻城三昼夜，不克。是夜，贼令精锐三百人袭大宁，三更城陷。八月，自大宁袭隰州，守备高逸开北门遁去。知州杨玮拒守，射伤贼甚多，中流矢坠东城下。贼住城中三日"[2]。攻克隰州、大宁的起义军是否包括李自成、张献忠、马守应、王自用等部在内，史籍记载有分歧[3]；但李自成当时已经是一位重要首领则是可以肯定的。

这年秋冬，起义军向东发展，转战于沁水、阳城、高平、陵川、潞安、长子等地，先后攻克了寿阳、泽州（今晋城）。九月间，李自成等部从晋城南面两省交界处的大口攻入河南。十四日，攻克修武[4]，兵锋直逼怀庆府城。河南乡绅张皇失措，联名上疏请救。朝廷急调昌平镇副总兵左良玉，带领二千多名官军赶赴怀庆。十二月，明宣大总督张宗衡所部官军，尾追紫金梁、邢红狼等部经阳城、泽州、高平、长子、屯留等县境。紫金梁等率部转入山区，官军因连日追剿业已困惫不堪。这时，李自成同八金刚、过天星带领的一路起义军已经由河南修武、怀庆地区北入山西，出现在武乡县境，于十二月二十四日五鼓，一举攻克辽州（今左权县）。

---

[1] 《崇祯长编》卷六二。

[2] 康熙四十八年《隰州志》卷二二，《兵防·附历代兵氛》。

[3] 如《怀陵流寇始终录》卷五记，"是夏，山西贼混天王等破隰州"，时间和义军首领均与《隰州志》不合。

[4] 《国榷》卷九二记，是日"李自成陷修武县，杀知县刘凤翔"。《怀陵流寇始终录》卷五记："紫金梁、老回回、蝎子块、八爪龙等，以党二万掠清化（清化镇在怀庆府境）。己酉（十四日）攻修武，城卑，积薪竟上，屠之，知县刘凤翔逃去……"

李自成等部攻克辽州，使明宣大总督张宗衡和总兵尤世禄大出意料。尤世禄在塘报中说："职所尾之贼系紫金梁等，而闯将等系西河之贼，不知何故放松，令其蹂躏东向。唯恐有破巢覆卵之患，于是不暇顾所尾之贼，急拟走辽州应援，以全疆土。"[1]尤世禄被迫放弃对紫金梁等部的追剿，于十二月二十八日赶到辽州城下。经过两天的围攻，起义军据城展开了顽强的抵抗。尤世禄和他的儿子副将尤人龙都被射伤。后来，李自成等起义军首领为了避免据守孤城为官军所围歼，决定夺门而出，且战且走地摆脱了官军的追击。辽州之战是起义军进入山西以后，同官军展开的一次比较重要的战役。这次战役虽然打乱了明政府的追剿计划，使紫金梁等部得以顺利转移，但是李自成等人的一度据守辽州城是不策略的，光是在突围时，起义军战士就牺牲了一千三百人。[2]

---

[1] 《崇祯存实疏钞》卷七下。又见《明末农民起义史料》，第八五页。

[2] 这是根据张宗衡转报的总兵尤世禄塘报。《怀陵流寇始终录》卷六说："六年癸酉春正月癸巳朔，辽州贼闻官兵至，舍去，各将入城杀居民报功。李卑独否，晋人称之。贼又掠榆社、和顺、寿阳、榆次、平定，太原大震。"按照这一记载，李自成等部起义军并没有据守辽州，而是听说官军到来就主动向北面转移了；尤世禄所报"斩级一千三百颗，皆是陕级"，是官兵入城后屠杀居民冒功请赏。但尤世禄塘报中说，官军到达辽州城下时，起义军奋起抵抗，"矢石往下射打如雨，职复传令自副参而下，不用命者立斩。……职乃身先将士，临城射打竟日，被矢中伤职右腹下，入骨断筋，已成废人。……职子副将尤人龙脚面亦被轻伤……"云云，似乎也未必全属虚诳。又监视太监刘允中在重占辽州之前，写的题本内也有"所幸官兵疾至，围敌于城"一语。看来李自成等部占领辽州后曾经遭到官军包围，大概属实。乾隆六年《沁州志》记载："崇祯五年冬，闯贼李自成侄一只虎李过，破辽州及傍郡县，士民无不望风投顺。"（卷六，《忠烈·赵克宽传》）辽州战役是李自成亲自指挥的，但这条材料强调了李过的作用，是目前所知李过早期活动的罕见记录。

第三节　陕西起义军的坚持斗争

在大部分起义军渡河进入山西以后，陕西的农民起义并没有消沉下去，有好几支起义军仍然在当地坚持斗争。崇祯四年九月，神一魁重新起义，占领了宁塞县城。不久发生内乱，神一魁被部将黄友才等杀死。十一月，谭雄部起义军两次攻入安塞县。明陕西总督洪承畴派总兵曹文诏围攻宁塞的黄友才部，自己带着副总兵李卑会合总兵王承恩往攻安塞。这时，一座城、一朵云、薛红旗等率起义军三千多人，从鱼河川（在榆林县境）出发，突然进抵安定城下。"城中贫民恨富人"，为之内应，起义军遂克安定。[1]明总兵王承恩到达安塞后，诱杀谭雄等五人[2]，移兵进攻安定，起义军被迫撤走。与此同时，混天猴部义军攻克甘泉县，夺得饷银十万八千两，处死知县郭永图。河西兵备道张允登也被击毙。[3]接着，这支起义军又攻克葭州，兵备道郭景嵩毙命。陕西总督洪承畴急忙檄调曹文诏、张全昌部合剿。五年正月，混天猴派部卒伪装米商进入宜君县，趁夜里应外合夺取了县城，接着又占领了保安、合水二县。

这个时候，原属神一魁部下的郝临庵、刘六（刘道江）、可天飞等部也在庆阳、环县一带重新起义，四出攻击，一时活跃得很。崇祯

---

[1] 此据《怀陵流寇始终录》卷四。《国榷》卷九一记攻取安定县城的，是来自鱼河川的"不沾泥张存孟等三千余人"。

[2] 此据《国榷》卷九一。《怀陵流寇始终录》卷四，作"王承恩等击斩谭雄等五百余级，安塞平"。

[3] 《怀陵流寇始终录》卷四云："降丁白柳溪乃上天猴之党，杨鹤处之鄜州。是夜，与刘民悦等袭甘泉，劫河西道张允登所解饷银十万两。允登战死，把总杨勋堕城逃，杀知县郭永图。"据洪承畴题本，"上年冬月，甘泉杀官劫银逆贼大头白柳溪，已于今五年七月十六日曹总兵于虎儿凹大战斩首讫"。上文又云，参与其事的尚有"逆贼大头目石耀宇"。见《崇祯存实疏钞》卷五下。

四年十二月，黄友才和刘五、郝临庵、可天飞等部围攻环县，明署县印同知赵应兰惊慌失措，自缢身亡。洪承畴调甘肃总兵杨嘉谟、宁夏总兵贺虎臣来救。黄友才被官军火铳击死，可天飞和郝临庵率领部众撤往环县以北，地名东川、西川的高山深涧地带。崇祯五年二月，可天飞、郝临庵又围攻庆阳府城。洪承畴派临洮总兵曹文诏领兵来救。三月十三日，曹文诏和甘肃总兵杨嘉谟，同起义军作战于西壕，起义军大败，牺牲了一千多人。[1]四月，不沾泥张存孟在西川设立十七哨六十四寨，领兵进攻米脂、葭州。明延绥巡抚张福臻、陕西总兵王承恩等统马、步兵三千与洪承畴会合，向起义军发起猛攻。不沾泥战败，和刘民悦一起被官军俘斩于绥德。七月，混天猴也被明军马科部击杀于延水关。

官军依仗优势兵力，屡次击败留在陕西的起义军。总督洪承畴、陕西巡抚练国事、巡按御史金兰等即抓紧时机，部署对起义军设在铁角城一带的基地（今甘肃环县北）进行围剿。铁角城山高沟深，形势险要，历来是官府统治薄弱的地方。郝临庵、可天飞等部长期在这里"分地耕牧"[2]，"为持久计"[3]。崇祯五年八月，洪承畴一面调集大军进剿，一面派出间谍"借招抚为名，前赴各贼营，授以密计，与以重赏，潜行反间，令其以贼杀贼"[4]。农民军势不能敌，一些动摇分子纷纷投降。其中如白广恩率部投降后，立即充当了明政府镇压农民起义的

---

[1] 《怀陵流寇始终录》卷五。《绥寇纪略》卷一云："五年三月十一日于西濠大战……拨其三屯，斩首千级。"《平寇志》卷一，把作战地点写作"西澳"，又说宁夏总兵贺虎臣也参加了围剿。《国榷》卷九二写作"西隩"。据洪承畴题本，应作西壕。

[2] 《绥寇纪略》卷一。

[3] 《平寇志》卷一。

[4] 兵部尚书张凤翼崇祯五年十二月题本，见《崇祯存实疏钞》卷五下。

刽子手。他领着官军直奔起义军首领可天飞（何崇谓）的营地何家老寨，可天飞不幸阵亡。叛徒白广恩用起义农民的鲜血，换得了自己的加官晋级，后来一直升到总兵，明亡前夕朱由检还授予他荡寇将军的称号。十月，新任延绥巡抚陈奇瑜派总兵王承恩，往剿一座城、薛红旗部起义军。一座城被叛徒乔六郎所杀，薛红旗和一字王（拓先灵）也在骨都寺为明靖边兵备道戴君恩击杀。十一月，曹文诏等部官军追剿郝临庵、独行狼部于陕西耀州锥子山，起义军败北，撤入凤凰山。监军道樊一蘅见山险难攻，派间谍进入起义军中，引诱不稳定分子杀害郝临庵、独行狼，拿着他们的首级向官军投降。这时，洪承畴以为大势已定，就食言自肥，从投降人员中拉出四百名所谓"狰狞剽悍者"惨加杀害，充分暴露了反动统治者的阴险狡猾。[1]至此，在陕西坚持斗争的各支起义军，基本被明政府血腥镇压下去。据明巡按御史范复粹崇祯六年的奏报，陕西起义军在作战中被杀的有三万六千六百多人，至于一般群众遭到官军杀戮蹂躏的更是不计其数。

陕西的农民起义一时沉寂了下去，而进入山西的起义军却越战越强。他们像决堤的洪水一样，冲入明帝国的腹心地区，把农民革命逐渐推向高潮。

第四节　起义军的诈降和突破黄河天险

陕西的起义农民被淹没在血泊中后，明廷即着手加强山西的围剿力量。崇祯五年十二月初七日，临洮总兵曹文诏奉命和部将马科、曹

---

[1]　见《绥寇纪略》卷一；《怀陵流寇始终录》卷五。

变蛟等人一道，带领"逐一挑选、屡经战阵"的马步兵丁三千五百人由庆阳开拔，经潼关渡河，前往"山西蒲州、河津贼聚等处，转至平阳、潞安一带各贼四犯地方"[1]。明廷对曹文诏部入晋会剿寄予很大希望。朱由检亲自批准给他先加升一级，授权"节制秦、晋诸将"[2]。马科、曹变蛟等也分别升官以资鼓励。统治者希冀把陕西的战果扩大到山西，一场围歼山西起义军的战斗就要开始了。

为了对付麇集山西的官军，起义军采取了避实就虚的策略。崇祯六年正月，他们东跨太行山进入畿辅地区，出现在顺德（今河北邢台市）、真定（今河北正定县）两府境内，这使明政府深感不安。给事中孟国祚上言说：

> 畿南咽喉重地，顺德为大平原，千里直走京师，非有河山为之蔽也。今晋有曹文诏、张应昌；豫有左良玉、邓玘，贼将何之乎？昔之秦驱于晋，晋驱于豫者，今转而驱之顺德矣。[3]

为了堵御起义军进入畿南平原地带，保护京师的安全，明廷急忙抽调通州兵二千，昌平兵二千，会同保定总兵梁甫部八千人，配合大名兵备道卢象升和山西官军夹剿。

在同官军作战中，起义军充分发挥了流动作战的优越性，他们在晋、冀、豫三省接境地区不断转移，避开官军的重兵，相机出击。这

---

[1]《明末农民起义史料》，第五六页。
[2]《明末农民起义史料》，第五九页。按，所谓"秦晋诸将"，山西将领自不待言，秦将是指在这以前奉调入晋助剿的延绥镇将领李卑、艾万年、贺人龙等人。
[3]《绥寇纪略》卷一。

就使官军处于被动挨打的地位，统治阶级内部的矛盾也激化了。兵部指责"河南不塞太行之险，揖贼使入，不得无罪"[1]。河南的乡绅们向朝廷请求，由陕西总督洪承畴兼管山西、河南军务。兵部同意了这个方案，认为可以统一事权，防止各省互相推诿，便于全面部署对起义军的围剿。兵部还建议洪承畴移驻三省交界的潼关，监制山西、河南二巡抚和曹文诏、邓玘、张应昌三总兵。可是，这时朱由检还不愿意让臣下掌握较大的权力，没有同意。他把起义军活跃于三省归咎于官军作战不力，派太监陈大奎、阎思印、谢文举、孙茂霖为内中军，分别出任曹文诏、张应昌、左良玉、邓玘四镇的监军。这件事进一步暴露了朱由检独夫民贼的反动本质。他的统治越是不稳，就越不相信人。在他看来，太监是自己身边的亲信，派到军中充当耳目，可以防止文武官员的欺蒙。实际上，宦官们擅长的只是巧言令色骗取皇帝的信任，借以招权纳贿，在军事上他们完全是外行。所谓"监纪功过"，不过是给他们提供一个发财的机会罢了。地方上的文武官员，为了让他们在皇帝面前说点好话，从贪污所得中分给一些油水，也就串通一气，互为表里了。以惩治阉党而一度博得好评的朱由检，在失望之余，终于走上了万历、天启两朝重用宦官的老路。

起义军在畿南地区同官军作战互有胜负。由于当时起义农民的力量还敌不过官军，华北大平原上又无险可据，在朝廷逐渐加强这一带防守力量以后，起义军就转入太行山区。明潞王分封在卫辉府（府治在河南汲县），他眼看农民军在豫北的力量越来越大，封地岌岌可危，乃上疏告急，请求朝廷"早行剪薙，毋轻视贼"[2]。朱由检特命倪

---

[1] 《国榷》卷九二。

[2] 《绥寇纪略》卷一。

宠、王朴任总兵，太监杨进朝、卢九德为监军，统京营兵六千往豫北征讨义军。官军倚仗优势兵力，逐渐把起义军主力压缩在河南省的黄河以北地区。明政府以为北有重兵，南扼大河，可以把起义军消灭在这里。

崇祯六年五月，起义军的一位重要首领紫金梁（王自用），在河南济源病死了。[1]王自用在王嘉胤牺牲以后，曾被在山西的各支起义军推为盟主。后由于明官僚施展离间计，使紫金梁和其他首领人物之间有了隔阂。据某些史籍记载，他本人也曾发生过动摇，有接受明政府招安的企图。[2]尽管如此，王自用在当时仍然是一位有影响的领袖人物。明河北兵备道曹应秋就说过："惟紫金梁死，其党归闯将，无复称其号。此贼似能统领诸贼也。此贼死后，众贼各自为队，时分时合。"[3]这说明王自用的病死，在一定程度上增加了起义军处境的困难。

---

[1] 关于王自用之死，各种史籍的记载很不一致。康熙五十年《武安县志》卷十五《人物·王士仪传》云："崇祯七年，流贼自山右入武安管头川镇放火屠杀，势如鼎沸。知县张国柱飞报兵巡杨道台，委（河北兵巡营守备王）士仪领兵一百五十名，扼贼于县西之小店村。士仪奋勇弯弓射中贼帅紫金梁，贯脑而死。贼众震怒，蜂丛潮涌。士仪力不能支，遂遇害，阵亡兵丁一百四十六人，止四人生还。事闻，以礼葬死所，从亡兵丁亦埋左右，张令勒石以记。"这里，时间肯定有误。《绥寇纪略》卷一载，崇祯六年"五月，邓玘击贼于济源之善阳山，射紫金梁殪之。或曰王自用自病死，其众散他部以去"。《国榷》卷九二记，六年九月，明总兵张应昌于北直隶平山县，"获贼魁张有义，即一盏灯也。始知渠帅紫金梁五月死"。《怀陵流寇始终录》卷六，记于崇祯六年四月，"紫金梁死于济源，其党归闯将（李自成）。后左良玉擒一贼目，言是病死，诸贼厚葬之山中。当时诸将妄言死于箭铳"。又，《明末农民起义史料》载兵部为类报山西捷音事题本中说，崇祯五年十二月十四日，都司贺人龙夜袭起义军于翼城县官庄屯，"紫金梁臂中四箭，喉下中一镞"，"重伤而逃"。

[2] 见张道濬所著《从戎始末》和《兵燹琐记》。《怀陵流寇始终录》《平寇志》等书也采用了张道濬的记载。

[3] 《怀陵流寇始终录》卷六。

崇祯六年冬，明政府调来的官军云集于山西、北直隶、河南的交界地区。由于当时主要的战场已经移到了豫北，因此河南省的官军称为主兵，共有八千三百余名；山西、北直隶和京营客兵达一万九千六百人，加上曹文诏等所统陕西兵，参加围剿的官军总数当在三万以上。[1]起义军活动的余地越来越小，粮食给养都极感困难，面临着被官军围歼的危险。于是，起义军首领们竭力谋求摆脱困境的办法。十一月，张妙手、闯塌天、满天飞、邢红狼、闯将（李自成）等，向京营总兵王朴伪称愿意接受招安，"叩首言：我等皆良民，因陕西荒旱，致犯大罪。今誓归降，押还故土复业"。王朴和监军太监杨进朝、卢九德不知是计，以为不费吹灰之力，便可顿时弭平大患，同意接受投降。十九日，起义军首领人物贺双全、张妙手等十二人，亲至河南彰德府武安县（今属河北省）面见王朴、杨进朝、卢九德以及兵备道常道立，表示接受招安的"诚意"。杨进朝等信以为真，马上向朝廷奏报，同时停止了对起义军的进剿。据史籍记载，当时在武安开报的诈降起义军首领名单为：

贺双全　新虎　九条龙

闯王（高迎祥）　领兵山　勇将

满天飞　一条龙　一丈青

哄天星（当作混天星——引者）

三只手　一字王　闯将（李自成）

蝎子块　满天星　七条龙

---

[1]　这里是根据《怀陵流寇始终录》卷六的记载做出的统计。但该书说"其主客兵二万二千余"，同各部兵相加数不符，疑有误。

关锁（当作关索——引者）　八大王

皂鸳　张妙手　西营八大王（张献忠）

老张飞　诈手　邢红狼

闯塌天（刘国能）　马鹞子

南营八天王　胡爪　哄世王（当作混世王——引者）

一块云　乱世王　大将军

过天星（惠登相）　二将

哄天王（当作混天王——引者）

猛虎　独虎　老回回（马守应）

高小溪　扫地王　整齐王

五条龙　五阎王　邢闯王

曹操（罗汝才）　稻黍杆　逼上路

四虎　黄龙　大天王　皮里针

张飞　石塌天（当系射塌天李万庆——引者）

薛仁贵　金翅鹏　八金龙

鞋底光　瓦背儿　刘备

钻天鹞　上天龙

共计六十一名[1]

　　起义军以伪降为掩护，麻痹了明朝当事的文武官员，向官军士兵和地方百姓购买裘、靴等衣物，积极准备渡河而南。二十四日，天气骤寒，山西垣曲到河南济源之间的一段黄河封冻成桥。起义军乘官军不备，用门板铺在冰上再加一层土，分三路驰马而过，到达河南渑池

---

[1]《怀陵流寇始终录》卷六。

县境的马蹄窝、野猪鼻。明河南防河中军官袁大权仓促迎战，被起义军击毙。起义军主力就这样一举突破了黄河天险，把明政府调来的重兵甩在后面。[1]从此，农民军在更广阔的地面上往来驰骋，明末农民战争进入了一个新的阶段。

---

[1] 起义军渡过黄河的日期，《平寇志》《怀陵流寇始终录》《绥寇纪略》等书，均载于崇祯六年十一月二十四日。苗胙土《解鞍小录·皖南御寇摘抄》所记为"癸酉仲冬廿六日，黄河冰冻成桥，顷刻贼渡数万"，较诸书所载时日晚两天。郑廉《豫变纪略》卷一记，是年"冬十月，黄河结冰坚如石。丁卯（初八日）流贼渡河"当是误记。

第四章
起义中期的千里转战

第一节　向中原进军

崇祯六年十一月二十四日，农民军飞越黄河天险，进入中原大地，在明末农民战争史上是一件划时期的大事。河南是明帝国的腹心，军事上是四战之地，这里明政府的防御力量比较薄弱，文武官员们还没有同起义军作战的经验。河南巡抚玄默[1]首当义军的军锋，火急请援。十二月初四日，朱由检下令："贼既渡河，豫境邻壤地方，俱宜严防奔突。秦、郧准各抚通着选调将士扼要截剿，豫、晋抚监亟督左良玉等合力追击，仍严饬道府州县等官，鼓励乡兵各图堵御。务刻期荡扫，如再疏泄误事，必不轻贷。"[2]然而，起义军过河之后，

---

[1] "玄默"在一些史籍中写作"元默"，是由于避康熙皇帝的讳而改。
[2] 《明末农民起义史料》，第九九页。

以高屋建瓴之势迅速摆脱了官军的追击，实现了千里跃进。仅仅在一个月之内，起义军的足迹几乎遍及河南西部各县，接着又冲向接境的湖广、南直隶和四川。对明廷来说，原先的局部问题从此变成了心腹大患。

农民军一到河南，即同当地的贫苦农民会合起来，形成一股汹涌澎湃的革命洪流。崇祯六年底，明南京兵部尚书吕维祺，在《中原生灵疏》内描述了河南当时的形势：崇祯三、四、五、六年，连年大旱，"秋既无收，麦又难种。野无青草，十室九空。于是有斗米值银五钱者，有工作一日不得升米者，有采草根树叶充饥者，有夫弃其妻、母弃其子者，有卖一子女不足数餐者，有自缢空林、甘填沟渠者，有饿死路侧者，有鹑衣菜色而行乞者，有杖比而毙者，有泥门担簦而逃者，有骨肉相残食者"。在这样的大荒之年，明政府不但不加赈济，"而且加之以诛求，重之以供应，而且责之以兵粮、器械、米豆、刍茭，悉索敝赋以应河北之求。而且正赋之外，有加派焉，而且尽追数年之旧逋，而且先编三分之预征，而且连索久逋额外抛荒之计禄。……旧额未完，新饷已催；新征甫毕，旧逋又下；额内难缓，额外复急。村无吠犬，尚敲催呼之门；树有啼鹃，尽洒鞭朴之血。黄埃赤地，乡乡几断人烟；白骨青磷，夜夜常闻鬼哭。触耳有风鹤之声，满目皆荒惨之色。欲使穷民之不化而为盗不可得也，欲使奸民之不望贼而附不可得也……"[1]崇祯七年以后，农民军力量的陡然增

---

[1] 吕维祺：《明德先生文集》卷五；另见《河南通志》卷七六，《艺文》五；《豫变纪略》所载有删改。原任河南巡抚范景文在《备陈中州地方情形疏》中说："向来中州号称无事，自臣入境而后知非无事也。河之北苦旱，千里赤地，河之南苦水，一望白波，饥民已不聊生矣。而两河间皆苦盗，绿林啸聚，日不绝闻。民穷而盗易起，盗起而饥民附之，将祸至之无日也。"见《范文忠公全集》卷二，《奏疏》。

长，同中原地区的农民大量参加起义队伍是有密切关系的。

起义军进入河南以后，横行狼、一斗谷、扫地王、满天星等八营部众十余万西入武关，"山阳、镇安、商南同日陷"[1]。接着北上洛南，向陕西首府西安挺进。洪承畴大为震惊，连忙檄调郃阳、韩城驻军迎头堵截。这路起义军遂掉头南下，于崇祯七年正月十五日攻克洵阳、紫阳，平利、白河也相继被攻克。洪承畴大军赶到时，这路义军已南下四川。

另一路起义军包括高迎祥、李自成、马守应、张献忠等部，进入了卢氏山区。这里"崇山造天，牙踞趾错"[2]，形势非常险要。当地原来就有一批由于丧失了土地，被迫违抗朝廷禁令私自开矿为生的群众，他们被反动统治者斥为"矿盗"。起义军到达之后，矿徒们积极参加，充当向导，领着起义军由山间小路直抵内乡，然后经邓州、淅水南下湖广的郧阳、襄阳地区。崇祯六年十二月下旬到七年正月，这路起义军连破郧西、上津、房县、保康诸县，"直走空虚无人之地，捷若风雨之至"[3]。明郧阳抚治蒋允仪"束手无策，上书请死而已"[4]。

起义军的凌厉攻势，把明政府的中原腹心地区打得乱成一团，地方当局简直无法招架。朝廷大臣们又再次提出了统一事权的问题。他们认为义军之所以能"流突无定"，是因为"各镇、抚事权不一，互相观望。宜以重臣开督府，统摄诸道兵讨贼"。朱由检同意了这个

---

[1] 乾隆十三年《商南县志》卷十一，《纪事》；乾隆十一年《雒南县志》卷十，《要事》引旧志。

[2] 《绥寇纪略》卷二。

[3] 同2。

[4] 同3。崇祯七年三月，明廷提升原大名兵备道卢象升为郧阳抚治，接替了蒋允仪，见《明大司马卢公奏议》卷一，《到任谢恩疏》。

意见。在人选问题上，大臣们推荐洪承畴，朱由检却认为，陕西三边同蒙古部落相邻，洪承畴肩负边防重任，"未可轻易"。于是，"进延绥巡抚陈奇瑜为兵部右侍郎，总督陕西、山西、河南、湖广、四川军务，视贼所向，随方剿抚"。[1]这是明廷为了镇压农民起义而设立有权节制几省文武官员的总督职务之始。它反映了起义农民的力量已经在斗争中成长起来，特别是起义军的流动不居，转战各省，使明政府依靠任何一省的兵力都无法应付了。

　　崇祯七年的上半年，起义军主力集中在四川北部和陕西南部。入川的义军包括两部分：一部分是由豫西和湖广郧阳西入陕西兴安（今安康）地区的起义军，他们在遭到明军的阻击以后，向南折入四川；另一部分是从湖广郧阳地区，经长江北岸的大山区入川。后一部分义军在二月二十一日攻克夔州府（府城即今奉节县），从而打开了入川的门户。明四川当局连忙调集驻军和土司兵阻击，防止义军入其腹心地带。起义军当时的活动范围被局限在川东北地区。这里层峦起伏，多是深山老林，农业生产很不发达，无法解决大队人马的粮食供应。所以，这路起义军不久又分道出川，一部分东返湖广[2]，大部分北上陕西。这样，随着明重兵集结于河南、湖广，起义军的主力又像捉迷藏一样，回到了起义的发源地陕西。

---

[1] 《平寇志》卷一。
[2] 《绥寇纪略》卷二说："贼之入蜀者未逾月而返楚又二三万。"

第二节 起义军的汉中突围

崇祯七年春，陈奇瑜以五省军务总督的身份，檄调各路官军齐集于河南陕州（今陕县），然后移师南下，向湖广均州、竹山一带的起义军进剿。李自成、张献忠等部受到官军的压迫，向西进入陕西。陈奇瑜由于在河南、湖广地区打了几次胜仗，又见义军纷纷向陕西、四川转移，就神气起来了，以为起义军不是自己的对手。当他得到李自成、张献忠等部转移到陕西的消息以后，就尾随而来，打算一举消灭这股农民武装。起义军走到汉中栈道地区时，误入险地。这里山高路陡，居民稀少，出口被明军把守得严严密密，又碰上阴雨连下七十多天，"弩解刀蚀，衣甲浸，马蹄穿，数日不能一食"[1]。李自成、张献忠等部数万人几乎面临绝境。为了摆脱这种困难局面，起义军首领决定采取伪降手段。他们下令把军中缴获所得金银财物集中起来，派人"入奇瑜营，遍贿左右"[2]。官军本来就贪生怕死，不敢同义军打硬仗，得了贿赂以后更加极力主张招抚。陈奇瑜也认为义军是在走投无路情况下的真投降，自己不费吹灰之力就可大功告成，因此决定招抚。他向朝廷报告之后，得到了兵部尚书张凤翼的支持。经崇祯皇帝亲自批准，这年六月，陈奇瑜代表政府同义军达成了招安协议：由陈奇瑜按起义军战士数目，每一百人派一名安抚官加以监视，负责遣返原籍安置；所过府县由当地政府供应粮草；同时檄止官军进兵，以免

---

[1] 傅永淳（当时任陕西巡按）：《劾总督陈奇瑜疏》，引自康熙二十四年《灵寿县志》卷十，《艺文》下。
[2] 同1。

发生冲突。史料记载，当时义军开报的受抚人数有四万多名。[1]于是义军"乃整旅出栈，与奇瑜兵揖让酣饮，易马而乘，抵足而眠。贼之无衣甲者皆整矣，无弓矢者皆砺矣，数日不食者皆饱腹矣"[2]。义军将士用这种办法巧妙地渡过了难关，就在一天夜间，"尽缚诸安抚官，或杀、或割耳、或杖责、或缚而掷之道旁。攻掠宝鸡、麟游等处，始纵横不可制矣"[3]。陈奇瑜这时才如梦初醒，自知闯下了大祸。他先归罪于宝鸡知县李嘉彦，说他阻挠抚局，杀降激变；继之又把责任推给陕西巡抚练国事。朱由检不了解实际情况，又因这次招抚是自己批准的，出于护短的心理，先后下令逮捕了李嘉彦、练国事等人，命李乔接任陕西巡抚。不久，由于给事中顾国宝和陕西巡按傅永淳等人纷纷上疏指责陈奇瑜主抚误了大事，朱由检才决定将陈奇瑜革职拿问。

关于李自成、张献忠等部汉中脱险的问题，有两方面需要做一些分析：一是史料方面；二是对农民军的伪降应当怎样看待。

在史实方面，各种史籍的记载相当混乱，羼杂了不少错误的传说。例如，吴伟业是这样叙述的：

---

[1] 明兵部尚书张凤翼在崇祯八年二月的一件题本中说"去岁陈奇瑜曾抚过男妇四万有奇，一激则铤而是（走）险"，见《枢政录·策寇》卷十。陈克家补纂《明纪》卷五三和夏燮《明通鉴》卷八四，载当时陕西巡抚练国事的奏疏说："汉南贼尽入栈道，奇瑜檄止兵。臣未知所抚实数。及见奇瑜疏：'八大王部万三千余人，蝎子块部万五百余人，张妙手部九千一百余人，八大王又一部八千三百余人。'臣不觉仰天长叹！夫一月抚强寇四万余，尽从栈道入内地，食饮何自出？安得无剽掠？且官军防护，一大帅止将三千人，而一贼魁反拥万余众，安能受纪律耶！贼皆借口归籍，然延安州县骤增四万余人，安集何所？合诸征剿兵不满二万，而降贼逾四万：岂内地兵力所能支？"按，文秉《烈皇小识》卷四，说受抚的起义军总数为三万四千余人。《怀陵流寇始终录》卷七，作"上籍军门者一万七千人"。

[2] 傅永淳：《劾总督陈奇瑜疏》。

[3] 文秉：《烈皇小识》卷四。

兴安之界曰车箱峡，贼李自成等陷入其中。李自成者，米脂人，与安塞人高迎祥亡命金乡为群盗，迎祥在晋中为闯王，自成与之共事。至楚、豫始诱结李过、李牟、俞彬、白广恩、李双喜、顾君恩、高杰等以顾盼自雄。李过、高杰等善战，顾君恩善谋。车箱峡四山巉立，中亘四十里，居民从其颠颊大石击贼，又投以炬火。飞走之路既绝，春夏大雨两月，山（？）弓矢俱脱，马乏刍，死者过半。君恩为之谋曰："吾辈万里远掠，妇女辎重，何不以之饵群帅？处穷山绝坂之中，可文降而狡焉以遁也。"因奇瑜左右奸弁以为请。奇瑜不心，诧大功可立就，特许八月约降。凡籍丑党上军门者三万六千人，取其名为渠首者正法，余劳遣归农以去。侈然自负处分神速，凶徒数万一朝解散，天下自此无患矣……[1]

吴伟业的说法被许多史籍所采用。其实，此中包含了不少明显的错误。首先，吴伟业说起义军被围困地点在陕西兴安境内的车箱峡，而从当时陕西巡按傅永淳等人的奏疏里，我们可以肯定被困地点在汉中栈道附近。傅永淳的奏疏说："初，贼闻有五省合剿之举，以中州平原难于藏匿，乃西逾关岭，合秦寇入终南。及奇瑜率兵入关，贼悉度栈道入汉中。汉中西邻巴蜀之险，南止汉水之滨，东塞栈道之阨，所谓釜甑鱼也。"崇祯十一年兵部尚书杨嗣昌的奏疏中提道："往年陈奇瑜之抚，一出汉中，旋踵四溃，遗祸至今，罪谤莫赎。"[2]再看

---

[1]《绥寇纪略》卷二。
[2]《杨文弱先生集》卷二六。

封在汉中的瑞王朱常浩崇祯七年六月的奏疏，"目今东有洋县之贼，督臣陈奇瑜现议招安"[1]。史籍说车箱峡长达四十里，是个不小的地方。然而到目前为止，无论在兴安地区还是在汉中地区都还没有查到它的确切位置。所以，沿袭吴伟业"车箱困"的说法，把起义军被困地点确定在兴安县是不妥当的。[2]

其次，在汉中被困的义军究竟包括哪几部，也还存在疑问。吴伟业和一般史籍的作者，都说主要是李自成部；毛奇龄《后鉴录》中说，"自成急奉闯王（高迎祥）奔入兴平之车箱峡"；文秉《烈皇小识》说，"贼首李自成、张献忠等坐困于汉中之车箱峡"。可是，明陕西巡抚练国事转述陈奇瑜的奏疏，列举的受抚义军为："八大王部万三千余人，蝎子块部万五百余人，张妙手部九千一百余人，八大王又一部八千三百余人。"其中确切无疑的有张献忠（八大王）、蝎子块和张妙手三部。所谓"八大王又一部"究竟是指南营八大王，还是指依附于张献忠的另一支队伍，目前还弄不清楚。陈奇瑜的奏疏

---

[1] 《怀陵流寇始终录》卷七。

[2] 值得注意的是，各种史籍都讲到义军是经栈道出险的。当时宝鸡生员韩斑上言，驳斥陈奇瑜关于"激变"的说法就指出，义军"一出栈道即破凤县，杀唐三镇乡官辛思齐家一百八十口。八百里连云栈横尸撑柱，四十村落尽为灰烬，此在宝鸡之南，岂亦激变所致乎？"（《怀陵流寇始终录》卷七）这里虽多诬蔑夸张之词，但以当地人谈事件发生的位置，大抵是不会错的。所谓八百里连云栈道是指北起宝鸡益门镇，南抵褒城的古道。崇祯十二年八月，杨嗣昌奏疏中说："至于通栈之法，臣部时切访求。有新推汉羌中军朱国玺深知其事，谓连云栈从褒城至益门镇，八百里中惟弹丸一凤县耳。"见《杨文弱先生集》卷三四，《复瑞王营兵鼓噪疏》。清初陕西总督孟乔芳，在顺治四年的一件题本中也说："至于栈道为通汉入蜀必由之路，南控褒城，北连宝鸡，计程七百余里，皆深山茂林，杳无人烟，中惟凤县城堡，仅有居民二百余人。"（《孟忠毅公奏议》）这些材料都说明某些史籍把起义军被困地点搬到兴安是违反事实的。再从起义军出险以后的情况来看，诸书都记载李自成等部立即占领凤县，沿凤翔、麟游、乾州一线进军，也表明起义军被围困的地点在汉中。如果是在距离较远的安康，就不可能立即占领凤县。

中并没有明确提到李自成部，也就是说，汉中被困的起义军是否包括李自成部在内，还缺乏原始材料来证明。既然各种史籍几乎毫无例外地都记载李自成部是汉中被困义军的主力，而且义军在出栈道后的战斗中，李自成部确实相当活跃，因此，我们还不能把李自成部排除在外。闯王高迎祥部是否也被困于汉中，需要继续查证。人们长期以来有一种误解，以为闯将李自成是闯王高迎祥的部将，这是不正确的。李自成同高迎祥一样，都是他们各自率领那支义军的首领，互相间并不存在从属关系。毛奇龄说李自成"奉"闯王奔入兴平之车箱峡，明显地反映了这种错误。兴平在咸阳附近，与义军被围困的地点也不相符。

最后，吴伟业的书中说到李自成的部将也有不少差错，如顾君恩是湖广钟祥县庠生，崇祯十六年初李自成部义军打到钟祥时他才参加。说他在崇祯七年就成了李自成部的重要成员并且献计诈降，根本不符合事实。李过是李自成的侄儿，随自成一道参加起义，在崇祯五年攻克山西辽州时已经成了自成的左右手，并不像吴伟业所说"至楚、豫"方为自成所"诱结"。李牟、俞彬本无其人，小说家杜撰的情节中把李牟安排为杞县李岩之弟，吴伟业又把他说成崇祯七年就已经是李自成的亲信部将，纯属无稽之词。白广恩是另一支起义军可天飞何崇谓的部将，崇祯五年八月在陕北铁角城投降了明政府，这以后长期充当镇压农民起义的鹰犬。吴伟业把他说成李自成的部将，还说崇祯七年一道被围困于车箱峡，也是没有根据的。

总之，根据原始材料，我们可以确定崇祯七年，张献忠等部义军四万多人一度在汉中被困，后来采取伪降手段摆脱了困境。但具体的情节，同通常史籍的描写存在着相当大的差距，到目前为止，还有一些问题需要继续探讨。

起义军汉中脱险的问题，还牵涉对农民起义中伪降的看法。在封建社会的农民起义中，伪降是常见的现象。明末农民战争中，起义军在不利的形势下，为了麻痹敌人，摆脱困境，也曾多次采用这种手段。崇祯六年冬在北直隶武安的伪降，使起义军得以偷渡黄河，实现了千里跃进；崇祯七年的汉中伪降，使一支主要的农民武装避免了覆灭的命运，挫败了陈奇瑜部署的围剿。它们的效果都是显而易见的。那种把起义农民作为斗争策略的伪降，一概说成"动摇""叛变""投降"的做法是不足取的。历史工作者的责任是通过严肃的查证，区分作为斗争策略的伪降和真正的投降变节，从而引出有益的经验教训。后面我们还将多次遇到农民军中首领人物的投降变节、妥协动摇以及策略性的伪降，只有坚持具体问题具体分析的方法，才可以揭示历史的本来面目，做出实事求是的评价。

第三节　起义军的大举入豫和所谓"荥阳大会"

李自成、张献忠等部在汉中脱险以后，分头进攻西安附近地区和庆阳、巩昌、平凉一带[1]，一时声威大振。明廷和地方官员纷纷上言指责陈奇瑜招抚误事。朱由检恼羞成怒，在崇祯七年十一月下令把陈奇瑜撤职，下狱论戍；提升洪承畴为兵部尚书，总督山西、陕西、四川、湖广、河南军务。这时，西宁驻军发生兵变，将领被杀，守道被赶走，镇守太监也仓皇逃遁。洪承畴被迫亲自带领军队赶往西宁，起

---

[1] 《绥寇纪略》卷八，载韩王之言："九月初五日攻平凉，不下，转攻四境，平凉属城十破其五。"

义军趁机"分陷关陇"[1]。等到洪承畴平定了兵变腾出手来镇压农民起义时，起义军又"悉众东奔，分道入河南，集宛、洛间"[2]。这是农民军自从崇祯六年由山西渡河入豫以来第二次大规模地进军河南。史籍中有这样一段描写：

> 七年冬，贼骑千余西来，立马西郭麦田中。已而大旗飘扬，遥望崖口而南，旌旗蔽空，甲光耀日，南尽南山，北尽河曲，波压云涌而至。惟闻马嘶之声，自朝至夜，连营数十里。……贼过人畜践踏，路阔五六里，不知其众之几何也。[3]

这段记载有声有色地写出了农民军浩大的声势。河南巡抚玄默吓得面无人色，请求朝廷火速调兵堵剿。起义军到了河南境内以后，兵分三路：一由陕州（今三门峡市陕州区）渡河，北上山西平阳；一由武关经南阳地区进兵湖广襄阳；一由卢氏县东攻河南郡县。[4]不久，进入山西的义军又从河南怀庆地区渡河，南入归德府（今商丘市）；入湖广的义军也经郧阳、上津再度进入河南南阳。这样，绝大部分起义军又集中到了河南境内。崇祯八年正月，明兵科给事中常自裕在奏疏中说："大小七十二营之贼，有二三十万之多，蜂屯伊、嵩、宛、洛之间，有侵汝宁、郑、宋之意。"[5]这里所说的七十二营齐集

---

[1] 《平寇志》卷一。
[2] 同1。
[3] 乾隆三十一年《嵩县志》卷六，《星野·附祥异》所引康熙三十一年卢志逊所修旧志。
[4] 《平寇志》卷二。
[5] 同4。

于河南西部洛阳到南阳一带，是指崇祯七年年底的情况。到八年正月上旬，起义军的主力已经由汝宁府上蔡、新蔡一线攻入南直隶颍州等地。

在此需要着重谈一下所谓"荥阳大会"的问题，这个问题在清朝初年的史籍中就有不同记载。在二十世纪六十年代前期，史学界也就这次大会的真实性进行过讨论。但是，直到现在还没有得出结论。

最初把"荥阳大会"写入史籍的是清初的吴伟业。他在《绥寇纪略》卷二里有这样一段话：

> 洪承畴前加兵部侍郎总督五省军务，移驻秦、豫、楚适中之地，指使诸抚镇办贼，其延绥、宁夏、甘肃三边并官如故。会西宁兵变，杀州官，逐守道，戕其孥，镇守太监跳身免，其下硬弓把牌多死。承畴复赴甘肃定乱，而寇事日急。兵科都给事常自裕中州人，以为前所调兵如张应昌、曹文诏起自戍籍，今取道太原，晋抚留之共剪高加讨，虽明旨不许，然未能时至，而秦翼明川卒不满三千人，不足破贼。东抚朱大典新除兵部侍郎，宜及承畴未出关先令驰赴中原，调关宁、天津兵一万付之，偕督臣协剿。章下所司，议未定。
>
> 贼侦知，合七十二营头目老回回、闯王、革里眼、左监王、曹操、改世王、射塌天、八大王、横天王、混十万、过天星、九条龙、顺天王等十三家会荥阳，议逆拒官军。老回回欲渡河北入晋境。张献忠以为怯，面哂之。老回回怒。自成解之，曰："匹夫可奋臂，况十万众乎？今吾兵且十倍官军，虽关宁铁骑至，无能为也。计唯有分

兵，各随所向立效，其利钝举听之天。"众皆曰："善！"
乃列阎而定之：革、左南当楚师；横、混西迎秦军；曹、
过分屯荥、汜间，探中牟、邓、尉，以缀开、归、河、汝
之兵；献、闯专事东方。破城下邑，金帛子女惟均。老回
回、九条龙为游徼，往来策应。恐西军不敌，益以射塌
天、改世王为横、混后继。壬子，杀牛马祭天誓师，赐诸
贼饮铺。部署已定，有亡自贼中来告状。[1]

　　吴伟业的记载后来被采入《明史》，流传得很广。其实，历史上
并不存在这次规模盛大的"荥阳大会"，理由如次：

　　首先，从史源学的观点来看，这件"史实"的来历，吴伟业并没
有交代清楚。他含糊其词地说，起义军"部署已定"之后有人偷偷
跑出来报告，似乎消息非常可靠。然而，像这样重要的情报，在明末
各种官方文书里却没有任何反映。特别是当时任河南巡抚的玄默，后
来著有《剿贼图记》；从崇祯七年底到九年春任河南巡按御史的金光
宸，把他这段期间的题本编为《两河封事》[2]；当时的兵部尚书张凤翼
也把自己任职期间有关军务的题本编为《枢政录》。这三部书都丝毫
没有涉及起义军在荥阳举行大会的事。那个"亡自贼中"的人究竟向
谁报告，吴伟业没有说，看来很靠不住。

　　其次，说义军十三家七十二营首领在荥阳大会，结束于正月壬子

---

[1] 和吴伟业同时的彭孙贻、谈迁、郑廉在所撰《平寇志》《国榷》《豫变纪略》等
书里，都没有提到荥阳大会。戴笠、吴殳在《怀陵流寇始终录》卷八中，还针对《绥
寇纪略》的记载批驳道："流贼如野烧，随处可发，是以难讨。若有期会谋划，非流
贼矣。吴纪载七十二营头目会议荥阳者（原书作'会议者荥阳'）讹也。且自成不出
关，而谓解回、献之争，不亦诬乎？故不取。"
[2] 金光宸：《金双岩中丞集》。

日，"杀牛马祭天誓师"。壬子日是正月初一，据此推算这次大会当在崇祯七年十二月下旬召开。然而，可信的史料却表明，义军来到荥阳是八年正月间的事，攻克荥阳县城在正月初六日。[1]这就排除了七年年底在荥阳召开"十三家七十二营"这样大规模会议的可能性。

再次，吴伟业记载起义军召开"荥阳大会"的背景，是兵科都给事中常自裕上疏请调关宁、天津兵前往河南协剿，奏章由崇祯帝批交所司（兵部），"议未定"，就被义军所"侦知"，方才有各路首领集会共同商量"逆拒官军"之举。文中转述李自成的话也有"虽关宁铁骑至，无能为也"。那么，常自裕是什么时候上疏的呢？《平寇志》《怀陵流寇始终录》等书都记载在崇祯八年正月上旬。从当时兵部尚书张凤翼的题本中可以知道，常自裕上疏要求"调发关门夷、汉丁五六千，天津招练兵三四千"前往河南之后，朱由检立即批给兵部"看议速奏"。正月十三日，张凤翼具题建议从"铁骑营量调三千，于天津调二千。敕下该抚各选能将统领星驰赴豫"。十四日，朱由检批示要兵部"将各处兵马通行打算"，该增的增，该调的调，然后"责成督抚大举会剿，刻期尽灭，以图底定"。正月十九日，张凤翼同户部尚书侯恂会商之后，提出了一个调兵六万四千，筹饷银七十八万两的通盘计划。二十日，朱由检批示中提出"铁骑三千是

[1] 康熙十七年《荥阳县志》卷八，《艺文》内收有本县举人张凤毛在崇祯八年十一月写的《颜公生祠碑记》，文中说："是岁首月，流寇披猖，阙剪我庐舍，虔刘我百姓……"同书卷一《地理志·兵燮》记："崇祯八年正月初六日，流寇破城。"附带说一下，康熙《荥阳县志》里并没有记载起义军在本县召开大会之事，直到乾隆年间重修县志才引用《官修明史》的记载补入，说明本地人并不知道这次大会。郑廉《豫变纪略》卷一，记起义军攻克荥阳的日期为正月初七。河南巡抚玄默在《剿贼图记》里说："崇祯八年正月元旦，（左）良玉又有滕家店之捷。然贼愈杀愈多，我兵日分日少，不数日而贼复猖狂荥（阳）、汜（水）二县，城池尽失。"（《鲁灵两捷图第二十二》说明文字）这些材料都证明起义军到达荥阳在八年正月上旬。

否足用"，命兵部再次会议。同一天，张凤翼建议再调铁骑营二千、天津兵三千、四川白杆罗网坝兵三千，总兵力增加为七万二千名，饷银再加十五万两，合计九十三万两。二十三日，朱由检批准了这个计划，下令"限六个月扫荡廓清"[1]。以上就是明廷密议调兵筹饷的全部过程，这个时间表确凿无疑地表明吴伟业所说的"章下所司"和商议过程，是崇祯八年正月中旬到下旬的事。试问，起义农民怎么可能在崇祯七年十二月就"侦知"当时连影子都还没有的事情呢？可见，《绥寇纪略》所述"荥阳大会"召开的起因和议题，同基本的历史事实凿枘不相容，显然出于好事之徒的附会。

最后，再看这次"大会"的决议，即"分兵定向"。我们认为，在当时是不可能制订这种计划的。崇祯七年以后，起义军的力量有相当大的发展，但仍然弱于官军，作战的时候总是采取避实就虚的战略，谈不上事先确定作战方向。如果考察一下崇祯八年正月以后各支起义军的运动情况，可以看出所谓"分兵定向"并不符合历史实际，如说会议决定横天王和混十万的任务是"西迎秦军"。康熙元年《汝宁府志》却记载："八年乙亥春正月初四日，贼闯塌天、混十万、姜兼哨卒抵城外……是夜贼东下……往破颍州。"[2]康熙《上蔡县志》也记载："崇祯八年乙亥正月朔五日，流寇闯塌天、混十万、过天星等经城下，焚南关，南犯汝宁。"[3]这表明混十万（马进忠）部起义军，并不是由荥阳西去迎击洪承畴统率的陕西官军，而是南向汝宁，然后东攻南直隶颍州。又如说，"革、左南当楚师"，"老回回、九条龙为游徼，往来策应"。可是，康熙《庐州府志》

---

[1] 这里所列时日和引文都是根据张凤翼的《枢政录》。
[2] 康熙元年《汝宁府志》卷十，《武备·军功》。
[3] 康熙《上蔡县志》卷十二，《编年志》。

却明文记载："崇祯乙亥春，流贼薄城，焚掠关厢。……贼名色有老回回、隔子眼、蝎子块、满天星等营。"[1]这又说明革里眼（贺一龙）部是东向南直隶，而不是按照什么"大会"决议去"南当楚师"。老回回马守应部也在同一时间东入南直隶庐州等地，接着在二月初西入湖广麻城[2]，这同所谓"往来策应"的说法也不符合。再如说"曹、过分屯荥、汜间，探中牟、邓、尉，以缀开、归、河、汝之兵"，任务是留在河南郑州地区拖住河南省的官军。然而康熙《罗田县志》却记载，崇祯"八年二月初四巳时，流贼名曹操、闯塌天、八大王等党统万余破霍山、太湖、英山等处，攻打罗田。城西门内有奸民徐害儿家突然火起，城破……"[3]可见曹操（罗汝才）部在崇祯八年初也是向东南方面发展，并没有屯驻在荥阳、汜水一带。就史料而言，我们可以得出一个结论：崇祯八年正月间，在河南的各支起义军大抵是向东南进军，看不到什么在统一部署下东南西北四路迎敌的迹象。至于所谓"破城下邑，金帛子女惟均"的说法，不仅包含对起义军的诬蔑，而且事实上当时既没有一个统一的组织，也就不可能提出和实行平均分配一切缴获物资的主张。

根据以上论据，可以基本上确定："荥阳大会"是一个虚构的事件。

[1] 康熙《庐州府志》卷九，《祥异》。
[2] 参看梅之焕《梅中丞遗稿》卷二，《寄刘同人》。
[3] 康熙五十六年《罗田县志》卷一，《祥异》。

第四节　起义军攻克凤阳

起义军在崇祯七年底大批进入河南以后，主力向豫东南和皖北方面发展。崇祯八年正月上旬，起义军经河南汝宁府东入南直隶，十一日攻克颍州，原任兵部尚书的张鹤鸣被处死。这时凤阳的贫苦群众听说义军到了南直隶，为了摆脱明政府敲骨吸髓的压榨，主动派人来邀请起义军进兵凤阳。

凤阳在明代是"龙兴"之地，朱元璋的父母埋葬在这儿，称为皇陵；他自己少年时代当过和尚的龙兴寺也在这里。[1]因此，凤阳被定为中都，在政治上享有特殊地位。尽管这里有金碧辉煌的宫殿，葱翠雄伟的山陵，养尊处优的守陵太监和地方官员，但对于当地人民来说，却是地地道道的人间地狱。明朝初年，朱元璋曾下令："复凤阳、临淮二县民徭、赋，世世无所与。"[2]事实上正是因为这里出了朱皇帝，各种造作、差役多如牛毛，把老百姓压得喘不过气来。"以一日一家而当七役，仍且不免于鞭扑。"农民们"竭力一年之耕"，好不容易打下一点粮食，里役就接踵而来，"一不与则系累其颈，再不与则倒悬其躯，三不与而妻子者移易于他室。民即呼九天，而堂上万里，岂能闻此莫愬之小东乎？"[3]即便上达天聪，也不会得到皇帝的同情。崇祯四年十一月，南京礼部右侍郎钱士升奉命祭告凤阳皇陵之后写的奏疏里，就报告了凤阳地区衰败的景象：

> 凤阳号称帝乡……臣入其境，见土地多荒，庐舍寥

---

[1]　原名於皇寺，元末毁于兵燹，洪武年间另行择地重建，改名大龙兴寺。

[2]　《明史》卷三，《太祖本纪》三。

[3]　天启元年《凤书》卷七，柯仲炯：《中都五美帖·上太守李公》。

落，冈陵灌莽，一望萧然。尝咨其故，皆言风土确瘠，在江北诸郡为下下，民居皆涂茨。一遇水旱，弃如敝屣，挈妻担子，乞活四方。而户口既以流亡，逋赋因之岁积。催征则绝其反顾，招集又疑为空言。有司束于正额，不得不以逋户之丁粮派征于见在之赋长。于是赔累愈多，而见在者又转而之他矣。此田土所以日荒，户口所以日耗，正额所以日亏，宿逋所以日积也。……不意祖宗汤沐之乡，乃有竭泽露根之象，心窃伤之。……今天下赋重政苛，民穷财殚……而臣谓发政施仁，宜先帝乡。即特为蠲减，不过太仓之稊米耳。[1]

钱士升的请求并不高，蠲减凤阳的赋税不过是太仓一粟。可是，朱由检唯恐凤阳开了先例，各地起而效尤，因此他不做正面答复，只批上一句"其周恤民瘼事情已有屡旨"，用空话搪塞了过去。

朝廷既然不肯开恩，贫苦人民只有把希望寄托在起义军身上。就在起义军围攻颍州的时候，"凤之穷民，远几百里相邀，具以册授贼：某家富厚，某处无兵。于是，贼遂拥众焚劫，震动祖陵"[2]。

崇祯八年正月十五日清晨，大雾弥漫，扫地王、太平王等部义军突然进抵凤阳。[3]由于明统治者迷信风水，凤阳没有建造城郭。义军

[1] 钱士升：《赐余堂集》卷一，《祭告礼成回奏用因陈目击民瘼疏》。
[2] 孙承泽：《春明梦余录》卷三六，《本计》条引崇祯八年御史邓启隆《民害未除疏》；又见孙承泽《山书》卷九。
[3] 《绥寇纪略》卷九说："凤阳之陷也，张献忠与自成皆在焉。献忠得陵监所教响手小奄十二人，每饮酒，令之奏乐。自成求之，勿与，固以请，献忠毁乐器，而后以其人归，自成杀之。两人由此相失。"《平寇志》和《国榷》都说攻取凤阳的是扫地王、太平王二部。在没有查证清楚以前，暂按二书的说法。

战士到了鼓楼，明官僚还蒙在鼓里，把报信的人重加责治。直到义军出现在面前，才吓得鸡飞狗跳。凤阳留守朱国相仓皇领兵迎战，被义军击杀，官军被歼四千多名[1]，剩下一千五百名跪在地上"口呼千岁"，乞求饶命。凤阳知府颜容暄见势头不好，换上囚服躲进监狱，义军释放犯人时被查出。义军首领"黄盖鼓吹坐堂上，杖杀容暄"[2]。革命是人民群众的盛大节日，起义农民在自己的旗帜上大书"古元真龙皇帝"[3]，欢庆胜利。他们以大无畏的气概，放火烧毁了皇陵享殿和龙兴寺，连皇帝的祖坟也敢于动手挖掘。[4]关押在高墙里面的"罪宗"（宗室囚犯）也被释放。三天以后，听说南京等方面的官军快要到了，起义军才从容离去。

　　起义军攻克凤阳具有重大的政治意义。对于朱明王朝来说，中都告陷，祖坟被挖，在精神上是个极大的打击。当时一个地方官僚就哀叹道："万世根本之地，一旦竟为骷髅之场，良可痛也，良可恨也。"[5]消息传到北京，兵部尚书张凤翼"惊怖欲仆"[6]，崇祯皇帝更是

---

[1] 兵科给事中林正亨《查凤阳失事疏》中报告，"班军杀死二千二百八十四名，高墙军一百九十六名，精兵七百五十五名，操军八百余名"，见《绥寇纪略》卷三。

[2] 《平寇志》卷二。

[3] 关于攻克凤阳之后，起义农民的旗帜上出现"古元真龙皇帝"的字样，是一个难以解释的问题。拙稿《古元真龙皇帝试释》（载《历史研究》一九七九年第五期），也只是一种推测。吴世济《太和县御寇始末》中，记载崇祯八年正月义军进攻太和县时，曾"胁令"一个当地生员"写闯天王王兴武元年告示"。又崇祯八年二月十二日，兵部尚书张凤翼就凤阳巡抚杨一鹏塘报事题本中说："看得流寇僭号称元，罪恶上通于天……"（《枢政录》卷九）可以肯定起义军当时确实有改号称元之举，详情还需考证。

[4] 杨士聪：《玉堂荟记》，卷上说："宝顶被穿一穴，不知深浅，地方官多讳言之。"《国榷》卷九四也说，"闻幽宫之骨不能保，诸臣忌讳，无一以闻。以后以獾穴为解，又因而窖之。"

[5] 吴世济：《太和县御寇始末》。

[6] 张凤翼：《枢政录》策寇卷九。

垂头丧气，为之素服避殿，哭告太庙，下罪己诏，足见震动之大。除此之外，它表明起义农民在政治上逐渐成熟，他们焚毁皇陵，打出古元真龙皇帝的旗帜，意味着公开宣布同朱明王朝彻底决裂，斗争矛头直接指向明王朝的最高统治者。

第五节　崇祯八年起义军在陕西的胜利

凤阳被起义军攻克之后，朱由检气急败坏，严令追查责任。结果凤阳巡抚杨一鹏被处死刑，巡按凤阳御史吴振缨遣戍，守陵太监杨泽畏罪自杀。对起义农民，朱由检更以百倍的疯狂加紧镇压。他一面"谕中外刷国耻，尽心杀贼"[1]；一面调洪承畴所统陕西兵出关，同中原各省官军夹剿。经过一番紧张的调兵遣将，明政府终于拼凑了边、腹官兵七万有奇，发京、省、帑金一百多万两充作军饷，并且立下限期，规定六个月内把农民起义全部荡平。

鉴于陕西官军出潼关进入中原，起义军"遂由潼关、内（乡）、淅（川）诸路尽数归秦"[2]。这时，陕西的情况是"残破已极，灾荒异常"，农民们求生无望。大队起义军入秦后，饥民"从贼者如归市"，参加起义的总人数很快就达到二百万人以上。[3]

四月间，洪承畴所领官军刚到河南汝州，就得到了起义军大举入秦的消息。他只好同部将贺人龙、刘成功又拉起队伍赶回陕西，同时檄调总兵曹文诏由湖广移驻陕西商洛、兴安地区，扼守起义军出入河

---

[1]　《绥寇纪略》卷三。

[2]　卢象升：《与蒋泽垒先生》，见《卢忠肃公集》卷十一。

[3]　同2。

南、湖广的通道。就当时的形势而言，起义军主力集中于陕西，洪承畴部官军的力量是比较单薄的。然而，洪承畴迫于"六月灭贼"的严旨，只有硬着头皮命令所部将领狠命追剿。六月，李自成部围攻甘肃宁州（今宁县），明副总兵艾万年、刘成功、柳国镇、游击王锡命奉命引兵三千往援，双方交战于宁州襄乐镇。官军支持不住，被迫撤退，行至巴家寨时起义军伏兵四起，把官军包围得严严实实。艾万年、柳国镇均被击毙，部卒被歼灭一千多人。刘成功、王锡命身负重伤，领着残兵败卒突围逃走。[1]

艾万年、柳国镇兵败身死的消息传到曹文诏耳朵里，这个农民军的死敌瞋目大骂，拔刀砍地，向洪承畴请求让他出马同起义军决一死战。"承畴喜曰：非将军不足办此。顾吾兵已分，无可策应者。将军行，吾将由泾阳趋淳化，以为将军后劲。"[2]曹文诏骄横地带着三千部卒向甘肃进发，在真宁（今正宁）县境的湫头镇同起义军相遇。起义军看准了这个军阀轻敌寡谋的特点，采取诱敌深入的战术，"伏数万骑，四起合围，飞矢猬集"[3]。曹文诏陷入重围，自知无法脱身，拔刀自刎而死。洪承畴得到报告以后，仰天恸哭，追悔不已。在明末官军中，曹文诏历来以"敢斗"著名，是个杀人不眨眼的刽子手。史载："诸将在阵，于胁从者纵令逃去，文诏必尽杀，无一存

---

[1]《怀陵流寇始终录》卷八，记艾万年被起义军击毙，柳镇国（当作柳国镇）、刘成功、王锡命"俱重伤"。按，诸书均云柳国镇与艾万年同死，故不取戴笠、吴殳之说。
[2]《绥寇纪略》卷三。
[3]《绥寇纪略》卷三。按，曹文诏败死的地点，史籍记载有分歧。《平寇志》卷二和张岱《石匮书后集》卷十八《曹文诏贺人龙列传》，记作婆罗寨。乾隆二十八年《正宁县志》卷四，《地理志·古迹》项下载："曹总兵战场：凤洲续纲载在婆锣寨，距县四十里；吴伟业《绥寇纪略·真宁恨》编载在湫头镇，亦距县四十里。"说明到康熙年间，当地人士也弄不清昔年战场究竟在哪里。

者。（其侄）变蛟亦然。"[1]崇祯七年正月兵部题本中说："曹变蛟
一旅大为民害。数日前臣部差官收得沿途谣帖数纸云'宁被流贼抢，不
教曹兵挡。流贼抢有限，曹兵害无穷。流贼抢民财，曹兵杀民命'等
语。"[2]由于曹文诏疯狂地仇视人民，地主豪绅们才把他看作自己的
一张护身符，编造了"军中有一曹，流贼闻之心胆摇"的口号给他打
气。他被李自成等部所围歼，大灭了反动统治者的威风，"关外豫楚
诸官军闻之，皆为夺气"[3]。

李自成等部起义军在陕西连续取得重大胜利，给明总督洪承畴所
部官军以沉重的打击。可是，当时陕西由于天灾人祸，到处一片萧
条。起义军的人数大幅度增加，寻找口粮自然很不容易。所以，从这
年秋天起，除了李自成等部为数不多的几支义军仍留陕西外，闯王高
迎祥、老回回马守应、八大王张献忠、一字王、撞天王等部几十万人
又东出潼关，进入河南。史籍记载：义军"大队东行，尘埃涨天，阔
四十里，络绎百里，老弱居中，精骑在外"。明总兵左良玉、祖宽两
军相隔七十里，"遥望山头，不敢邀击"[4]。

在农民军力量迅速增长的形势下，明廷眼看总督五省军务的洪承
畴连陕西一隅之地也穷于应付，现在起义军又大举出关，更不是洪承
畴力所能及。因此，朱由检在崇祯八年八月，决定任命湖广巡抚卢

[1]《怀陵流寇始终录》卷六。
[2]《枢政录》卷八。张岱记曹文诏有一次领兵路过平凉，正碰上起义农民和家属
数万人屯驻在附近山谷中，文诏"呼麾下士直冲而上，但闻妇女儿稚号泣，声震山
谷"。见《石匮书后集》卷十八。
[3]《绥寇纪略》卷三。
[4]《明史纪事本末》卷七五。又，卢象升《剿荡愆期听候处分并陈贼势兵情疏》
载，闯王高迎祥于八年"十二月内自秦中突汝、雒，自汝、雒奔江淮，其众不下
四五万人，又有曹操、摇天动、满天飞、南营八大王等附之，为数几于十万"。见
《明大司马卢公奏议》卷四。

象升总理南直隶、河南、山东、四川、湖广等处军务，带领总兵祖宽、祖大乐、副将李重镇所统关辽兵和当地驻军夹剿，赐尚方剑便宜行事，且明确地划分了职权范围："洪承畴督剿西北，卢象升督剿东南。"[1]明廷增设负责中原地区追剿事宜的五省军务总理一职，反映了起义农民力量的增长，使统治者不得不动员全国的力量来对付农民起义。

从崇祯八年底到九年上半年，起义军同官军作战的主要情况是：以闯王高迎祥为主力的各支义军转战于河南、南直隶、湖广，对手是卢象升率的官军。在陕西和三边地区则是李自成和过天星等数部，转战于汉中、西安、延安一带，同洪承畴所统陕西官军周旋。

卢象升曾经谈到此期间他同高迎祥等部作战的情形：

> 两月来奔驰于汝、宛、河、雒之间，万分忙苦。贼多而且横，前后俘斩虽有数千，尚非荡平胜着。必于（九年）正、二、三月内先剿尽闯王一股，余贼方可次第歼散。闯王之贼大约有七万余，妇女可一二万，丁壮可一二万，精骑可三四万。此贼不让安、史，庙堂或未之深知耳。顷自秦中洪亨老（指洪亨九，即洪承畴）与之大战三次。近入豫地，某与之大战两次。计禽斩死伤逃散可二万计，现今尚有五万，依然劲敌也。又他贼五六股，见剿兵渐集，皆与闯贼合群，是以势益多。今合奔东南一带，楚、黄、凤、泗、淮、扬，俱大可虑。某故星驰而南……[2]

---

[1] 《明大司马卢公奏议》卷三，《辞总理五省军务疏》。
[2] 卢象升：《卢忠肃公集》卷十一，《与少司成吴葵庵书八首》。

九年正月，闯王高迎祥、八大王张献忠等部东下南直隶，围攻滁州，对明留都南京造成重大威胁，卢象升匆忙领兵来救。起义军转攻凤阳，不克，乃经怀远、蒙城、亳县入河南归德府（今河南商丘市）。二月间，高迎祥等部由密县、登封西进至嵩县，大败官军，明总兵汤九州被击毙。以后不久，高迎祥等部又回到陕西。

当高迎祥等部东出河南、南直隶的时候，李自成、蝎子块、过天星、满天星、混天星等部继续在陕西坚持斗争。是时，"闯将有三四万人，过天星、满天星、混天星皆有三万人"[1]。八年十一月，李自成和满天星、六队、争功王四支共十三营，合计精骑数万，由西安地区经同官、宜君、宜川，绕到韩城，拟待黄河冰冻后转入山西。由于这年冬季气温较高，河水没有封冻；明山西巡抚吴甡又加强了防河兵力，入晋的计划未能实现。李自成等部在韩城县境驻扎了四十多天，直到九年正月十二日才起营前往郃阳、澄城。[2]二月，洪承畴纠集官军二万拼命追击，李自成和混天星从澄城经韩城、郃阳、宜川、洛川、鄜州（今富县）、延安、环县、庆阳、固原一线而走，过天星、满天星部则由真宁、合水东入陕西高陵、三原地区。洪承畴担心省城西安有失，被迫分兵追剿。他自带一军返回陕西镇压过天星、满天星二部，让部下将领继续西追李自成和混天星。洪承畴所领官军在中部县（今陕西黄陵县）追上过天星和满天星。由于官军势大，过、满二部避而不战，向西开拔同李自成、混天星会合，打算进攻兰州。洪承畴檄调左光先和甘肃总兵柳绍宗合击起义军于干盐池（今属宁夏海原县）。义军大败，过天星（张天琳）请求投降。明陕西巡抚甘学

---

[1] 《怀陵流寇始终录》卷九。

[2] 左懋第：《申贼掠韩城防御文》，见《梦石山房文钞》卷二。

阔安插其部数万人于延安，不久又扬去。[1]

正当双方相持之际，二月初十日，宁夏官军士卒由于长期缺饷，发生兵变，巡抚王楫被杀。洪承畴感到一省长吏被杀，事态严重，亲自赶到宁夏固原去处理。李自成、满天星等部"势复振"[2]，趁机进攻陕北榆林、绥德一带。五月，李自成、张天琳等部与官军作战于安定。官军大败，总兵俞冲霄被活捉处死，副总兵李成也被击毙，士卒被歼灭三千人。起义军乘胜进攻米脂，不慎中了明将贺人龙的埋伏计，损失很大。又碰上大雨，无定河泛滥，不少起义军战士被洪水淹死，李自成、刘宗敏、张能等只剩下数百骑脱出险境。这时，李自成的部将高一功带了一万多人从固原来，会师之后声势复振。李自成遂联合在陕北的其他各支义军连续攻克延川、绥德、米脂。米脂是李自成的家乡，这次返里对当地群众是个有力的号召，"其亲故从乱如归"[3]。

---

[1] 此段主要依据《绥寇纪略》卷四所载洪承畴崇祯九年六月十一日疏。《国榷》卷九五记："甘肃总兵柳绍宗败贼惠登相于西宁。"西宁距义军当时活动的地区比较远，疑有误。《平寇志》卷二，记"柳绍宗破过天星于宁州"。按，明末农民战争中，有两位起义首领绰号都叫"过天星"，其真名一为张天琳，一为惠登相。根据孙传庭的奏疏可以判定，崇祯九年前后，经常同李自成联营作战的过天星是张天琳。
[2] 《怀陵流寇始终录》卷九。
[3] 《怀陵流寇始终录》卷九。《明史》卷三〇九《李自成传》，记崇祯九年自成"复西掠米脂，呼知县边大绶曰：'此吾故乡也，勿虐我父老。'遣之金，令修文庙"。据陈愖所作《边大绶传》，大绶于"崇祯十三年以保举除米脂令"。顺治元年七月边大绶《为孤臣为国蒙难感荷再生矢心图报事》启本中说："臣本任丘生，荷先朝特典，于崇祯十三年除绥米脂。"（见《顺治元年内外官署奏疏》）可证崇祯九年时边大绶尚未任米脂知县，《明史》所记未必实有其事。

第六节　明廷的剿抚并用和高迎祥的牺牲

明廷任命卢象升为五省军务总理时，曾指望通过东西夹剿迅速平定农民起义，为此立下了六个月内"完局"的限令。到崇祯九年春，限期快过完了，农民起义虽然遭到一些挫折，但总的形势是双方互有胜负。官军疲于奔命而农民起义仍然方兴未艾。朱由检不禁焦急起来，先后发布了加紧剿杀和招抚"胁从"的诏令，企图双管齐下，一举扑灭农民起义。三月，他"谕兵部：勒总理卢象升及河南、陕西、郧阳各巡抚克期剿寇军令状"[1]，对任事诸臣施加压力，暗示如果不能按期平"寇"，将难逃朝廷大法。五月，他又装出一副悲天悯人的样子，发布了所谓"大赦山陕胁从群盗"的诏书，其中说：

> 朕仰承天道，俯御万方，念此军民，谁非赤子？止因官贪吏狡，年岁凶荒，以致饥寒所迫，甘作非为。一二无知，渐至胁从遂众。数年来无辜被僇，不知其几矣。朕痛心恻念，寝食靡宁。……为此再颁赦书，遣官驰谕，所在抚按大书榜示，从俗开导。如有悔罪投诚，弃邪归正，即称救回难民，逐一查明籍贯，在本地者编入保甲，在各省者分遣护归，旧业清还，多方抚恤，使安井里之乐，永消反侧之心。……如有执迷不悟，怙终罔悛，彼既自外生成，岂得复容覆载？督、抚饬厉将士，合力夹剿，务尽绝根株，无滋余孽。呜呼，抚顺剿逆，朝廷法实无私；出死

---

[1]　《国榷》卷九五。

入生，若辈不可失算。诏布遐迩，咸使闻知。[1]

这一诏书虽然说了不少动听的话，但并没有什么实际意义。奉命赍诏前往招抚的兵部职方司员外郎包凤起，在奏疏中就提出需要解决安插之地，需要赈贷"牛种诸费"，还要有"专心料理之人"，才可以做到"可居可耕，新附乐业"[2]。朝廷既然除了一纸诏书之外什么也不给，所谓解散"胁从"也就成了一句空话。下面我们将看到，朱由检颁布的这道大赦诏书，除了对少数动摇分子有一定的引诱作用以外，并没有能够阻止农民起义的继续发展。

高迎祥在明末农民战争的前期，是一位声名卓著的领袖人物。他领导的那支起义军长期转战于陕西、宁夏、甘肃、山西、河南、南直隶等地，许多力量较小的起义军都曾同他联合作战，有力地打乱了明王朝的统治秩序。由于他领导的起义军实力最强，故被朝廷视之若眼中钉，必欲除之而后快。明兵科都给事中常自裕曾向朝廷献策道："贼渠九十人，闯王为最强，其下多降丁、甲仗精整，步伍不乱，非他鼠窃比。宜合天下之力，悬重购必得其首。第获闯，余贼不足平。"[3]崇祯八年，卢象升在疏中也特别指出："闯王又第一称强，谁能当者？豫楚必将鼎沸矣。"[4]于是，一场以围歼高迎祥部为主要目标的反革命军事行动开始了。九年五月，卢象升部官军齐集于豫西洛阳一带，堵住农民军由陕西折回中原的路，陕西巡抚孙传庭和三边总督洪承畴部官军，则充当围剿高迎祥部的主力。

---

[1] 据《平寇志》卷二与《国榷》卷九五校补。

[2] 《国榷》卷九五。

[3] 《绥寇纪略》卷五。

[4] 《卢忠肃公集》卷四。

高迎祥由于在江淮地区作战不利，于九年二月率部西返河南，一度屯聚在登封、鲁山、南召山中。不久，会合闯塌天、蝎子块部转入陕西兴安、汉中地区。[1]七月十五日，高迎祥领着部队从盩厔县（今陕西周至县）黑水峪[2]出屯仙游寺。孙传庭和洪承畴所部官军也跟踪而来，分别在十六日和十七日进抵周至，双方展开了激烈的战斗。义军初战告捷，击败参将李遇春部官军。洪承畴见形势不妙，就施出招降的一手，对义军进行分化。义军中的不稳定分子千公鸡张二、一斗谷黄龙等竟私下向官军贺人龙接洽投降。在马召原的战斗中，他们利用雨后大雾，高迎祥下马张弓射敌之机，偷着把高迎祥的坐骑和部卒向南拉走。等到高迎祥发现这一阴谋时已经来不及了，只好脱下甲胄隐蔽在草丛里，不幸被官军俘虏。[3]

高迎祥被擒的消息使明廷大为振奋，朱由检得意至极，令把高迎祥押解来京献俘，要陕西当局"择的当员役，沿途拨兵严防，毋致疏虞"[4]。这位为明末农民革命事业做出了重大贡献的英雄人物最终在北京被害。[5]

---

[1] 《明大司马卢公奏议》卷四。

[2] 康熙、乾隆《盩厔县志》都写作黑水谷，又称芒谷。孙传庭《孙忠靖公集》卷上《鉴劳录》，写作黑水峪，其他史料亦同。

[3] 关于高迎祥被俘的日期，乾隆和民国《盩厔县志》都说是七月二十一日。孙传庭《鉴劳录》的记载是："大寇闯王高迎祥由盩厔黑水峪出犯。臣亲提孤标扼峪奋剿，四日三捷，生擒闯王等，余众歼散殆尽。二十日，臣会同总督洪承畴塘报兵部。"据此，高迎祥被俘不应迟于二十日。

[4] 《孙忠靖公集》卷六，《鉴劳录》。

[5] 史籍中关于高迎祥的牺牲，还有另一种说法，如许德士《荆溪卢司马殉忠实录》；康熙二十九年《信阳州志》卷五《王星璧传》；同治五年《郧县志》卷十《艺文》所收储欣《明卢忠烈公传》，都说高迎祥是在同卢象升的部将祖宽交锋时被杀，卢象升考虑到洪承畴当时处境困难，劝说祖宽把这件"功劳"让给洪承畴。这种说法不大可能，因为孙传庭《鉴劳录》内，明载献俘奏疏，文尾还有朱由检的朱批"圣旨"，显然不是在对阵时被杀害的。

高迎祥的被俘牺牲，对于当时在陕西作战的义军是一个重大的打击。有的首领人物竟因此而对斗争前途悲观失望，走上了乞抚投降的歧路。这年九月初，义军的两位著名首领张妙手（张文耀）、蝎子块（拓养坤）由徽州和秦州（今甘肃徽县和天水市）到凤翔，向明陕西当局乞求招安。陕西巡抚孙传庭"亲诣面谕，两渠搏颡感泣"[1]。张妙手当场就率部投降，蝎子块在次年三月也"遣散伙党，亲率头目十二人至会城乞降"。后来，蝎子块因代他求抚的明总兵张全昌被朝廷逮捕问罪，心怀疑惧，在崇祯十年十月于陕西华阴地方拉起队伍向西进发，被孙传庭布置的降丁武大定杀死。[2]

第七节　李自成等部进军四川

李自成等部在崇祯九年占领米脂、绥德一带后，曾打算渡黄河再入山西。由于山西巡抚吴甡加强了黄河渡口的防御，只好变计西行，主要活动在宁夏、甘肃地区。陕西巡抚孙传庭的奏疏里谈到李自成、过天星（张天琳）等部的活动情况时说：崇祯十年，"闯、过等贼与大兵相持于阶、成山中者七八月，气焰风声，益非昔比"[3]。这年九月，李自成、过天星、混天星等十几支起义军从秦州地区出发，取道徽州、略阳，向汉中进军。其"声势甚猛"，队伍"宽约四十余里"，"两日尚未走尽"[4]。明政府急调总兵曹变蛟赶赴汉中，于夜间

[1]　《孙忠靖公集》卷六，《鉴劳录》。

[2]　同1。

[3]　孙传庭：《孙忠靖公文集》卷上，《恭报官民两战获捷疏》。

[4]　同3。

进入府城南郑县。九月二十六日，义军不知官军增援部队已经赶到，以为汉中府守御单薄，贸然开始攻城。曹变蛟狡猾地不动声色，等到义军冲到城壕附近时，突然"雷鼓喧天，旌旗山立，矢石如雨而下"[1]。起义军措手不及，败下阵来，攻取汉中的计划没有实现。

汉中失利以后，李自成、过天星等义军首领决定率部南下四川。这年十月，先破陕西通往四川的咽喉宁羌（今陕西宁强县），接着攻克四川七盘关和朝天关，占领广元县。起义军进川后如入无人之境，连克昭化、金堂、剑州、什邡、彭县、郫县、新都、西充、遂宁、梓潼、绵州、新繁、温江、江油、彰明、罗江、德阳、汉州等州县，明地方"官吏望风而逃"[2]。明四川总兵侯良柱中了起义军的埋伏计，被击毙于梓潼县境的百顷坝。短短的一个月内，李自成等部攻克四川州县达三十八座。[3]十一月初二日，义军三路大军会合于省城，"扬兵成都郊外"[4]。明四川巡抚王维章、巡按陈廷谟吓得面无人色，拼命求救。朱由检接到报告后，深恨四川文武官员无能，下令把王维章、侯良柱革职，陈廷谟"降三级戴罪杀贼"[5]；任命傅宗龙接替四川巡抚，催促洪承畴火速统兵入川协剿。洪承畴得令后带领固原总兵左光先、临洮总兵曹变蛟以及副将马科、贺人龙、赵光远等部官兵一万名进川，又檄调延绥总兵王洪、宁夏总兵祖大弼部屯驻汉中、略阳、

[1]《怀陵流寇始终录》卷十。起义军进攻汉中府的日期，根据洪承畴的奏疏，见《明末农民起义史料》，第二一二页。

[2] 李馥荣：《滟滪囊》卷一。

[3] 崇祯十一年七月试监察御史宗敦一的题本中说："昨岁剑、绵蹂躏，直逼会城，所过州邑，有同拉朽。"见《清代档案史料丛编》第六辑，第五四页。

[4] 李馥荣：《滟滪囊》卷一。崇祯十一年二月孙传庭的题本中说："大贼入川，于去年十一月初二日围省城。"见《清代档案史料丛编》第六辑，第十七页。

[5]《平寇志》卷三。按，这时朱由检还不知道侯良柱已经被农民军击毙。又，该书把侯良柱误写为侯良极。

徽州、秦州一带，准备在起义军出川时加以堵击。明政府四川当局也"调到各处川兵数有六七万之多"[1]，主要摆在成都到阆中一线，防止义军向川东和川南发展。当时，义军攻占的地区基本上在嘉陵江以西[2]，洪承畴带领从陕入川的官军在嘉陵江以东。李自成、张天琳等见官军云集四川，东面和南面都有重兵扼守，川西又是少数民族聚居区，不易发展，就在崇祯十一年正月中旬，分路突破官军阻拦[3]，出川北上。李自成和中斗星等部经文县、西和、礼县，西攻河州、临洮；争世王（六队首领之一）、过天星、混天星等部取道阳平关、略阳，北经平凉、固原，直抵庆阳，不久又折回陕西[4]。洪承畴带着陕西官军在四川扑了空，急忙赶回陕西。此后，洪承畴所统官军，西追李自成等部于甘肃；巡抚孙传庭则在澄城、延安、合水、三水一带，追剿过天星、混天星以及六队的争世王、大天王等部义军。

---

[1] 陕西三边总督洪承畴奏本，见《明末农民起义史料》，第二一二页。

[2] 史料中多称为白水江，其实指的是嘉陵江。白水江只是嘉陵江的一支流。

[3] 康熙四十一年《文县志》记："崇祯十一年正月二十日，流寇数十万从川入文，经城过者七日七夜不绝。"

[4] 崇祯十一年二月孙传庭题本中说："……乃入蜀之寇，忽又尽报还秦，老营已扎西、礼，塘马已至秦州矣！查各贼自至蜀中三阅月，皆盘旋于川西一带，在白水江西，故所失城池亦俱系江西地方。川西西阻羌番，东南俱阻大江，川兵亦尽聚于东南，故贼不能东出夔门，南走叙、泸。设使我兵即从川西进发。川兵扼堵于前，秦兵驰击于后，贼逃死无路，势成釜鱼。不谓兵从川北南下，贼遂从川西乘罅而北矣。"见《清代档案史料丛编》第六辑，第十八页。

第五章
明末农民战争一度转入低潮

第一节　明廷十面张网和增兵增饷

　　崇祯九年七月高迎祥的被俘，只是当时农民军中最强的一支遭到重大挫折。就明末农民战争的全局来说，仍然在继续高涨。李自成等部活跃于陕西、宁夏、甘肃；张献忠，革、左五营，罗汝才，刘国能，李万庆等大部起义军则驰骋于河南、湖广、南直隶的广大地区。起义军行如飙风，使明政府地方当局顾此失彼，应接不暇，处处陷于被动状态。朱由检感到需要挑选一个有反革命才能和魄力的官员担任兵部尚书，统筹军务，把轰轰烈烈的农民起义镇压下去。他根据素来的观察，选中了原宣大总督杨嗣昌。当时，杨嗣昌因为父亲杨鹤病死，正丁忧在家。朱由检用人心急，特旨"夺情"，起用杨嗣昌为兵部尚书。崇祯十年三月，杨嗣昌到达北京。陛见时，他摆出一副胸有成竹的样子，侃侃而谈，仿佛他一上任就能把农民起义镇压下去。杨嗣昌为人机警圆滑，深得事君之道。他善于揣测朱由检的意图，奏对时多方迎合。朱由检听得十分入耳，每次接见都谈得很久，对杨嗣昌的建议言听计从，连声说道："恨用卿晚。"[1]

杨嗣昌上任以后，主要抓了三件事：一是制定战略；二是议兵议饷；三是推荐人才。

在战略方面，杨嗣昌对明廷面临的军事形势做了一个全盘的分析。在兵员和财力都捉襟见肘的情况下，究竟以对付关外的满洲贵族进犯为主，还是以镇压中原的农民起义为主？杨嗣昌主张集中兵力打垮农民军，即所谓"安内方可攘外"。他在崇祯十年四月初二日的《敬陈安内第一要务疏》中说：

> 窃臣犬马驽钝，加以草木幽忧，一切失其常度。蒙恩破格起用，叠奉明旨星趋，首以安边荡寇勉臣料理。似乎安边第一，荡寇次之。微臣乃言必安内方可攘外。何也？窃以天下大势譬之人身，京师元首也，宣蓟诸边肩臂也，黄河以南、大江以北中原之地腹心也。人之一身，元首为重。边烽讧肩臂之外，乘之甚急；流寇祸腹心之内，中之甚深。急者诚不可缓图，而深者尤不可忽视也。诚使腹心乂安，脏腑无恙，则内输精血，外运肢骸，以仰戴元首而护卫风寒于肩臂之外，夫复何忧？今腹心流毒，脏腑溃痈，精血日就枯干，肢骸徒有肤革，于以戴元首而卫肩臂，岂不可为慄慄危惧也哉！以故臣言必安内方可攘外，必足食然后足兵，必保民斯能荡寇，此实今日证治之切，

---

[1] 《绥寇纪略》卷五。

112

根本之图。非敢缓言攘外也，求攘外之至急，不得不先安内耳……[1]

这个奏疏的中心意思，是认定农民起义是心腹之患，而山海关外的满洲贵族只是肩臂之疾。因此，杨嗣昌反复陈言，主张把军事重点放在镇压农民起义上面。为了达到"安内"的目的，他建议集中兵力、财力对农民起义军展开大规模的围剿。为此，他提出了"张十面之网"的反革命军事部署。具体说来，以陕西、河南、湖广、凤阳这四个农民军活动的主要地区为四正，责成这四个地方的巡抚"分任剿而专任防"，即以剿为主，防为辅；以延绥、山西、山东、应天、江西、四川这六个省份为六隅，责成这些地方的六个巡抚"时分防而时协剿"，即以堵击起义军进入自己管辖地区为主，必要时也参加协剿。另以陕西三边总督统率西北边兵，同中原地区的五省军务总理直辖的机动兵力作为主力，"随贼所向，专任剿杀"[2]。

从表面上看，杨嗣昌"张十面之网"的军事部署似乎非常严密，像某些封建史家评述的那样，大有"滴水不漏"之势。实际上这种计划完全是纸上谈兵。起义军经过十年的艰苦奋战，实力和作战经验都已大大提高，杨嗣昌规划的"十面张网"根本不是什么牢不可破的铜墙铁壁，一旦义军在任何方向上破网而出，"滴水不漏"就必然变成决堤洪流。所以，这个部署不过是杨嗣昌一厢情愿的如意算盘罢了。

---

[1] 杨嗣昌：《杨文弱先生集》卷九。在这以前，崇祯九年春，吏科都给事中颜继祖题本内就提出："灭奴先灭寇。逆奴负固，义在必讨。但以寇较之，奴尚隔藩篱，寇直通堂奥矣；奴犹疥癣之疾，寇则膏肓之祟矣。"（见《明末农民起义史料》，第一二〇页）说明持这种"攘外必先安内"反动观点的人在明朝廷内颇有影响。后来在政策上体现为一面派人同满洲贵族秘密议和，一面对起义农民加紧围剿。
[2] 杨山松：《孤儿吁天录》卷二。

议兵议饷。杨嗣昌为了实现一举荡平的美梦，建议增兵十二万，具体方案是：凤阳和泗州祖陵官兵五千，承天祖陵官兵五千，各坚守不动；陕西三边总督官兵三万，总理军门官兵三万，作为追剿起义军之用；凤阳、陕西二巡抚官兵各一万，湖广、河南二巡抚官兵各一万五千。兵增加了，饷自然也得随着增加。按杨嗣昌计算，十二万官兵中步兵七万四千名，每名每天发给饷银五分，一年共需银一百三十三万二千两；马兵三万六千名，每名每天支饷银、草料银一钱，一年共需银一百二十九万六千两，两项合计共需银二百六十二万八千两。后来经过户部尚书程国祥计算，这个饷额只够供十一万名兵员之用，还需增加一万名官兵的饷银十八万两，总计筹饷二百八十万八千两。

在明末社会经济遭到严重破坏、社会财富高度集中的情况下，要筹集这样一笔庞大的军饷，只有让皇帝、亲王、勋戚和大官僚地主拿出银子来，然而他们贪婪吝啬的本性决定了此路不通。朱由检在崇祯十年四月二十七日召对大臣时说道："去岁谕令勋戚之家捐助，至今抗拒，全无急公体国之心。就是省直乡绅也不捐助。及至贼来，都为他所有了。怎么这等愚？"朱由检在指责勋戚乡绅时，颇有点旁观者清的味道，可是一谈到自己的内帑就暴露了他同样财迷心窍。他说："贼定要大剿，定要用大兵，只是钱粮若不出于民间，就该发帑藏了。目今帑藏空虚。因粮与加派无异，前查约数若干限二日内奏夺，如何不见奏来？"[1]

皇帝带头叫穷，勋戚和乡绅也抗拒不捐，增加的兵饷就只有全部压到髓干血尽的贫苦农民身上了。杨嗣昌的建议，这二百八十万两银

[1] 《杨文弱先生集》卷四二。

114

子的主要来源是按田亩加派。在这以前加派的方法是根据卢象升的建议，凡缴纳地亩粮税在五两以上的加征若干。这种方法称为因粮，其特点是由纳税粮多的地主承担加派。尽管它归根结底还是落到佃种地主土地的农民身上，但一般农民缴纳税粮不可能达到五两以上，也就不在加派之列。卢象升的建议多少考虑到了当时农民的实际状况。他明白，农民们之所以纷纷起义是因为无以为生，再要从他们身上榨取更多的银钱，势必驱使更多的人参加起义。[1]杨嗣昌作为官僚地主的代言人，坚决反对这种"分别贫富"的"因粮输饷"，主张不再区分税粮多少，按田亩一体加征。他说："因粮输饷，前此卢象升奏行一年，不能应手。良由宦室富民从来飞洒、诡寄，以避大户差徭，如今欲分贫富，其事甚难，只分得个巧拙而已。"[2]崇祯帝急于把农民

---

[1]　明朝末年，统治集团内部也有不少人认识到加派赋税起了为渊驱鱼的作用。例如，崇祯八年山西巡抚吴甡在一件题为《残黎望恩孔急议蠲万不容缓》的疏中说："晋民有三苦：一苦于凶荒，无计糊口则为盗；一苦于追呼，无力完粮则为盗；一苦于杀掳，无策保全则为盗。此三苦不除，尽人皆盗，比户皆盗也，特有待而起耳。秦中覆辙，殷鉴不远。臣故曰：未来之盗无穷也。昔唐太宗与群臣论止盗，谓民之所以为盗者由赋役繁；轻徭薄赋，选用廉吏，使民衣食有余，则自不为盗。臣三复乡之流涕。虽然，此犹就居常言也。今观三晋之时势则尤可哀痛矣。卤寇交汇，兵荒洊至。臣尝行间目击有数千家之邑，竟日不见炊烟，但数间破屋，仰见天星而已。惟见白骨横野，一二老婆衰翁，奄奄气息不属而已。盖其庐舍已荡为黄埃衰草。问之，则曰某氏之居也，某死、某逃、某盗。田园已鞠为断葛荒蓁，问之，某氏之产也，某死、某逃、某盗。臣欲招其复业任耕，则曰某死、某逃。某盗已若而年，逋赋已若而岁，业其业则赋其赋，有死不敢，况又无人可招，无力可耕乎？臣为之拉泪相对。及抵州县，则应比之里甲星稀，司府之催檄雨下，动曰崇祯四、五、六、七年之逋赋若干矣。捉一欠粮花户如获大敌，比至，朴之，枷之，抵死而无以应也，可奈何？则为晋之民者催科既无可催科，徒驱零星赤子殉之于敲朴之下而已；敲朴又无可敲朴，徒驱逋赋顽民尽之于潢池之中而已；为晋之官者考成既无可考成，徒令为法受过者束手而待参罚之至而已；参罚又无可参罚，徒令日暮途穷者灰心而待褫斥之及而已。"《柴庵疏集》卷十三。
[2]　《杨文弱先生集》卷四二。

起义镇压下去，只要能拿到养兵的银子就不计后果，立即同意杨嗣昌的建议，一律按亩均输。这就是许多史籍上语焉不详的"改因粮为均输"的内容。

崇祯十年闰四月，朱由检正式下诏加征剿饷。诏书说：

> 流寇蔓延既久，生民涂炭已极。不集兵会剿，贼不能速除；不多措钱粮，兵不能大举。帑部匮诎，设处无方。廷议改因粮为均输，暂累吾民一年，除此心腹大患。筹思再四，万非得已。……今责成所在抚按，大张榜示，备述朝廷为民除残、多方轸恤至意。遍集官吏，严行戒饬，递布乡村，详加劝谕，使远迩尽知，贫富均纳，果能遵行无扰，自然好义乐输，剿功告成，一体叙录。[1]

加饷二百八十万两，"改因粮为均输"，无疑是以朱由检、杨嗣昌为代表的反动统治阶级饮鸩止渴。在朝廷讨论增兵加饷的时候，杨嗣昌就说过："黄河以南，大江以北，东西七八千里，止有州县城池尚在，其余村落残破难堪。臣昨从湖广荆州襄阳二府、河南南阳开封二府过来，亲见地方数百里无一茎青草，人民相食，至不忍言。"[2]下面我们将会看到，实行这种方针的结果，是把数以百万计的农民赶至起义军一边，直接导致了崇祯十三年以后农民起义的大发展。

除了加派以外，杨嗣昌还建议查核"溢地"，说是农民开垦的田地超出了原先的田亩数额，查出之后计亩征税对于解决增饷也不无

---

[1] 《平寇志》卷三；《怀陵流寇始终录》卷十。
[2] 《杨文弱先生集》卷四三。

小补。在当时大面积土地抛荒的情况下，提什么清查"溢地"，简直是痴人说梦。它无非是为了避免大地主增加负担而巧立名目，加紧对贫苦农民搜括的又一法罢了。户部尚书程国祥迎合朱由检和杨嗣昌的意图，别出心裁地引唐代为例，建议税房间架，向城市居民征收门面税。朝廷据此发布诏令说："暂借民间房租一年。"[1]规定不论大、小户，一律按门面征收税银一钱。有的地方官趁火打劫，自行规定"每门面之内有房一间即税银一钱"[2]。北京城里的小户人家怨声鼎沸，像明世宗时百姓把皇帝的年号嘉靖呼为"家净"一样，他们也"呼崇祯为重征"[3]，借以发泄对朝廷苛捐杂税的不满。

关于用人，杨嗣昌大力推荐两广总督熊文灿接替王家桢为总理。他在奏疏中说："臣思总理一官，与总督专任剿杀，须得饶有胆智，临机应变之才，非见任两广总督熊文灿不可。"[4]值得注意的是，杨嗣昌同熊文灿过去并没有在一起共过事，自然也谈不上有什么真切的了解。那么，他为什么这样斩钉截铁地断言，负责中原"平寇"事宜的总理一职非熊莫属呢？原来其中另有文章。熊文灿本是个大言无实的人，自诩知兵，在福建巡抚任内招抚了"海盗"郑芝龙，升为两广总督，之后又平定了"海盗"刘香，颇得朝廷赏识。两广物产丰盈，又是对外贸易的门户，各种奇珍异宝、新巧物什都从这里流入中原。熊文灿深悉宦途奥妙，经常收罗财宝献给朝廷里的权贵，希望长期保住两广总督这个肥缺。崇祯帝生性多疑，他对刘香的下落和熊文灿的为人都不大放心，于是派出一名亲信太监借口前往广西采办药材，实

[1] 李清：《三垣笔记》卷上。
[2] 嘉庆《三水县志》卷十三，《编年》。
[3] 李清：《三垣笔记》卷上。
[4] 《杨文弱先生集》卷十，《兵饷遵旨熟商疏》。

际上是来广东密访。熊文灿不了解朱由检的真实意图，单凭这位太监是皇帝的亲信，又施展出他那套笼络手段，送上大批财货，大排宴席"留饮十日"，弄得这位太监乐不可支。一天喝酒的时候，太监谈到"中原寇乱"，不胜感慨地说"无人为朝廷尽力"。熊文灿多喝了几杯酒，一时忘乎所以，拍着桌子骂道："此行间诸臣误国耳！若文灿往，讵令贼至是乎！"太监见熊文灿义形于色，当即站了起来推心置腹地说："某非往广西采办者也，衔上旨观公。公信有当世具，非公不足了此事。某请复命，召且旦暮至，公宜思办寇速装。"熊文灿大出意料，自悔失言，乃转而摆出客观上有"五难四不可"，说自己虽有能耐也无可奈何。太监笑道："此数事某见上立请之，若主上通行无所吝者，即公亦不得谢矣。"熊文灿没得推托了，只好硬着头皮答应。太监回朝后，果然在朱由检面前把熊文灿的才气和抱负吹嘘一番。朱由检信以为真，准备任命熊文灿为总理。杨嗣昌探得朱由检的意图所在，就上章荐举。[1]

为了保证新加剿饷真正拿到手，杨嗣昌建议在户部内添设总督省直剿饷侍郎一人，推荐傅淑训担任，"得自用吏分部郡县，不及额者以乏军兴论"[2]。

经过一番紧锣密鼓的策划，到崇祯十年十月，杨嗣昌认为兵、饷事宜都已就绪，正式上疏请求皇帝下达总围剿令。他神气活现地

---

[1] 此段中引文均见《绥寇纪略》卷六。早在崇祯四年，大学士徐光启就曾经向朱由检推荐过熊文灿，他说："若中外臣僚中，臣所目见其人，耳闻其说，深于兵学者，无如闽抚熊文灿。今虽拮据靖寇，然山寇不难，既平之后，允宜召用。"（见《徐光启集》卷六）朱由检之留意于熊文灿，可能与徐光启曾为揄扬有关。熊文灿招抚郑芝龙事在崇祯元年七月，以后又利用郑的兵力剿灭其他"海盗"，一时誉声鹊起，徐光启就是在这种情况下上疏推荐的。
[2] 《怀陵流寇始终录》卷十。

写道：

> 今则网张十面，刻值千金，断断不容蹉过矣。臣计边兵到齐，整整在十二月、正月、二月为杀贼之期。除凤、泗、承天祖陵所在理应防守外，确确以河南、陕西为杀贼之地。然陕西有闯、过等贼大伙盘桓，未能剿绝，不当驱关东之贼与之合势也。臣之愚计，要使陕抚断商、洛，郧抚断郧、襄，楚抚断德、黄，皖抚断英、六，凤抚断颍、亳，而应抚之兵仍堵潜、太，江抚之兵急堵梅、济，东抚之兵直堵徐、宿，晋抚之兵横截陕、灵，保抚之兵飞渡延津一带。然后总理提边兵，监臣提禁旅，豫抚提左（良玉）、陈（永福）等兵，同心并力，合剿中原，为不尽不休之势。倘闯、过大贼透出关东，则秦督提左（光先）、曹（变蛟）、祖（大弼）诸帅之兵与之俱出。下三个月苦死功夫，了十年不结之局。是在我皇上赫然一震怒间耳。……断断乎可三月而平贼也。[1]

这个所谓"三月平贼"的狂妄计划，经朱由检批准后正式下达。

杨嗣昌入主中枢以来，明朝廷的部署是迫使农民拿出钱来养兵，凭借日益庞大的军事机器去屠杀起来反抗的农民，竭力挽救摇摇欲坠的明朝统治。杨嗣昌等人所采取的措施，在一个短时间内确实起了强心针的作用，使明王朝这个病入膏肓的患者，在临近灭亡之时出现了一阵回光返照。这既表现在崇祯十一年至十二年初，明政府的加紧剿

---

[1] 《杨文弱先生集》卷十九，《请旨责成剿贼第一事疏》。

杀取得了某些成效，也表现在农民起义队伍中一些不坚定分子见官军来势凶猛，便误以为明廷的力量不可低估，甚至在这种假象面前迷失了方向，滑入了妥协投降的歧途。

第二节　李自成等部连遭挫折

崇祯十一年二月李自成等部出川以后，在力量对比上处于不利地位。当时，大部分起义军在中原地区活动，留在西北地区的只是李自成、过天星等为数不多的几支义军。他们碰上的对手陕西三边总督洪承畴和陕西巡抚孙传庭，在明官僚中都是比较狡猾也比较卖力的。[1]陕西（包括三边）的官军比较剽悍，号称"敢战"。就时间而言，又正赶上明廷"三月平贼"的最后期限。洪承畴和孙传庭同朝内掌兵权的杨嗣昌有矛盾，唯恐追剿不力，会受到朝廷的处治。因此，他们以百倍的疯狂分头扑向由川返陕的起义军。李自成部在洪承畴所统总兵曹变蛟、左光先、祖大弼、副将贺人龙等部官军的追击下，出川不久就在河州、洮州（今甘肃临夏和临潭附近）地区两次战役（三月十九日、二十日）中连遭失利，人员和马匹损失很大。李自成带着败兵向西进入少数民族地区打算补充马匹，洪承畴的官军却尾

---

[1]　史书说洪承畴"有干略，能办贼"。他凭着心黑手狠，果于屠杀，博得了朱由检的信任，一年之间由道员升到总督。他一生中除了中间一段在辽东的经历以外，基本上是在镇压农民起义和以农民军为主体的抗清斗争中度过的。孙传庭在崇祯十一年有一段自白："从来用兵者，挑简之尽心未有如臣者，盖无一兵之弓矢技艺不经臣亲验亲试者也。挑简之后，训练之尽心亦未有如臣者。盖凡兵之如何进剿，如何接应，如何收营，无一不经臣穷思极虑，务求不得不然之法。为各兵耳提面命，三令五申者。"见《清代档案史料丛编》第六辑，第五三页。

追不舍。四月，李自成部只好又折而东返，从巩昌府属的羊撒寨渡过洮河，昼夜兼程向西和、礼县进发。为免被追剿的官军发觉，李自成决定采取分散隐蔽的方式，命刘体纯（绰号"二只虎"）等"分路另走"；自己也"踪迹益加诡秘，且避走山中，掩藏行径"[1]。四月初十日，李自成亲自带领起义军战士和家属三百人，行至礼县北名叫马坞的地方。明总兵左光先领着部下官兵于次日黎明追至，两军相距不过四五十里，李自成等人处境相当危险。幸亏官军在马坞歇息一日，起程时又判断错误，李自成才得以摆脱官军的追击，进至陕、川交界地区，同部将李过、刘体纯等带领的队伍会合。事后，洪承畴懊丧不已，在给朝廷的报告中悲叹道：

> 夫闯将为诸贼中元凶，仅领三百丧败之众抱头鼠窜，诚数年未有机会，即穷日夜之力，身先士卒，不顾性命，以擒斩此贼，亦是应得责任。无奈计算不到，追赶不紧，使元凶脱然远逝。目前既不成一股完功，将来尤必费兵力殄灭。光先何所辞责？[2]

李自成部在陕甘失利后，于五月间会同六队祁总管部共三千多人进入四川境内。洪承畴急忙指派陕西监军道樊一蘅督促副将马科、贺人龙部官军进川追击，自己带总兵曹变蛟、王洪赶到西乡县，檄调总兵左光先率部进驻汉中府；在阶州、徽州、文县和略阳一带也部署了

---

[1] 崇祯十一年六月《兵科抄出陕西三边总督洪承畴题本》，见《明清史料》乙编，第九本，第八六二至八六六页。
[2] 崇祯十一年六月《兵科抄出陕西三边总督洪承畴题本》，见《明清史料》乙编，第九本，第八六二至八六六页。

兵力，挡住起义军北返和西进的道路。七月十三日，马科、贺人龙部同起义军交战于四川广元。四川巡抚傅宗龙唯恐义军又像崇祯十年那样直入成都平原，故调集了四川官军和他从云南带来的部分军队，配合陕西官军夹剿。八月初五日，双方作战于南江县境，义军因寡不敌众，夺路北奔。十六日，到陕西城固县境，打算渡汉水，取道石泉、兴安往湖广、河南。渡河时，遭到左光先部官军的袭击。这时义军只剩下一千四五百人，不足以对付官军，因而退入附近山区。在艰险的形势下，六队头目祁总管灰心丧气，带着部下六百多人向左光先投降。李自成部力量更形单薄，只得转入深山密林，使官军摸不着踪迹。李自成本人，"夜则山林藏身，不敢入窝铺宿歇"[1]。洪承畴以为全胜在望，夸下海口说："闯将同零伙散贼，暂尔逃命。……计必擒斩于官兵之手，不则，亦困毙山林间。"[2]可是，李自成却以坚忍不拔的意志，带着为数不多的残兵败卒，巧妙地摆脱了官军的重兵追剿[3]，向东转入陕西、湖广、四川三省交界的大山区，尽量避免同大股官军正面交锋。从崇祯十一年八月到崇祯十三年秋天李自成部进入河南的两年时间里，我们对这支义军的活动情况了解不多，其原因是此时李自成部兵员相当少（大约在一千人上下）[4]，活动地区又是人烟稀少处，明政府把注意力转到了实力较强的张献忠、罗汝才、老回

---

[1]　崇祯十一年九月二十五日洪承畴题本，见《清代档案史料丛编》第六辑。
[2]　同1。
[3]　一个多月以后，即从崇祯十一年十月起，由于满洲贵族军队侵入畿辅，陕西三边总督洪承畴和陕西巡抚孙传庭部奉命选调精兵火速勤王，李自成部受到的压力也大大减轻了。
[4]　据四川巡抚傅宗龙题本，崇祯十一年十二月，有"八队一哨"从阳平关来到白水（离广元县不远）附近。这可能是李自成部在河州、洮州一带战败以后分路东走的一支队伍，不一定包括李自成本人在内。见《明末农民起义史料》，第二二一页。

回、革里眼、左金王等部身上，所以关于李自成的记载不多。甚至有的官员还以为李自成已经死去，部众非死即散。

从崇祯十一年冬到十三年冬的两年时间内，李自成起义军发挥的作用，远不能同张献忠等部相比。这期间李自成部虽然进行了一些战斗，但规模比较小，战果也不大，在记叙上从简是可以的。然而，清初以来的史籍作者，由于主观和客观种种原因，没有查考出此时这支义军的动向，却不愿意在叙述上留下一大段空白，就依据传闻或自己的推测来填补材料的不足。这样，就出现了许多虚构的记载，其中不少到今天还为一些史家所沿袭，传布得很广。这些虚构的记载包括所谓"潼关南原大战"[1]，"大战"的结果是李自成惨败，率残部"息马深山"[2]；直到崇祯十二年五月张献忠谷城再起之后，才收拾旧部同张献忠、罗汝才相呼应，并在次年冬天率部突入河南。经过近年来的探讨，对李自成起义军这段时间的经历了解得多了一些，但仍然留下了一部分空白。由于李自成部在这两年时间里的活动对全局影响不大，

---

[1] "潼关南原大战"的说法较早出现于《绥寇纪略》，该书卷六云：崇祯十一年"十月，洪承畴谋于传庭曰：自吾与贼战于羌中，战于洮河，比再遣马科、贺人龙追之于阳平、白水，李自成势穷蹙必奔潼关，公能于其地设为三覆以待，俾吾蹙而致之，可一战擒也。传庭乃于潼关原依丘阜、蔽林木，每五十里而立一营，曼变蛟躬执长刀驱贼，贼奔入伏中，乱相蹈藉。我军骁雄跳荡，无一当百，飞走路绝，遂无所逃。其幸免者或弃刀与骑遁逸汉南之山中，村坞山民又预奉督抚教令。用白棓遮险，遇辄棒杀。秦贼遂尽，降者犹数十万，委仗丘陵，或分隶镇将，或散归农隶。李自成妻女俱失，从七人遁走"。据上引洪承畴两次题本，李自成部自崇祯十一年三月间起先后在河州、洮州、南江、城固等地失利，到这年八月间只剩下一支一千人上下的小队伍转入深山。吴伟业说什么这年十月双方大战于潼关原，起义军投降的竟然有几十万人，丢下的武器堆得像座小山，实在离开事实太远了。就目前所见到的明朝当事官员的文书和潼关等地地方志，也没有任何迹象表明在潼关南原发生过这么一场大战。
[2] "息马深山"的说法相当普遍，区别只在于各种史籍记载的"息马"地点不一致。《绥寇纪略》卷八说是在陕西汉南"伏一年有余，不复出"；《平寇志》卷三说李自成"逃入郧阳，息马深山中"；《二申野录》等书则说"困于巴西鱼腹诸山"。

没有必要把目前掌握的片段材料一一列出。[1]但是，应当指出，在整个明末农民战争处于低潮，许多实力较强的起义军都卷入了投降受抚的逆流时，李自成部尽管在军事上和生活上都处于极其困难的境地，却"始终不受抚"[2]，表现了起义农民的耿耿正气。

第三节　张献忠、罗汝才部的"受抚"

崇祯十年八月，张献忠在河南南阳地区被官军左良玉击败，负了伤，就把队伍拉到湖广麻城、蕲州一带同闯塌天刘国能部会合。十二月，明总理熊文灿派遣一度卷入农民军的生员卢鼎进入张献忠、刘国能营内招降。张献忠表示愿意接受招安，尚犹豫未定[3]，带着人马经安陆来到承天（今湖北钟祥）、襄阳地区。十二月二十八日和次年正月初八日，明太监刘元斌两次向朝廷报告张献忠愿意接受招抚。正月初九日，张献忠率部进占湖广谷城，把闯塌天部下的士卒赶走，贴出告示说"本营志在匡乱，已逐闯兵（指闯塌天刘国能部，不是闯将李自成）远遁。今欲释甲归朝，并不伤害百姓"[4]云云。同时，拘集当地乡绅耆老为他具结作保，要求明朝廷同意招安。张献忠知道熊文

---

[1]　李自成部在这段时间的部分活动情况，在拙稿《李自成起义军究竟从何处入豫？》一文里做了一些介绍，可资参考。见《北京师范大学学报》（社会科学版）一九七八年第四期。

[2]　赵吉士：《续表忠记》卷四，《谷城令阮公房县令郝公合传》。

[3]　时任湖广按察佥事的王瑞栴在《上戴治院书》中说："八贼求抚，自去年麻、黄之间已持此议。嗣后说屡变而计屡迁，闪烁不可方物。"引自康熙二十三年《温州府志》卷三二《艺文》。按，戴治院即郧阳抚治戴东旻。

[4]　参看杨山松《孤儿吁天录》卷三、沈颐仙《遗事琐谈》卷五《寇祸本末》、邹漪《明季遗闻》。

灿贪财好货,派孙可望拿了两块尺多长的碧玉和两枚径寸珍珠献给熊文灿。文灿大悦,向朝廷建议招抚张献忠,并派张大经监其军。"滇将许名臣捧宪檄招抚,其述贼乞抚之词,不曰'解散归农',而曰'愿带马兵七千、步兵三千合万众以剿贼自赎'。"[1]熊文灿自以为得计,"檄调其兵四千",张献忠却以刚刚受抚"安集未定"做借口,拒绝奉调出兵。[2]兵部尚书杨嗣昌担心张献忠不是真心投降,弄不好会养虎遗患,主张要张献忠先袭杀闯将李自成和老回回马守应,才许招安,否则趁此机会"厉兵剿杀"。朱由检听了太监刘元斌和总理熊文灿的意见,唯恐剿之不胜,错过了招抚的机会,当面批驳杨嗣昌道:"岂有他来投降,便说一味剿杀之理?"[3]这样,在朱由检亲自主持下决定了招抚张献忠部。

三月二十五日,明郧阳抚治戴东旻造报了三本招抚张献忠部的花名册,"内归农解散一万八千一百三十五人,精兵一万一千名"。[4]献忠安营于谷城外十五里的白沙洲,"造房数百间,买地种麦,与民间两平贸易";并在谷城每一城门各派士卒数十名,表面上说是"备他盗出入"[5],实际上是监视明政府地方当局的行动。

这时,明廷内部在招抚张献忠的问题上议论纷纷。杨嗣昌主张朝廷颁诏"赦罪"以后,调张献忠部赴熊文灿军前"杀贼立功,酌与加衔给札"。兵科给事中姚思孝也上言:"抚贼一事,亦难深信。这

---

[1] 王瑞栴:《上戴治院书》。王瑞栴在下文中说:张献忠"欲厉兵秣马,意欲何为?岂真在剿贼哉!无非欲树此大营垒,便进可以攻,退不失守,弗致困我戎索耳。是则口言降也,而心未肯降,且先树一不可降之势矣"。

[2] 王瑞栴:《上理按两院书》,见康熙《温州府志》卷三二,《艺文》。

[3] 杨山松:《孤儿吁天录》卷三。

[4] 同3。

[5] 同3。

张献忠在谷城县有数万人，造房子种田，还该散遣才是。"朱由检却说道："造房种田，正是招抚好处，又要散遣往哪里去？"[1]他着意维持抚局，真是情见于词了。

张献忠在谷城接受明廷的招抚，固然是一种权宜之计，但不能否认，他当时在思想上有动摇的一面。在接受招抚的半年多以前，张献忠在湖广上津县元真观避暑时，修茸了关庙，重塑了关羽的神像，还撰写了一通记文勒石为碑，其中说："焚戮良民非本心之所愿，实天意之所迫。亦知同居率土，开州开县，有干理法，无奈天意如此，实不我由。如黄巢往事，劫数固亦莫之为而为也。"[2]这通碑文，表明张献忠在思想上仍然受着封建理法的束缚，他把自己参加农民起义说成天意所迫，并非他的本心。这种思想状况同他接受明政府招降很难说没有关系。

从当时整个农民起义的动向来看，张献忠的受抚，对其他一些起义首领也起了不良影响。尽管他的受抚同刘国能、李万庆等叛徒在本质上不一样，既没有改编军队，也没有放下武器，但他在各部义军当中，毕竟是个有影响的人物，他的率部受抚客观上助长了农民军中投降受抚的逆流。

在张献忠受抚以前，崇祯十一年正月，闯塌天刘国能在随州投降了明政府。刘国能原是庠生出身，参加起义后曾为农民革命事业做过一些贡献，成了起义前期的著名首领之一。但是，浓厚的封建忠孝节义思想却像无形的绳索一样羁绊着他，使他在阶级冲突激化时，终于

---

[1] 杨嗣昌：《戊寅四月十二日召对》，见《杨文弱先生集》卷四三。

[2] 同治《郧阳志》"祠记"卷三，记张献忠立的石碑一直保存到乾隆三十八年，当时的清朝上津知县张道南路过元真观，"睹其碑，立命乡人仆而碎之"。上面引用的碑文见张道南所作之记。

倒向了统治者一边。据说他的投降是奉其母之命，投降时顿首曰"愚民陷不义，蒙明府湔拭更生，愿悉其众上幕府军簿，身入麾下，尽死力"[1]，表示甘心充当明政府镇压农民的马前卒。他的部下十四哨共五六万人，"多散归老回回、革里眼"[2]，跟着他投降的只有五千人，说明他的此举很不得人心。在张献忠受抚以后，顺义王于七月十五日在河南信阳投降，明政府发给免死牌解散而去者九千五百人。同月，罗汝才、混十万、整十万、十反王、托天王、小秦王在河南永宁（今洛宁）向总理熊文灿投禀乞抚，熊文灿派监军道张大经于八月初一日至永宁县西关面见罗汝才等人接洽招安事宜。初二日，又有过天星、紫微星、射塌天、一字王等六部，在河南卢氏县派人联络投降。这年十月，满洲贵族军队破边墙而入，进犯畿辅地区。明廷火急命令洪承畴、孙传庭统率陕西官兵入卫京师。在永宁、卢氏地区的罗汝才等九营起义军首领，以为官军东出潼关是为了合剿自己，急忙拉起队伍跑到湖广均州，向太和山提督太监李继政求抚。李继政移咨熊文灿，同意接受招抚。于是，罗汝才同白贵（小秦王）、黑云祥（整十万）三营屯扎于房县，其他五营分驻于竹溪、保康一带。

这样，当时活动于河南、湖广地区的各支起义军，绝大部分接受了明政府的招安。在南直隶、湖广交界地区活动的马守应、革里眼（贺一龙）、左金王（贺锦）、刘希尧、蔺养成五支义军（革、左五营），由于势单力孤也趋消沉。崇祯十一年下半年到十二年五月，农民军中投降受抚之风一时甚嚣尘上，整个明末农民战争暂时转入低潮。在那黑云翻滚的日子里，形势似乎急转直下了。然而，最黑暗的

---

[1]《绥寇纪略》卷六。按，是书与《怀陵流寇始终录》卷十一，皆记刘国能投降的时间是崇祯十一年正月初四日；《平寇志》卷三记于十二年二月初一日，与事实不合。
[2]《怀陵流寇始终录》卷十一。

天空孕育着最猛烈的暴风雨。既然导致这场农民大起义的各种因素不仅仍然存在，而且继续发展；既然暴虐统治的明王朝，不仅没有改变，而且还在拼死地反扑，那么，农民战争高潮的再次到来就是不可避免的。尽管在投降受抚的逆流中，一些原来是起义军首领的人物在招安的泥坑里愈陷愈深，然而千百万处于水深火热之中的群众却不能忍受明廷的黑暗统治，他们要求继续进行斗争。在接受了招抚的义军首领当中，情况也很不一样。张献忠、罗汝才等人在受抚期间，仍然在一些关键问题上坚持了农民革命的立场，而且由于同明政府文武官僚有了较多的接触，更洞悉了统治集团内部的黑暗，寄人篱下的那种抑郁生活和反动官僚的阴谋陷害，更激起了他们胸中的怒火，使他们迷途知返，为重举义旗做了准备。

第四节 谷城、房县"受抚"的透视

崇祯十一年到十二年，起义军的各部首领当中，被官军貌似强大的力量所吓倒，受明廷的引诱而堕入投降"受抚"骗局的人有不少。对于这种情况，我们不能仅从形式上看问题，以为凡是接受"招抚"的就都属于背叛之列。实际情况是很复杂的，要做出正确的评判必须认真地考察这些首领人物在"受抚"期间的表现。

张献忠、罗汝才都是明末农民战争中的著名领袖，在"受抚"以后不久又重新起义，为推翻明王朝的反动统治做出了巨大贡献。因此，对他们在湖广谷城和房县"受抚"的情况更有必要进行仔细的分析。

先来看张献忠"受抚"期间的表现。

张献忠"受抚"以后，曾经接受了明政府授予的副将札付[1]，领取了一些粮饷。在同明政府官僚的接触中他尽可能遵守明朝官场的惯例。根据可靠记载，张献忠曾到沔阳港拜见总理熊文灿[2]；明湖广巡按御史林铭球来到谷城时，张献忠也跪拜如仪。但这些都属于表面的形式，实际上张献忠在谷城始终保持了农民起义军的独立性。他虽然伸手向明政府要粮饷，却不接受明政府调他去镇压其他农民军的命令，也不接受改编或遣散。据明朝湖广按察使佥事王瑞栴当时的一件文书说，崇祯十一年"五六月，忽十闯天七八股尽奔唐、邓间，距襄不二百里遥"，熊文灿等人"勉献忠提兵征剿，给以资粮，督以监军"。张献忠却一味推托，"口然而心未必然，今日然而明日未必然，终不肯出门半步也"。"近七月初九日，献忠复投一揭，即欲连请七、八、九三月之粮，以养其一万一千之兵；如无粮则于湖广所属每府量给银二万以赡众口"[3]，故意给明政府出难题。表面上他同明朝地方官员和当地乡绅时有礼节上的往还，内心里却处处戒备，保持着高度警惕。他在"受抚"的掩护下做了许多重新起义的准备工作。

在军事上，张献忠起义军在"受抚"期间仍然"人不散队，械不去身"[4]，并且不断操练士马，保持着临战体制。"又每日制造战

[1] 李长祥：《天问阁集》卷上，《甲申廷臣传》中说，明廷"但给一副将空札，不肯与实授"。杨嗣昌在《恭承召问补陈剿抚情形疏》里也说："即如刘国能、张献忠同时受抚，而该理（指总理熊文灿）亦同加之以副将名色。"见《杨文弱先生集》卷三二。
[2] 王鳌永：《抚郧疏稿》，崇祯十二年九月十八日《为遵旨自行奏明事》中，说到张献忠到沔阳港见过熊文灿之后，"自夸其众曰：'昨熊总理余见过去了'"。
[3] 王瑞栴：《上理按两院书》。
[4] 范景文：《抚贼未可轻信叛形业已渐张疏》，见《范文忠公全集》卷四；又见康熙《河间府志》卷二一，《文翰》；康熙《吴桥县志》卷七，《艺文》。

船，已积至百有余号，及打造极精军器。"[1]"买马制器，日夜整办，唯恐不及。"[2]正如当时一个明朝官僚所说，张献忠"受抚"并没有"解散徒党，卖剑卖刀，安意耕耘"[3]。

在经济上，张献忠在谷城实行过屯田，"取民间有主之腴田而耕"[4]。他勒令当地地主把收来的租子交充军粮，"差马兵手持张副总票（张献忠接受了明朝副将札付，副将即副总兵，亦可称副总），四出于光（化）、谷（城）、襄（阳）、枣（阳）之间，迫分秋粮"。[5]"初犹每石分六斗，后则全掠之矣。"[6]他还改谷城王家河为太平镇，在镇上设立关卡，往来货物一律征收一半，充作养兵费用。[7]又"于湖广襄阳、枣阳等地方与小民平买平卖"[8]，不仅保护了民间贸易，还为起义军获得了必要的物资装备。

张献忠招揽了一批知识分子作为参谋人员，帮助策划军机进止。其中比较著名的有湖广应城县生员潘独鳌和谷城的徐以显、王秉真。这些人大抵是在明王朝统治下感到受压抑而参加起义军的，如潘独鳌就是因同本县乡绅争夺田产，败讼后愤愤不平才投入张献忠队伍的。

---

[1] 《杨鸿揭帖》，载《中国史研究》一九七九年第四期。同治《谷城县志》卷八，《杂识》引旧志说，"西门内有铁器，形似锞，重百余斤，上刻'八大王'三字，不知何取？"这块铁上既然明刻了张献忠的绰号，显然是起义军留下的遗物，很可能是打造军器所用。

[2] 王鳌永：《为遵旨自行奏明事》，见《抚郧疏稿》。

[3] 范景文：《抚贼未可轻信叛形业已渐张疏》。

[4] 王瑞栴：《上理按两院书》。

[5] 王瑞栴：《上理按两院书》。《平寇志》卷三也说张献忠"既入谷城，分割民租"。

[6] 王鳌永：《为遵旨自行奏明事》。

[7] 同治九年《郧阳志》卷八，《丛记·粹录》中说："崇祯十一年张献忠改谷城王家河为太平镇，设关截税，其税不论多寡分其半。"

[8] 前引《杨鸿揭帖》。

不管他们参加义军的背景如何，但当时在政治态度上是倾向农民军的，也做过一些有益的事。据说徐以显就曾给张献忠讲解《孙吴兵法》，帮助义军制造三眼枪、狼牙棒、埋伏连弩，指导布设团营方阵、左右营诸法。“献忠大欢乐之，颇用其计谋。”[1]

这些事实说明，张献忠的谷城“受抚”在很大程度上是一种权宜之计，而明政府官员的举措又不断使矛盾激化。总理熊文灿在担任福建巡抚和两广总督时，通过招降“海盗”勒索到大批财宝。张献忠受抚以后，他又故技重演，贪求无厌，“责赂黄金躚裊千，珠琲盈斗，他瑰货累万万”[2]。张献忠对部下笑道：“这是把我当作郑芝龙了。”[3]他已经看清楚，除非自己也同流合污，否则是无法满足熊文灿等人无穷欲壑的。明政府官僚不仅是勒索财货，一些对起义军怀着疯狂仇恨心理的人，还一再秘密策划并向朝廷建议，趁张献忠部屯扎谷城的机会，调集重兵加以歼灭。明谷城知县阮之钿竟准备用下毒的办法谋害张献忠。[4]明官僚把已经“受抚”了的张献忠看成眼中钉、肉中刺，必欲除之而后快，从反面证明了张献忠在受抚期间并没有放弃农民革命的立场。

再看罗汝才房县“受抚”的情况。史籍记载，罗汝才“受抚”后，“文灿会诸将大宴汝才等及所部于迎恩宫署，供费不赀。奏授汝才游击，分驻之于上庸、房、竹溪、保康。自言不愿受官领粮，愿为山农，耕稼自赡。而潜与献贼相应”[5]。“文灿檄令解散诸众，简骁壮

[1] 邹漪：《明季遗闻》；《绥寇纪略》卷六。

[2] 《绥寇纪略》卷十。

[3] 同2。原文是“此欲芝龙我也”。

[4] 李世熊：《寒支初集》卷八，《明淅川知县愚山揭公墓志铭》。

[5] 《怀陵流寇始终录》卷十一。

从征立功。汝才不听"[1]。明政府郧阳抚治戴东旻在奏疏中说："曹操就抚，分插其众于房、竹诸邑。乃不从解散之令。且曰'愿为百姓耕田'，此目前盗铃之说耳。"[2]又说："罗汝才诡占屯部，未尝放兵作田，此带刀以耘，一有勃豀，即挺而起耳。"[3]所以他极力主张乘机剿杀，"以臣愚计之，贼散则难追，合则易殄。今犹槛羊阱兽，围聚于二三百里之中，幸命理臣率邬鄌之卒，督臣扫关陇之兵，乘其不意，衔枚疾至，打张燕于黑山，烧曹操于赤壁，岂不快哉！"[4]只是由于明廷当时"兵马俱以边警尽撤，仅有步兵数千，断非胜敌之着"[5]，才勉强维持着抚局。正如毛泽东同志所说的，"反动势力对于人民的民主势力的原则，是能够消灭者一定消灭之，暂时不能消灭者准备将来消灭之"[6]。明朝廷何尝不想利用张献忠、罗汝才等部在一个狭小的地方居而不流的形势，来个一网打尽，仅仅是因为满洲贵族军队拖住了它的手脚，实在无暇他顾，才只好俟诸来日。

从当时明政府房县知县郝景春留下的禀帖来看，罗汝才"受抚"时同当地官府订立了《无相侵害之盟约》，但他对总理熊文灿颁布的条约却"实款款违悖"[7]。罗汝才在"受抚"期间都干了些什么呢？据郝景春的报告是，"近各贼于初一日分派地土，将房县十五乡民居、民田公然视为己物，屯粮积草，为图储裕饷之计"。对附近穷苦百姓

---

[1] 《平寇志》卷三。

[2] 同1。

[3] 《绥寇纪略》卷六。

[4] 同3。

[5] 《郝太仆褒忠录》卷二，《熊理院回札》。

[6] 毛泽东：《关于目前国际形势的几点估计》，《毛泽东选集》合订本，第一一八一至一一八二页。

[7] 《郝太仆遗集》，又见《郝太仆褒忠录》卷二。

还"给予本钱，令做生意"。这就很自然地受到当地群众的支持，出现"竞相信从"，"相率投入各营"的场面。郝景春明确地指出，罗汝才的受抚是假抚，"从此假抚之后，斗大房城已是若辈囊中之物，直待时以收之耳"。[1]

事实说明，罗汝才在"受抚"期间拒绝接受明政府的官职，不要粮饷，不放下武器，既不听从明政府的调遣，也不允许明朝官僚干预义军的内部事务，而且在一定范围内没收了地主的田产，实行屯种积累粮草，招纳贫苦群众参加起义军，在人力和物力上为重新起义做了必要的准备。这就充分证明罗汝才在受抚期间没有放弃农民革命的立场。

---

[1] 《郝太仆褒忠录》卷二。

第六章
张献忠、罗汝才重举义旗和杨嗣昌督师的惨败

第一节　剿饷延期和加派练饷

崇祯十年，朱由检在加征剿饷的诏书里曾经说过："暂累吾民一年，除此心腹大患。"一年很快就过去了，杨嗣昌的"三月平贼"（十年十二月、十一年正月、二月）计划却无法兑现。农民起义的烽火虽暂时受到了遏止，但距离统治者希望的"荡平"还远得很。设想明廷会恪守诺言从此放下屠刀是不可能的，要继续用兵就要继续征饷。朱由检忸怩作态地表白一番不愿"失信"于民之后，就在"勉从廷议"的幌子下决定剿饷延期。[1]

---

[1]　四川道御史卫周胤在崇祯十五年四月的奏疏中说："剿饷原暂行一年，次岁又复催征二百八十万，吸尽百胜之膏血，实杨嗣昌流毒于天下也。"（见《清代档案史料丛编》第六辑，第九七页）后来，钱肃乐在《论恢复疏》中说："往者，辽事起而有辽饷，诏书有言，暂累吾民一年，已而为定倾矣；及剿寇而有剿饷，诏书如前，已而复为定额矣；杨嗣昌请抽练九边之兵以制房灭寇，诏书复如前，已而复为定额矣。"（见《甬东正气集》卷一）

到崇祯十二年，明王朝在军事上的形势仍然没有多大起色。廷臣们归咎于兵虽多而不精，提出了抽练边兵的建议。在杨嗣昌的主持下，决定了抽练各镇精兵的具体方案："宣府、大同、山西三镇，兵十七万八千八百有奇；三总兵各练一万，总督练三万，以二万驻怀来，一万驻阳和，东西策应，余授镇、监、巡抚以下分练。延绥、宁夏、甘肃、固原、临洮五镇，兵十五万五千七百有奇；五总兵各练一万，总督练三万，以二万驻固原，一万驻延安，东西策应，余授巡抚、副将以下分练。辽东、蓟镇兵二十四万有奇；五总兵各练一万，总督练五万，外自锦州、内抵居庸，东西策应，余授镇、监、巡抚以下分练。汰通州、昌平督治二侍郎，设保定一总督，合畿辅、山东、河北兵得十五万七千有奇；四总兵各练二万，总督练三万，北自昌平，南抵河北，闻警策应，余授巡抚以下分练。"[1]按照这一方案，抽练总数为七十三万多名。朱由检一想到手头将有这么一大批精兵，实现"制虏灭寇"的夙愿自无问题，于是欣然报可。

这时，副总兵杨德政又想出了一着高招。他认为"流寇"之所以难平，是因为他们出没无常，流动不居；要想"灭寇"，关键在于加强地方武装。因此，他建议地方政府实行"裁练"，具体说来就是府裁去通判，设练备一职，品级相当于官军的守备；州裁去判官，县裁主簿，添设练总一职，相当于把总级别。练备、练总隶属于知府、知州、知县，专门负责训练民兵（或称乡兵）；民兵的任务是捍卫乡土，不得调往他处；并且规定数额，每府练民兵一千、州七百、县五百。这个方案得到朝廷的欣赏，杨嗣昌提议先在畿辅、山东、河

---

[1] 《明通鉴》卷八六。

南、山西实行，然后推广到其他地方。[1]

为了练兵，朝廷又决定加征练饷。有的官僚担心赋税有增无减，势必导致农民逃亡增多，甚至"驱民为盗"。杨嗣昌却鼓动如簧之舌说道："无伤也。加赋出于土田，土田尽归有力家，百亩增银三四钱，稍抑兼并耳。"[2]崇祯十二年六月，朝廷正式下令加派练饷七百三十多万两。

就实行的效果而言，七十三万精兵和各府州县的民兵不过是纸上谈兵，各地方无非虚报一个练兵数字，然后就借"练饷"之名拼命搜括[3]，"催科急者书上考，督责严者号循良，不肖而墨者以束湿济其饕餮"[4]。结果是"饷加而田日荒，征急而民日少"[5]。崇祯十三年，全国

---

[1] 从湖广巡抚宋一鹤的题本中可以看到，崇祯十三年湖广各郡县都已着手裁练，题本比较详细地反映了地方上遵命裁练的情况。见《清代档案史料丛编》第六辑，第八三至八六页。

[2] 《明通鉴》卷八六。

[3] 明亡前夕，大学士蒋德璟在一次召对时说："既有旧饷五百万、薪饷九百余万（指崇祯三年增加的辽饷和十年加派的剿饷），复增练饷七百三十万。当时部、科难辞责。且所练兵马安在？蓟督抽练兵四万五千，今止三万五千；保督抽练三万，今止二千五百；保镇抽练一万，今止二三百。若山（山海关）、永（永平）兵七万八千，蓟（蓟州）、密（密云）兵十万，昌平兵四万，宣（宣府）大（大同）、山西兵，陕西三边兵各二十余万，一经抽练，将原额兵马俱不同，所抽亦未练，徒增七百三十万之饷耳。民安得不困？"朱由检听得刺耳，大发脾气。蒋德璟退出后上疏重申自己的意见："臣因近日边臣每言兵马，皆以抽之说或数千或数百，抵塞明旨，而全镇新旧饷兵马数万概不言及。是因有练饷而兵马反少也。又近日直省各官每借练饷名色，追比如火，致百姓困苦，遇贼辄迎，甚至未见贼先迎。虽三饷并急，不止练饷，而练饷尤急。盖至外无兵，内无民，且并饷亦不能完，故追咎于议练饷之人。"（见李清《三垣笔记·附识》卷中）孙承泽也说："杨嗣昌在兵部议加剿饷一（当作二）百八十万，欲练兵十二万为剿贼之用。饷既加，陕、豫、江、楚报兵八万，然仍旧籍之兵也。又议加练饷七百余万，将宣、蓟边兵抽而练之，集成劲旅。营制纷纭，出彼入此，仍旧籍之兵也。剿不成剿，练不成练，而四海之困穷已甚矣。"（《春明梦余录》卷三五，《赋役》）

[4] 《明通鉴》卷八六引给事中王家彦疏。

[5] 孙承泽：《春明梦余录》卷三五，《赋役》。

性的大灾荒固然同气候有关，但相当重要的一个原因是朝廷加赋迫使农民大批逃亡，耕地荒芜。巨额兵饷的增加，并没有改善官军士卒的待遇，不过使将帅扩大了财源，"盖各边将士视米豆如泥沙，止欲金钱而已"[1]。明清之际就有一个封建文人深以加饷非策，他指出："古来师行，粮食未有不用本色而用折色者。剿贼之饷，纯用折色，已不得宿饱。……于是，师之所至，在在打粮，而楚、豫之苦兵甚于贼矣。"[2]

继剿饷之后又加派练饷，充分显露了朱由检之流的凶残和昏庸。他们以为可以通过无穷无尽的榨取，豢养一支庞大的军事力量，用反革命的屠刀杀出一个天下太平。殊不知越是狠命把老百姓的裤带勒紧，套在他们脖子上的绞索也就拉得越紧。"搬起石头砸自己的脚"，这句言简意赅的俗语道出了一个真理：反动统治者总是利令智昏，迫使越来越多的人起来反对自己。

第二节　张献忠、罗汝才等部再次起义

明廷的残酷榨取，使社会矛盾迅速激化，客观上的革命形势正在不断成熟。到崇祯十二年春天，张献忠、罗汝才等部农民军同明政府之间的关系已经相当紧张，双方暂时维持着的"抚局"，像飘荡在风雨中的蜘蛛网一般随时可能破裂。农民军在严密地戒备、仔细地观察着四方的动静。明谷城知县阮之钿在四月间写下了绝命辞，房县知县

---

[1]《三垣笔记·附识》卷中。
[2]《野老漫录》。

郝景春拼命向上司请求援兵。这时，明廷正策划着一场阴险毒辣的反革命围剿。四月下旬，兵部尚书杨嗣昌和五省军务总理熊文灿密谋，准备趁"边氛暂敛"的时机，抽调大批军队秘密向郧阳、襄阳地区集中，以迅雷不及掩耳之势一举歼灭张献忠起义军。为了实现这个肮脏计划，他们一面派人摸清"献忠营内人众若干，强弱、虚实、向背情形"[1]，一面檄调入卫京师的甘肃镇总兵柴时华部、宁夏镇总兵祖大弼部以及京营禁旅南下湖广，同时命新任陕西三边总督郑崇俭"出师关、洛，趋会郧、襄，与理臣合兵夹击"；四川巡抚傅宗龙统川兵入郧，配合熊文灿标下的总兵左良玉、张任学、陈洪范、龙在田等部齐头并进。[2]

就在明廷计谋已定，忙于调兵筹饷之时，张献忠或许得到了密报，或许从迹象中感到了迫近的危险。他果断地决定先发制人，在崇祯十二年五月初九日率部重新起义。[3]起义军轻而易举地占领了谷城县城，阮之钿服毒自尽。张献忠把曾向他勒索金钱的明政府官僚的名单和得钱数目，逐一写在墙上，公之于众，既揭露了明朝反动统治的黑暗，也从一个角度申述了重新起义的正义性。为了避免被明政府军包围，张献忠决定西进房县，同罗汝才等部会合。五月二十三日，张献忠部义军到达房县，罗汝才、白贵、黑云祥等三部立即响应，从二十四日起联合围攻房县县城。明知县郝景春等负隅顽抗，到二十八日，城上已经没有招架之力了，明郧阳卫指挥张三锡打开北门投降，

---

[1] 杨嗣昌崇祯十二年四月二十三日《密奏疏》，见《杨文弱先生集》卷三二。
[2] 杨嗣昌崇祯十二年四月二十六日、二十八日《密奏疏》《再奏疏》，见《杨文弱先生集》卷三二。
[3] 《平寇志》卷三，记张献忠重新起义的日期为六月初一日，又说七月初一日"献忠焚谷城，西走房县合曹操"。时间都不对。这里是根据王鳌永《抚郧疏稿》、《郝太仆褒忠录》以及《杨文弱先生集》，三书的作者都是当事人，应属可信。

起义军遂占领房县，郝景春被处死。

谷城、房县起义之后，在均州一带"受抚"的王光恩、王国宁、惠登相、常国安、杨友贤五营首领聚集在一起商议何去何从。王光恩说："大丈夫各立门户，今献忠反，吾辈亦反，是出其裤下，吾不为也。"当场咬破手指，歃血为盟，并上书熊文灿表明他的反动立场，请求明政府"分顺逆"[1]。王光恩大言不惭地说什么"大丈夫各立门户"，拒绝同张献忠、罗汝才等一道重举义旗，实际上他并没有立什么门户，不过是钻在豪门犬窦当中充当一只看家狗罢了。后来，被王光恩挟持的一些"受抚"首领降叛无常，而王光恩却始终没有回头，在保卫明王朝摇摇欲坠统治的道路上越走越远。到崇祯十六年，李自成起义军由河南南下湖广，他盘踞郧阳，抵死抗拒，博得了明廷的齐声喝彩。

谷城再起，像一声春雷宣告了明政府招抚政策和偷袭计划的破产。熊文灿感到大祸临头，慌忙下令给总兵左良玉，叫他率兵进剿。左良玉认为这一带尽是大山，路途险阻，运粮不易，难以追赶。熊文灿自知无法向朝廷交代，希冀侥幸取胜可以减轻罪责，坚持要进兵。左良玉只好同河南副将罗岱率领部众冒着炎暑进兵。他让罗岱打前锋，自己跟在后面。七月十五日从襄阳起程，只走了两天粮食就接济不上，士兵饥肠辘辘，沿途采摘山中野桃、枣子为食，有的把军马杀了吃，有的甚至吃树叶，直至七月二十五日才赶到房县。张献忠、罗汝才在播箕寨两山之间设下埋伏，故意"佯败二阵"，诱敌深入。官军进入埋伏圈后，义军一声令下，把官军全部包围。官军情知中计，乱成一团，副将罗岱被杀，左良玉拼命突围，大败而回，连总兵官的

---

[1] 《平寇志》卷三。

关防也不知道丢到哪里去了，士卒死者一万多人，丧失军资器械不计其数。左良玉逃回房县清点人数，剩下的还不到一千人。[1]

张献忠、罗汝才重新起义的消息刚刚传到北京，左良玉的败讯就接踵而至。崇祯皇帝气急败坏，下令把总理熊文灿、河南总兵张任学革职[2]，左良玉降三级图功自赎。随令各督、理分任责成，合力扫除，"立限十二月成功，延违一体参处"[3]。

谷城和房县的再度起义，对明朝廷是个沉重的打击，而对其他各支农民军则是个有力的鼓舞。特别是在这以后约一年半的时间里，张献忠和罗汝才部是反抗明王朝的主力，吸引和拖住了明政府的大批官军，这就为其他农民军的发展创造了十分有利的条件。崇祯十四年以后明末农民战争进入高潮同他们的斗争业绩是分不开的。

第三节　杨嗣昌奉命督师

杨嗣昌夺情视事以后，一直担任兵部尚书。崇祯十一年六月，他和程国祥、方逢年、蔡国仕、范复粹同时入阁任大学士，"仍带管兵部事"[4]。崇祯十二年八月，新任兵部尚书傅宗龙抵京。杨嗣昌移交部务后，上疏请罪。朱由检在二十二日批示：着杨嗣昌"回阁佐理"。杨嗣昌为了表示自己的谨慎小心，再次上疏请罪。尽管疏中毫无自请督师的意思，朱由检却在二十五日批示道：

---

[1] 王鳌永：《抚郧疏稿》，崇祯十二年八月初二日题本《为塘报贼情事》。

[2] 张任学原为御史，后改武职，任总兵。副将罗岱部即拨交他统率的军队。

[3] 《明清史料》乙编，第九本，第八七七页。

[4] 《杨文弱先生集》卷四三，《戊寅六月八日召对》。

辅臣屡疏请罪，诚恳愈如，尤见守法振玩至意。目今叛寇猖獗，总理革任，以辅臣才识过人，办此裕如，可星驰往代，速荡妖氛，救民水火。凯旋之日，优叙隆酬。仍赐尚方剑督师，各省兵马自督、抚、镇以下俱听节制，副、参以下即以赐剑从事，其敕印等项，速与办给。[1]

这是明廷命杨嗣昌出京督师的第一个文件。三天以前，朱由检还手诏杨嗣昌回阁佐理，转眼之间却派他出马督师，而且连权限范围以至颁给剑敕等具体事务都做了明确规定，使杨嗣昌毫无推托的余地。这正是朱由检的特殊御下之道。

经过几天的准备，杨嗣昌被授予礼部兼兵部尚书、东阁大学士的官衔就任督师，简称督师阁部或阁部。九月初四日召对时，朱由检说："剿贼事前已面谕，又有敕书，还有一事要紧，特召卿来密谕。"密谕的内容就是强调，"张献忠曾惊祖陵，绝不可赦，其余剿抚互用"[2]。朱由检的"密谕"对杨嗣昌督师期间的军事部署规定了根本方针。这是因为他考虑到明政府手中的兵力有限，要同时对付各部起义军显然力不从心。至于集中力量打张献忠部，是由于张献忠谷城再度起义，打破了明廷的抚局，使他恨之入骨。同时也因为张献忠部是当时义军中最强的一支，如能够把张献忠部歼灭，其他各部就比较容易对付了。至于说张献忠"曾惊祖陵"因而绝不可赦，只不过是一种饰词而已，否则就无法解释准许张献忠在谷城"受抚"。

朱由检对军事部署做了指示以后，又说道："辅臣督师，事不常

---

[1] 《杨文弱先生集》卷三五。
[2] 《杨文弱先生集》卷四四。

有，今写数字赐卿。"回头命太监捧过他的亲笔题诗赐给杨嗣昌，诗云：

> 盐梅今暂作干城，上将威严细柳营。一扫寇氛从此靖，还期教养遂民生。[1]

杨嗣昌感激涕零，于九月初六日离开北京前往襄阳。十月初一日到达襄阳，即同革任总理熊文灿、太监刘元斌、巡抚方孔炤和总兵左良玉、陈洪范等人会商军务。

杨嗣昌出任督师，表面上气派很大，实际上并没有什么良谋奇策，不过按照朱由检的剿抚兼用的"密谕"行事而已。他调兵遣将，一心想打垮张献忠部，而对于包括罗汝才在内的其他各支起义军则尽量施展招降诡计，妄图分化瓦解。当时李自成的部众很少，去向又不明，杨嗣昌并不把他看在眼里。为了达到剿灭张献忠部义军的目的，杨嗣昌认为必须集中兵力，改变过去进止不一的局面。因此，他在十月初五上疏，建议任命左良玉为"大将"，挂"平贼将军印"，赋予指挥其他参与镇压农民起义的各镇总兵的权力。他说："必立大将一员，总统诸部，听其指麾，共臣谋划，转行调度。而后以威众则无不服，以用众则无不调，以杀贼则罔不摧，以平贼则罔不效。臣之不材，不敢方古裴度，而行间李愬，则良玉亦或庶几。"[2]杨嗣昌推荐

---

[1] 朱由检亲笔题诗当时曾立碑文庙，现在西安市陕西省博物馆内还保存了一块（北京图书馆有拓片），诗后书"赐督师辅臣嗣昌，崇祯十二年九月"。有的书记载这首诗的文字略有出入，如首句中"今暂"二字作"暂借"，应以碑文为准。杨嗣昌到襄阳后竖起"盐梅上将"的大旗，他的直属标兵称为"上将营"，都是以这首"御制诗"做标榜。

[2]《杨文弱先生集》卷三五；杨山松：《孤儿吁天录》。

142

左良玉为大将是出于这样的考虑：他自己尽管位高势重，毕竟是文官，为了防止武将跋扈，调度不灵，需要笼络一员实力最强的将领充当助手。而左良玉在当时诸将中比较能打仗，声望也比较高。杨嗣昌希望通过破格重用，使左良玉感激用命，同时依靠左部兵力挟制其他将领。由于左良玉在播箕寨战役中丢失了总兵关防，成了无印之官，杨嗣昌向崇祯建议，把藏在内府的"平贼将军印"颁发给左良玉，并赐给敕书一道，明确规定左良玉的权限。朱由检言听计从，一一核准。

在部署军事围剿的时候，杨嗣昌还展开了一场政治攻势。他在崇祯十二年十二月，刻榜悬赏通缉张献忠，榜文上画着张献忠的头像，书《西江月》一首，词云：

> 此是谷城叛贼，而今狗命垂亡。兴安、平利走四方，四下天兵赶上。
> 逃去改名换姓，单身黑衣逃藏。军民人等绑来降，玉带锦衣升赏。[1]

---

[1] 谈迁：《北游录》，《纪闻上》，《榜购一词》条。按，此条首云"总督杨文岳嗣昌出师，榜缉剧寇张献忠"，杨嗣昌字文弱，谈迁误为文岳，又称之为总督，遂与明保定总督杨文岳混为一人。杨复吉《梦阑琐笔》载此事时更写成"保督杨文岳出师榜缉张献忠"，均误。又杨氏所载词中"兴安、平利走四方"一句作"兴安、平利走东乡"。李馥荣：《滟滪囊》卷一所载杨嗣昌榜刊《西江月》词句为："不作安安饿殍，效尤奋臂螳螂。往来楚蜀肆猖狂，弄兵潢池无状。云屯雨骤师集，蛇豕奔突奚藏？许尔军民绑来降，爵赏酬功上上。"或系杨嗣昌所刊另一榜文。

榜尾大书赏格:"能擒张献忠者赏万金,爵通侯。"[1]榜文在湖广、河南、陕西、四川等地到处张贴,张献忠看到以后,笑道"营中有获嗣昌者赏银三钱"[2],对这个位极人臣的督师阁部表示了极大的轻蔑。

第四节 玛瑙山之役

张献忠、罗汝才等获悉杨嗣昌出马督师后,预感到将有一场恶战,就把队伍带进深山。杨嗣昌在襄阳筹划进剿时,张献忠部已由湖广西进,转入陕西、四川交界地区;罗汝才、过天星等部则活动于南漳、房县、兴山、远安一带。杨嗣昌秉承朱由检关于集中力量首先打击张献忠起义军的指示,于崇祯十三年闰正月檄诸道进兵,命陕西总督郑崇俭率领副总兵贺人龙、李国奇的军队从汉中西乡入川。他估计围剿开始以后,张献忠将率部折入陕西,因此命令左良玉以主力驻于陕西兴安(今安康)、平利,另遣偏师三千人入蜀参加追剿。左良玉不同意这个部

---

[1] 见《滟滪囊》卷一。崇祯十二年十一月杨嗣昌在《备述献贼孤穷,亟宜悬赏购缚疏》中酌议"有生擒张献忠者赏银五千两,加升玉带,荫锦衣卫指挥世袭;斩首来献者赏二千两,加升玉带,荫授锦衣卫指挥佥事世袭"。其他分别给赏。此议于十二月初八日经朱由检批准(见《杨文弱先生集》卷三七;又见杨山松《孤儿吁天录》卷十二)。按,杨嗣昌在朝廷面前历来谨小慎微,他在榜文中公布的赏格不大可能同朝廷认可的规格相抵牾,所谓"赏万金,爵通侯"疑是传闻之辞。但他在《飞报玛瑙山大捷疏》(疏尾云崇祯十三年三月初五日奉圣旨,上奏时间当在同年二月二十日左右)中说:"臣于两月之前,恐其潜踪远窜,业已画刻图形,遍布湖广、河南、陕西、四川等处,高悬赏格,预备擒拿。"既云"两月之前"当在崇祯十二年十二月间,同上引两个材料相符。可知榜文上确已列出赏格,标准应是经朱由检批准的规格。

[2] 见《滟滪囊》卷一。按,此事在《平寇志》等书中,都记载于杨嗣昌追击张献忠入川之时,还说在杨嗣昌的衙门里到处贴着"有斩阁部来降者赏银三钱",嗣昌"疑左右皆贼"。参考上引原始材料,恐系传闻之误。

署，认为把主力留在兴安、平利，只遣偏师追剿，未必能够奏效，而张献忠部未必会北入陕西，万一向西进入四川的成都平原就难以控制。因此，他拒绝执行杨嗣昌的命令，在二月初一日带着部下兵卒由渔渡溪进入四川。杨嗣昌对左良玉擅自违反自己的节度很不满意，把左良玉的申文转报崇祯皇帝，意思是立此存照，打了败仗也同自己无关。

二月初七日，左良玉所统主力和陕西官军，同张献忠部义军在四川太平（今万源市）玛瑙山遭遇。义军据守山顶，准备迎敌。左良玉由于新受命为大将，求功心切，在察看了地形险易后，下令由他自己统率的军队担任中路和右路，陕西兵为左路，以击鼓为号，同时发动进攻。起义军虽然拼命反击，终因力量不敌，被官军攻上山头，老营也遭到袭击。献忠大败，部卒牺牲了三千五百多人。他自己用的镌有"天赐飞刀"字样的大刀，刻有"西营八大王承天澄清川岳"字样的虎符、镂金龙棍、令旗、令箭、卜卦用的金钱以及妻妾敖氏、高氏等七口都被官军掳获。十反王杨友贤投降。张献忠的军师潘独鳌躲在树林里也被官军搜获。杨嗣昌命令把敖氏、高氏和潘独鳌关进襄阳监狱，飞章向朝廷报捷。朱由检得报后欣喜异常，除了颁发赏银等物以外，还命新任兵部尚书陈新甲制定将领立功赏格，催促杨嗣昌乘胜进军。[1]

---

[1] 玛瑙山战役中，张献忠大败的主要原因，是这时左良玉感恩图报，肯于打硬仗。杨嗣昌决定暂时放过其他各部义军，集中左良玉部和陕西、四川、湖广官军专一打击张献忠部，力量对比上占了绝对优势。暂时获胜是毫不奇怪的。戴笠、吴殳在《怀陵流寇始终录》里，对左良玉等部取胜的原因表示怀疑，说"献，剧贼，丧败至此，必有意外之变"，因而采取了左良玉遣降将刘国能挑选一批精兵伪装成打粮归来的义军将士混进营盘，突然内外夹攻，献忠猝不及防，以致大败的说法。彭孙贻《平寇志》卷三、孙之騄《二申野录》卷八，也持此说。其实，这个传说是不可靠的。据现存左良玉出师时的报告，刘国能和李万庆当时留守郧阳，不在行间。另外，玛瑙山战役的经过，在杨嗣昌当时的奏疏里有详细的描写，可资参考。

三月初九日，陕西官军贺人龙、李国奇部在韩溪寺[1]又大败张献忠起义军。起义军阵亡一千三百人，张献忠部将左营一条龙（薛成才）、右营顺天王（贺国现）领着两千多人投降。次日，官军追到盐井，起义军又损失六百五十一人，前营二只虎带着一千多人投降。但这时张献忠部仍有相当实力，在西撤途中将四川官军张令部六千人包围在柯家坪，直至湖广官军赶到后，张献忠才解围而去。三月十五日，陕西官军又追杀起义军于木瓜溪，义军战士牺牲了一千二百多人。张献忠在连遭重大挫折以后，领着残兵败卒进入荒山野岭，躲过官军的追剿。

　　就当时的形势来说，张献忠的处境是十分险恶的。杨嗣昌毫不掩饰自己扬扬得意的心情，多次在给朝廷的奏疏和给其他官僚的信函里，预言张献忠被"擒斩"已经指日可待。然而，同他的预料相反，张献忠部义军终于渡过了难关，在崎岖的征途上又胜利前行了。这里的原因有三：一是张献忠和他的忠实部下，没有因为敌人强大和自己屡遭挫折而悲观失望；二是山中的老百姓给了义军很大的帮助，他们不仅拿出了食盐、粮草等生活必需品支援起义军，还对官军封锁义军的行踪，帮助起义军探听官军的动向；三是统治阶级内部的矛盾逐渐激化，使他们不可能齐心合力地追剿起义军。

　　前两个原因比较明显，这里着重谈谈第三个原因，即统治集团内部文官武将之间矛盾的激化。玛瑙山战役以后，左良玉神气起来，认为自己在这次战役中立下大功，是违背杨嗣昌的部署才取得的，从此就不把杨嗣昌放在眼里。杨嗣昌命他乘胜追击，他偏按兵不动。杨嗣

---

[1] 《绥寇纪略》卷七、《国榷》卷九七写作寒溪寺，此据《杨文弱先生集》和《孤儿吁天录》。

146

昌亲笔写信给他晓以利害：

> 圣意所重，全在逆献一人。深箐四壁，险峻难逃。将
> 军在彼，严督穷搜，断可必得。今云十二日引兵而还，何
> 耶？想穷谷无粮，大兵难驻。将军必不得已而为此。或张
> 应元、汪云凤亦能办此则幸矣。万一不能，而逆献终逃不
> 获，将奈之何？将军万万再画必然之策，勿胶奇正之言，
> 果大兵回兴，须驻彼调度，期擒渠而止。毋令旁观忌嫉之
> 夫谓贼在掌握而复纵逸为患也。[1]

左良玉对此置之不理，仍然"高卧竹溪、屡檄不动，不肯协心
穷搜深箐"[2]。杨嗣昌本来就性情褊狭，不能忍受别人的轻视，更主要
的是急于抓到张献忠以便向朝廷请功，因此对左良玉大为不满。他在
愤懑之中写信给兵部尚书陈新甲，商量用陕西总兵贺人龙代替左良玉
挂"平贼将军印"。陈新甲即据以入告，取得了朱由检的同意。朝
命下达之后，杨嗣昌又犹豫起来，他知道临阵易将，兵家所忌，何况
无论在声望上还是在实力上，贺人龙都不能同左良玉相比，于是又请
求朝廷收回成命。这种用大将如儿戏的做法，反映了明廷内部的重重
矛盾。左良玉闻讯之后，对杨嗣昌极为反感；贺人龙因为杨嗣昌透露
过将任命他为大将正满心高兴，不料杨嗣昌出尔反尔，事情中途变

---

[1] 《杨文弱先生集》卷四九。
[2] 杨山松：《孤儿吁天录》卷十一。《绥寇纪略》卷八说，张献忠派部将马元利携
带重宝去见左良玉，说："献忠在，故公见重。公独不之思乎？公听所部多杀掠，而
阁部猜专，无献忠即灭不久矣。"左心动，实纵之去。这一说法不知可靠与否。但明
后期官场上重文贱武的风气十分盛行，左良玉等反动将领出于个人考虑，采取保存实
力，"养寇自重"的办法，当系事实。

147

卦，也怀恨在心。这样，由于杨嗣昌心地褊狭和行事笨拙，大将没有换成，反而弄成两面不讨好。张献忠充分地利用了统治集团的内部矛盾，率领部众偃旗息鼓从山间小路返回湖广兴山、房县地区。

这年七月，罗汝才、白贵（小秦王）、武自强（混世王）等部在兴山县丰邑坪被京营官兵和湖广官兵击败，阵亡士卒三千三百人。十三日，白贵、武自强、张自秀（张胖子）率部众四千人于羊角寨投降。罗汝才感到兵单势孤，乃于十九日同张献忠部合营于白羊山。[1]两人商议后认为官军主力云集湖广，只有进兵四川才有前途。于是，两部义军合力向四川挺进。杨嗣昌得到报告，决定自己亲赴四川，"压贼折楚，一鼓可完"[2]。不料川军方国安部由于前任总兵罗尚文"虚冒剥削"，以致士兵"衣甲器械蓝缕朽蔽，全不堪战"。起义军进抵大昌，杨嗣昌檄调方国安部"迎头截击"，方部未至而义军已渡过昌江进抵净堡。这里原有川将张奏凯领兵五千据守，听说义军到来吓得魂不附体，避上高山，使义军不战而过。杨嗣昌闻讯后气得连声抱怨川兵"毫无足恃"，以致"山川绝险"而起义军却"如履坦途"[3]。

第五节　张献忠、罗汝才部转战四川

崇祯十三年秋，张献忠、罗汝才两部起义军为了摆脱困境，决计联合入川。九月初九日，进抵大昌城下。明四川巡抚邵捷春领着官兵

---

[1]　据光绪十年《兴山县志》，白羊山又名白羊寨，在县城西偏北。
[2]　《杨文弱先生集》卷五三。
[3]　《杨文弱先生集》卷五二。

在这儿据守。起义军便绕过大昌，向开县、新宁（今开江县）、梁山（今梁平县）行进。十七、十八两日，张、罗二部在达县地区作战不利，又转回大昌、大宁（今巫溪县境）。本月底，起义军在达县尤溪口击败追袭而来的总兵方国安、参将罗于莘部官军，趁势进取巴州（今巴中市）。十月初三日，在巴州同敌副将张奏凯部作战。十一日，过广元县，渡嘉陵江。十三日，攻剑州（今剑阁县），破城后杀署印官。占领剑州以后，张献忠、罗汝才曾打算北上广元，经宁羌（今宁强）入陕西汉中，由于明陕西当局深恐义军重返陕境，派总兵赵光远、贺人龙统重兵扼险于川陕交界的朝天关。张、罗见入陕有困难，即于十六日从剑阁起营向南攻克梓潼县。十九日于庙垭击毙明副将罗万象、韩光荣、刘贵、谭绎等。二十一日又败陕西官军贺人龙、李国奇部，活捉并处死了叛徒张一川（扫地王），随即进抵绵州（今绵阳）。

起义军在剑州、梓潼的胜利，迫使杨嗣昌向朝廷请罪。他在奏疏中说：

窃臣入川督剿，贼由广元、昭化将奔剑州、梓潼，业于十月二十四日自梁山县（今梁平）拜疏上闻。臣即冲泥冒雨，于二十七日早发梁山，经过大足（当是大竹）、广安、岳池，至于顺庆（今南充）。亲见随行步兵跋涉之苦，马骡倒损之多，臣亦心忧身病，憔悴支离，无复人理，始知蜀道之难果难于登天也。日望官兵一战之捷，挫败狂锋，瘳之遄死。岂期蜀兵之脆，将领之愚，至不堪言。该署镇方国安遣罗万象（原作罗万家，误）、韩光荣、刘贵等，一溃于剑州之上真铺；抚臣邵捷春遣寅启高、孙逢圣、卫嘉增、邹鸣等，再溃于绵州之亢香铺（他书作沉香铺）。皆行无哨探，止无营垒，梦梦焉如寻常走路，掉臂遨游，而倏然遇贼，稳步入其伏中。即客将李国奇、贺勇、张应元与署镇方国安等梓潼一战，亦不隄（提）防贼"打倒番"，而先胜后败，得不偿失。臣在中途闻之，拊心顿足，仰天嗟吁。何区区二孽，若是其凶且狡，而我兵未能得志也。[1]

杨嗣昌把围剿的失败归罪于四川当局的疏于防范和陕西官军的挟饷噪归。四川巡抚邵捷春竟因此革职逮问，论罪弃市。巡抚一职由监军道廖大亨接替。陕西总督郑崇俭也被革职，由丁启睿继任。

十一月，义军经中江破什邡县，进至汉州（今广汉县），又经绵竹、金堂、简州、资阳进至安岳、乐至一带。杨嗣昌和监军大理寺评事万元吉见官军进止不一，处处被动，乃拔总兵猛如虎为总统，张应元为副总统，负责组织各部官军追剿[2]。由于四川当局腐败已极，无力组织有效的阻击，起义军一到往往不攻而下，加上张献忠、罗汝才采取了"以走致敌"的战术，使追剿官军疲于奔命。在当时的官军士兵中传布着"想杀我左镇，跑杀我猛镇"的"流言"。他们留恋左良玉的按兵不动，而对猛如虎驱迫他们一味跟在起义军后面穷追不舍深为不满。

---

[1] 《杨文弱先生集》卷四一，《独请臣罪疏》。按，张献忠、罗汝才部义军在这次战役中，连续击败四川官军（主兵）和奉调入川的陕西、湖广官兵，使杨嗣昌组织的围剿遭到重大挫折，战果是相当辉煌的。但是，无名氏作《纪事略》载："梓潼一战，累骨如山，十三省大兵丧殁殆尽。"过分地夸大了这一战役的规模。
[2] 《国榷》卷九七。杨嗣昌选拔猛如虎、张应元为正副总统同左良玉、贺人龙不听调遣有密切关系。

十二月初一日，起义军破隆昌县；初五日破泸州，杀了途经该城赴任的明松潘道黄谏卿[1]和泸州知州苏琼。初七日，攻克南溪县；十一日又克荣县[2]，进围井研。十四日克仁寿县，杀知县刘三策。十六日清晨，起义军到达成都东门外，见官军守御严密，即绕城北上，再次攻克德阳。此后又继续北上，于昭化县境渡过嘉陵江，二十九日夜间以骑兵诈称杨阁部差兵赚开巴州。这样，张献忠、罗汝才起义军自崇祯十三年九月入川之后，在四个月里拖着官军在四川腹地来了个千里大游行。他们既然已经把督师杨嗣昌、监军万元吉和相当一批官军牵进了四川，下一步的文章就是如何抢在官军的前面打出四川，到湖广地区去开创新局面了。起义军战士们胜利实现了"以走致敌"的方针，不禁心情激荡，"饮酒鼓掌而歌，以诋嗣昌曰：前有邵巡抚，常来团转舞；后有廖参军，不战随我行；好个杨阁部，离我三天路。"[3]歌词表达了起义农民对反动统治者的鄙视和对未来充满着胜利的信心。

第六节　张献忠、罗汝才部出川和攻克襄阳

崇祯十四年正月初四日，张献忠、罗汝才部义军从巴州起营，攻克通江县，取道达州，打算沿进川时的旧路东出湖广。明督师大学士杨嗣昌一面命令总兵猛如虎等加紧追击，一面连续九次檄调驻扎在湖广郧阳地区的左良玉部进川堵截。正月十三日，起义军进至开县黄

---

[1] 《杨文弱先生集》卷四二，《再报蜀疆失守州县疏》。

[2] 《杨文弱先生集》卷四二。《嗒史》作营县，误。

[3] 《滟滪囊》卷一，邵巡抚指原任四川巡抚邵捷春；廖参军指接替邵捷春的廖大亨。

侯城[1]时，被猛如虎所统官军追上。当时官军业已"人马困乏，多不能前"，有的将领主张休息待次日再战。猛如虎和参将刘士杰求功心切，认为好不容易才追上义军，如若耽搁一天起义军又走远了难免贻误战机。于是，不顾士卒疲惫，下令直前搏战。双方战况非常激烈。张献忠登高一望，见追上来的官军数量不多，没有后续部队，乃挥众冲杀而下，把官军包围在内。义军战士人人勇气百倍，呼声震天，冲锋直前。官军抵敌不住，乱成一团，参将刘士杰被击毙，猛如虎溃围脱逃，其子猛先捷、侄儿猛忠矢尽弦折，拔刀自刎。官军经过这场恶战之后，元气大损，再也无力追赶了。而奉调入川夹剿的左良玉却由于对杨嗣昌积恨甚深，对发来的九次檄令置若罔闻。待义军即将由四川东出湖广时，他竟拉起队伍开往陕西兴安，"若相避者"[2]。张献忠、罗汝才部义军在毫无阻拦的情况下，顺利地出夔门（今奉节县）经巫山进入湖广。正月二十五日攻克兴山，杀官军守将吴国懋、知县刘定国。[3]东进至当阳县时，探得襄阳城内官军守备单薄，乃定计奇袭。张献忠亲自率领轻骑一日一夜奔驰二百里，到达襄阳附近，命部将率二十八骑伪装成官军，拿着缴获来的杨嗣昌调兵文书混入城

---

[1] 《绥寇纪略》卷七，作"我师追贼及于开县之黄陵城"。《杨文弱先生集》卷四二与《孤儿吁天录》卷十四，作"追及于开县之葫芦颈黄后城"。据乾隆十一年《开县志·古迹》载："黄侯城，在县东五里，五代时土人黄、侯二家避兵于此。"可见，正确的写法应是黄侯城。

[2] 《杨文弱先生集》卷五三，《与宋楚抚一鹤》。

[3] 《孤儿吁天录》卷十四；光绪十年《兴山县志》卷二一，《人物》。

内。[1]二月初四日夜半，埋伏在城内的义军将士放火为号，趁乱袭击驻防官军，城内顿时鸡飞狗走，鼎沸起来。天明以后，起义军主力一到，即占领了襄阳。明襄王朱翊铭被活捉。张献忠坐于襄王宫中殿上，给朱翊铭一杯酒，说道："吾欲斩嗣昌头，而嗣昌远在蜀，今当借王头使嗣昌以陷藩伏法。王其努力尽此一杯酒。"[2]把他拖到襄阳西城楼上处斩，又杀襄藩贵阳王朱常法等。义军打开监狱，救出了玛瑙山战役中被俘的军师潘独鳌和献忠妻妾。献忠下令没收襄王宫中的全部财产，"发银五十万以赈饥民"[3]。

张献忠、罗汝才部义军的出川和攻克襄阳，同不到一个月前李自成部义军攻克洛阳，是明末农民战争史上划时期的里程碑。它们标志着明廷组织的反革命围剿已经全盘破产，战争的主动权开始转移到起义农民方面。那位显赫一时的督师、大学士杨嗣昌，这时也已经完全绝望。他在给湖广巡抚宋一鹤的信中哀鸣道："天降奇祸，突中襄藩。仆呕血伤心，束身俟死，无他说矣。"[4]三月初一日，杨嗣昌死

---

[1] 《平寇志》卷四，说这位部将是刘兴秀，可备一说。崇祯十四年八月奉敕往勘襄阳失事情形的司礼监策笔太监王裕民的题本中，除了说到起义军有"假充阁部差官，安置公署"者以外，还谈到有"奸细伏于平日"以及从前安插在樊城的"降丁"，"盈千盈百，往来城中，不知是贼是兵"，又说监禁在襄阳监狱内的献忠妻妾和军师潘独鳌也暗通线索（见《清代档案史料丛编》第六辑，第八九页）。总之，张献忠为了奇袭襄阳，事先是做了周密布置的。
[2] 《平寇志》卷四。按，余瑞紫《流贼陷庐州府纪》（收入《野史无文》卷十四）载献忠与襄王的对话较详。此书作者虽自称得自亲身见闻，然核之以现存明档（《明清史料》乙编，第十本，第九二四页）等原始材料，作者所言多有失实之处，如攻克襄阳之日，可断定为崇祯十四年二月初四日，余瑞紫却记于崇祯十三年五月二十八日，因此不取他的说法。
[3] 《明季北略》卷十七。《怀陵流寇始终录》卷十四作"发银十五万以赈饥民"。
[4] 《杨文弱先生集》卷五三。

于湖广沙市徐家花园[1]，结束了他的反革命生涯。

农民起义的勃兴，在明廷内部激起了一阵轩然大波。明廷官员如兵科都给事中张缙彦、吏部尚书李日宣、左都御史王道直等纷纷上疏，"极言枢辅之恶"[2]，要求追究杨嗣昌的责任。朱由检因为杨嗣昌是自己力排众议，特简夺情委以重任的，大小臣工的群起责难，有损他的"明主"形象。于是，他把六部九卿、科道等官召进宫内，宣称："杨嗣昌系朕简用，用兵不效，朕自鉴裁；况尚有才可取。"接着他训斥上疏的臣工是"大家排斥，意欲沽名。……本该重治，尔等又说朕庇嗣昌，姑饶这一遭"[3]。廷臣们见皇帝护短，只好缄口不语。不久，杨嗣昌的死讯传来，朱由检接受兵部尚书陈新甲的建议，任命陕西三边总督丁启睿接替督师，起用因事下狱的原兵部尚书傅宗龙继任陕西三边总督，负责追剿农民起义军。此后虽多次易马，却再没有一个人能够像杨嗣昌那样得到朱由检的信任了。

---

[1] 关于杨嗣昌之死，《绥寇纪略》卷八云：嗣昌自川"返荆州，将谒惠邸。王命阍者谢曰：先生愿见寡人者请先朝襄王。嗣昌惭，乃缢"。同书卷七又云："嗣昌闻襄阳破，遂不复食。及闻李自成陷洛阳，于是拊膺大恸曰：无面目见上。伏毒死焉。"《怀陵流寇始终录》卷十四云："嗣昌败后，左良玉以平行牒文侮之。嗣昌惭愤，乃仰药自杀。"嗣昌子杨山松于《孤儿吁天录》中力辨其诬，云其父乃病死。按：据杨嗣昌死前书函及在嗣昌左右之监军万元吉所作《筹军录序》可知嗣昌时已病重，疾中获悉福、襄二藩相继告陷，惊悸转剧，虽曰死于病，实亦死于时局也。嗣昌殁时方五十余岁，尚在壮年，距襄阳之破不足一月，相传自尽，不为无因。然在疑似之间，未可据为定论。
[2] 张缙彦：《依水园文集》前集卷二。
[3] 张缙彦：《依水园文集》前集卷二。李清《三垣笔记·附识》中所记文字略有不同。

第七章
李自成起义军在河南的大发展

第一节　李自成起义军挺进河南

崇祯十四年（1641）是明末农民战争进入高潮的一年。这年初，李自成起义军攻克洛阳，张献忠起义军奇袭襄阳，标志着起义军同明官军之间的力量对比开始发生了变化，从此义军所向无敌，明王朝的覆灭已成定局。

滴水穿石，非一日之功。李自成部义军攻克洛阳和在河南的大发展，并非侥幸或偶然而得。从崇祯十一年到十三年的两年时间内，李自成部义军往来活动于湖广、四川、陕西三省交界地区，经历了艰苦卓绝的斗争。崇祯十三年夏，明王朝调集的官军逐渐向这一地区集中，对张献忠、罗汝才、李自成等部义军的压力不断增大。李自成就在这年的六七月间，由湖广房县地区出发，取道陕西平利、洵阳、商州进入河南的淅川、内乡一带。[1]

这里有必要叙述一下以李自成、张献忠为代表的明末农民战争大发展的背景。根据许多地方志中保存的材料，崇祯十三年的灾荒是特别严重的，几乎遍及全国，不少地方竟至于颗粒无收，饥民大批死亡。灾荒的形成，除了这年气候恶劣，连续几个月干旱、蝗虫为害以外，明廷加派剿饷、练饷迫使农民逃亡，造成农业生产急剧萎缩，也是重要原因之一。举例来说，崇祯十四年武安（当时属河南彰德府，今属河北省）知县窦维辂在奏疏中报告："本县原编户口一万三十五户，今死绝者八千二十八户；原编人丁二万三百二十五丁，今逃死者一万八千四百五十丁。通计本县正派条银，新、旧、练三饷共银四万四千七百九十五两，漕米二千三百四石，辽米豆共

---

[1] 关于李自成起义军是从什么地方出发、经过什么路线进入河南的问题，请参看拙稿《李自成起义军究竟从何处入豫？》（载《北京师范大学学报》（社会科学版）一九七八年第四期）。至于到达河南境内的具体时间，由于所见材料有限，还不能得出结论。目前所能肯定的是，一般史籍记载的时日都偏迟了一些。例如，郑廉在《豫变纪略》卷二中记崇祯十三年十一月"甲午，流贼李自成出商洛入豫，哨至淅川"。是月朔在戊寅，甲午为十七日。根据康熙《内乡县志》卷十《兵事》的记载，李自成在这年十月二十二日就曾经"潜率五百骑攻内乡县东北乡薛家寨（一名天宁寨），守严不克。二十七日退去"。又当时任明政府河南游击将军的高谦，在其所撰的《中州战略》里，也记载他在崇祯十三年"仲冬（十一月）上旬"，接巡抚李仙风谕帖说："近据宝丰、鲁山塘报，皆云闯贼哨马四出，老营不动……"当时高谦统兵在外，考虑到宝丰、鲁山塘报送到省城开封和李仙风谕帖送达高谦的时间，帖中所言李自成部的动向最晚不能迟于十月。何况，宝丰和鲁山距陕豫交界处已有相当一段路程。另据《嵩县志》记载：崇祯"十二年（当系十三年之误），闯贼李自成败亡，仅数百骑遁入嵩、卢深山。冬月，由南山出，攻破万安、田湖、新庄及樊店盘龙寨、西崖山寨，掠万人，连破宜阳、永宁等县，饥民从者已十余万"（见康熙三十一年《嵩县志》卷十，《杂志·灾祥》附录"被兵始末"；又见乾隆三十一年《嵩县志》卷六，《星野》附祥异）。这说明，李自成起义军入豫以后，还曾经在嵩县、卢氏一带深山里休整。依据这些材料，做出李自成起义军在崇祯十三年秋天已经进入河南的判断，大概是可以成立的，至少可以证明《豫变纪略》所说十一月十七日入豫不符合事实。

一万二千五十三石，临清仓米六百八十八石，禄米八百四十二石。加以三年压欠，应征不下十余万。"以残存的二千户、一千八百余丁，承担这样巨额的赋税自然是不可能的，其他的农民除了死掉的以外，"居他乡者，只惧粮差重累，不敢承种田亩。即来岁丰稔，有土无民，依然荒芜"[1]。关于灾荒的严重性，由于材料太多了，这里只着重谈谈河南省的情况。

河南是明帝国的腹心地区，也是当时社会阶级矛盾最尖锐的地方之一。明王朝在这一个省里分封了七个藩王，加上官僚地主的巧取豪夺，造成了土地高度集中，农民如牛负重。在明末多事之秋，频繁的军队调动、官差的往来，更使河南这块四通八达之地首当其冲。连年的大旱、蝗灾，把河南变成了赤地千里。明政府在这样大荒之年，仍然毫不放松追逼钱粮。挣扎于死亡线上的农民，除了奋起反抗之外没有任何出路。

保存下来的一些记载可以构成一幅幅触目惊心的图画：

> 至己卯（崇祯十二年）旱、蝗，自秋至明年不雨。其年庚辰（崇祯十三年）又蝗，仅能种而禾实不稔。斗米直可千钱，民间素所藏蓄者一时搜掠都尽。瓜果枣柿不待□而残，渐及草根、木皮、糠秕、山蔬，佟云富贵家粮也。十月之交，环辉山皆盗，以人为粮。千夫长擒来戮诸市，人争啖之。至二之日大寒，人益困，有父母食子女者，子女食父母者，夫妻、兄弟、朋友、乡邻互相食者。余人之衣冠动静犹昔，性情惊疑为豺狼。过岁春事益奇，人死已

---

[1] 康熙五十年《武安县志》卷一八《艺文》，《崇祯十四年乞免钱粮疏》。

归土，丘垄欲干，取厌朝饥；未成人孺子转盼不见，则已在釜中矣。嬬妇单丁，诱杀充食者无宁日。辉之四围，村落并无，居人十存一二者皆住郊关。每中夜彷徨，或闻呼号啼救之声，皆奸人用计噬人，人每不敢救。食肉多爨人骨，间亦有以人头颅灰作面同人汁啖者，余骨弃野外。首骨如东陵瓜垒垒无算，特少蔓耳。胁臂小骨，狼藉于道，每郊行，足履于上，搰搰有声，如在麻秸上。伤心酸鼻，尝不忍过。[1]

一个当时在乡的反动官僚描写那时河南的情况说：

今流亡满道，骷骼盈野。阴风惨鬼磷之青，啸聚伏林莽之绿。且有阖门投缳者，有全村泥门逃者，有一日而溺河数百者，有食雁矢、蚕矢者，有食荆子、蒺藜者，有食土石者，有如鬼形而呻吟者，有僵仆于道而不能言者……有集数千数百人于城隅周道而揭竿者。[2]

郑廉在《豫变纪略》里，比较集中地叙述了贫苦无告的农民怎样转化成地方性的起义队伍：

……岁乃大饥，人益不敢粜谷，谷以踊贵。米麦斗值钱三千，禾二千七百。人相食，有父食子、妻食夫者，

---

[1]　康熙二十九年《辉县志》卷十八。
[2]　吕维祺：《明德先生文集》卷十二，《复劝倡义眼荒说》。

道路无独行之客，虽东西村亦不敢往来。其颠顿死于沟壑者群聚而刲割之，顷刻而骨骸相撑矣。官吏捽而捶杀之垒垒焉，不能禁也。其桀黠不逞者遂相率为盗。于是鼠窃狗偷千百为群者不可胜数，如一条龙、张判子、宋江、袁老山之属，众皆万许。而临颍一条龙、寿州袁老山，其徒尤众，斩木折钧，往来梁宋之郊无虚日，日以益多。[1]

类似的记载在地方志和当时人士的文集里屡见不鲜，说明崇祯十二、十三年时河南各地已经布满了干柴，自发斗争之火业已点燃。李自成部义军进入河南，很快就把这些星星之火连成一片，化作熊熊之焰。

李自成部义军初进河南时，兵力相当有限，大约不到一千人。经过短期的休整和准备，李自成在十月间率兵北上，同当地的起义农民一斗谷、瓦罐子等联合，有众数万人。十二月，"连破鲁山、郏县、伊阳三县"[2]，于二十一日攻克宜阳，"不杀平民，唯杀官"[3]。接着，乘胜进攻永宁（今洛宁县）。破城后，义军把抓获的明万安王朱采𨨏和地主豪绅一百多人，带到县西关"过堂"，审讯后处决，为当地人民解了心头之恨。[4]此后，义军又连克偃师、灵宝、新安、宝丰，为攻取洛阳做了准备。

随着起义军力量的兴起，少数知识分子开始投身到农民起义中

---

[1] 《豫变纪略》卷二。

[2] 《明德先生文集》卷十五。

[3] 《怀陵流寇始终录》卷十三。

[4] 乾隆五十五年《永宁县志》。某些史籍把李自成起义军攻克宜阳和永宁的时间前后倒置，实际上攻克宜阳是二十一日，克永宁是二十七日。

来，其中比较著名的有牛金星和宋献策。牛金星是宝丰县人，天启七年中了举人[1]，为人慷慨不羁，在官场内部斗争中受到倾轧，被革去功名遣戍充军。[2]参加起义军后，成为李自成的主要谋士。史载"金星通天官风角诸书，亦颇讲孙、吴兵法"[3]。从后来的情况看，牛金星主要是在制定规章制度、招揽人才和建立政权方面发挥了比较大的作用。大约在差不多的时间里，江湖上以算命占卦为业的宋献策也投入了李自成起义军。他的籍贯有河南永城等说法。见面的时候，宋献策向李自成献上了"十八子主神器"的谶语[4]，利用白莲教在民间散布的李氏当兴的舆论，说李自成上膺天命。李自成很高兴，尊他为军

---

[1]　郑廉《豫变纪略》卷二，记牛金星是"乙卯举人"，乙卯为万历四十三年；耿兴宗《遵汝山房文稿》卷七《牛金星事略》云：金星"天启辛酉举于乡"，辛酉为天启元年。可是，康熙三十四年《汝州全志》卷五下《选举》、乾隆八年《重修宝丰县志》卷三《选举》、嘉庆二年《宝丰县志》卷五《选举表》，都说牛金星，字聚明，"天启丁卯科"举人。嘉庆《宝丰县志》还说："崇祯三年香山塔记，碑阴载金星崇祯丁卯科举人。按：是时天启丁卯七年八月帝崩，庄烈帝（崇祯）立，犹未改元，依志称天启丁卯为是。"赵士锦在《甲申纪事》中，述大顺军队长姚奇英之言，亦谓牛金星"系丁卯科举人"。可以断定，牛金星在天启七年中举，其他的说法都不对。

[2]　《国榷》卷九七，记崇祯十二年四月七日"河南贡士宝丰牛金星有罪戍边"。关于牛金星被革去功名下狱论戍的原因和投入李自成起义军的过程，各种史籍的说法略有不同，可参见赵士锦《甲申纪事》、郑廉《豫变纪略》、耿兴宗《牛金星事略》、康熙或雍正《陕西通志》中所收《石可砺传》《卫桢固传》、康熙五十六年《城固县志》卷七《石可砺传》。

[3]　《豫变纪略》卷三。

[4]　关于谶语"十八子主神器"的来由和流传情况，沈定平同志在《明末"十八子主神器"源流考》（载江苏人民出版社《明史研究论丛》第一辑）一文中，山东曲阜师范学院杨绍溥同志在提交第一次清史讨论会的《关于李自成自称十八子的考释——兼论古谶语李氏当王与农民起义》论文中，做了详细的讨论，可资参考。《明史》卷一一八载，朱元璋之子谷王朱橞觊觎大宝，"伪引谶书云：我高皇帝十八子，与谶合"。李清《三垣笔记》下卷载，福王朱由崧在南京登极后，御史张孙振云："皇上御讳为十八，所云'十八孩儿与胡战者'，非谶乎？此万年祚也。"说明在有明一代，"十八子当主神器"的传说不绝如缕，不仅在民间流传得很广，在统治集团中也颇有市场。

师。在史料当中，我们并没有见到宋献策在军机进止方面提出过什么超见卓识，只有一些他用占卜预测胜负的记载。然而李自成对他一直十分信任，常常带在身边征询意见。宋献策的进身和受到重用，反映了封建社会中农民落后性的一面。他们即便是觉悟到要同封建统治者相对抗，也还不可能摆脱"天命""神授"之类的迷信思想。他们不能正确地估计自身的力量和所从事的事业的正义性，就只有借助于高于君权的神权，作为自己推翻旧王朝的思想武器。就农民起义的领袖人物而言，无论他们个人的品质和识度多么杰出，也不可能把起义取得的成就如实地看作千百万群众奋斗的结果，而常常误认为这些胜利证明了上天对自己的眷顾。从根本上来说，天命思想既是掌权者维护自身统治的理论依据，又是他们一旦需要换马时，实行改朝换代的方便舆论。封建时代的农民既然不可能得到先进的社会革命思想的指导，他们在利用现成的天命思想向统治阶级发起猛攻时，却不自觉地成了这种思想的俘虏。起义农民在军事上可能取得胜利甚至决定性胜利；在思想上却无法超越时代的局限，注定要一败涂地。这种情况就决定了每一次农民革命都避免不了悲剧性的结局，不是被淹没在疯狂围剿的血泊当中，就是"在革命中和革命后被地主和贵族利用了去，当作他们改朝换代的工具"[1]。

史籍中关于李岩的记载很多，好些书都说这时（崇祯十三年底）有一位出身贵宦的杞县公子李岩参加到李自成起义军中来，对起义军后期的发展关系甚巨。清初河南归德府人士郑廉和《杞县志》的编纂者都指出过李岩是"乌有先生"。笔者经过查考认为，在明末农民战争中确实不存在李岩这个人物，有关的记载或是出于讹传，更多的是

[1] 毛泽东：《中国革命和中国共产党》，《毛泽东选集》四卷合订本，第五八八页。

出自小说家的编造，被清初某些文人误采入史籍，根本不能相信。由于已经另行撰文探讨[1]，这里不再赘述。

第二节　李自成起义军攻克洛阳

古都洛阳乃豫西重镇，是明朝福王建藩之地。福王朱常洵是明神宗的宠姬郑贵妃所生。子以母贵，朱常洵自然受到神宗的特别偏爱。在万历后期围绕着立太子的一场激烈斗争中，朱翊钧拗不过朝野舆论，被迫同意立皇长子朱常洛为太子。立爱子常洵的初衷既不能实现，他和郑贵妃就多方在经济上给常洵以优遇，不仅大量赐给宫中积累的财物，而且对于福王请乞的庄田、行盐、商税等也无不"朝报而夕可"。朱常洵就藩洛阳，同明初以来分封的诸王相比在时间上虽然要短得多，但拥有的财物却是"富甲天下"。福王在洛阳所过的穷奢极侈的生活，同当时河南人民所受的灾难形成了鲜明的对照。一道福邸宫墙隔出了两个世界：墙内是纸醉金迷，说不尽的豪奢靡费；墙外却是凄凉愁惨，无异于丰都地狱。这种人世间极端不合理的丑恶现实理应结束，它果然在起义农民铁拳的打击下结束了。

李自成起义军在攻克宜阳、永宁、卢氏、偃师、灵宝、新安、宝丰、鲁山、郏县、伊阳等县的过程中，不仅扫清了洛阳的外围，也使大批新参加义军的战士得到了初步的作战训练。义军在豫西的发展，使统治者如坐针毡，惶惶不可终日。当时居住在洛阳的明南京兵部尚

[1]　请参看《李岩质疑》，载《历史研究》一九七八年第五期；《再谈李岩问题》，载《北京师范大学学报》（哲学社会科学版）一九七九年第二期。

书吕维祺，在给福王的一封信里对形势的危急有如下一段描述：

> 三载奇荒，亘古未闻。村镇之饿死一空，城市皆杀人而食。处处土贼盘踞，加以流贼数万阴相结合，连破鲁山、郏县、伊阳三县，又六日之内，连破宜阳、永宁二县。贼势汹涌，窥洛甚急。无坚不破，无攻不克。且饥民之思乱可虞，人心之瓦解堪虑。况抚台大兵无一至，虽有操、义二兵，亦无粮饷，及城头垛夫又皆鬼形鸠面而垂毙者。城中一无可恃，有累卵朝露之危。[1]

他一方面建议福王，敦促河南巡抚李仙风急派军队来洛阳加强城防；另一方面又指出官府库藏如洗，要求福王为自己的身家性命着想，拿出钱来解决军队的粮饷。吕维祺特别举出宜阳、永宁二城被起义军攻破的事作为前车之鉴。两座城里的宗室官绅，"悠悠忽忽，靠天度日，一筹不划，一钱不舍，一言不听，今虽噬脐，嗟何及矣"[2]。希望朱常洵不要充当眼光短浅的守财奴，最后落到噬脐无及的地步。可是，朱常洵偏是个爱财如命的人，根本听不进去。

崇祯十四年正月十九日，李自成部义军进抵洛阳北门，开始攻城。守城的官军知道福王府库里的金钱财物堆积如山，却叫自己饿着肚子去守城，一个个愤愤不平。有的士兵公然在路上大骂："王府金钱百万，餍粱肉，而令吾辈枵腹死贼乎？"[3]当李自成兵临城下时，守城的官军士兵以至一部分中下级偏裨都毫无斗志，迅速地转到了起

---

[1] 吕维祺：《明德先生文集》卷十五，《上福藩启》。
[2] 同1。
[3] 赵吉士：《寄园寄所寄》卷九；《绥寇纪略》卷八；孙之𫘧：《二申野录》卷八。

义军方面。二十日晚，总兵王绍禹的部卒在城头起义，逮捕了明兵备副使王胤昌，大开城门迎接起义军进城。[1]二十一日凌晨，义军占领洛阳全城。福王朱常洵和世子朱由崧慌忙逃出王宫，躲进迎恩寺。在义军搜捕时，朱常洵被活捉，世子朱由崧钻空子逃脱，这就是后来在南京登极的弘光皇帝。明南京兵部尚书吕维祺也被俘获。当押解这批吸血鬼向起义军领袖献俘时，朱常洵向吕维祺大叫："吕先生救我！"吕维祺也哀叹："我命亦在顷刻。"他从封建纲常出发，劝朱常洵别忘了自己是当今皇上的亲叔，"毋自屈"，得装出个样子来。[2]可是，贪生怕死的朱常洵一带到李自成面前即吓破了胆，"色怖，泥首乞命"[3]。李自成端坐殿上亲自审问这位朱明王朝的亲王，怒斥道："汝为亲王，富甲天下。当如此饥荒，不肯发分毫帑藏赈济百姓，汝奴才也"。[4]命左右打他四十大板，枭首示众。当审讯吕维祺时，李自成不无讽刺意味地说："吕尚书今日请兵，明日请饷，欲杀我曹，今定何如？"下令处死了这个反动官僚。[5]接着，响亮地向洛阳的贫苦群众宣布："王侯贵人剥穷民，视其冻馁，吾故杀之，以为若曹。"[6]李自成的话鲜明地表达了他所领导的起义军的革命宗旨，

---

[1] 一说王绍禹部卒用绳索引义军上城，见《明德先生年谱》。

[2] 《谈往录》卷中；《昆山王源鲁先生遗稿》，《残明前编·杂传·吕维祺》。

[3] 《平寇志》卷四；《国榷》卷九七；《明史纪事本末》卷七八。吴伟业大概是认为福王"泥首乞命"有失大体，在《绥寇纪略》里竭力加以掩饰，记作"福王跌坐于地，贼遍之，王闭目摇首不语，已而大骂，因遇害"。

[4] 徐树丕：《识小录》卷二，《襄福二藩陷没》条；同书卷四《福藩之变》条，记李自成之语作"汝在藩王中，富甲于天下，当此兵荒，王不肯以一丝一粒赈济百姓，汝奴才也"。文字略有不同。

[5] 《昆山王源鲁先生遗稿》，《残明前编·杂传·吕维祺》。又，吕维祺之子吕璜在《吕太傅忠节述乞言》中，记李自成诘责语为："吕尚书今日请兵，明日议剿，何逼人太甚？"见顺治十八年《河南府志》卷二五，《艺文》。

[6] 《绥寇纪略》卷八。

对于动员人民起来同朱明王朝做拼死的搏斗是个有力的号召。

在经济方面，起义军没收了福王府中金银财货和大批粮食、物资，发布告示大赈饥民，令饥者远近就食，得到广大群众的热烈拥护。史载：

> 远近饥民荷旗而往应之者如流水，日夜不绝。一呼百万，而其势燎原不可扑。自是而后，所过无坚城，所遇无劲敌，诸将皆望风走。即秉钺者以名节自许，不过以身予敌而已矣。[1]

除了开仓济贫以外，起义军还把大批金钱物资运往山区，充作军用。剩下的金银财物，李自成在准备移兵攻取开封时，委派原洛阳的一名书办邵时昌为副将，用以募兵守城。同时授官的还有洛阳生员张旋吉、梅鼎盛等人。[2]邵时昌等受命后，即"募人为兵，月给银五两。饥民趋如鹜。简五百人，用贼旌旗列营城上"[3]。二月，明河南巡抚李仙风探听到义军已经转移，才领兵来攻洛阳。城破，邵时昌等为李仙风所杀。

李自成指定人员募兵设守洛阳，是义军在占领区内建立政权的尝试。顺治《河南府志》说："贼置官留银，妄意作开国始基。"[4]李自成攻克洛阳时，虽然不一定就有了开国建号的计划，但是这个措

[1] 《豫变纪略》卷三。

[2] 文秉：《烈皇小识》卷七记："李自成以邵时昌为河南伪知府。"其他史籍一般只说以邵时昌"总理城守"，不详授何职。这里是根据当时随李仙风领兵重占洛阳的明游击将军高谦所作《中州战略》。

[3] 《平寇志》卷四；《绥寇纪略》卷九。

[4] 顺治十八年《河南府志》卷三，《灾异》。

施至少说明义军已经开始注意到了建立自己地方政权的问题。人们或许会说，任命一个刚刚投降过来的明朝吏员，负责洛阳这样重要城市的防守事宜，未免如同儿戏。李自成部义军的实力当时还相当有限，兵员虽有数万人，但骨干部分只有千人左右，不可能分派主力部队担任防守。李自成等起义军领导人何尝不希望自己能有一块立足之地，既可安置随军家属，又可取得比较稳定的人力、物力补充。无奈主观愿望拧不过客观上强弱异形的力量对比，只有继续通过反复的运动战歼灭官军的有生力量，才有可能在地方上站住脚跟。洛阳失守以后，李自成清醒地估计到自己的力量，所以直到崇祯十五年秋，战局发生根本变化以前，再也没有勉强去做自己的力量达不到的事情。[1]他"破城下邑，弃而不守"，每次部队转移之前，都下令将攻克城池的城墙拆毁，叫作平城，目的是防止官军再度据以抗拒。[2]历史已经证明，李自成的这种策略是完全正确的（张献忠起义军在这段时间里，也采取了"夷其城"的措施，表明张献忠对客观形势同样做了清醒的估计），它保证义军能够集中兵力，灵活机动地夺得一次又一次的胜利。如果不带先入为主的偏见，真正从历史实际出发，我们就不能不承认，没有这一阶段的流动作战，也就没有崇祯十五年冬季以后，李自成、张献忠在大面积土地上建立农民革命政权的局面。

---

[1] 崇祯十五年二月，李自成起义军攻克河南宝丰县，当地武生陈四对、居民何英"持牛酒往献。自成喜，署四对为游击将军、何英为守备"（乾隆八年《重修宝丰县志》卷五，《兵燹》）。这种例子是比较少见的，反映了当地居民自发地支持起义军；作为一项政策来说，李自成这时还没有部署地方官吏，更没有分拨军队留守地方。
[2] 崇祯十五年十月二十日，陈泰来在《上河南沦陷安集讨贼疏》中说："臣闻贼之蹂汴也，破一城即尽其城而毁之。其无大志、奸谋，于此毕见。故臣昨冒昧具疏，以为非贼之利。然贼之设心，以为城郭不存，则守令不能露处，无守令而民散，虽欲不从我不得也。"（见《陈节愍公奏稿》卷上）陈泰来听说起义军每攻下一个城镇都把城墙拆毁，以为这表明义军领导人胸无大志，其实是误解了起义军的战略意图。

李自成、张献忠起义军连克洛阳、襄阳，具有重大的意义。它表明经过十几年的斗争锻炼，起义军已经成长壮大起来，积累了比较丰富的斗争经验，力量对比的优势和作战的主动权正在逐步地转到起义农民手中。崇祯十三年以前，各部起义军都没有攻占过大城市（凤阳是一个特殊的例外，而且凤阳虽是明朝中都，政治地位很高，城市规模却并不算大），明朝的藩王也没有被俘杀的。而在崇祯十四年初的一个月之内，起义军连克洛阳、襄阳两城，杀福、襄二藩。战役的胜利，不仅缴获了大批金钱财物和军械，增强了起义军的实力，更重要的是在政治上所造成的深远影响。一方面，它使起义者进一步认识到了自己的力量，提高了胜利的信心；另一方面，也暴露了明朝貌似强大、实际却虚弱不堪的本质。朱由检得到洛阳被攻破、福王被杀的消息，在召见阁臣和礼、兵二部科臣时，大哭道："朕不能保一叔父。"[1]"御袖为湿"[2]，诸臣只好俯伏请罪。[3]史料又载，此后的一天，朱由检去朝见其庶祖母刘太妃，坐下不久就打瞌睡，一觉醒来感到有失体统，忙向太妃道歉说："神祖时海内少事，至儿子苦枝梧多难。两夜省文书未尝交睫，心烦懑，辄废餐。自以年才逾壮，为国事磨耗，蚤困劣。在太妃前惝然不自持一至此。""太妃为之泣下，上亦汍澜者久之，诸宫人莫能仰视。"[4]这个小故事形象地说明了，在起义农民的打击下，明王朝最高统治者已经陷入了极大的苦闷之中，昔日的美好安宁成了不堪回首的往事。他们建筑在劳动人民血汗和白骨

---

[1]　陈洪绶：《备陈一代兴亡疏》，见《甲申朝事小纪》二编卷二。据当时参加这次召对的兵科都给事中张缙彦记载，朱由检说："亲叔不保，皆朕不德所致云云，言讫大痛，掩袖流涕。"（见《依水园文集》前集卷二）

[2]　花村看行侍者：《谈往录》卷中。

[3]　张缙彦：《依水园文集》前集卷二。

[4]　《烬宫遗录》卷下；又见《绥寇纪略》卷八。

之上的乐园已经动摇，欢笑的日子确实不多了。

第三节　李自成起义军首攻开封和项城战役

李自成部攻克洛阳时，明河南巡抚李仙风正领着游击将军高谦所部官军，在黄河以北的怀庆地区镇压当地的农民起义。开封城守副将陈永福获悉洛阳失守，火急率兵往援，开封的守御力量因而非常单薄。李自成得到这个情报，决定奇袭开封。二月初九日，他带领精兵三千、部卒三万从洛阳地区出发，急行军三昼夜，于十二日中午时分到达开封城下，立即大举攻城。明河南巡按御史高名衡等唯恐重蹈洛阳覆辙，落个失城陷藩的罪责，急忙把一切能够动员的力量统统赶上城去固守。封在开封的周王朱恭枵和其他嗜财如命的藩王们有点不同，他奉行的是"留得青山在，不怕没柴烧"的保命哲学。在起义军兵临城下时，他一狠心把府中累朝积攒的银子搬出一部分，"下令民间，有能出城斩贼一级者赏银五十两，能射杀一贼者赏三十两，射伤一贼或砖石击伤者赏十两"[1]。这一举措果然生了效，开封城内一批亡命之徒纷纷上城同义军为敌。尽管义军攻城非常勇敢，"射终日，箭插城如猬"[2]，但是，原来设想的以奇袭方式夺取开封的计划却未能实现。这时，前往洛阳赴援的陈永福听说起义军乘虚进攻开封，连忙带着军队两昼夜兼程赶回，十六日由水门入城参加防守。

由于敌情发生了变化，李自成在十七日亲自到城下观察形势，

---

[1]　李光壂：《守汴日志》。
[2]　同1。

以便决定下一步的攻城方法。不料行踪不密，被城上的官军射中左眼。[1]后来伤口虽经治愈，左眼却从此失明。当时，起义军的领袖负了重伤，又有消息说左良玉的军队和保定总督杨文岳所统官军正向开封进发。只有"精兵不过三千，胁从之众不过三万"[2]的义军首领明白，一旦明政府的援军到达，自己就可能陷入内外夹攻的境地。于是决定停止进攻开封，主动向西转移到登封、密县、嵩县一带。李自成部义军首次进攻开封，遂以自动撤围而告终。

崇祯十四年七月，罗汝才由于与张献忠不和，率领部众到河南淅川，同李自成部义军联合作战。[3]当时，李自成部已经成为各支起义军中实力最强的队伍，罗汝才虽然比李自成年纪大，却待以兄长的礼节，以示尊重。史载"自成之兵长于攻，汝才之兵强于战，两人相须如左右手"[4]。李、罗的联营，使活跃在中原地区的农民军力量显著增强，成为明王朝反动统治的最大威胁。

李自成和罗汝才联营之后，由豫西经唐县进入湖广枣阳、随州地区，准备攻取承天。[5]陕西三边总督傅宗龙唯恐承天祖陵有失，带领

[1]　究竟是什么人射瞎了李自成的眼睛，史籍中有不同说法。有的说是陈永福射的，崇祯十六年陈永福投降李自成时还说过"亲集矢于王目"的话。《守汴日志》《豫变纪略》等书则说是陈永福的儿子陈德（时任明廷守备）射的。还有的史籍说是官军士卒所射，陈德据为己功，向朝廷请赏。周在浚《大梁守城记》说："究不知为何人所射，陈总镇遂攘为其子陈德之功，以守备擢游击。"又根据一种传闻，说是谢三所射，"三名不显，故为陈所掩云"。

[2]　《守汴日志》。

[3]　李自成、罗汝才两部起义军开始联合作战的时间，《国榷》记于九月，《怀陵流寇始终录》记于八月，《平寇志》《豫变纪略》记于七月。据《明末农民起义史料》第三三六至三三七页所载《兵部为塘报邓宛枣随等处贼情事》，崇祯十四年七月间，李自成与罗汝才二部已在河南唐县联合作战，故取七月说。

[4]　《绥寇纪略》卷九。

[5]　今湖北钟祥县。明嘉靖皇帝入继大统之前的旧邸在这里，他的父亲兴献王（后追尊为帝）的陵寝也在这里。

总兵贺人龙、副总兵李国奇部于八月上旬赶往承天。李自成、罗汝才探得承天的守备相当严密，陕西官军又将赶到，乃决定改变计划，取道应山返回河南。傅宗龙见起义军不战而走，误认为是胆怯的表现，就带着军队尾追不舍。至九月初，傅宗龙指挥的贺人龙、李国奇所部二万人进至河南新蔡，同保定总督杨文岳率领的总兵虎大威部会合，然后齐赴项城，打算围歼李自成、罗汝才联军。起义军得到消息后，立即部署作战方案，决定把精锐部队埋伏在松树林里，另外派出一支队伍西渡颍河[1]，制造移师汝宁的假象。官军果然中计，以为义军主力已经渡河西去，就在孟家庄结营休息。官军士卒纷纷散入村落搜括百姓的粮食草料，几无部伍可言。隐蔽在树林里的义军乘机发起进攻。官军将领慌忙集结军队，可是仓促之际军心已乱，抵敌不住。贺人龙和虎大威径自拉起队伍向沈丘逃窜，李国奇见势不妙也跟着逃跑。剩下傅宗龙、杨文岳两总督，带着直属标营陷入了起义军的重围。当晚，杨文岳在副将张某的保护下逃往项城、陈州。傅宗龙无可奈何，一方面命令直属标营兵丁挖掘壕堑，妄图坚守待援；同时又派人持亲笔信催贺人龙、李国奇火速来救。贺、李两人正私自庆幸逃脱了义军的包围，哪里肯再钻进来，他们以"此书从贼中来，庸知非伪耶"做借口，拒绝回军援救。傅宗龙部在起义军的包围圈中一筹莫展，几天以后粮食、骡马都吃光了，靠组织突击队将战场上的尸首拖来充饥。最后，箭支和弹丸俱已用尽，傅宗龙知道难以顽抗下去，遂于十八日晚领着残兵六千人突围。在义军的截击下，士卒星散。次日中午，傅宗龙带着一些散兵游勇，在距离项城八里处被义军追上，当了俘房。义军将士把他带到项城下大喊道"我秦督官兵也，请启门纳

---

[1]　按，颍河流经项城东南，项城的西面有泥河，在项城和汝宁之间，可能河名有误。

秦督"，准备相机夺取项城。傅宗龙却坚持反动立场，向城上大喊自己已经当了俘虏，身旁都是起义军，不能开门。诈取项城的计谋未能实现，义军战士一怒之下，当场处死了傅宗龙。[1]

傅宗龙、杨文岳纠集数万官军进行的围剿，就这样以惨败而告终。李自成、罗汝才联军夺得了大量衣甲器械，收降了一批傅宗龙部的陕西兵士，声势越来越盛。据说，李自成在项城战役之后，曾"令人撰《九问》《九劝》诸词，号召诸盗，勾引饥民，号为闯王"[2]。可惜直到目前还没有看到《九问》《九劝》的原词。如能发掘出这些珍贵的文献，对于研究起义军当时的纲领、政策和宣传口号等，必将大大推进一步。

---

[1] 顺治十六年《项城县志》卷八《灾祥志》记："崇祯十四年九月有大星陨。总制傅宗龙剿贼至城南火烧店。连战十三日，援兵不至，死之。余兵绕城安营，贼不敢窥。"同书卷六《人物志·名宦》附《总督傅公全项纪略》有更详细的叙述，也说双方作战地点在项城南火烧店；没有提及起义军赚城事，而说傅宗龙死后，"余兵抵城下，遇贼至辄挥泪奋击，无不以一当十者，项赖以全"。看来，《平寇志》卷四、《国榷》卷九七，记起义军"遂攻陷项城，屠之"，是靠不住的。

[2] 见《平寇志》卷四。这条史料说明李自成起义军非常注意宣传鼓动工作，《九问》《九劝》之词估计是用问答方式通俗地阐明起义军的宗旨和政策，揭露明王朝的罪恶，号召人民起来斗争。关于李自成称闯王的问题，由于史料既芜杂又缺略，不易弄清。清初许多史籍说李自成原是高迎祥部下，崇祯九年高迎祥被俘牺牲以后，李自成即继为闯王。这种颇为流行的说法肯定是错误的。因为在崇祯九年以后，明政府任事官员（如杨嗣昌、洪承畴、孙传庭）的奏疏中，提到李自成时仍称之为闯将。崇祯十四年以后确实有不少材料把李自成称作闯王。按我个人的浅见，闯王和闯将本来都是绰号，没有高低之分，不存在由闯将晋级为闯王的问题。李自成直到崇祯十六年统一了除张献忠部以外的各支起义军时，被推举为奉天倡义营文武大元帅，也还没有称王。看来，李自成的"闯王"称号有可能是在他的威信迅速上升以后，中原百姓和起义军士卒感到称他为闯将不雅，改呼闯王以示尊敬。李自成本人未必会把绰号闯将改为闯王，也未必把闯王作为自己称王的名号。正如崇祯八年起义军东下南直隶等地时，民间呼起义军首领为千岁一样，李自成对百姓和部卒等称他为闯王没有必要加以制止。这种解释是否恰当，仍有待于研究。

第四节　李自成、罗汝才联军二攻开封

项城战役以后，李自成、罗汝才联军乘势攻克了商水、扶沟、洧川、许州、长葛等豫中州县。十月间，义军包围了叶县。奉命在这里镇守的是北舞渡副将刘国能，此人原是农民军的一位重要首领，绰号闯塌天，崇祯十一年投降官军后就死心塌地充当明政府的鹰犬，以忠臣孝子自命。义军围攻七昼夜，刘国能眼看难以据守，便自己缒下城墙进入起义军营垒，装出一副悲天悯人的样子，向李自成、罗汝才声称："凡所以防守之具皆吾自为之，与叶民无涉。今吾力已竭，不忍城破尽毙此民，特来请死。"李自成劝他投降，他却说"吾大逆人，受朝廷厚恩，不敢负"[1]，自刎而死。十一月初四日，义军攻克南阳，总兵猛如虎、刘光祚均被击杀，唐王朱聿镆也被处死。[2]接着，义军又攻克邓州，然后回师北上，在十二月间进攻襄城。襄城守将李万庆也是农民军叛徒，原先的绰号为射塌天。他同刘国能一样，在投降官军之后堕落成了农民起义军的死敌。义军破城，李万庆被处死。与此同时，义军还攻克了镇平、新野、唐县、泌阳、舞阳、汝州、许州、禹州、新郑、鄢陵、尉氏、通许、陈留等大批州县，再次进抵开封城下。

---

[1] 张永祺：《偶然遂纪略》。乾隆十一年《叶县志》卷八，《杂记·纪事》将起义军攻克叶县，误记于崇祯十五年，与同书卷一《祥异附兵荒》所记"十四年十月，流贼李自成陷叶，副将刘国能、知县张我翼死之"，自相矛盾。郑廉《豫变纪略》卷三，记起义军攻破叶县于十二月乙卯（十四日），误。又顺治《南阳府志》卷三，《祥异》记起义军攻克叶县的时间是崇祯十四年十月十四日。

[2] 朱聿键在崇祯五年袭封为唐王，至九年秋京师戒严时擅自提兵勤王，加以他事被废为庶人，圈禁凤阳高墙。其弟朱聿镆承袭唐王，为李自成起义军攻克南阳时所杀。朱聿键在弘光帝登极于南京时遇赦得出高墙。后来即位于福州，即南明隆武皇帝。郑廉《豫变纪略》卷三记，"十一月，流贼破南阳府，唐王走"，似未深考。

刘国能、李万庆都是明末农民战争前期的著名首领人物。他们背叛农民群众的利益，弃明投暗，终于受到了历史的惩罚，成为朱明王朝的殉葬品。明廷在他们死后，又是赠官，又是立祠，树为"改邪归正"的典型，指望借此对起义军将领进行分化。然而，此时形势已经不同了，朱由检之流的这种手腕并没有收到什么效果。封建史籍中专门为刘国能、李万庆立传，不过为后世留下了两名反面教员，告诉人们应当怎样选择自己的道路而已。

十二月下旬，李自成、罗汝才联军开始了第二次进攻开封的战役。二十三日，义军到达城下，李自成的指挥部设在土堤外应城郡王的花园里，罗汝才设指挥部于城外繁塔寺。开封城外原有明督师丁启睿从南阳调来的三千官军，义军一到，这些毫无斗志的士兵便全部投降。由于城内的官绅组织反革命势力拼死抵抗，义军的进攻受阻。双方相持到次年正月十三日，义军决定以火药炸城，派勇士冒矢石，在事先选择的地点把城墙墙砖挖掘下来，然后掘成深丈余，广十丈余的大洞，用布袋装火药数十石填塞其中，牵出引线。又于洞口布置了骑兵和步兵，准备城墙炸塌时一举突击进城。不料开封的城墙特别坚固，火药引爆后山崩地裂一声，城墙没有炸塌，城外的义军战士反被横飞的土石击伤不少。第二次攻城失利，义军只好再次撤退。这次进攻开封虽然仍未能得手，但可看出义军的攻坚战术已经具有相当水平。

第五节　襄城之役和三攻开封

项城之役中傅宗龙兵败身死后，明廷于十一月间提升陕西巡抚汪乔年为陕西三边总督，令他火速准备，东出潼关，同左良玉部夹剿义军。汪乔年奉命后"即飞檄各边调集兵马，戴星治械措饷"[1]，积极筹备提兵入豫。发兵前，他感到李自成羽翼已成，气候大非寻常，于是便想出一条"奇计"，密令米脂县知县边大绶把李自成的祖坟掘毁，以为这么一来风水既破，李自成必败无疑。这帮迷信愚昧的家伙，除了把他们的仇恨尽情地发泄到李自成先人的枯骨之上以外，还把墓中捉到的一条小蛇视为即将化龙之灵物，极尽渲染铺张之能事。[2]崇祯十五年正月，汪乔年在西安登坛誓师，"斩蛇以徇"[3]。二月间，他率领总兵贺人龙、郑嘉栋、牛成虎、张国钦、张应贵等统兵三万出潼关。陕西官军进抵洛阳时，李自成、罗汝才部义军正把左良玉部官军包围在郾城。汪乔年认为这是同左良玉会师合击义军的大好时机，就把步卒留在洛阳，领着二万骑兵兼程前进。汪军到达襄城时，一小撮受到起义农民打击的地主豪绅远道来迎，要求官军为他们复仇，并且告以起义军的虚实。汪乔年大为高兴，神气活现地说："贼在吾目中矣。二三日间当为汝军扫荡贼氛，碎元凶如齑粉也。"[4]他下令贺人龙、郑嘉栋、牛成虎三总兵各领所

[1] 《汪忠烈文行录》卷上。

[2] 顾炎武《明季实录》、边大绶《虎口余生记》所载，边大绶掘毁李自成祖、父墓的塘报中说，"贼墓已破，王气已泄，贼势当自败矣"；汪乔年的回札亦云："接来札知闯墓已伐，可以制贼死命。他日成功，定首叙以酬。"《怀陵流寇始终录》卷十五云："闯贼破洛阳后，声势日张，或奏其祖墓宜有异，下旨乔年密察之。"如果这个说法可信，那么掘墓的初谋就出自明朝廷，录以备考。附带说一下，崇祯十六年冬李自成占领西安以后，亲自率领李过、刘芳亮部大军攻陕北，途经家乡米脂。米脂士民因发墓事惴惴不安，谣传将要屠城；李自成只处决了一个参与策划并且积极探访墓地所在的生员，其他一概不问。后人有诗云："李王一怒返梓乡，铲削先茔恨莫赎。""农夫走说毫无犯，士女闻言喜欲狂。"（见民国《米脂县志》卷九下《艺文·诗词》）从这件事里也可窥见李自成的胸襟多么开阔的。

[3] 《国榷》卷九八。

[4] 《汪忠烈文行录》卷上。《豫变纪略》卷四亦载此语，但较简略。

部，分作三路进至襄城以东四十里，同被困郾城中的左良玉部遥为声援，自己则率领总兵张应贵部四五千人入屯襄城。李自成等侦知汪乔年的军队已经到达襄城，立即撤出包围郾城的部队，西向迎击来援的陕西官军。二月十三日，义军于襄城东面初战告捷，明总兵张国钦被击毙。贺人龙、郑嘉栋、牛成虎都不战而走，径自奔回陕西。左良玉在义军主动解围后，不仅没有西向夹击义军，反而乘机带着部众向东溜走。总督汪乔年遂成了光杆司令。义军再次进攻襄城，到十七日攻克[1]，明总兵张应贵被炮火击毙。汪乔年亦被活捉，带到城北韩家庄经李自成亲自审讯后处决。

义军粉碎汪乔年的进攻以后，乘胜连克豫东大批城镇。三月二十二日，克睢州，"入城搜掠财物，未杀一人"[2]。二十七日攻克归德府（今河南商丘）。四月中旬，李自成、罗汝才部义军，同河南的一支农民起义武装以袁时中为首的小袁营会合。本月十六日占领杞县。这样，李自成等部义军就扫清了开封的外围，为最后拿下该城创造了条件。

五月初二日，义军第三次进攻开封。李自成设指挥部于阎李寨，罗汝才屯于横地铺。明廷急令督师丁启睿、保定总督杨文岳和总兵左良玉、虎大威、杨德政、方国安等率领大批军队来援。官军总数多达十八万，号称四十万，连营河上，摆出了同义军展开决战的阵势。五月十三日，官军前锋到达朱仙镇，起义军暂时撤离开封，集中力量打击来援的官军。为了防止开封城内的官军出城追袭，使义军陷于腹背受敌的不利地位，李自成派人持伪造的左良玉

---

[1] 顺治八年《襄城县志》记："十五年壬午二月十三日，闯贼李自成围督师汪乔年于襄城，攻五昼夜，城破，乔年死之。"（卷七，《杂志·灾祥附变乱》）
[2] 《守汴日志》。

部令箭到城下大呼道："贼旦夕成擒矣，但恐其潜通入城，汴兵无多，当严守，不可轻出。"[1]城内的明朝官僚果然中计，闭门不出。由于丁启睿统御无能，官军内部各将领之间又矛盾重重，朱仙镇一战，官军主力左良玉部七千人首先避战而逃，其他将领也不战而溃。丁启睿借口追回左良玉，经许州逃往光州、固始；杨文岳仓皇窜往归德。义军大获全胜，俘杀明总兵姜名武[2]，收得降卒数万名，骡马七千匹。[3]五月二十五日，义军复围开封。[4]朱由检获悉援军溃败，丁启睿在狼狈逃窜时竟把督师的敕书、印、剑都丢失一空，愤恨不已，下令把丁启睿逮捕下狱，杨文岳也革职候代。左良玉虽然倡逃在先，由于他兵多势大，朝廷有所顾忌，只把另一总兵杨德政做个"法头例首"，予以处斩。

开封城内的明朝文武官员见救兵溃散，守城的官军力量又单薄，不足以同起义军相抗衡，就以共同的阶级利害来动员地主豪绅，组织反动武装负隅顽抗。六月二十六日，明开封府推官黄澍在曹门竖起一面大白旗，上面写道："汴梁豪杰，愿从吾游者立此旗下。"这一着棋果然收到相当效果，开封城内的上层人物，"郡王、乡绅、士民、商贾无不愿入社"[5]。这些地头蛇为了保住自己的身家地位，强迫自己控制下的劳动人民参加地主武装，在短期内就集结了一支上万人的队

---

[1]《豫变纪略》卷四。

[2] 康熙四十九年《保德州志》卷十一，《艺文》中，卢宣《表忠记》。

[3]《绥寇纪略》卷十一附纪《豫抚陈益吾与同年许霞城书》中说："朱仙镇之败，良玉以七千之众率先倡逃，致十八万人马一齐溃散，而中原之事遂不可复问。"

[4] 朱仙镇之役，《国榷》卷九八记于崇祯十五年四月十二日；《平寇志》卷五、《怀陵流寇始终录》卷十五，记于是年七月初一日；《石匮书后集》卷一载于七月，时日均误。这里是根据李光壂《守汴日志》、周在浚《大梁守城记》和郑廉《豫变纪略》。

[5]《守汴日志》。

伍。被指派为头目的都是明宗室、乡绅和富商大贾。[1]这在一定程度上加强了开封城内的守御力量。但是，人民群众的心是向着起义军的，甚至在明政府的严密控制下，仍然有贫苦群众冒着生命危险投奔义军。如开封城里一位名叫孙忠的锻工，便私自打造了几百个箭镞，写下手折一个，内称义军为"天兵老爷"，拟趁开封当局放饥民出城采青的机会混出城去。不幸被把门的军士搜出，结果被惨无人道地用长钉将四肢钉在城门上，壮烈地牺牲了。[2]

起义军首领们总结了两次进攻开封失利的教训，决定改用长期围困的策略。除了把主力用于包围开封以外，还"分党四出，势如破竹"[3]，两个月内就攻克附近三十多座州县，使官军据守的开封变成了汪洋当中的孤岛。为了争取城内明朝文官武将停止抵抗，义军曾以李自成的名义，写了一件文告用箭射入开封城里。告示原文如下：

> 奉天倡义营文武大将军李示：仰在城文武官吏军民人等知悉。照得丁启睿、左良玉俱被本营杀败，奔走四散。黄河以北援兵俱绝。尔等游鱼釜中，岂能当（长）活？可即开门投降，一概赦罪纪功，文武官员照旧录用，断不再杀一人以干天和。倘罪重孽深，仍旧延抗，本营虽好生恶

---

[1] 在开封战役中，富商大贾们站在明政府方面，究其原因可能有二：一是李自成当时尚未提出"平买平卖"的保护商业政策；二是开封巨商主要是为藩府和官绅服务的，具有很大的依附性。参看佚名《如梦录》。

[2] 白愚：《汴围湿襟录》。李光壂《守汴日志》中也谈到，有霍卖婆"假采菜出城"为起义军提供城内消息，李自成赏以金银六锭，入城时被搜出，明政府"遂禁妇女出城"。

[3] 康熙十四年《香河县志》卷十一，《艺文志》，《奏疏》，《明崇祯十五年河南开封府汜水县知县周腾蛟揭帖》。

杀，将置尔等于河鱼腹中矣。慎勿沉迷，自贻后悔。[1]

这件告示很值得注意，它不仅表达了李自成等起义军领导人力图减轻双方军队的伤亡和城中百姓的苦难等愿望，也反映了义军在政治上更臻成熟和在组织上的变化。李自成长期沿用的"八队"（或老八队）营号，这时已经改为"奉天倡义营"，他自己的闯将称号也随之改为"奉天倡义营文武大将军"。这说明到崇祯十五年五月以后，原来时分时合的各支义军开始走向统一，李自成的领袖地位逐渐形成。"奉天倡义"的营号，明显地具有号召各路义军和广大群众共同推翻明王朝的意义。告示中命令开封城内的明朝官僚立即投降，并且宣布"照旧录用"，表明义军已有建立政权的明确意向。

李自成发布的文告，给开封城里的明朝官僚指明了出路，然而，这批家伙仍然把希望寄托于明廷调集兵力把他们解出重围。他们对义军的文告置之不理，继续负隅顽抗，从而给开封城内的百姓带来了极大的灾难。经过一段时间的围城，城内的粮食所余无多，普通居民大批地饿死，明官僚却趁机大肆搜刮。他们强行摊派民户交粮，无粮的折银缴纳。开初每石食粮折银八十两，后来增加到一百三十两。交不出粮食和银钱的就"先捉幼男女以大针数百刺其肤，号叫冤惨"[2]，甚

---

[1]　郑廉：《豫变纪略》卷四。白愚：《汴围湿襟录》也记载了这件告示，文字有出入。如郑廉所记说，明朝文武官员如果"仍旧延抗"，起义军破城后将严惩不贷，"置尔等于河鱼腹中"；白愚文本却说："本营不日决黄河之水，恐尔辈尽葬河鱼腹中矣！"看来，有可能是白愚在明政府决河灌汴之后，为了嫁祸于起义军，私自偷换了文告的文字。

[2]　《守汴日志》。

178

至有的富室缴纳了上万两白银仍不免于拷掠而死。守城的官军持巡抚的令箭闯入民家搜粮，除郡王以上的府第外，无处不搜，"掘地拆屋破柱以求"[1]。市上粮价飞腾，"米粟百金一斗，青菜千钱一斤"[2]；后来完全断市，有钱也买不着食物。城里粮食告绝后，居民们吃牛皮、皮袄、药材、水草、瓦松、马粪、胶泥等以求苟延时日，最后竟至于出现人吃人的悲惨局面。官军更公然以人为粮，"将军密计抚军额，肥瘠皆堪充军食"[3]。

到崇祯十五年九月间，明官僚见外无救兵，内无粮草，开封城的陷落已经迫在眉睫。为了逃避失城陷藩的罪责，他们竟丧心病狂地决定把黄河大堤决开，企图放水淹没开封和围城的义军，自己则事先打造好船只准备逃命。九月十五日夜，官军决堤，大水如山崩而至。除了一小撮反动官僚拥簇着周王朱恭枵登舟逃出以外，整个开封城和附近的居民都被淹没。义军战士急忙移到大堤等高处避水，被洪水冲走的仍有一万多人。时人陈之遴写了一首《汴梁行》说："守臣登陴但垂泣，面若尘土心寒灰。绣衣使者出奇算，中夜决堤使南灌。须臾盈城作鱼鳖，百姓尽死贼亦散。九重闻报空痛心，缙绅万舌缄如

---

[1] 《守汴日志》。又，马士骥《汴城围陷述》中记："乃又有一二职官借养兵之名，倡搜粮之举，而不肖绅衿如杨铨、张尔猷辈，挟城狐社鼠之奸，恣狼贪虎噬之计。逐门挨户，掘地排阆，不为人留一糠秕，犹然曰搜粮以养兵也，乃竟蠹及富室，拷夹仆婢，金珠银钱，无不卷去。甚至按家派粮，指名发营，无论绅衿巨室，昼则铁其项，夜则绳其足，罄家所有，以饱贪弁。"

[2] 马士骥：《汴城围陷述》，见顺治十七年《河南通志》卷四一，《艺文》。

[3] 王紫绶：《大梁宫人行》，见郑廉《豫变纪略》；又见康熙《开封府志》卷三四，《艺文四》；《河南通志》卷七三，《艺文二》，文字略有不同。按，将军指总兵陈永福，抚军指河南巡抚高名衡。马士骥《汴城围陷述》中也说："壬午夏初，卷土重来，粮尽援绝，掘罗无计：晨饭杀男，午炊煮女，百姓之死于饥者凡几，死于杀而相食者凡几。哀此残黎，向之十存一二者，今百无一二矣。"

暗。"[1]揭露了明官僚决河灌汴的黑幕。

明官僚水淹开封，充分暴露了剥削阶级仇视人民的反动本性。事后，在朝廷上虽有一些官僚上疏，要求追查开封城守官员自行决堤淹城的责任，朱由检却认为他们在起义军三次进攻开封时始终顽强抵抗，表现了效忠明王朝的反革命气节，因此不仅不予处罚，反而"念其劳苦"，奖励有加。黄河大堤被决开，给附近州县的百姓造成了极大的灾难，葬身鱼腹者不计其数，侥幸逃生者也因田地屋舍被水淹没而号泣呼天，颠连无告。明朝廷对此竟熟视无睹。到崇祯十七年正月，这个罪恶的王朝即将受到最后的清算时，兵部尚书张缙彦等人竟然异想天开，提出派人去开封捞取水中沉银。崇祯皇帝听说有银可捞，立即食指大动，催促火速进行。大学士蒋德璟等人会商后回奏说："至枢臣所奏汴城捞银一事，其名不甚雅。欲专责抚按，又恐别有漏卮。察得工臣周堪赓见在河工，即以汴城修复之举，权令相度而去其积水，捞出余银，借修城之名而收助饷之实，似亦事理之可行

---

[1] 陈之遴：《浮云集》卷四。按，决河灌汴是明河南高级文武官员串通密谋的结果，具体执行人为河南巡按御史严云京。崇祯十六年正月，兵科给事中李永茂在《治河击奸疏》内说："今覆按其自供狡贼坐困一揭，及臣同官刘昌与总漕史可法各疏，始知周藩迁徙，汴民惨死，新漕梗塞，泗陵震撼。皆云京一决为之。即寸磔其身，尚不足以抵偿诸罪。"（见李永茂《枢垣初刻》）陈之遴诗中所云，出奇之"绣衣使者"即指严云京。崇祯十七年正月给事中光时亨在《王言更新疏》中，要求朱由检下罪己诏，也把决河灌汴列为明政府所犯罪过之一。他说："孰凿挖河堤以致汴城亿万化为鱼鳖，反开冒功幸赏之门，为亲藩避地之始者乎？"（见孙承泽《天府广记》卷十三，《纠劾》）

者。"[1]朱由检欣然批示:"其汴城捞费一事,宜专官密行。"[2]明末开封一城变迁的首尾,集中地表现了朱由检之流推行的反人民政策,暴露了他们是一伙口诵"爱民如子",实则光顾一己私利的蟊贼。严酷的现实教育了人民,人民觉悟了,明朝的灭亡也就为期不远了。

剥削阶级总是擅长栽赃陷害的,在决河灌汴的问题上,他们又一次施展了颠倒黑白的伎俩,按照开封城守官员编造的谎言,把罪责推到起义军的头上。[3]某些史籍的作者则采取各打五十板的方式,说明朝官僚决朱家寨大堤,起义军则"反决马家口"[4],企图让义军为明朝官僚分担罪责。这种诬蔑之词不仅根本违反事实,在情理上也说不过去。经过长期围困之后,开封城已像熟透的果子一样,眼看就要落到义军手中,李自成等人怎么可能去决堤淹城,使胜利果实付之东流呢!

---

[1] 蒋德璟:《悫书》卷十一,《回奏议调宁兵及汴城捞银揭帖》。

[2] 同1。关于明亡前夕明政府的"汴城捞银",薛所蕴有《汴中曲》云:"省括昨日下州府,提取丁夫城城土。汴城土厚十余丈,云有昔人藏金所。一日挖掘才一尺,干粮用尽无气力。略倚铁锹定喘息,长官鞭扑风雨急。长跪长官莫楚毒,掘得金银将身赎。熬来万苦与千辛,不见朱提见石骨。"(乾隆四年《祥符县志》卷二〇,《艺文·七言古诗》)

[3] 开封淹没后,崇祯帝曾召问开封府推官黄澍,"澍利口,诿凿渠事于李自成"。两天后虽有给事中陈燕贻劾"黄澍决水灌城之失",朱由检却包庇"不问"(见《国榷》卷九八)。此后封建统治阶级多沿袭此说,例如康熙四十六年爱新觉罗·玄烨巡视河工时曾说:"自明末流贼李自成决坏黄河之后,一经靳辅修筑,至今河堤略不动摇,皆其功也。"(见《清圣祖实录》卷二二九;《清史列传》卷八《靳辅传》也有类似记载)

[4] 这种说法充斥于封建史籍,如《明史》卷二六七《高名衡传》云:"会有献计于巡按御史严云京者,请决河以灌贼。云京语(高)名衡、(黄)澍,名衡、澍以为然。……我方凿朱家寨口,贼知,移营高阜,橹橦巨伐以待,而驱掠民夫数万反决马家口以灌城。"

从崇祯十四年初到十五年九月，李自成等部义军先后三次进攻开封，特别是第三次集兵数十万围困了四个多月，期在必拔，原因究竟何在呢？封建史籍中往往夸张开封的富庶，把义军的全力攻汴说成是为了掠得子女玉帛，这种解释是荒唐的，根本的原因还在于开封地理位置的重要性。当李自成第三次围攻开封时，明汜水县知县周腾蛟上言："职之痛哭哀吁者，非为汜水也，非为汴城也，亦非为周藩天潢宜轸、百万生灵宜恤也。……汴城不守是无河南，河南不保是无中原，中原不保则河北之咽喉断，而天下之大势甚可忧危也。"[1]明安庐池太巡抚郑二阳是河南鄢陵人，他也指出："中原为天下腹心，开封又中原腹心，闯贼耽耽窥犯为谋甚狡。虽幸固守无意，然属邑丘墟，则开封亦块然孤城。倘一旦沦陷，天下事尚忍言哉！"[2]后来的事实证明，自从开封陷没之后，明廷在河南就再也没有一个强固的据点。千里中州的易手，使李自成起义军获得了战略上的主动地位，而明廷则由于咽喉被扼，腹心内溃，处于半瘫痪状态了。

第六节　侯恂督师和起义军一败孙传庭

崇祯十五年夏天，李自成、罗汝才联军在河南境内所向克捷，剩下周藩所在的开封孤零零地处于义军的重围之中。朱由检眼见农民起义在中原地区有如烈火燎原，无法收拾；返顾官军的状况，几年以来

---

[1]　康熙十四年《香河县志》卷十一，《艺文志·奏疏》。
[2]　郑二阳：《郑中丞益楼集》卷四。

武将拥兵自重，逐渐形成尾大不掉的局面，突出地表现为调动不灵，或者即便奉调而来，一遇劲敌就丢下督师的文臣各自逃命。当时明政府用于镇压农民起义的官军中，实力最强的是屯驻于河南、湖广的左良玉部和所谓援剿总兵贺人龙等统率的陕西兵。这两人都骄横跋扈，不为朝廷所节制。贺人龙于崇祯十三年曾从四川"噪归"陕西，不肯为追剿张献忠、罗汝才部起义军卖命，后来两次随陕西总督出关都不战而溃，把朝廷的方面大员傅宗龙、汪乔年先后丢给了义军。左良玉在杨嗣昌督师时就不服调遣，丁启睿继任督师后对他更是一筹莫展，"往来依违其间，为良玉调遣文书，未始自出一令。时人谓之'左府幕客'"[1]。在这种走狗不走的局面下，朱由检知道无法把农民起义镇压下去，遂决定分别采取措施，力图改变现状。

由于贺人龙问题更严重，朱由检密令新任陕西总督孙传庭将他处斩，借以杀一儆百。这年四月间，孙传庭檄调各总兵会集于西安，在筵席上突然逮捕贺人龙，宣布罪状后立即斩首示众。接着部署善后事宜，以贺人龙部兵丁隶诸将，提升贺人龙手下的农民军叛徒、副总兵高杰为总兵，借以稳定军心。[2]

对于左良玉，明廷考虑到他麾下兵多势重，其中相当一部分是他收罗来的义军叛徒所统的部队，如果处置不当很可能一哄而散，依旧变为"流寇"。因此，朱由检采取了结之以恩的办法。左良玉年轻时曾犯下抢劫军装罪被削去官职，屈身走卒之列，后来被侯恂看中授以

---

[1] 侯方域：《壮悔堂文集》卷五，《宁南侯传》。
[2] 许多史籍记载说，起义军得到贺人龙被杀的消息后"酌酒相庆，曰：贺疯子死，取关中如拾芥也"。这种把贺人龙描绘成义军劲敌的说法未必可靠。彭孙贻在《平寇志》卷五中评论说："夫开县之溃，陈州之逃，谁则为之？谓其勇猛为贼惮者，伪也。"

兵权，在援辽战役中崭露头角，从此一帆风顺位至大将。由于有这一番遭遇，他对侯恂自然怀有好感。崇祯帝知道个中原委，认为可以利用侯恂同左良玉的关系加以笼络。崇祯十五年六月，他特旨把当时因事下狱的侯恂放了出来，任命为兵部右侍郎兼都察院右佥都御史，总督保定、山东、河北军务，并辖"平贼"（指挂"平贼将军印"的左良玉）等镇援剿官兵，让他组织官军南北合击以解开封之围。侯恂是河南归德府人，对家乡情况比较了解，接任以后就上疏朝廷，对用兵方略提出了一个全盘计划。奏疏中说：

> 寇患积十五年而始大，非可一朝图也。由秦入豫，一败汪乔年，再败傅宗龙[1]，而天下之强兵劲马皆为贼有矣。贼骑数万为一队，飘忽若风雨，过无坚城，因资于兵。官军但尾其后问所向而已，卒或及之，马隤士饥。甚且以赐剑之灵，不能使闭城之县令出门一见，运一束刍，馈一斛米。此其所以往往挫衄也。今贼氛告迫，全豫已陷其七八，藩王告救，望若云霓。然自他日言之，中原为天下腹心；自今日言之，乃糜破之区耳。自藩王言之，维城固重；自天下安危大计言之，则维城当不急于社稷。臣为诸道统帅，身任平贼，岂可言舍汴不援？但臣所统七镇，合之不过数万之卒，而四镇尚未到也。冯河而前，无论轻身，非长子之义，亦使群贼望之测其虚实，玩易朝廷矣。……故为今计，苟有确见，莫若以河南委之。令保定抚臣杨进、山东抚臣王永吉北护河；凤阳

---

[1] 按时间顺序，起义军歼灭傅宗龙部在崇祯十四年，击败汪乔年部在十五年，疏中颠倒了次序。

抚臣马士英、淮徐抚臣史可法南遏贼冲；而以秦督孙传庭塞潼关；臣率左良玉固荆襄。凡此所以断其奔逸之路也。臣乡自贼中来者皆言百万（指起义军人数），今且以人五十万、马十万计，人日食一升，马日食三升，则是所至之处日得八千钟粟也。中原赤地千里，望绝人烟，自兹以往，安所致此哉。目今兵强无过良玉。良玉为臣旧部，每对臣使涕泣，有报效之心。三过臣里，皆向臣父叩头，不敢扰及草木。私恩如此，岂肯负国？但从前督、抚驾驭乖方，兼之兵多食寡，调遣为难。诚使臣得驰赴其军，宣谕将士，鼓以忠义，用三楚之粮养全镇之兵，臣不就度支关饷，陛下亦不必下军令状责取战期。机有可乘，即东出与孙传庭合，群贼腹背受攻，饥扰驰突无所，不相屠戮，必自降散。舍此不图，而欲急已溃之中原，失可扼之险要，蛇豕肆衅，恐其祸有不止于藩王者。此社稷之忧，而非小小成败之计也。[1]

侯恂的奏疏表明，统治集团内部一些人，也开始认识到双方力量对比发生了根本的变化，处于劣势的明政府已经不能主动地寻求与义军主力作战，只能扼险据守，等待时机。因此，他反对廷议以援救开封作为当务之急，主张责成陕西、保定、山东、凤阳、淮徐各督抚固守本境，他自己不是按朝廷的意旨调左良玉部北上解开封之围，而是前往湖广坐镇于左良玉军中相机行事。他指出当时河南已是赤地千里，粮食窘绝，义军近百万之众集中在这里，过不了多久就会出现粮食危机。到那时他再督率左良玉部由湖广北上，会同陕西总督孙传庭

---

[1]《国榷》卷九八；侯方域：《壮悔堂文集》。

夹攻起义军于河南。就昏聩的明廷来说,这可算是有点战略眼光的主张。不过,侯恂的建议即便为朱由检所采纳,也未必能收到多大的效果。因为以李自成为首的达数百万的义军固然会碰到粮食困难,但绝不会像侯恂一厢情愿地设想的那样蹲在河南挨饿。侯恂提出的责成与河南接境的各省督抚保境自守,"断其奔逸之路",不过是杨嗣昌"十面张网"的翻版。这里的关键在于,当起义军决策所向时,担负防堵的督抚能否顶得住。一旦防堵失败,首当其冲的方面大员势必成为侯恂的替罪羊,这正是侯恂狡猾之处。

侯恂的建议一提出,立即被朱由检否决。他不顾实际情况,坚持首先必须力解开封之围。侯恂无奈,只好下令调左良玉部北上。左良玉明知自己不是义军的对手,全军北上有可能被义军围歼。为了敷衍侯恂的面子,他派部将金声桓带五千士卒先行报到,充作护卫侯恂的亲军,同时附上一信说自己将亲统大军三十万随后来会。左良玉部额定兵员只有两万五千名,他通过招降纳叛拼凑起来的大批军队,都是用就地打粮等法子自行筹饷的。这次他满口答应倾巢出动听从侯恂调遣,弦外之音是以三十万人马的粮饷数字,示意使侯恂知难而退。侯恂也明白左良玉的用意,连忙回信说无法解决三十万人的粮饷,请他不必北来。[1]朱由检企图利用侯恂笼络左良玉,达到在河南击败义军以解开封之围的设想,就在这样一阵钩心斗角的官样文章中全盘落空了。

这年九月,明河南官僚在救援无望的情况下,挖开黄河大堤淹没

---

[1]《石匮书后集》卷二五,《左良玉列传》云:"良玉欲率其军三十万,觊督师于河北。督师知粮无所出,乃谕之曰:'将军以兵三十万称盛,然止四万在额受粮,实又未给度支,今远来就我固善,第散其众则不可,若悉以来而自谋食,咫尺畿辅,将安求之?'卒不得与良玉军会。"

了开封。同年闰十一月，侯恂也被罢去官职，重新关进了监狱。

下面再谈陕西官军的动向。新任总督孙传庭原是陕西巡抚，崇祯十年十月和总督洪承畴一道奉调率领陕西官军勤王，洪承畴被任为蓟辽总督，孙传庭为保定总督。不久由于他同杨嗣昌等人矛盾激化，担心祸及，便自称耳朵聋得连大炮声都听不见，请求解任。崇祯帝发觉他假报病情，一怒之下，把他关进监狱。崇祯十五年汪乔年兵败身死，朱由检想起他过去在陕西镇压农民起义相当卖力，又再次起用。召对时问他需要多少兵。孙传庭在班房里蹲了三年，对外面的情况不了解，以为起义军的力量还同当年一样，随口回答有五千精兵就够了。朱由检大喜，正式任命他为陕西三边总督。孙传庭接任以后才发觉，世事的变化早已超出他的预料，立即上疏说："非练兵二万，饷百万不可。"[1]朱由检认为他出尔反尔，在奏疏上批示道："原议练兵五千可以破贼，何以取盈二万？且百万之饷安能即济？但得饷一月，便当卷甲出关，共图歼荡，不得过执取咎。"[2]孙传庭无可奈何，在诛杀总兵贺人龙整饬军纪后，就加紧练兵，准备以三边兵力出关同义军决战。这时，开封已经岌岌可危，崇祯皇帝急不可耐，下诏以巡按御史苏京监延绥、宁夏、甘肃、固原四镇兵，催促孙传庭出关。孙传庭上疏说兵是新募来的，缺乏训练，不能打仗。朱由检拒绝考虑他的意见。孙传庭被迫出师，于是年九月以总兵高杰为中军，另调总兵左勷、白广恩、郑嘉栋、牛成虎等部大举出潼关。途中得到开封已经陷没的消息，就领兵向南阳进发。李自成和罗汝才带着义军西向迎敌。十月初一日，两军在郏县地区大战。战前，孙传庭命总兵郑嘉栋、高

---

[1]《绥寇纪略》卷九。
[2]《国榷》卷九八。

杰、左勷等部设下埋伏，由总兵牛成虎领兵出战。兵刃既接，牛部伪装战败向后撤退。李自成部义军中计追入伏中，官军伏兵尽起，牛成虎部也回头死斗。义军大败，向东撤走。官军在后面紧追，见起义军丢下的甲仗物资很多，纷纷争着抢东西。罗汝才部义军当时驻扎在名叫香山的地方，望见李自成部失利，官军争夺财物乱成一团，就抓住战机出击。官兵措手不及，左勷、萧慎鼎部首先溃败，他部也立脚不住跟着逃窜。义军转败为胜，杀官军士卒数千名、将校七十八人，夺得大批战马。孙传庭收拾败军退入潼关，把萧慎鼎斩首示众。左勷因为是宿将左光先的儿子，只罚他赔偿两千匹战马抵罪。孙传庭上疏自劾，朱由检无可奈何，只好责成他立功自赎。[1]

陕西官军退入潼关以后，义军乘势收复河南州县，十月二十五日再次占领洛阳。[2]至此，黄河以南河南境内的官军，就只剩下据守在明崇王封地汝宁府的保定总督杨文岳部了。

第七节　革、左五营同李自成部义军联合作战和攻克汝宁

崇祯十年以后，活动在中原地区的各支义军经历了一个时分时合的过程。后来，一部分集中在湖广郧阳、襄阳附近，形成了以张献忠、罗汝才为核心的集团；另一部分活动于南直隶、河南、湖广三省

---

[1] 这次战役因官军被击败的地方名叫冢头，有的史籍称之为“冢头之败”。《怀陵流寇始终录》又有另一种称呼：“当传庭出军，天大雨，粮车不进，采青柿以食，士卒冻饥，故甚败。豫人谓之‘柿园之役’。”（卷十五）
[2] 乾隆十年《洛阳县志》卷十，《祥异》；又见顺治十八年《河南府志》卷三，《灾异》。

的交界地区，最后形成了以老回回马守应、革里眼贺一龙、左金王贺锦、治世王刘希尧、争世王蔺养成[1]五营联合作战的比较稳定的集团，这就是所谓"革、左五营"。

革、左五营的实力相当可观，当时任明朝安庐、池太巡抚（皖抚）的郑二阳在奏疏中说过，"革、左之狡横不下于献、操，善战者不止数万"[2]。他们主要是依托大别山脉（史称英霍山区）开展斗争。这里形势险要，且在战略上占有重要地位：东面对明王朝的陪都南京构成威胁，东北方向则是凤阳皇陵，西面同张献忠、罗汝才等部义军相距不远，可以收到相互呼应的效果。五营作战机动灵活，使官军常常处于被动。史载："回、革善购土人为间谍，星卜市贩之流多为所用。官兵多则窜伏，少则迎敌。搜山清野则突出郊关，及列阵平原又负险深箐。贼为主，兵反为客，是以多败。"[3]明廷为了保卫南京和凤阳、泗州祖陵，指定朱大典、史可法等人集结军队加意防守。这就牵制了官军的力量，客观上对其他各支义军是个有力的支援。

崇祯十三年冬，当杨嗣昌集中兵力追击张献忠、罗汝才等部义军的时候，朝廷拿不出足够的兵力来对付革、左五营。明监军道杨卓然

---

[1] 《怀陵流寇始终录》卷十五，记左金王为蔺养成，争世王为贺锦。《平寇志》卷六也说"左金王名蔺养成"。当时明朝安庐池太巡抚郑二阳在给淮抚朱大典、淮按张修其的信中说："在楚，革、左三营借口于粮路不通，移营就食。皖之争、治两营，犹自恭顺如初。"在给金院徐蓼莪的信中谈到同一事件时又说："革、回之众，启衅粮路，又虑其与贺、刘二营合。"（见《郑中丞益楼集》卷四）这里"争、治两营"和"贺、刘二营"是同义词，看来说争世王为贺锦、左金王为蔺养成不是没有根据，但一般的说法贺锦的名字左边为金字故称左金王。在未取得确证前，暂从通常说法。
[2] 郑二阳：《郑中丞益楼集》卷一。
[3] 《怀陵流寇始终录》卷十三。明皖抚郑二阳给兵部尚书陈新甲、侍郎吴甡的信中也说："迩来逃死饥民，往往奔趋贼营，乐为效用。我之一举动、一号令，贼皆得而调知，岂不令人愤懑欲绝？"（见《郑中丞益楼集》卷四）

189

就亲自跑到潜山、太湖山区，面见五营领袖，企图以口舌之功诱使他们接受朝廷的招降。五营领袖回答说："吾等皆有绝世之才，朝廷无所用，余故皆因饥荒为盗。若国家处置得宜，焉知不可为忠义之士乎？且吾闻刘国能、李万庆十余营前后归诚，为国家效死，勠力行间，顾余独不能乎？但吾众且十万余，置之何地？而主之何人？饷从何出？而以何等官爵待吾也？"[1]杨卓然答应一面转报朝廷，一面指定黄州府属山区为革、左五营的安插地，以蕲水（今湖北浠水县）、广济、蕲州加派的新饷给之，号曰"新民"[2]。双方一度暂时停止了军事行动。

到崇祯十四年，明廷因种种顾忌，在招安问题上犹豫不决；李自成和张献忠部义军又在这年初取得了攻克洛阳、襄阳的惊人战果，农民战争业已转入高潮。革、左五营领袖才又重整旗鼓，开始了主动出击。《怀陵流寇始终录》卷十四说："革、左称降，劫掠自如。杨卓然每掩覆之以自解。及襄阳、洛阳皆破，闯、献并横，革、左大肆攻剽。诏谕兵部：革、左肆毒，扫荡无期，必分地责成，庶克底定。今命刘元斌扼光山、固始，卢九德控潜山、太湖，宋一鹤截蕲州、黄州，郑二阳驻庐州，牟文绶防凤阳、泗州，钱中选护承天，张懋爵往来颍州、寿州、亳州、宿州稽核功罪，杨卓然赞画搜剿，朱大典进总督，节制各路抚镇等官进兵英山、霍山，专理督剿。"

崇祯十五年，革、左五营一度向东进军，连克巢县、含山、全椒等县，兵锋直指南京。后来又同张献忠部义军配合，攻取六安、霍丘、无为、庐州等府州县。明安庐池太巡抚郑二阳、凤阳总督高斗光

---

[1] 戴名世：《子遗录》，见《南山集》卷十五。又见《甲申朝事小纪》卷三，《桐城纪事》。

[2] 《蕲黄四十八寨纪事》卷一，《鄂寨篇》引《张仁熙致杨卓然书》。

因此被革职逮问。这年十月，李自成和罗汝才联军粉碎了孙传庭的进攻之后，已经在河南站稳了脚跟。革、左五营乃决定离开南直隶，到河南同李自成、罗汝才联营。史籍中保存了五营移往河南时的一些情况，如《新蔡县志》记载：革里眼"引兵数万来投闯贼，经蔡城北，甲兵精骁，自卯至酉，行营未尽"[1]。《沈丘县志》也说："十月初三日，流寇老回回、左髻王、格料雁、一斗谷等由固始、新蔡而来，如风雨骤至。"[2]这些描述说明五营的兵力是相当雄厚的。他们来到河南同李自成、罗汝才部会合，是明末农民战争中各支义军由分散作战走向统一的一个重要标志。

在粉碎孙传庭部的进剿以后，李自成等人曾经准备乘胜尾追，夺取陕西。革里眼贺一龙却提出，汝宁的兵马还很多，不可轻视。李自成也"恐诸军议其后"[3]，于是决策向汝宁进兵。闰十一月初七日，李自成、罗汝才，革、左五营分道由上蔡、舞阳向汝宁进发。十三日，义军完成了对汝宁的包围，开始攻城。杨文岳以保定兵守西城，监军孔贞会以四川兵守东城。明崇王朱由樻知道起义军势大难守，唯恐落到福王和唐王的下场，主张开门投降，被杨文岳阻止。[4]十四日，起义军战士用门板遮蔽矢石，直逼城下，四面立云梯如墙，一鼓百道并进，攻克了汝宁府城。明保定总督杨文岳、监军孔贞会都当了俘虏。李自成亲自审问杨文岳，杨坚持反动立场，破口大骂。自成大怒，命

---

[1] 康熙三十年《新蔡县志》卷七，《杂述》。

[2] 顺治十五年《沈丘县志》卷十三，《丛纪志·灾祥》。按，左髻王即左金王，格料雁即革里眼。

[3] 康熙元年《汝宁府志》卷十。

[4] 康熙《汝宁府志》卷十，《武备·军功》记："十四日晨，有通谋崇王中贵，矫王旨议降。或以告文岳，文岳大怒，举刀砍柱，厉声曰：'有敢言降者手刃之。'至午，贼自西北门入城。"

人缚至城南三里店用火炮轰毙。明崇王朱由樻及他的弟弟河阳王朱由材、世子朱慈辉投降。[1]自成封朱由樻为襄阳伯,不久,连同他的亲属一起被处死于河南泌阳。

这样,从崇祯十三年秋季李自成起义军进入河南到十五年闰十一月,在短短两年多的时间里,义军不仅基本上扫灭了河南境内的官军(明政府所能控制的地方只剩下黄河以北的怀庆、卫辉、彰德三府和豫东少数州县),而且多次粉碎了明廷调来的精锐援军,从而为尔后彻底推翻明王朝的统治奠定了基础,战果是极其辉煌的。

汝宁战役之后,起义军确立了对河南大面积土地的有效控制,在政策上也有了相应的变化,开始了"守土不流"的新阶段。主要表现在:一、义军对占领地区不再弃而不守[2],而是留下一部分军队驻守和屯田,同时派设地方行政官员。二、在流动作战阶段,起义军将士的家属随军行动,给作战带来一定困难;这时开始把家属留在某些城镇[3],从而提高了义军的作战能力,也加强了它的正规化。三、在知识分子的问题上,过去只需要为数不多的文人充当顾问、军师,参

---

[1]《平寇志》卷五,记崇王名朱由樻,河阳王误书为河南王。《国榷》卷九八,记世子名为朱慈焌。这里是根据《明史》卷一一九。但《明史》卷二六二《杨文岳传》,亦记起义军"虏……河南、怀安诸王以行"。按情理,明封郡王不应以河南为号。

[2] 直到崇祯十五年十月二十五日,李自成起义军再克洛阳时,仍然采取了拆毁城墙的措施:"因念城中驻兵与彼作难,遂令伪将驱其男女平城。"(顺治十八年《河南府志》卷三《灾异》)汝宁战役以后,史籍中不再见有平城的记载(指李自成为首的起义军;张献忠部因实力较小,直到崇祯十六年三月攻克湖广薪水时仍然平城,同年五月占领武昌以后才改变策略,据城设守,开始建立大西政权),而代之以派遣地方官员,如十二月"发精兵千余骑,送襄阳徐秀才往邓州上任"(见李永茂《枢垣初刻·襄阳再陷疏》)。

[3]《绥寇纪略》卷九,记崇祯十六年九月孙传庭统兵出潼关,侦得起义军"老营在唐县,精锐屯襄阳",乃派游击折增修领兵间道潜攻唐县。结果唐县被攻破,起义军"辎重俱尽,妻子细口被杀"。这虽然是半年多以后发生的事情,但起义军把安置家属和辎重的老营另行屯驻,不再随精锐部队迁徙大概要早一些。

与谋划和办理文书事宜；建立地方政权以后则需要大批有文化的人充当官吏。有的史料说，李自成在河南时已举行了科举，"自水淹汴梁，援兵覆没于朱仙镇，乃蓄大志，假仁义愚天下，禁杀掠，谕民归业，选士用人……先期榜示曰：'有不预试者屠其家。'不得已皆出。试之日，有愤激为文大骂者，有感伤为文痛哭者，有畏祸勉应故不成章者。自成怒曰：'我剪尔辈如刈草，但我方施仁义，且杀之不武。只杀其骂与哭者，其故不成章者皆截去耳鼻，俟一统开科禁锢终身。'"[1]从几个月以后，李自成在湖广襄阳、荆州、承天、德安四府派设的地方官员有许多是河南籍的举人、生员来看，可以证明义军领导人在河南时已经注意大量吸收知识分子。四、随着守土政策提上日程，许多新的问题都迎面而来，如恢复社会生产和解决农民生活问题，政府和军队的经费与粮饷问题，等等。从有限的材料当中可以看出，李自成等起义军领导人在这些方面都采取了一些措施，只是事属草创，难以划一。"守土不流"局面的出现，是双方军事力量对比改变的结果，不能单纯地归结为义军领导人在政策上的变化。历史早已证明，当客观条件还不具备的时候，即使在理论上设想出最完美的政策，也只能是无济于事的空谈。上面我们已经指出，早在崇祯十四年正月，李自成攻克洛阳时就"置官留银"，募兵设守，结果碰了钉子。这以后总结教训，改为破城下邑拆毁城墙的策略，使义军在最大限度内发挥了运动战的威力。军事上的一连串重大胜利，创造了建立地方政权的可能性，义军领导人不失时宜地抓住了这种时机，从崇祯

---

[1] 康熙三十三年《武强县志》卷六，《列传》，张星法：《李令尹列传》。按，李令尹即李模，河南郏县人。据传中所说，李模当时也参加了考试，"鼻耳皆截去"，大概是属于故意不成章者。顺治年间，李模中了进士，殿试时清世祖曾当面询问过那时的情况。

十五年底开始在河南派设地方官员，为此后不久襄阳政权的创立奠定了基础。

第八节　李自成起义军在河南凯歌行进的原因

李自成起义军为什么能够在这样短的时间里几次粉碎官军的大规模围剿，把明王朝的腹心地区河南变成起义军的前进基地呢？除了这里的阶级矛盾极其尖锐，崇祯十三、十四年的严重灾荒以及起义军经过长期斗争积累了丰富的经验等因素以外，最根本的原因还在于李自成起义军的阶级属性，决定了它的宗旨是反对暴虐统治和残酷压榨，以解民倒悬为己任。因此，他们能够得到河南广大人民的衷心拥护。

当时，河南遭受连年大灾，人民生活十分困苦。起义军所到之处，废除了明政府的逼比钱粮，提出了"不当差，不纳粮"的口号，同时"抚流亡，通商贾，募民垦田，收其籽粒以饷军"[1]，使贫苦群众能够安心生产。义军对贪官污吏和豪强富室实行"籍其家以赏军"[2]的政策，既打击了官僚地主，也弥补了军队的食用。在起义军内部从上到下实行了平均主义的供给制度，同心同德地渡过难关。"所掠金帛、米粟、珠贝等物俱上掌家；凡支费俱出自掌家，但报成数。请食不足，则均短之。人不能囊一金，犯者死。"[3]精兵是作战的主力，每天吃三顿饭；其他士卒和家属只吃两顿。连李自成这样的统帅人物，

---

[1]　张岱：《石匮书后集》卷六三。

[2]　同1。

[3]　查继佐：《国寿录》卷一，《徐一源传》。

也在饭食上"粗粝与众共之"[1]，穿着方面"衣帽不异人"[2]，混在战士当中都使人难以识别。从这里我们可以看到，在明末农民大起义中平均主义包含了两方面的内容：其一，"对极端的社会不平等，对富人和穷人之间、主人和奴隶之间、骄奢淫逸者和饥饿者之间的对立的自发的反应"，正如恩格斯所说的，"这种自发的反应，就其本身而言，是革命本能的简单的表现"[3]。从李自成初起事时"率本地少年挖人藏粟，散粮于众"[4]，到崇祯十四年以后攻克洛阳，义正词严地斥责福王朱常洵等"王侯贵人剥穷民"，"富甲天下"而"不肯以一丝一粒赈济百姓"，处死福王后大开福邸仓囷"令饥者以远近就食"，对其他"贪官污吏及豪强富室"也"籍其家以赏军"[5]，都体现了农民们要求铲除被剥削者同剥削者之间极其尖锐的贫富对立的平均主义思想。千百万农民正是在这种当时"最革命的思想"[6]鼓舞下呼啸前进，向吃人的封建统治阶级展开了拼死的搏斗，创造了惊天动地的业绩。否定和贬低封建社会中起义农民的平等、平均思想，不论其主观动机如何，实际上都必然导致抹杀农民革命的正义性，自觉或不自觉地充当封建统治的辩护士。其二，起义农民的平均主义思想也体现在起义军内部的供给制度方面。他们所采取的原始共产主义分配方法是当时历史条件的产物。既然农民们憎恶社会上的贫富悬殊，他们要求在自己的队伍当中把生活上的差异缩小到最低限度也就是很自然的事。

---

[1] 《怀陵流寇始终录》卷十六。

[2] 《国寿录》卷一，《徐一源传》。

[3] 恩格斯：《反杜林论》，引自《马克思恩格斯选集》第二卷，第二二二页。

[4] 费密：《荒书》。

[5] 出处均见上引。

[6] 列宁：《社会民主党在俄国第一次革命中的土地纲领》，引自《列宁全集》第十三卷，第二一七页。

起义军的鲜明阶级属性还表现在它的纪律严明，严禁抢掠民间财物、随意杀人和调戏妇女。张岱记载说，起义军所过之处"秋毫无犯。自成下令曰：杀一人者如杀吾父，淫一女者如淫吾母"[1]。进攻开封时，李自成也发布过命令："窝铺内藏匿妇女者斩。"[2]义军作战时的军令也极其严格，令行禁止，"临阵无得反顾"，"前者死，后者继进"[3]。攻城时为了实施爆破或拉崩，命令军士每人冲往城下凿取三块墙砖，完成任务的回营休息，不足数的正法。尽管城上矢石交下，战士们仍然奋勇攻城。

　　起义军的这些优良作风同明王朝官军的无恶不作形成了鲜明的对照。河南人民从事实当中认识到李自成起义军是自己的真诚保护者，由衷地欢迎和支持起义军。如史籍所说：

　　　　朝廷方急献贼，竭天下之兵马钱谷专向一献贼。贼自成乘间养势，势遂大。又能假仁愚百姓，百姓当他贼过，人畜巢卵靡有孑遗，即官兵过亦不下贼。惟闯贼过则家室完好，亩禾如故。百姓竟德之，竟多归附，势益大。[4]

　　　　贼令严明，将吏无敢侵略。明季以来，师无纪律，所过镇集，纵兵抢掠，号曰"打粮"，井里为墟。而有司供给军需，督道赋甚急，敲扑煎熬，民不堪命。至是陷贼，反得安舒，为之歌曰："杀牛羊，备酒浆，开了城门迎闯

---

[1]《石匮书后集》卷六三。
[2]《守汴日志》。
[3]《平寇志》卷十一。
[4] 李长祥：《天问阁集》卷上，《甲申廷臣传》。

王，闯王来时不纳粮。"由是远近欣附，不复目以为贼。[1]

封建文人的笔下能出现这样接近实录的描写，确实是难能可贵的。它清楚地表明，李自成起义军之所以能所向无敌，根本原因是代表了人民的利益。朱明王朝自居正统，把起义军斥为犯上作乱、十恶不赦的盗贼，老百姓却基于自己的亲身感受根本不信这一套。他们的心是向着起义军的。史籍中保留了一些河南人民支援起义军的片段记载，例如："初，贼之至他邑，有候于途者，有饷之粮者，有贻之弓箭者。"[2]崇祯十四年十二月十六日，左良玉所统官军"冒雪行抵裕州"，当地"士民皆潜伏女墙，浇水冻城，为贼坚守，即粒粮根草呼之不应，与价亦拒"[3]。由此可见，李自成起义军在河南的扩展绝不是偶然的，更不是某些封建史籍中以"虚声煽动"等诬蔑之词所能解释的，它归根结底反映了李自成起义军是深得人心的。

[1]《石匮书后集》卷六三。
[2] 康熙五年《许州志》卷十四，《碑记》；吴尔埙：《许昌全城死节冢碑记》。
[3]《明末农民起义史料》，第三四四页。

第八章

李自成起义军南下湖广和襄阳政权的建立

第一节　李自成等部南下湖广

在河南境内的明军主力基本上被扫荡干净以后，李自成、罗汝才和革、左五营的领袖们决定移师南下湖广。做出这一决策的原因有两个：一是寻求歼灭官军有生力量，扩大战果，为彻底推翻明王朝创造条件。当时明政府可以用于镇压农民起义的兵力，主要是孙传庭统率的陕西三边军队和屯驻于湖广襄阳一带的左良玉部。如果义军西入潼关攻打孙传庭部，敌左良玉部必然乘机北上河南，对农民军的后方造成严重威胁。而南攻湖广，先打左良玉部，则孙传庭所统陕西官军刚从河南郏县败回，元气大伤，需要休整一段时间补充兵员、马匹、器械、粮饷，在短期内不可能出兵河南追蹑义军。第二个原因是河南连年灾荒，在粮食等物力上无法供应李自成、罗汝才和革、左五营庞大队伍的需要。湖广是盛产粮食的地方，当时就有"湖广熟，天下足"

的谚语。夺取湖广为基地，显然比陕西有利。何况就地理环境来说，湖广同河南一样，都是四通八达之地。先取湖广，对于尔后农民革命事业的发展有着重要的意义。

崇祯十五年闰十一月，李自成等部义军主力四十万人由河南南阳入湖广，向襄阳进军。据守襄阳的左良玉部由于招降纳叛，部众多达二十万，号称三十万，而朝廷按名籍给饷的只有二万五千。超过饷额的兵卒全靠向当地居民任意搜括来维持供应，这就给襄阳地区的人民造成了极大的灾难。起义军南下湖广时，左良玉毫无斗志，正在襄阳大造战舰，准备一旦形势紧张就顺汉水向东逃窜。襄阳的老百姓对左军恨入骨髓，暗中放火把左良玉打造的船舰烧毁一空。左良玉闻讯大怒，抢掠了一批商船装载军用物资和掳来的妇女钱财先行运走，自己则领着军队据守襄阳、樊城，妄图阻滞起义军前进。然而，襄阳地区的人民听说农民军快要到来，纷纷"焚香顶礼，牲酒远迎"[1]。有的人更主动充当向导，带领义军绕过左良玉设防的地方，从白马洞口渡过汉水。"又复抵死为贼抬架铳炮，协拥大队过滩。"[2]呈现出一派人民群众为解救自己的家乡而奋勇支援义军的动人景象。连左良玉本人也不得不在揭帖中吐露，"此时民情响应，势若沸羹"[3]。十二月初三日，左良玉拔营东遁，所过之处"焚庐舍，夷井灶，鸡犬无所留，千里一空"[4]。次日，义军进入襄阳。消息传到荆州，明惠王朱常润、偏沅巡抚陈睿谟以及"文武诸司，于初八日夜相率潜逃，城门

---

[1] 《明清史料》乙编，第十本，第九八〇页。
[2] 同1。
[3] 同1。
[4] 《豫变纪略》卷五。

无一卒"[1]。十四日，农民军占领荆门州，向荆州挺进。荆州士民杀猪宰羊，举着旗帜欢迎义军。十六日，义军进入荆州，杀明湘阴王朱俨铆全家。李自成随即分兵连下枣阳、宜城、谷城、光化等县。

义军占领襄阳、荆州之后，继续向承天（今湖北钟祥县）进军，明代嘉靖皇帝的父亲兴献王朱祐杬封在承天。明武宗死后没有儿子，朱厚熜入继大统。该地被看作"龙潜之地"，又是献陵所在地，因此升格为承天府，设立承天、显陵二卫防守。在明末农民起义的风暴席卷大地的时候朝廷又移本省总兵驻防，另调他省援剿总兵协防，令本省巡抚和巡按坐镇承天保护陵寝。[2]尽管这里有重兵镇守，却拧不过人心所向。当义军先头部队乘船抵承天时，本地居民有的在大门上书写"恭迎王师"，有的打开西关城门准备迎接义军进城。[3]

崇祯十六年正月初一日，义军攻克承天，明湖广巡抚宋一鹤自杀，巡按御史李振声被俘[4]，总兵钱中选被击毙，钦天监博士杨永裕

---

[1] 顺治十六年《绛县志》卷下，《艺文》，胡在恪：《撤君赐传》。

[2] 乾隆六十年《钟祥县志》卷八，《兵防》。

[3] 乾隆六十年《钟祥县志》卷二〇，《杂记》。

[4] 关于李振声被俘以后的政治态度，诸书分歧很大。许多史籍都说他投降了起义军，出任李自成的大顺政权兵政府侍郎，甚至说他曾经随大顺军进入北京。这种说法是不可靠的。实际情况是，李振声是陕西米脂县人，和李自成同乡同姓，在明末官场中以清廉自许，颇得虚誉。被起义军俘虏后，李自成曾经把他留在营中，呼之为"大哥"，一再劝降，并要他上表朝廷代李自成"讨楚、豫、秦、蜀四省"作为议和条件（参看《巡视陕西茶马御史徐一抡题本》，见《明末农民起义史料》，第四一二页）。由于李振声始终冥顽不化，甚至利用李自成的宽厚待遇，密谋策动叛乱，妄图同明陕西三边总督孙传庭勾结，李自成才下决心将他处死于河南裕州（见《明乡贤湖广巡按米脂李公表忠录》所载李上林、陈明圣在顺治年间写的《见闻侍御李公节烈录》）。民国《米脂县志》卷九，《艺文》，收有李振声《贼中见伪檄感题》诗，诗前小序云："崇祯癸未八月，时陷贼中，寓襄阳檀溪寺。一日忽传伪檄授兵政府侍郎，投檄于地，感念题此。"如果这首诗不是后人伪托的话，那么李自成确实曾任命他为兵政府侍郎，但他没有接受。同书同卷还收入了康熙二十九年清圣祖《赐湖广巡按李振声从祀乡贤敕》，说明到康熙年间已经弄清楚了李振声并没有投降李自成。

投降。李自成下令改承天府为扬武州。这意味着朱明王朝承天继统的地方，已经化为起义农民耀武扬威之所。同时派人拆毁兴献陵享殿并发掘献陵。[1]

占领承天以后，义军继续东进。正月十五日攻克汉川县。这里距省会武昌只有一百二十里，又依濒汉水顺流可达。左良玉带着部众由襄阳逃到武昌，脚跟还没站稳只好顺江逃往九江。"十六日掳两岸船几尽。先是小民不能自置舟者，辄挈室托于粮艘，凡数千家，以粮艘可恃也。至是概掠之一卒登舟，百人请命，刀声人语，鱼乱水飞，可怜哉！十八日，全师东下，樯帆蔽江，酸泣之音，十里相接焉。两郡（指汉阳、武昌两府）方幸得稍苏息。"[2]左良玉部逃跑后，李自成起义军取道刘家隔，于正月十八日攻克了汉阳府，缴获船只四五千号。十九日，渡江进攻武昌。由于江水湍急，部队又不熟悉水性，许多船只被风浪打沉。李自成决定暂时停止渡江，于二十一日起营经云梦县返回襄阳。[3]

在此期间，李自成起义军向黄州挺进时发布的《剿兵安民檄》，是一件具有重大历史意义的农民革命文献。檄文说：

　　为剿兵安民事：明朝昏主不仁，宠宦官，重科第，贪

---

[1] 据乾隆六十年《钟祥县志》卷二〇，《杂记》载，发掘献陵时，适逢"雷雨大作，击死数人，遂止"。一些封建史籍却添枝加叶，竭力神化，如邹漪《明季遗闻》中说："贼遣伪将王克生拔显陵求宝，伪阳五知县（当作扬武州）张联奎多备锹锄，献策求欢。贼方举事，欻风雷大作，昼晦。联奎见金甲将手持金瓜当顶一击，即昏迷跌地，口鼻流血，一夜而死。……闻大惧，不敢动。曹贼罗汝才闻之，以天命未改，潜谋归顺，欲杀自成献功。"说得神乎其神。其实，张联奎是北直隶滦县人，康熙《续滦志》有传，云其逃回故里卒。可见均属谎言，不可信。

[2] 魏赏廷：《竹中记》。

[3] 《明末农民起义史料》，第四一二页。

税敛，重刑罚，不能救民水火；日罄师旅，掳掠民财，奸人妻女，吸髓剥肤。本营十世务农良善，急兴仁义之师，拯民涂炭。今定承天、德安，亲临黄州。遣牌知会：士民勿得惊惶，各安生理。各营有擅杀良民者全队皆斩。尔民有抱胜长鸣迎我王师，立加重用，其余毋得戎服，玉石难分。此檄。[1]

这篇檄文笔墨不多，却旗帜鲜明。首先，它直截了当地斥责明朝当今皇上朱由检，是不仁的"昏主"，并且历数他的罪状，指出绝对不能指靠他救民于水火。这对于朱由检多次下诏所说"爱民如子"之类的空话，是个有力的揭露。接着，李自成声称自己"十世务农良善"，同广大贫苦群众具有共同的悲惨遭遇，为了"拯民涂炭"，才"急兴仁义之师"。表达了李自成和他领导的起义军将士，为了贫苦农民的利益，决心同朱明王朝奋战到底的坚定信念。

其次，檄文针对明廷把血腥镇压农民起义说成"剿贼安民""不得已而用兵"的反革命宣传，李自成等义军领导人一针见血地揭露了明政府官军，"掳掠民财，奸人妻女，吸髓剥肤"，是真正的盗贼；响亮地提出了"剿兵安民"的口号。这个口号一提出，立即就得到了备受官军蹂躏的人民群众的热烈支持。明末著名官僚堵胤锡，在崇祯十六年给朝廷上的《救时二十议疏》中，反映了当时群众的这种心理："自'贼梳兵篦'之谣兴，而民怨兵入骨。于是猾贼创为'剿兵安民'之说以愚黔首，所到之处翕然从之。"[2]堵胤

---

[1] 《平寇志》卷六。
[2] 堵胤锡：《堵文忠公集》卷一。

锡在疏中还说了一句老实话："臣知驱天下之民而从贼者，尽兵之为也。"[1]当然，他的意思是要求朝廷认真整饬军纪，同起义军争夺民心，最后达到把农民起义镇压下去的目的。但我们却可从中看到，李自成发布的《剿兵安民檄》是符合人民愿望的，为动员群众起来斩断朱明王朝的爪牙，发挥了重要的作用。

最后，檄文也反映了李自成在各部起义军中，业已享有领袖的地位。他自称"本营"，下文却宣布"各营有擅杀良民者全队皆斩"，表明到崇祯十六年初，李自成同罗汝才以及革、左五营之间的关系，已从联营作战向建立一支以李自成为首的统一农民军过渡了。

第二节　起义军走向统一和"罗、贺事件"

同许多史籍的记载相反，明末农民起义军在组织上的统一，是在长期的对敌斗争中逐渐实现的。大量的原始材料令人信服地证明，那种把高迎祥描绘成前期的各部义军的共同领袖，在他牺牲以后李自成又被推举为"闯王"、继承领袖地位的说法，根本违反事实。直至我们在这里所述说的各部义军建立统一领导之前，各部之间只有偶尔的协同作战，而没有出现过真正的统一领导。然而，统一毕竟是大势所趋。从崇祯十五年夏天起，经过长期时分时合流动作战的各支起义军，终于在李自成的周围逐渐走向统一。攻取开封

---

[1]　堵胤锡:《堵文忠公集》卷一。

时，李自成已被推举为"奉天倡义营文武大将军"。到南下湖广襄阳等地区时，李自成的威望进一步提高，被推为"奉天倡义营文武大元帅"，从而出现了百川分流，同归于海的兴旺发达局面。当时，除了张献忠部以外，各支起义军都听从李自成的号令。罗汝才在实力和威望上仅次于李自成，被推为"代天抚民德威大将军"，但不得向全军发布号令。统一号令是义军实现统一的一个重大步骤，但是，统一的过程并不是一帆风顺的，需要克服农民阶级的狭隘性和保守性。各营领袖长期习惯于各掌各的盘子，遇事自作主张，现在要转到遵命而行；原先是平起平坐的战友关系，各营之间是合则留，不合则去，保持着行动的完全自由，现在却要改为严格的上下级从属关系。这对于具有小生产者狭隘性的农民领袖来说，是相当困难的。特别是像罗汝才和革、左五营中的马守应、贺一龙这几位实力最强的领袖来说，更不容易做到放下架子，听命于人。从李自成和罗汝才的称号中，就预示着存在难以调和的矛盾：一个称"奉天"，一个称"代天"，天岂可代？这种不稳定的统一终于在很短的时间里就爆发为公开的对抗，最终不得不以李自成处死罗汝才、贺一龙的方式来解决统一过程中的这个矛盾。

罗汝才和贺一龙被杀的经过，由于是起义军最高领导层中的内部斗争，确凿情况不易为外界所知。各种史籍的记载因消息来源不同而分歧甚大。大致情况是这样的：三月初，李自成以设宴为名，请罗汝才、贺一龙到老营赴宴。罗汝才心怀疑惧，借故谢绝；贺一龙却应邀而至。席间，李自成即命埋伏在左右的士卒把贺一龙处死。次日清晨，李自成亲领精骑一百余人来到曹营，说是有重要事情同罗汝才商量，进入罗汝才的卧室后即将罗杀死。接着向曹营的将士宣布罗汝才

"通敌"的罪状，说明处决是迫不得已。[1]

在李自成领导下实现起义军的统一，适应了形势发展的要求，具有历史的进步性，是应当肯定的。为什么在统一过程中采取的手段竟是如此激烈，以致演出了一幕幕血光剑影的场面呢？除了农民斗争本身的局限性以外，明廷的反扑，多方施展反间计也是个重要的原因。崇祯十五年八月，明督师侯恂在《论中原流贼形势疏》中说道："贼中联营各部，如曹操一支，窥李自成有兼并之心，阴相猜贰。"说明明政府早已侦知李、罗之间存在隔阂的情报。他们当然不会放过机会去扩大和加深义军领导人之间的矛盾，挑起义军内部的火并。侯恂在疏中就建议，应该"伺隙设间，溃其腹心，贼必变自内生"[2]。在这以前，大学士薛国观为朱由检起草的诏书，就曾经"谕河南总兵

---

[1] 孙承泽：《春明梦余录》卷四二，《流贼》条，记李自成于三月初七日设宴，趁贺一龙醉后将其拘捕，"初八日五鼓，即统兵薄曹营，曹贼无备，亦被闯所杀"。李自成进京时，孙承泽投降了大顺政权，被任为四川某地防御使，他一贯留心掌故，所记时日很可能得自大顺军将士或较早参加大顺政权的人，比较可信。钱𫖯在《甲申传信录》卷六里，也有相同的记载。《明史纪事本末》卷七八记，三月"癸卯，李自成袭杀革里眼（贺一龙）、左金王（贺锦），并其众"。"夏四月，李自成杀罗汝才，并其众。"这里至少有两点错误，一是左金王贺锦并没有被杀，相反在"罗、贺事件"中他站在李自成一边，为善后工作出了不少力，后来在李自成整编军队时被任命为制将军；二是谷应泰把处死贺一龙记在三月初十日（三月初一为甲午，癸卯即初十日），杀罗汝才记于四月间，这是不大可能的。因为罗、贺当时的处境差不多，如果杀贺一龙后不在罗汝才未得到消息之前动手，罗汝才势必提高警惕，或是率部他往，或是加强防范，李自成的计划就难以实现了。《平寇志》所记时间与《明史纪事本末》大致相同，于三月初十日下，记酒宴上杀"革、左……曹、回慑服不敢动。革里眼名贺一龙，左金王名蔺养成"。又于四月初一日下，记"闯杀曹操"。这里的错误除了与谷应泰相同之外，又误以为蔺养成也被处死。其实蔺养成同贺锦一样，并没有被李自成所杀，后来也成为李自成部下的大将。马守应当时不在襄阳，并没有出席宴会，所谓"慑服不敢动"不过是好事者增饰之辞。

[2] 康熙四十四年《商丘县志》卷一五，《杂著》，又见侯方域《壮悔堂集》。

左良玉、陈永福，以数千金行反间，使自成杀汝才"[1]。崇祯十五年义军围攻开封时，河南巡抚高名衡即伪造了一封给罗汝才的"复信"，信中说："前接将军密书，已知就中云云。及打仗时又见大炮苗头向上，不伤我兵，足见真诚。一面具题，封拜当在旦夕。所约密机，河北兵马于九月初三日子夜由下口渡河，专听施行。"送信时故意让它落到李自成手里。"闯信之，后解围，于襄阳遂杀曹。书稿得于西门公馆书箧内，人始知公计也。"[2]吴伟业在《绥寇纪略》卷九中，也记叙了一个黄州生员陈某，混入义军后在李自成、罗汝才之间游说离间，企图"以口舌令二贼相图，可并灭也"。他先"说自成曰：'汝才必为变。'自成不应。过汝才曰：'将军苦人以恶马易善马，盍以字烙之，令识别自为群耶？'汝才曰：'善，生其为我行之。'陈生故分'前''后''左''右'烙马字，而先烙其左为一群。报自成曰：'罗营东通良玉，马用左字为号矣。'自成侦之而信，遂杀汝才"。这些事实说明，起义军内部斗争的激化，同明政府的反间计是有密切关系的。

罗汝才、贺一龙的被杀，在起义军内部引起了很大的震动。《存汉录》说："汝才部下初多不服，自成百计笼络，半月始定。"《平寇志》说，汝才被杀后"一军大哗，闯贼以大队兵胁之，七日始定"。这些记载，从一个侧面反映了当时的实际情况。在罗汝才被处死以后，他的部将杨承祖、王龙等同李自成结下了怨仇，竟率所部向

---

[1] 乾隆四十九年《韩城县志》卷六。

[2] 周在浚：《大梁守城记》。按，白愚：《汴围湿襟录》也记载了这件事，文字略有不同，如高名衡的伪书作："前接将军密札，已悉转祸为福之举，及见对阵打炮向上，不伤我军，已见真诚。本院已密题，首功元勋，无出其右，封拜当在旦夕耳。所约密札，河北兵马于八月二十九日子夜由朱家寨南渡会合，专听举行。"

明陕西总督孙传庭投降。明大学士蒋德璟在这年五月初三日的揭帖中说："顷见秦督孙传庭驰报曹操部将杨承祖投降一疏，内称其敢战多谋，为操骁将。操既被闯杀害，其部下哨目精兵与闯自相携贰，真天欲亡闯一机。惟加衔都司出自该督给札，似当即下兵部径以实衔与之，庶益知感奋用命。其余部混天狼及刘副将军，皆可乘机招致。自此贼势益孤，便易为力。……"[1]蒋德璟的揭帖，反映了明廷妄图利用"罗、贺事件"削弱义军的侥幸心理，也证明义军中曾经出现过局部混乱的事实。我们在分析"罗、贺事件"时，既要看到明廷从中插手，挑拨离间，也要看到它主要反映了农民阶层的狭隘性和动摇性。绝不能为了歌颂李自成，就把罗汝才、贺一龙说成农民革命中的叛徒、分裂主义头子。甚至违反事实地把罗汝才、贺一龙被杀后一度出现的混乱，描绘成全军欢腾，一致拥护李自成的果断措施。此外，我们也应当看到，封建社会中原来互不统属的各支起义军走向统一的时候，不可能按照近代的民主方式来实现，而往往是依据实力的大小、采取火并的方式来解决问题。因此，也不能因为李自成在实现农民军统一的过程中采用的手段过于激烈而多加指责。

在一些史学论著里，把罗汝才同李自成之争说成路线分歧，认为罗汝才是"流寇主义"的典型代表，而李自成则是着手克服"流寇主义"的错误，双方在应否"专土"的问题上发生了严重的争执。这种说法的根据是吴伟业的一段记载：自成"置酒燕，语挑之曰：

---

[1]　蒋德璟：《悫书》卷三，《处置曹操部将投降及救援各土寨揭》。按，计六奇《明季北略》卷一九，《李自成杀罗汝才》条记："汝才死，所部多散亡，部将杨承祖素骁勇，率众尽走郧阳，投守臣徐起元。起元守郧数年，处强敌之间，竟保残疆无恙，皆罗兵力也。"这段记载失实的地方比较多。杨承祖、王龙等是投降于陕西总督孙传庭，不是郧阳知府徐起元。明郧阳道高斗枢、知府徐起元赖以抗拒起义军的，是叛徒王光恩等人，并不是罗汝才的部将。

'吾与汝起草泽，不自量至此。今当图关中，割土以分王。'汝才粗疏，时又醉，张目答曰：'吾等横行天下为快耳，何专土为？'自成意色大忤"。[1]罗汝才是否满足于"横行天下为快"，反对"专土"，是个值得研究的问题。就目前所见到的材料来看，在崇祯十五年底到十六年初，李自成积极延揽人才建立地方政权的时候，罗汝才依靠他的重要谋士玄珪，也在从事着同样的工作。如崇祯十六年正月十三日，罗汝才部占领湖广安陆后，"用絃圭（玄珪）为考试官，遍拘诸生"[2]。攻克承天活捉明钟祥知县萧汉后，罗汝才也曾劝他投降："吾知汝清官，能降我，当不失富贵。"萧汉顽固不化，"伪参谋絃圭者（玄珪）又诱之曰：守死者腐儒之迂谈，行权者达人之妙用"[3]。由于罗汝才、玄珪不久就被处死，我们对罗汝才部义军在占领地区的设施了解不多。但从这些片段的史料中，可以说明罗汝才也是重视地方政权建设的。

革、左五营的另一位著名领袖老回回马守应，在"罗、贺事件"发生时正率部向澧州（今湖南澧县）进军。李自成授予他"永辅营英武将军"的称号，颁给四十八两重的金印一颗。[4]马守应推辞不受，意在保持自己的相对独立性。李自成几次调他带领部众回襄阳，马守应不想蹈罗、贺的覆辙，把队伍拉到长江以南的松滋一带地方[5]，与李自成保持若即若离的态度。甲申年春天，张献忠义军由湖广入川，马守应在夷陵病死，部众随张献忠入川。五营的其他三位领袖即贺锦、蔺

---

[1] 《绥寇纪略》卷九。
[2] 康熙五年《德安安陆郡县志》卷一，《兵事》。
[3] 康熙六年《安陆府志》卷三二下，《艺文》；李起元：《钟祥邑侯萧公殉难记》。
[4] 孙承泽：《春明梦余录》卷四二，《流贼》。又见钱𫗧《甲申传信录》卷六。
[5] 康熙三十五年《松滋县志》卷八，《战守》。

养成、刘希尧则成了李自成的部将，在推翻明王朝的宏伟事业中做出了贡献。

经过一个很短时间的动荡之后，明末农民大起义中原来各支独立的队伍，终于在李自成的领导下统一起来。张献忠虽然在行动上仍然我行我素，但也曾在一段时间里于名义上承认李自成的领袖地位。他在湖广直至入川后的战斗中，从战略上都有力地配合了李自成起义军。

"罗、贺事件"发生后不久，李自成又平定了袁时中的叛乱。

袁时中，河南滑县人，崇祯十三年在开州聚众起义。十四年渡过黄河转战于河南、南直隶的部分地区。由于河南原先有袁老山为首的矿民起义队伍，所以袁时中的队伍被称作"小袁营"。在河南府县的地方性农民起义中，小袁营是流动性最大也是发展得最快的一支。崇祯十五年，李自成部已在各支义军中享有很高的威望，袁时中也应邀同李自成等部联合作战。在李自成的部署下，他所率领的小袁营立下了一些战功。当李自成、罗汝才和革、左五营南下湖广时，袁时中部仍然留在河南。由于袁时中本人的不坚定，经常动摇于起义军和明政府之间，明朝地方大员也多次拉拢他，希望把他拉过去搅乱李自成部的后方。李自成发觉了他同明政府的勾结以后，曾经派扶沟庠生刘宗文向他提出劝告。袁时中却自以为羽翼已成，李自成的主力远在湖广荆襄一带，鞭长不及马腹，奈何他不得，竟然把刘宗文逮捕送往明河南巡按御史苏京处，借以表明心迹。接着他又袭击李自成部义军的游骑数百人，除杀死一半外，被俘者也送往苏京处杀害。这种背信弃义的举动，激起了李自成的极大愤慨。他只好派出部将，领兵急速驰往袁时中驻地河南睢州，在崇祯十六年五月二十日左右，出其不意地一举击破小袁营。袁时中被擒处死，部众除散去一部分外都参加了李自成起义军。[1]

　　袁时中被擒杀，同"罗、贺事件"相隔只有两个多月，它们虽然同样都加速了明末农民起义的统一过程，但在性质上是有重大区别的。"罗、贺事件"已如前述，是以特殊形式解决农民起义在客观上需要统一的问题；而消灭袁时中，则主要具有镇压叛乱的性质。它防止了袁时中威劫所部起义军投靠明政府，对于稳定李自成起义军对河南地区的控制起了良好的作用。

第三节　襄阳政权的建立

　　崇祯十五年冬，李自成等部起义军已经稳定地控制了河南省的广大地区，开始派遣地方官吏，建立同明政府相对峙的农民革命政权。起义军南下湖广，使其占领的地方越府跨省，取代朱明王朝的形势逐

------

[1] 一般史籍都说袁时中是崇祯十三年聚众起义的，但是，乾隆十九年《淮宁县志》卷十一《杂志·兵寇》载："十一年，开州贼袁时中领万众掠陈。兵备道关永杰领官兵捕剿，遁去。"顺治十七年《陈州志》卷十一《事纪》也说："十一年，开州贼袁时中领万众拥陈。兵道关领官兵堵剿，退去。"很可能袁时中起义的时间早于通常说法。至于李自成攻杀袁时中的时间，《平寇志》《怀陵流寇始终录》《国榷》《明史纪事本末》，都载于崇祯十六年五月丙辰日（二十四日）。可是，崇祯十六年六月保定巡抚徐标题本中说，五月二十三日据大名道副使朱廷焕塘报："袁时中为闯贼杀死，侦探甚确。"（见《清代档案史料丛编》第六辑，第一二四页）可证诸书之误。袁时中被消灭，必在五月二十三日以前。平定的地点和经过，据康熙三十二年《睢州志》记载："十六年癸未，袁时中盘踞新河南岸常冈等处，李自成遣其伪将白姓者领千余骑突至，擒时中磔之，余众皆散。"（卷七，《存遗·兵寇》）《平寇志》卷六未叙明事件发生地点，仅云："闯贼大怒，以步骑二万攻时中，擒而杀之，小袁营遂灭。"《豫变纪略》卷五，记袁时中被袭杀于崇祯十五年九月，肯定是错误的。

渐成熟。再加上起义军本身实现了统一，就为建立中央政权创造了条件。崇祯十六年春，起义军改襄阳为襄京，建立了中央机构，同时在政治上、军制上和经济上采取了一系列措施，为建立全国政权奠定了基础。

在政治上，主要是普遍地建立各级政权。中央政权设立于襄阳，暂名为"昌（倡）义府"（奉天倡义文武大元帅府的简称）。[1]李自成以奉天倡义文武大元帅的名义担任最高领导人。[2]这时还没有建国号，也没有改元，文移布告俱以干支纪年。[3]中央机构中设丞相

---

[1] 《巡视陕西茶马御史徐一抡题本》，见《明末农民起义史料》，第四一二页。

[2] 许多书上都说李自成在襄阳建立政权时，自称"新顺王"。到目前为止，还没有见到可靠的直接史料能够证明"新顺王"之说。上引徐一抡题本中说，自成在襄阳"盖房，伪名昌（倡）义府"，并不是"新顺王府"。康熙四年《续修商志》卷九记载：崇祯"十六年，延安米脂县巨寇李自成混名闯将……伪称奉天倡义文武大元帅，是岁九月，败秦督孙公于河南，十月初旬入关中"。康熙《咸宁县志》记载，同年十月李自成进入西安时，"称奉天倡义大元帅，据秦府"。（按，咸宁是当时西安府两个附郭县之一，明秦王府位于咸宁县管辖范围之内）既然直到崇祯十六年十月，李自成起义军进入陕西以后，商州和西安都仍称他为"奉天倡义文武大元帅"，看来"新顺王"的说法很可能是一种讹传。又，《平寇志》卷七说，是年七月初一日，李自成"在襄阳修殿不完，铸钱不成，斩一谋士；因术士乩有'自成不是真天子'句，故诛之。自成无子，立养子双喜为太子，更名洪基"。疑不可靠。当时没有改元，以什么年号铸钱呢？立李双喜为太子事也难以置信。李自成当时还没有称帝，估计不会立太子。

[3] 如崇祯十六年十月山西巡抚蔡懋德题本中，报告起义军在陕西韩城县芝圹镇贴出布告说："为抚安万民事：芝圹官民人等已顺矣，骡马献矣，此后人马不许进城。为此特示。癸未年芝圹镇张挂。"（见《明末农民起义史料》，第四一六页）又现存李自成在西安时颁发的"辽州之契"，背上有"癸未年十二月日造"字样，次年正月建国大顺以后颁发的符契，就都用"永昌"年号了。

211

一人，以牛金星任之。[1]设吏、户、礼、兵、刑、工六政府，分理政务。各政府置侍郎一人，以喻上猷为吏政府侍郎，萧应坤为户政府侍郎，杨永裕为礼政府侍郎，丘之陶为兵政府侍郎[2]，邓岩忠为刑政府侍郎，姚锡胤为工政府侍郎。侍郎之下有从事等官。

地方政权设置的情况是：由于当时所占领的地区只有河南省的大部和湖广省的一部，所以暂不设省一级机构；在原来明朝道一级的管辖地区，取消分守道和分巡道的名称，设防御使一人，主管该地区的行政和治安。各府设府尹，另据事务的繁简，酌情设立府同、府判等官；州设州牧，大州增设州同；县设县令、主簿等官。各级官员都分别颁给印信或札付，逐步走上正轨。[3]为了镇压地方上反革命势力的叛乱和其他破坏活动，除在军事要地部署劲兵驻守以外，还在县一级以上地方设立都尉、掌旅、部总、哨总等武职官员，统领地方武装。过去一般史籍中，只注意李自成派设的地方文职官员，便给人一种印

---

[1]　不少史籍说，李自成的襄阳政权以张国绅为上相，牛金星为左辅，来仪为右弼。看来不可靠。张国绅投靠李自成，是在起义军攻占西安以后。谈迁在《国榷》卷九九中记，崇祯十六年十月，"前漕储道参政安定张国绅居西安，自成召见。称殿下。语次，自成大悦，曰：'予不喜得陕西，喜得先生。'授刑政府侍郎"。参考其他材料，有相当的准确性。因此，张国绅不可能在襄阳时期出任上相。据康熙十三年《山东通志》卷四二和康熙十一年《临朐县志》卷三，来仪是山东临朐人，崇祯十四年任河南兰阳知县。李自成攻克该城时，来仪被俘，他坚持反动立场不肯同义军合作。后来在河南荥泽逃走，依旧投入明政府怀抱。谈迁《北游录·纪邮下》的记载稍有不同：来仪在起义军中没有受任官职，"李自成陷襄阳，令来教诸生四十余人，称先生或称师。从下河南，同保宁王逃入京，奏贼始末"。可见说来仪在李自成襄阳政权中任右弼，很可能是一种讹传。

[2]　《绥寇纪略》卷九说，李振声为兵政府侍郎，丘之陶初任兵政府从事，"寻改为兵政侍郎"。李振声事前面已经说过。大概自成初意，如果李振声肯降，则任之以兵政府事。后来劝降未成，才把李振声处死，以丘之陶升任侍郎。

[3]　《明清史料》乙编，第十本，第九六三页。

212

象，似乎大顺政权及其前身不重视巩固地方，除孤零零一两名文职官员外没有什么护卫力量。这是不正确的。在地方志和一些文献里，可以查到不少大顺政权地方武装的记载。到崇祯十六年五月，李自成的襄阳政权派设官员的地方，已经北至黄河南岸，南达湖广的澧州、安乡、华容[1]，可以说是颇具规模了。

大规模地建立政权机构，需要大批知识分子。李自成便通过征聘和调集诸生考试，以选拔人才。如占领荆州后，在崇祯十六年正月考试诸生，题为《三分天下有其二》。参加考试的共九十人，中试者七名。首名赏三百两银子，其余六名赏一百两；未中试者也赏给十两以资鼓励。[2]在河南，也移文"防御使考取生员，一、二等者送伪吏政府选官，又提调府州县在籍乡绅，量材擢用"[3]。

在军制方面，随着起义军组织上的统一而做了重大的整顿和改革。其主要措施是：一、根据形势发展的需要，把起义军划分为担负攻城野战的五营和镇守重要城市和战略要地的地方军；二、授予各级将领以正式的职称。

先说五营。按照吴伟业在《绥寇纪略》中的记载，可知其大致情形如下：权将军二人，即田见秀、刘宗敏。[4]据说田见秀"为人宽

---

[1] 崇祯十六年《兵部为寇报交驰防河孔亟事题本》中，引保定巡抚徐标的报告说："据顺广道副使宋权塘报，五月二十一日，闯寇回至洛阳，凡府、州、县俱另安官。又报大寇在汴梁朱仙镇等处逼近黄河……二十三日据大名道副使朱廷焕塘报，流贼安设伪官已至红土铺，濒河二十余里。"（见《清代档案史料丛编》第六辑，第一二四页）李自成在湖广澧州、安乡派设官员的情况，可参考《澧州志林》和《安乡县志》。

[2] 顾炎武：《明季实录》附录《苍梧兄酉阳杂笔》。

[3] 康熙三十二年《内乡县志》卷十，《兵事》。

[4] 《国榷》卷九九作："提营总督权将军田见秀，帅标权将军刘宗敏。"

厚"，能得众心，所以命他"提督诸营事"[1]。刘宗敏的主要职责是，充当李自成的左右手，并指挥总部的直辖部队——中权亲军。[2]

中权亲军：在刘宗敏之下有帅标正威武将军张鼐[3]，威武将军党守素副之；帅标左威武将军辛思忠，果毅将军谷可成副之[4]；帅标右威武将军李友；帅标前果毅将军任继荣；帅标后果毅将军吴汝义。

左营：制将军刘芳亮，左果毅将军马世耀，右威武将军刘汝魁。[5]

右营：制将军刘希尧（当作袁宗第）[6]，左果毅将军白鸠鹤[7]，右果毅将军刘体纯。

---

[1]　据乾隆五十年《绥德直隶州志》卷八，《杂记》，田见秀为绥德县福乐里人。他在李自成起义军中地位很高，原因大约是追随李自成较早，为人又宽厚。但是，他的战功见于记载的并不多，后来在抗清斗争中，他的动摇变节给大顺军带来了严重的危害。

[2]　吴伟业在《绥寇纪略》卷九中说，李岩是中营制将军。实际上中营即中权亲军，由刘宗敏统率，直到进入北京时仍是如此。杨士聪说"余睹其衔云：中吉营左军都督府左都督"（《甲申核真略》）。中吉营就是中营，为李自成西安建国时改定的名称（见康熙十二年《延绥镇志》卷五之四，《僭国列传》）。但是，刘宗敏的权限并不仅是统率中营，在中营和他营共同承担一项战斗任务时，也往往由他指挥。关于刘宗敏参加起义以前的情况，目前知道得很少。《绥寇纪略》说他是蓝田县人；王世德在《烈皇帝遗事》中，说是陕西商南县人（见《野史无文》卷三）。赵士锦《甲申纪事》中说："宗敏者，冶夫也，苍颜骨脸，目不识丁，为贼寇军将军。"其他史籍，也多说刘宗敏是铁匠出身，比较可信。

[3]　据笔者的初步考查，张鼐很可能就是李双喜。张鼐是本名，李双喜是李自成收他为养子后改的名字，永昌元年正月在西安大封功臣，有的书记张鼐被封为义侯，有的则说义侯是李双喜；李自成牺牲后，明督师何腾蛟给隆武帝的奏疏内称之为张双喜，都透露了其中的一些蛛丝马迹。

[4]　这条记载可能有错误，因为果毅将军高于威武将军。另外，谷可成就是谷英，几个月之后被封为蕲侯，在大顺军里地位相当高。说他在襄阳时期充当威武将军辛思忠的副手，似乎不大合于情理。

[5]　《绥寇纪略》卷九，在刘汝魁的名字下面，加了个小注说"称灶营"，其实当作"皂营"。因为这个营的旗纛规定为黑色。康熙二十五年《滑县志》卷十，《丛志·荒乱纪略》内，两次提到"贼将皂旗刘汝魁"，可资证明。

[6]　根据右营经过的一些州县的地方志，右营制将军肯定是袁宗第，而不是刘希尧。

[7]　《绥寇纪略》和《见闻随笔》写作"白鸣鹤"，《平寇志》写作"白九鹤"，均误。

前营：制将军袁宗第[1]，左果毅将军谢君友，右果毅将军田虎。

后营：制将军李过，左果毅将军张能，右果毅将军马重禧。

贺锦也被任为制将军，"在诸将之右"[2]。

以上就是吴伟业所说的"五营二十二将"[3]。五营是肩负攻城野战的主力，随着农民革命的迅猛发展，起义军占地日广，许多原属五营的将领也转变成了镇守地方的大将。《绥寇纪略》说，"凡进战，视中权所向，四营制将军各率其偏裨以从"，不符合事实。当时李自

---

[1] 上面已指出袁宗第是右营副将军，前营制将军究竟是谁，还弄不清楚。吴伟业把刘希尧列为制将军之一，是否将袁宗第、刘希尧两人的营别弄错了，也存在疑问。就目前所见史料而言，左、右、后营的制将军刘芳亮、袁宗第、李过，都曾经独当一面领兵作战，贺锦也曾统兵负责平定甘肃、青海，而刘希尧却没有这类事迹的记载。《国榷》卷九九，记刘希尧为"左营副制将军"，录以备考。

[2] 据《国榷》卷九九，贺锦为"帅标制将军"，帅标也就是中营。从后来贺锦统军西征甘肃、青海的情况来看，他指挥下的党守素、辛思忠都是中营将领，与此相符。

[3] 按照吴伟业开列的名单，包括田见秀、刘宗敏在内，恰符二十二将之数。可是，他在这个名单前面又加上了李锦、高必正、李岩、李年四个人名。我们知道，李锦就是李过，高必正是后来大顺军联明抗清时隆武帝给高一功改的名字。吴伟业在下文里说高一功守襄阳，可见他在李过、高一功的问题上都误一人为两人。吴伟业网罗史料用力甚勤，可惜不注意考订核实，以致真伪莫辨。他搜集到的五营二十二将的名单，虽然有不够准确的地方，大致是可靠的。由于博采诸说法，不注意鉴别，结果画出了四条蛇足。所谓"李岩"任中营制将军之说，只见于《绥寇纪略》，为他书所不载。即按吴伟业的说法，"李岩"既然是中营制将军，应该排列在中权亲军将领之首，而不至于脱离其他四营制将军，而在两名权将军的前面单独挂上一笔。何况加进"李岩"就多出了一人，同"五营二十二将"的说法也不相符。《平寇志》关于襄阳时期李自成部将的记载是："亲信大帅二十九人。中权大帅四人：田见秀、刘宗敏、党守素、张鼐；中权标将四人：谷可成、任继宗（荣）、吴汝义、李友；左营大帅五人：刘芳亮、马世耀、贺锦、刘希尧、王良智；右营大帅三人：袁宗第、白鸠鹤、刘体纯；前锋大帅一人：田虎；后营大帅六人：李过、骆应标、贺兰、马重喜、张能、高一功；分汛地将领六人：杨彦昌守襄阳，任光荣守荆州，白旺守承天，周凤梧守郑州，马守应据澧州，罗戴恩在标下。"所记虽不如《绥寇纪略》准确，也有可供参考的地方。其中明显的错误是，在左营大帅中列出王良智的名字。据查考，王良智原名王根子，是明朝西安守将之一，李自成起义军进攻西安时他开门投降，襄阳时期他还不在李自成部下。

成起义军兵员已达百万，各营在作战时基本上是独当一面，不是什么"视中权所向"一哄而上。彭孙贻记"百万之众，惟闯马首是瞻"[1]，也反映了类似的错误。下面通过对起义军进军情况的叙述，将继续阐明这一点。

再谈分镇地方的军队和主将的情况。由于李自成起义军当时占地日广，设立了各级地方政权；在兵力对比上也已经占了压倒的优势，早先随占随弃的流动作战形式已经不能适应新的形势，于是李自成便开始部署将领统兵镇守地方。襄阳时期，受命分镇地方的情况在《绥寇纪略》中是这样说的：

> 其次则分地以定卫帅。自成在中州所略城辄烧夷之，无意守。既渡汉江，长驱入荆，念天下莫予难者，谋先守荆襄，次守承天、德安，渐以及于汝宁。而增置卫帅十有三人。襄阳者，贼之腹心根本地也，设襄阳卫，左、右威武将军高一功、冯雄，各领三千人为久戍（原小字注：又有杨彦昌守襄阳）。荆州，襄之上游，设通达卫，用任光荣为制将军，配以六千人守荆州。彝陵，楚蜀之门户，分通达卫左、右威武将军蔺养成、牛万才兵千四百人，佐以都尉张礼水师六百人共为守。守荆门者，都尉叶云林，本郧县诸生，所将止六百人，则以荆门有彝陵为之蔽也。马守应于己贰，改用威武将军王文耀，配以荆州兵六千守澧州。承天特置扬武卫，以果毅将军白旺守安陆。而献陵，我师所必争，即左营都尉马世泰为分驻。又以威武将军谢

---

[1]《平寇志》卷六。

应龙守汉川，防左帅之溯流而上也。汝宁卫威武将军韩华美守信阳，北扼孔道。均平卫果毅将军周凤梧守禹、郑二州，西备关中。[1]

这段记载有不够准确的地方，也有不少遗漏，但是基本上勾画出了李自成在襄阳时期为巩固地方所做的军事部署。后来的事实表明，大顺军在湖广和河南屯驻的镇守军队，对于官军的进犯和当地官绅地主的叛乱活动，是一支有效的威慑力量，保卫了农民革命的胜利果实，基本上稳定了后方的局势，从而保证了大顺军主力在西北、华北的胜利进军。直到1645年李自成在优势清军的攻击下从陕西败退时，这些地方仍然处于大顺政权的管辖之下。事实证明，那种认为李自成等起义军领导人不重视巩固地方的观点，是违反历史真相的。

在经济方面，起义军采取的措施主要有两项：一是取消明政府的横征暴敛，为农民安心生产创造必要的条件。起义军出示安民，宣布"不催科"[2]，"三年不征粮"[3]。二是采取切实步骤保护和恢复农业生产。对于缺少生产资料的贫苦农民，起义军及其政府为之提供耕牛、种子，还规定了保护耕牛的政策。崇祯十六年正月二十五日，明给事中李永茂在题本中说：起义军"禁杀人，偿命；且约杀牛一只，

---

[1] 《绥寇纪略》卷九。

[2] 崇祯十六年三月明郧阳抚治李乾德的奏疏中说："盖因连年大旱，百姓逃亡，十存四五，仅留皮骨。而官府以粮饷紧急，尽力追呼；将领以虎狼牙爪，无端掳掠。小民痛恨，深入骨髓，汹汹思逞，已非一日。贼固明于此也，因其所恶，与之以好，假为不杀掳，不催科，较（校字，避明熹宗讳）士安民，种种愚弄，故所到之处，望风迎顺。"（《清代档案史料丛编》第六辑，第一一四页）

[3] 康熙二十四年《荆州府志》卷四〇，《备遗》。《平寇志》卷八记工科给事中彭琯的奏疏说："往者逆贼犯楚，实由人心惑于'三年免征，一人不杀'之伪示耳。"

赔马十匹"。又说:"贼以禁杀课耕,张官设吏,簧惑民心,立定根脚。"[1]同年二月明湖广郧阳府监纪推官朱翊奏本中亦说"贼又给牛种,赈贫困,畜孳牲,务农桑,为久远之计",出现了"民皆附贼而不附兵,贼有食而兵无食"的局面。[2]起义军还在一些地方实行屯田,除了"募民垦田"以外,义军战士还直接占领明宗室、官僚地主以及无主荒地进行屯种,借以解决部分军需,免除或减轻群众的负担。上引李永茂题本中就说道"刘、贺二贼,将南阳迤南并西北楼寨庄田俱已占完",又说起义军"占襄阳地土耕种"[3]。《平寇志》卷六也记载当时明政府有人得到消息说,起义军"欲取河南、河北牛只,屯田皖(宛)、叶"[4]。

历来维护统治者利益的史家及文人,对于起义人民所做的利国利民的好事总是噤若寒蝉,竭力抹杀,甚至颠倒黑白。只是在他们的内部谈论到革命风暴之可畏,需要采取对策的时候,才偶尔透露一点他们所获得的情报。这就使后来的人在探讨历史上群众革命时期创造的业绩造成了材料上的困难。只有了解这一点,才能明白封建史籍中保存下来的零星记载,有如吉光片羽,是何等珍贵。透过它们才使我们多少能够看到一点历史的真相:起义军建立的农民革命政权是非常注意恢复社会生产,重视解决民生疾苦的。由于文献资料之不足,我们对于李自成起义军所实行的保护和恢复农业生产的规模与效果,已无法做更具体的叙述。但是,一个基本的事实是可以肯定的,在拥有百万大军的大顺政权所管辖的地区里,军民生活是有保证。除了地

[1] 李永茂:《枢垣初刻》,《襄阳再陷疏》。
[2] 《明清史料》乙编,第十本,第九六三页。
[3] 《枢垣初刻》,《襄阳再陷疏》。
[4] 宛指河南省南阳地区,叶即叶县。

主阶级的叛乱事件以外，没有看到贫苦农民由于饥寒所迫而起来反抗农民政权的记载。在明末社会生产凋敝已极，大规模用兵之际，能够既保证兵员的供给，又使农民感到"安舒"，应当承认是个奇迹。这同明廷控制地区内极目荒凉的衰败景象形成鲜明的对比。崇祯十六年五月，明保定巡抚徐标入对时说到他的见闻："臣自江淮来，数千里见城陷处荡然一空，即有完城，仅余四壁，蓬蒿满径，鸡犬无声，曾未遇一耕者。土地、人民，如今有几？皇上亦何以致治乎？"崇祯皇帝听了也为之"唏嘘泣下"[1]。正因为历史事实如此，所以我们才无法同意那种指责起义军不重视生产，只是像游牧部族逐水草而居一样，今天把这里吃光了明天又到别处去吃的所谓"平均主义"而导致"流寇主义"的错误说法。

---

[1] 《平寇志》卷六。

第九章
张献忠起义军进军湖广、江西

第一节　张献忠部转战豫皖

张献忠部义军攻克襄阳，是明末农民战争进入高潮的重要标志之一，但这个胜利是通过奇袭方式取得的，当时义军的实力仍然比较有限。因此，尽管在襄阳得手，但张献忠和罗汝才对西据郧阳、兴安一带的左良玉部官军还有所顾忌。他们抢在左部回援之前就渡过汉水向东转移了。崇祯十四年二月，起义军占领河南光州（今潢川县），四月间一度折入湖广，攻克了随州。不久又北上河南，攻南阳不下，转破信阳、泌阳。明廷急调左良玉部官军入豫追剿，张献忠则乘虚突至郧阳地区，七月间攻克郧西县。这时，罗汝才部留在河南，改同李自成军联合作战。张献忠部失去了一支有力的同盟军，力量顿形单薄。这年八月在河南信阳同左良玉部官军作战中，张献忠大败，部将沙黑战死，兵员、马匹损失甚多。

信阳失利之后，张献忠就谋求同其他义军会合。开初，他打算北上同李自成、罗汝才部一道合攻开封。后来却改变主意，由豫东转入南直隶，同革、左五营靠拢了。有的史籍记载说，崇祯十四年九月张献忠败于信阳以后，"所从不过数十骑，自成欲以部曲遇之。不肯曲。自成将杀之，汝才力止曰：'留之扰汉东，以分官军之势，可乎？'资以五百骑，挥曰：'亟引而东，合革、左，此非若所当留也。'献忠乃东奔"。[1]从现在查考所得，可以判定这一记载是虚假的。崇祯十四年九月初九日明太和知县王玮在题为《为飞报紧急贼情事》的报告中说："据拨兵报称，本月初八日突有西来流贼伪号八大王围困沈丘县，口称要攻汴城，需索粮料攻城之物。离县（指太和县）不满九十里，哨马已入县界，等情。"[2]这个原始材料证明，当时张献忠部下的兵力还有不少，足以围困沈丘县城。所谓只剩下数十骑去投靠李自成的说法，显然是一种讹传。封建史籍中往往夸大李自成同张献忠之间的矛盾，一会儿说李自成兵败去投靠张献忠，几乎被张献忠杀掉；一会儿又说张献忠受挫去依傍李自成，又有性命之忧。其实都是靠不住的。这类传说的由来，反映了封建统治者依靠自己的力量无法把农民起义镇压下去，就希冀农民军内部出现火并的侥幸心理。崇祯十五年以前，明王朝虽然已呈现日薄西山的迹象，但手中还有若干实力，外面架子也还没有倒。各部起义军"是时忧在亡秦"，内部的矛盾尚未激化，客观形势需要他们互相配合作战。大约从崇祯十六年起，随着明王朝急剧没落，李自成和张献忠之间才出现两雄不并立的局面，关系日呈恶化。

---

[1] 《绥寇纪略》卷十。《怀陵流寇始终录》卷十四亦同，仅文字小异。

[2] 崇祯刊本：《御寇详文》。

在崇祯十五年里，张献忠部义军一直活动于南直隶[1]，有时配合在这一地区的革、左五营作战，但没有实行稳固的联营。这年四月，张献忠进攻舒城，守将孔廷训投降，遂克舒城。张献忠改舒城为得胜州，采取了一些保护生产和正常生活的措施，比如招农民回乡割麦子，得到当地居民的拥护。"三河寨民刲羊豕迎贼。献忠犒以牛八头、银五十两。"[2]张献忠还任命明乡绅、原任太仆寺卿濮中玉为礼部尚书，"余户、兵、工三部各有伪官，惟吏、刑则献忠自领之，不欲以爵人、刑人之柄畀之他贼也"[3]。这是张献忠设立官职的开始。当时他所领导的起义军仍然处于流动作战的阶段，在地方上停留的时间比较短暂，设立官职并没有多大的实际意义。

五月初七日，张献忠部义军攻克庐州，杀明兵备道蔡如蘅。次日，革里眼贺一龙部也攻克了无为州。[4]六月，献忠克庐江县，义军夺得双樯大船三百艘，又添造了大批舟舰，募集水手，在巢湖中训练水师。献忠又汇合革、左五营于皖口，有众老哨三十二营、小哨二十四营，"声言渡江出芜湖，犯南都"[5]。七月，义军同黄得功、刘良佐部官军作战于六安夹山，官军被击败，"江南大震"[6]。明廷下令

[1] 乾隆八年马格撰《重修宝丰县志》，记崇祯十五年五月十三日张献忠起义军攻克河南宝丰县，系年有误，当系十四年五月十三日。
[2] 《平寇志》卷五。
[3] 陈宏绪：《寒夜录》卷中。
[4] 《绥寇纪略》卷十，记"献忠寻陷无为州"。据明安庐池太巡抚郑二阳致应天巡按等人的信件，"庐州、无为相继失守，在五月初七、初八"（见《郑中丞益楼集》卷四）。张献忠起义军于五月初七攻占庐州，初九日才起营转移。初八占领无为州的是革里眼，见《平寇志》卷五、《怀陵流寇始终录》卷十五。
[5] 《平寇志》卷五。下文又说，献忠"因谋取安庆、桐城，渡江入南京，僭号天命，先刻伪宝，选自宫男子，伪署副总、参、游诸官"。
[6] 《绥寇纪略》卷十。

把凤阳总督高斗光、安庐池太巡抚郑二阳革职逮问,以马士英、黄配玄分别接任。[1]张献忠得到官军正在整顿兵马准备卷土重来的消息,革、左五营为了同李自成、罗汝才联营又已向河南移动。张献忠不愿步革、左的后尘,打算另创局面。然而,五营开拔之后,他独臂难支,对付不了聚集在东南的官军。经过周密考虑之后,他决定率部西入湖广,事先派军师潘独鳌潜入武昌"为内应"。九月二十七日,张献忠部已经进至同湖广接界的南直隶太湖、宿松地区,"联营二十余里"。十月初,派出部分军队进攻湖广黄梅,为全师入湖广做准备。明政府察觉了张献忠的意图,匆忙集结军队,在黄梅地区堵击义军西进。由于作战失利,张献忠被迫退返潜山县天堂寨山区,依险待战。潜伏在武昌的潘独鳌也因为沈会霖告密,被明政府擒杀。张献忠进军湖广的计划暂时受阻。[2]十月间,明将黄得功、刘良佐等带领士卒偃旗息鼓疾趋潜山,半夜纵火焚烧树林,偷袭义军营盘。义军因变起仓促,山区地形阻隔,一时部伍大乱,被官军击败。这以后张献忠部还曾一度围攻桐城,由于黄得功部官军火急来援,没有攻克。[3]正当张献忠进退维谷之际,湖广方面传来了令人鼓舞的消息,于是他带着队伍向西驰进了。

---

[1] 据郑二阳的奏疏,他在崇祯十五年四月十七日即已离任,新任巡按徐世荫也已接事,庐州等处被义军攻克,都是这以后发生的事情。然而,明廷仍然追究他疏于防范的责任(见《郑中丞益楼集》卷一)。徐世荫任安庐池太巡抚的时间很短,九月间就为黄配玄取代。

[2] 《兵科抄出湖广巡抚宋一鹤题本》,见《明清史料》乙编,第十本,第九七四至九七五页。

[3] 《国寿录》卷一《皖将廖应登传》说,张献忠在桐城地区活动时,曾大书"一统齐天"的联幅。

第二节　张献忠部占领武昌

崇祯十六年初，李自成部义军已经占领了孝感、汉川和汉阳府，兵锋直逼武昌。明军大将左良玉望风远窜，带着军队顺江一直逃到池州（今安徽贵池）。这样，湖广境内的官军兵力自然十分单薄。李自成当时正处理了罗汝才和贺一龙的问题，需要对部队进行整顿和改编，暂时顾不上东取武昌等地。张献忠部义军就是在这种有利的时机下从南直隶潜山一带西入湖广的。

这时，湖广麻城县豪绅地主家的奴仆们受到农民起义的影响，纷纷组织起来，为摆脱世世代代受奴役的地位而斗争。里民明承祖和奴仆洪楼先组织了"里仁会"和"直道会"。地主豪绅们也纠集武装准备运用暴力进行镇压。会众们推派汤志去南直隶潜山县邀请义军。张献忠大喜，立即率部西驰，先后攻克黄梅、广济、蕲州。三月初五日，攻克蕲水，张献忠下令把寄寓城中的熊文灿家属全部处斩。[1]进抵黄州时，州人张以泽事先召集群众欢迎义军，生员李时荣也"拜马首降"[2]。四月初六日，义军进入麻城。张献忠宣布改麻城县为常顺州，任命诸生周文江为知州，汤志为游击将军，统四千人守卫地方。[3]这是张献忠部义军建立地方政权的开始。张以泽和李时荣建议渡江进取武昌，并召集星辰湖的渔民准备船只。张献忠采纳了这个建议，起义军遂向武昌前进。

崇祯十六年初夏，明朝的江汉重镇武昌已经岌岌可危，西面是李

---

[1]　康熙《蕲水县志》卷十七，《人物·熊文灿传》。

[2]　《绥寇纪略》卷十。

[3]　康熙九年《麻城县志》卷三，《变乱》。民国《麻城县志》前编卷五，《武备·兵事》，记张献忠改麻城县为"长顺州"。

自成部重兵压境，东面是张献忠部兼程而来。武昌城内一片混乱，缺兵缺饷，朝不保夕。分封在这里的楚王，累世搜括，积聚了庞大的财富。省城里留下的文武官员唯一的指靠，就是希望楚王朱华奎拿出钱来养兵设防。湖广布政使司、按察使司和都指挥使司的官员们齐集王府，跪在朱华奎面前请他借给几十万两银子充作军饷。家居的原任大学士贺逢圣也面见朱华奎，商量措饷事宜。朱华奎却叫人搬出洪武年间分封诸子时赐给楚王的一张裹金交椅，说道："此可佐军，他无有！"贺逢圣绝了指望，哭着出府。[1]直到形势十分危急之时，朱华奎才拿出金钱来，收募从承天（今钟祥）、德安（今安陆）逃窜而来的散兵游勇，指定楚府长史徐学颜统领，号称楚府新兵，不让其他文武官员插手。实际上这批"新兵"，全是败在李自成义军手下的惊弓之鸟，根本没有什么战斗力。

五月初五日，张献忠部义军的先头部队从团风洲渡江，克武昌县。二十三日，张献忠全军自鸭蛋洲南渡。二十九日进攻武昌府城。明道臣王扬基眼看形势不妙，同武昌府推官傅上瑞弃城逃跑。楚府新兵随即大开保安、文昌二门投降。义军入城后活捉朱华奎，"尽取宫中金银各百万，辇载数百车不尽"。张献忠见了不禁叹息道："有如此金钱不能设守，朱胡子真庸儿！"[2]下令把朱华奎扔进河中淹死。[3]贺逢圣被俘后，张献忠以其劣迹不著，释放回家。贺却说，"我大臣，不可苟活"，自己跑到滋阳湖王会桥投水而死。[4]

---

[1] 《绥寇纪略》卷十。

[2] 《平寇志》卷六。

[3] 《薛谐孟先生笔记》上册记："癸未五月三十日，湖广省城又破矣。楚藩以九十耆龄，引佩带自缢。"《平寇志》卷六云："楚宗从贼者执王见献忠。"

[4] 《竹中记》云："贺公被执，贼犹称为先生，公闭目不语，异出，死于登子湖。"

张献忠占领武昌后，即正式建立大西政权，主要的措施有：改省城为京城，铸西王之宝；改武昌府为天授府，江夏县为上江县。张献忠住进楚王府，门前竖立两面大旗，上面写道："天与人归，招贤纳士！"武昌九座城门也都竖起两面旗帜，上写"天下安静，威镇八方"[1]。

在政权机构方面，中央设六部、五府；京城设五城兵马司；升常顺州知州周文江为兵部尚书，以张其在为总兵前军都督。地方以李时荣为巡抚[2]，谢凤洲为守道，萧彦为巡道，陈驭六为学道，均颁给敕印。以周综文为天授府知府，沈会霖为汉阳府知府，黄元凯为黄州府知府；此外还任命了二十一个州县的官员，分别给以官印，赏给白银一百两或几十两。张献忠的大西政权，在官制上基本沿袭了明朝的名称；李自成建立的政权则做了一些更改，如六部改称六政府之类。这是两个农民革命政权在形式上的区别。

开科举，重学校，是大西政权中值得一书的事情。由于各级政权建立了起来，需要许多知识分子。张献忠为了争取他们为农民政权服务，曾经一再举行开科取士。如在武昌派监军李时华主持考试，录取了二十人为进士，授州县印官（正官）；四十八人为廪膳生，授府州县佐。[3]六十岁的汉阳人陈珏还中了状元。[4]参加考试的士子相当踊跃，史籍记载："伪提学试士，士往试者亦十二三，其高第即授伪官，亦有稍稍能笔墨者趋如鹜焉。"[5]张献忠非常重视学校，除了任

---

[1] 《平寇志》卷六。

[2] 据《绥寇纪略》及《竹中记》；《平寇志》卷六，记李时荣为巡按，误。

[3] 《怀陵流寇始终录》卷十六。

[4] 《竹中记》，见《汉阳魏氏丛书》。

[5] 《竹中记》。

命学道等专职官员负责管理外，自己还亲临视察。文献中保存着当时一个担任大西政权教授的人出的告示："伪教授龙贯示曰：西王以七月十五日幸学，诸生其先期齐集。考古天子幸辟雍仪注，以不负西王，矢其文德，洽此四国至意，勿忽。"[1]

此外，大西政权还曾发银赈济饥民。[2]由于张献忠在武昌只停留了两个月就率军南下了，这段时间里在经济方面采取了些什么措施，所见到的记载很少。兵饷来源，大概是依靠没收明宗室和官僚地主的财产筹集的。当时张献忠起义军兵员不多，政权机构规模也还比较小，财政问题尚不难解决[3]。

旧史籍中，关于张献忠占领武昌后的记载，多有诬蔑不实之词。如《绥寇纪略》说大西军破城之后，将"男子十五以上二十以下录为兵，余连项就戮，贼持刀者腕为脱，乃佯开汉阳门纵之去，门逼水，人嚣呼踏籍，铁骑围而蹙之江中，自鹦鹉洲达于道士洑，浮胔蚁动，水几不流逾月，人脂厚累寸，鱼鳖不可食"，简直描绘得惨绝人寰。又说义军尽把漂亮的妇女编入"婆子营"，"收其值，给军用"[4]。可是，吴伟业在同书的另一个地方却不得不承认："初，献忠踞武昌，有

---

[1] 《竹中记》。按，眉史氏著《复社纪略》卷一，"复社姓氏"汉阳府下有龙士贯，当即此人。

[2] 《怀陵流寇始终录》卷十六说，献忠"发银赈武昌五千，汉阳、六安五千"。数额似乎过小，而且六安当时不在献忠管辖之下，疑有误。

[3] 《竹中记》里记载了张献忠进入湖广后，没收官僚地主家产的一个小故事："献贼劫某御史家，自门达寝皆有藏。众骇其多。一贼曰：'为我辈累此辈。'一贼曰：'为此辈生我辈。'噫，二贼亦黠矣。可为士大夫发一作也。"至于没收明宗室的家产，楚王是个典型例子。

[4] 《怀陵流寇始终录》卷十六也说："以妇女立婆子营，收其夜合之资为军需。"既然说全城的百姓几乎被献忠杀光，而起义军战士又不准私藏银财，"夜合之资"从何而来呢？可见造谣也需要水平。

大志，故于属城不甚残杀。尝题诗黄鹤楼，令其下属和。诈收人心，发金以赈武昌、汉阳难民。"这段话倒是多少透露了一点当时的实际情况。[1]

第三节　张献忠部南下湘赣

张献忠占领武昌后，正式建立了大西政权，武昌附近地区也都派设了官吏，似乎有守土之意。然而，两个月以后他却率领大西军主力向湖广南部进军了，武昌等处只留下很少一点军队，随同地方文职官员驻守。这种似守似弃的做法，很可能同他与李自成的矛盾有关。早在这年正月，李自成就已经占领了隔江相望的汉阳府，武昌就像囊中之物一样唾手可得了。只是为了解决内部的统一，李自成又回到襄阳，去处理罗汝才、贺一龙的问题，推迟了渡江收取武昌的步伐。正是在这个时候，张献忠由南直隶西进，一举拿下武昌，接着便宣布建立大西政权。这无异于是同三月间李自成在襄阳建立的政权分庭抗礼。何况，张献忠轻取武昌，同左良玉部在李自成的追击下弃城逃往九江有密切关系。这两位互不相下的农民军领袖，在相距不过几百里的地方各自建立中央政权，又都在江、汉地区扩展地盘，任命官吏，

---

[1]　真正对武昌地区居民穷极蹂躏的是左良玉部官军。本地人魏赏延记载说：崇祯十五年十二月十六日，左部官军从樊城逃到汉口镇，"士甚强，马甚壮……而仇镇人亦甚勇，于是居其居因薪之，食其食因粪之，财其财，妇其妇，而男则筑以刀镮而逐之。越二日，监军道皖城王扬基与大将军旧，迎之渡江。驻省城（指武昌）外金沙江洲。洲人受其荼毒与汉口同。二镇故并雄财货，甲于全楚，不数日荡然焉"（见《竹中记》）。可见什么"婆子营"不过是左军兽行的折光反射，对男子以"铁骑围而麋之"，也正是左军"筑以刀镮而逐之"的移花接木。

势必导致双方关系日趋紧张。当时，张献忠的兵力远不如李自成，为了保持自己的独立性，避免双方矛盾激化而发展成农民革命营垒内部的火并，率师远走高飞，另行辟疆拓土，就是很自然的事了。不过，张献忠主力转移以后，李自成由于已经得到明陕西总督孙传庭即将出关的情报，立即调兵遣将北上河南，准备迎敌官军，因而没有向武汉地区发展。这就给原先望风逃窜的官军左良玉部以卷土重来的机会。他派兵占领了武昌地区，向明朝廷大肆吹嘘自己"恢复"之功。可是，当时的一个明朝官僚就指出："左帅虽遣前锋收复武、汉、黄三府，而皆是献贼杀掠搜劫之余，空城仅存，委而去之，非云战胜攻取也。"[1]

崇祯十六年七月，张献忠命张其在带领一支军队同巡抚谢凤洲[2]守武昌，自己则统率大军向南移动。先破咸宁、蒲圻[3]，向岳州（今岳阳）进发。明偏沅巡抚李乾德同总兵孔希贵领兵二万守城陵矶，不久退到岳州，打算凭城抗拒。八月初五日，张献忠率义军二十万围攻岳州。李乾德见势不妙，同监军道许璟带着军队逃往长沙。起义军遂占领岳州，打开了入湘的门户。接着，张献忠挥师南下，于八月二十三日进抵长沙。明偏沅巡抚李乾德、湖广巡按刘熙祚和总兵孔希贵，拥簇着封在长沙的吉王和从荆州避难而来的惠王逃往衡州（今衡阳），投奔桂王。二十五日，明副总兵尹先民、何一德领着所部官军投降。义军占领长沙后继续向衡州推进。明惠王、桂王在官军保护下经永州逃往广西；吉王也在武将汤执中、杨国栋拥簇下逃到广东连

---

[1] 彭观民：《彭节愍公家书》，附于彭孙贻《湖西纪事》，《虔台节略》之后。

[2] 是时李时荣已经病死，由谢凤洲升任巡抚。

[3] 同治《蒲圻县志》卷三，《祥异》记："十六年秋七月十一日，流寇张献忠陷城，知县曾孩死之。"

州，不久病死。[1]张献忠乃以长沙、衡州为基地，分兵收取郡县。到这年冬天，大西军几乎占领了湖广南部。接境的广东北部州县也人心动摇，地方官府陷于一片风声鹤唳、草木皆兵的混乱当中。大西军的檄牌传到连州，韶州府的明朝官僚吓得鸡飞狗跳，知府逾城而逃，南赣兵备道王孙兰自缢而死。[2]其实，大西军当时还顾不上广东，只在连县境内的星子等处派设了官员。

当张献忠部义军席卷湖广南部郡邑的时候，江西人民也闻风而动，迫切希望在大西军的支援下，摆脱明政府的反动统治。万载县的棚民首领丘仰寰、卢南阳等首先起来响应，归附大西政权。十月初五日，丘仰寰带领部众攻占袁州府城（府治宜春县）。明将左良玉遣副总兵吴学礼统兵五千从九江来争夺袁州。丘仰寰部下的兵卒缺乏作战经验，支持不住，袁州重陷敌手，丘仰寰本人也被俘遭到杀害。[3]明军重占袁州后，到处奸淫掳掠，滥施屠戮，使当地人民遭到极大的灾难。史籍中记载颇多，仅举例以见一斑：

宜春江东居民某，左兵入其乡搜众山，所匿之人尽杀

---

[1] 方震孺：《淮南方孩未先生全集》卷九，《笔记·决疑》。

[2] 《平寇志》卷七。光绪二年《韶州府志》卷二四，《武备略·兵事》。大西军在湖广南部掀起的革命风暴还波及广西。史载大西政权委任曾佐圣为江华知县后，"有临武矿夫头蒋应开自号魁楚，率众到江华招悍奴亡命，横挟殷户出银养兵。领童贼牌令破广西贺县，惨杀甚多，刭县印还报"。（见同治九年《江华县志》卷七《寇变》）

[3] 《平寇志》卷七。康熙二十二年《万载县志》述丘仰寰事云："麻棚丘仰寰聚党数千，结寨天井窝行劫。后胁从万余，破城一十三次，至甲申年四月方受抚投诚。"这里没有说明到一六四四年四月受抚的是丘仰寰本人还是他的部众。据崇祯十六年十二月兵部题本，十一月左良玉部副将吴学礼攻破袁州府，"生擒伪都司丘仰寰"（见《清代档案史料丛编》第六辑，第一二八页）。袁继咸《浔阳纪事》载，后来投降的是卢南阳等人，未再提及丘仰寰。可见丘仰寰在袁州战役时已经牺牲。

230

之。或一兵而索贯数十人头者。入某居任其炮烙淫杀，众以为官兵不敢犯。某曰："杀人者贼也。天下岂有官兵杀人之理乎？愿弃所居与众燔之，庶可稍缓旦夕，不然无噍类矣。"于是众从其约，夜执械负薪围燔之。兵见火起，以银撒地曰："取金。"某曰："此诱我也。"尽力烧杀之。遂各据飞剑潭以自守。潭上一带幸免左兵之患。[1]

其他地方的群众也纷纷"屯结山险，以拒官兵"[2]，出现了"兵民仇杀"的局面。这时，大西军参将毕登云领兵由萍乡而来，"士民牛酒迎贼，路相属"[3]。十月二十五日，张其在所统主力也由浏阳、万载进抵袁州。袁州的士民欣喜异常，在大门上书写了"顺天救民"字样，"造册迎贼"[4]。张其在整队进入袁州，分兵占领府属各县。大西政权决定把万载县改为龙城县。[5]

收复袁州的前后，大西军还向赣中重镇吉安进攻。明政府分巡湖西副使岳虞峦正在郊外阅兵，听说起义军来了，官兵乱成一团，顿时逃散。岳虞峦慌忙换上老百姓的衣服逃命。署吉安府事通判朱奉绳、吉安府推官韩自将也跟着一哄而散。十月十八日，大西军占领吉

[1] 康熙六年《袁州府志》卷二〇，《遗事》。与此相对照的是，大西军却严禁任意屠杀。刘献廷说："余闻张献忠来衡州，不戮一人。以问娄圣功，则果然也。"（《广阳杂记》卷二）顾炎武《明季实录》附录《苍梧兄酉阳杂笔》内也说："犯衡阳者，为贼张献忠第四子（献忠无子，可能是第四个养子艾能奇，有的书写作艾四）。……赵公子见其行军长四十里，见马则抢，人多不杀。"
[2] 《平寇志》卷七，《国榷》卷九九。
[3] 《平寇志》卷七。
[4] 同3。
[5] 《平寇志》卷七。按，崇祯十六年十二月十六日《兵部为塘报事咨行稿》中说"改为龙成县"，见《清代档案史料丛编》第六辑，第一二八页。

安府[1]，分兵收取吉水、永新、安福、泰和诸县。义军尚未到达的县份，当地人民都急不可耐地等待着义军，有如大旱之望云霓。峡江县民自发地起来把知县拘捕，关闭城门，准备迎接义军。明江西总督吕大器带着官军到来，被峡江县民遮杀若干，夺去了八匹马。吕大器无可奈何，乃生一狡计，派出官军冒充"八大王"张献忠的队伍。峡江县民失察轻信，开门出来迎接，献上县印、马三十五匹和大批粮草。官军骗赚入城后立即撕下伪装，对向往义军的群众大肆屠戮，旧的统治秩序又全盘恢复。[2]

第四节　大西政权在湘赣的设施

张献忠占领长沙后，大西政权的重心就从武昌移到了湖广南部。张献忠本人先在长沙，后在衡州总揽军政事务。这一期间，大西政权的作为主要有以下几个方面。

一、发布文告宣传大西政权的政策。占领长沙之初，张献忠就发布了下面这个著名的檄文：

　　　　孤提天兵临长沙，一日之内两府三州归顺。副总兵尹
　　先民、何一德带兵效顺，即愿前驱进取江西。孤甚嘉之，

---

[1]　同上条引《兵部为塘报事咨行稿》。
[2]　《怀陵流寇始终录》卷十六。《明季北略》卷十九《吕大器复江西郡县》条记："大器沈毅知兵。方入援时，路过峡江，城门四闭。闻是官军，反行遮杀。吕以八王兵到，开门出迎，手持县印，口称：'千岁，备有大马三十五匹，粮草无算，新旧知县俱已拿下，听候发落。'大器立取奸民枭示之，次第恢复。"

封先民、一德世袭伯，所部将领皆为总兵。升岳州知府、原任朱朝通判任维弼为分巡监军长岳道，升蒲圻知县吕凤起为知府。所属州县士民照常乐业，钱粮三年免征。军民人等，各宜投册归顺，庶免屠戮。天兵临城，玉石俱焚，毋遗后悔。[1]

同年十一月二十二日，大西军攻克常德，这里是农民起义的死敌杨嗣昌的老家。大西军以平南先锋的名义颁布命令说：

照得朱贼杨某，昔年曾调天下兵马敢抗天兵。某幸早死于吾刃矣。今过武陵，乃彼房屋、土田、坟墓在此。只不归顺足矣，焉何拴同乡绅士庶，到处立团。合将九族尽诛，坟墓尽掘，房屋尽行烧毁。霸占土田，查还小民。有捉杨姓一人者赏银十两，捉其子孙兄弟者赏千金。为此牌仰该府。[2]

大西政权常德知府周圣楷、司理王宇峙当即遵令执行。

这两个文告具有鲜明的农民革命特色。首先，文告中公开把矛头指向以朱由检为头子的明王朝，称明朝为"朱朝"，呼杨嗣昌为

---

[1] 《平寇志》卷七。《怀陵流寇始终录》卷十六也收录了这个檄文，但缺后半段，文字也略有不同。中间一段云："其长沙地方已升岳州知府，原任朱朝通判任维弼为分巡监军长沙道，升蒲圻知县吕凤起为知府。"语意较完整，盖以吕凤起升任长沙府知府，而非接替任维弼之岳州知府。

[2] 杨山松：《孤儿吁天录》卷十六。参看顾炎武《明季实录》附录苍梧兄《酉阳杂笔》。

"朱贼杨某"[1]，表明起义农民在政治上日益成熟，他们反对当今皇帝的旗帜是何等鲜明！其次，文告宣布了对明政府文武官僚的政策，归顺者加官晋爵，抗拒者严加惩办。这种区别对待的政策减少了进军中的阻力，对尔后大西军在湖广、江西、四川的发展起了重要作用。大西政权提出了"士民照常乐业，钱粮三年免征"和"霸占土田，查还小民"的革命政策，对于在明政府无情压榨和官僚地主疯狂兼并下的贫苦农民，是个有力的号召。明广西布政司参议方震孺说"临武、星子，伪官罗列，纷纷告谕，皆以免三年饷为言。愚民眩惑，利其私恩；而我征兵运饷，未免劳民动众。闾左之间怒于心而形于色矣"[2]，颇能反映当时的实际情况。有人认为，大西政权把杨嗣昌家霸占的田土"查还小民"，只是出于对杨本人的报复，属于个别的情况，并不能说明在大西政权管辖区内土地关系的变动。这种说法有一定道理，大西政权确实没有发布过改变土地所有制的全面性法令，不能以点代面，以偏概全，把平南先锋的命令说成普遍的做法。但是，我们也应当估计到，大西军对明宗室和官僚地主的扫荡必然在土地关系上引起重大的变化。如明朝吉王仅在长沙、善化两县就霸占了肥沃田地七八十万亩，占两县田额总数的十分之四[3]，又在醴陵县占有籽粒田六千八百九十五亩。[4]楚王占地数字不详，但每年租银多达二万一千三百两，租谷二万三千八百三十七石。[5]荣王仅在湖广桃源

---

[1] 由于这个文件是杨嗣昌的儿子保存下来的，原文肯定是直呼杨嗣昌之名，被杨山松等人改成了某字。

[2] 《淮南方孩未先生全集》卷十，《定难》，《详行大法责成诸将》。

[3] 《堵文忠公集》卷二，《地方利弊十疏》卷三，《直陈颠末疏》。

[4] 康熙二十四年《醴陵县志》卷三，《赋役志》，《旧赋役纪存考》。

[5] 《明清史料》丙编，第三本，第二九二页。

一县就征收田租一千八百两、山场刀斧钱九十六两。[1]正是在大西军的打击下，分封在湖广的楚王、吉王、桂王、荣王、岷王等最大的土地占有者不是覆宗灭祀，就是远窜他乡。[2]他们原先霸占的田地，在很大程度上转归了生产者所有，这可以说是不容怀疑的。

二、普遍设立各级政权。史载张献忠"陷长沙，据府署称王府，设官分属，招兵命将。凡四阅月"[3]。当地乡绅、原明朝给事中史可镜投降了大西政权，被任命为长沙辰州常德巡抚。[4]到崇祯十六年底，大西军在湖广南部绝大部分府县和江西袁州、吉安两府都派设了地方官员。

在湘、赣地区，大西政权也非常重视吸收知识分子，采取的方法有礼聘和开科取士两种。前者是争取当地有名望的文人参加大西政权的工作，后者主要是吸收那些在明朝腐败科举制度下不得志的文人。如史籍所载，"癸未，献贼陷郡（指长沙府），大索名士"[5]。衡阳著名学者王夫之多次拒绝大西政权的征聘，最后毁坏面容，伪称病重，才免于出仕。这固然说明了王夫之的封建正统立场牢不可破，也反映了大西政权的礼贤下士。"九月，献忠入衡。……开科殿试，考授伪员。劣衿或氃逐之。"[6]在江西虽然只有两个月左右时间，也通过征聘和科举吸收了不少知识分子为大西政权服务。如在袁州府"初至

---

[1] 康熙二十四年《桃源县志》卷一，《派办》。
[2] 顾炎武：《明季实录》附录，苍梧兄《酉阳杂笔》记："荣邸承奉云：贼有老成者亦不妄杀人，惟宗室无得免者。"
[3] 康熙二十四年《长沙府志》卷一，《沿革》。
[4] 大西军西上准备入川时，史可镜为官军俘获，后来在南京被杀。见《绥寇纪略》卷十，《怀陵流寇始终录》卷十六。
[5] 乾隆十二年《善化县志》卷九，《人物》，《吴愉传》。
[6] 乾隆二十六年《衡阳县志》卷十，《祥异·兵燹》。

日，以伪官唊人，蚩蚩者走如鹜"[1]。吉安的吴侯更是一个有代表性的例子。据记载，吴侯"性狂不羁，能为诗、古文、四六，年四十余不得入庠，惟肮脏自怜"。崇祯十六年冬，张献忠义军攻克吉安，属邑皆下，大西政权"开科求贤，诸落拓者争赴试"。吴侯参加考试后，取中在三甲，被任命为龙泉（今江西遂川县）知县。到任不久，明江西总督吕大器领兵重占吉安，龙泉县的官僚地主郭维经等人发动叛乱，吴侯被捕。受审时，吴侯"从容慷慨，颜色不变，所书供状千余言皆四六骈语，琅琅可诵"[2]。这个在旧政权下受压抑的知识分子最后献身于大西农民革命，说明了张献忠等起义军领导人争取知识分子的工作是有成效的。

[1]　康熙六年《袁州府志》卷二○，《遗事》。
[2]　同治十二年《遂川县志》卷十八，《杂类》。

第十章
孙传庭部的覆灭和李自成西安建国

第一节　吴甡督师之议

　　崇祯十六年正月，李自成部义军攻克襄阳、荆州、德安、承天等地，左良玉部不战东窜，明王朝在湖广的统治迅速瓦解。朱由检心急如焚，把希望寄托于选拔一个有能力的大臣出任督师，组织有效的堵剿。他内定的人选是大学士吴甡，因为吴甡曾任过陕西巡按和山西巡抚，具有镇压农民起义的经验。三月，在一次召对大臣时谈到承天祖陵失守，朱由检声泪俱下地说"朕不德，忧及陵寝"[1]，接着便指责臣下调度失宜，暗示要另遣大臣出马。包括吴甡在内的大臣们对当时局势都心中有数，一个个只是磕头引罪，却毫无自告奋勇之意。朱由检引而不发的策略没有实现，只好在第二天再次召对时点名指定吴甡，

---

[1]　吴甡：《忆记》。

他说："自杨嗣昌死后，督师无人，致有今日。卿曩历岩疆，可往湖广督师，以图恢复。"[1]吴甡表示自己不惜一死，愿意出任督师。不过，他指出李自成等部农民军声势浩大，左良玉部官军"兵无纪律，不肯用命杀贼"，要想扭转败局，单派他孤身一人前往湖广是无济于事的，必须拨给他"精兵三万，挑选敢战之将统之南征"。具体方案是他先往南京，用直属精兵挟制左良玉部，取得驾驭之权，然后促之西入湖广，陕西三边总督孙传庭则统兵东出潼关，对农民军展开东西夹剿。这个方案同朱由检的意图显然存在很大的距离。在朱由检看来，左良玉部兵多将广，只要抚御得宜，自然会为朝廷卖命。三月十二日，他在文昭阁召见吴甡时说："昨先生疏，欲需多兵，岂能猝集？南京隔远，似不必退守。"[2]他还为左良玉的望风逃窜辩护说："左良玉之退，亦由地方官不为措给粮饷，朕故加意激劝，留此一支劲兵助先生徂征半臂耳。"[3]他们的分歧在于吴甡认为左良玉的军队跋扈难用，他鉴于杨嗣昌、丁启睿、侯恂督师时调度不灵的教训，坚决要求朝廷拨给他三万直属精兵；朱由检却认为，在内外交困之时，抽调三万精兵谈何容易，放着左良玉的二十万大军不用更是失策。次辅陈演摸准了朱由检的心理，从旁进言道："督师出，则督抚之兵皆其兵也。"吴甡老大不悦，回敬了一句："次辅读书中秘，未谙军旅，臣之请兵正为督抚无兵耳。"他列举河南总督除了左良玉拨给的几十名扈从外"并无一卒"，河南巡抚自从开封淹没后只剩下标营一千多人屯驻河北（指河南省黄河以北的怀庆府一带），湖广巡抚在

---

[1] 吴甡：《忆记》。

[2] 吴甡：《忆记》卷四。

[3] 吴甡：《柴庵疏集》卷十九，《召对纪略》。

襄阳、承天失守后"兵尽死逃",哪有什么督抚之兵可供指挥。[1]这样,在朝廷内部围绕着吴甡督师的问题便出现了顶牛的局面。

朱由检内心虽然很不高兴,但他知道吴甡的意见不是全无道理,故决定先调兵一万名随督师南征。兵部尚书张国维建议抽调总兵唐通部七千人、马科部二千人,另加京营兵一千,凑足一万。可是,那时正值满洲贵族军队深入畿辅、山东等地饱掠而归,唐通部正奉命追击,要等到辽东局势暂告稳定以后才能依调南下。吴甡请调的军队没有着落,迟迟不肯出京。朱由检表面上敷衍说"姑俟兵集启行未晚也",内心却仍然希望吴甡能尽快赶往湖广组织围剿。[2]

到五月间,朱由检的忍耐已经到了尽头。陕西总督孙传庭在朝廷的催促下,上疏表示即将统兵出关。次辅陈演又施展落井下石的诡计,一面提出唐通部官兵负有拱卫京师重任不可轻调,一面又以孙传庭的"奋勇直前"同吴甡的畏葸不进做对比。朱由检果然大怒,下令由孙传庭接任督师,吴甡致仕回家。张献忠部义军攻占武昌后,朱由检迁怒于吴甡,八月以"故延师期,以致楚省不守,根本震邻"的罪名,把吴甡逮捕来京[3],不久便发往金齿卫(今云南保山)充军。在封建社会里,出将入相历来被视为人臣最高的宠遇。吴甡的规避不前,表明明王朝已经处于风雨飘摇之中,连统治集团的核心人物都没有多大的信心了。

朱由检越是意识到自己的统治已经日薄西山,就越是倒行逆施,

---

[2] 王鸿绪:《横云山人史稿》,《吴甡传》记大学士"蒋德璟谓倪元璐曰:上欲吴公速行,缓言相慰者,试之耳。观首辅疾趋可见(指首席大学士周延儒奉命督师抵御清兵)。甡畏贼势大,出必死,卒迟回不肯行"。
[3] 吴甡:《柴庵疏集》卷二〇。

像输红了眼的赌棍一样，把希望寄托于孤注一掷，妄图侥幸取胜。他除了严令陕西总督孙传庭领兵出关外，还力图调动整个官僚地主的力量同起义农民决战。崇祯十六年四月，朱由检下令对各地结寨自雄的地主武装赦罪录功，宣布"但能擒斩伪官即与授职，能收捕贼徒即与给赏，能破贼恢城献俘者即行超擢，断不逾时"[1]。六月又颁发赏格：有能擒李自成者赏给白银一万两，封爵通侯；能擒张献忠者赏银五千两，官极品，世袭；其他按"功劳"大小分别给赏。[2]为了欺骗群众，朱由检又一次玩弄口惠而实不至的把戏，宣布"免河南五府田租三年"，以体现"朝廷德意"[3]。当时河南五府已经处于农民政权管辖之下，明政府根本不可能到那里去征收租税。这种拙劣的宣传手腕能收到多大的效果也就可想而知了。

第二节　孙传庭的出关和覆灭

对于孙传庭部的出关，明廷内部存在着严重的意见分歧。朱由检幻想孙传庭部出关，将同长江中游的左良玉部合歼起义军，力主孙部尽早出关；陕西籍的一些官僚也由于孙传庭征兵征饷加重了自己乡土的负担，抱着以邻为壑的心理赞同叫孙传庭早早出关。孙传庭自己在冢头镇吃过败仗，明知农民军势大难敌，指望多争取一些时间练兵储饷，加强实力，尽量拖延出关的时间。其他一些大臣却

[1] 《怀陵流寇始终录》卷十六。
[2] 谷应泰：《明史纪事本末》卷七八。《怀陵流寇始终录》记于五月丁丑日，五月无丁丑日，当为六月之误。
[3] 《怀陵流寇始终录》卷十六。

内心忐忑不安，他们盘算过朝廷现有兵力主要是三个集团：辽东的军队虽然比较精锐，但抵御清兵已难以胜任，实在无法移调；左良玉部号称兵多将广，实际上畏敌避战，跋扈难用；可以用来对付起义军的唯一王牌，只有孙传庭统率的陕西官军。孙传庭部倾巢出动要是真能取胜，自然是如天之福；但是，他们也感到这种侥幸取胜的希望毕竟非常微弱，如果孙传庭部被歼，明王朝的覆灭就注定了。因此，他们极力主张慎重行事。有的大臣直截了当地向崇祯皇帝说明利害，指出孙传庭部在陕西不动的话，起义军要北攻京师或东下南京都难免有后顾之忧；如果李自成义军打算先取陕西，孙传庭可以不脱离自己的后方基地，固守潼关，比孤军深入河南、湖广要有利得多。兵部侍郎张凤翔说得最为恳切："孙传庭所有皆天下精兵良将，皇上只有此一付家当，不可轻动。"[1]朱由检眼看农民起义的烽火一天天蔓延，恨不得将它一口吞下，加之他吝啬成性，唯恐孙传庭老师糜饷。所以听到主张持重的意见就大不悦耳，狠狠地瞪了张凤翔一眼。周围的大臣心领神会，一个个便义形于色地支持出兵。朝廷催促孙传庭出关的使者接踵而至，传庭顿足叹曰："吾固知战未必捷，然侥幸有万一功。大丈夫岂复能对狱吏乎！"[2]他怀着渺茫的希望，勉强上疏报告了出师的日期。

孙传庭上疏出关，固然是迫于朝廷严旨，他自己也确实存在相当的侥幸心理。他认为上次冢头之败，证明陕西兵还是能打仗的，只是由于偶然的原因才招致失败。另一个因素是他正好接到窃据了农民政权兵政府侍郎要职的丘之陶的密报，说待李自成领兵北上河南迎敌陕

[1] 李长祥：《天问阁集》（北京图书馆所藏抄本题为《天问阁明季杂稿》）卷上，《甲申廷臣传》。
[2] 《平寇志》卷七。

西官军时，他将捏造左良玉部进犯襄阳的情报，迫使自成退师，然后乘衅而起，内外夹攻，可以一举打败义军。此外，在郧阳负隅顽抗的高斗枢也派人潜来西安，询问出师日期，表示要配合作战。正是在这种情况下，孙传庭觉得可以碰一碰运气了。

八月初一日，孙传庭在西安关帝庙誓师。选择这个场所，自然是为了托庇于"武圣"之灵。典礼既毕，他即命总兵马爌、秦翼明随陕西巡抚冯师孔，取道商洛进河南南阳地区作为偏师；自己则统率总兵白广恩、高杰、牛成虎等部共十万人马东出潼关。[1]同时檄调河南总兵陈永福于洛阳会师，檄左良玉统兵西上，夹攻起义军。

李自成早已得到陕西官军将要出关的消息，从这年的四五月间起就源源不断地调兵北上，加强了河南的防务。接着又亲统大军北上河南，集中力量准备迎敌孙传庭部的来犯。[2]他根据河南境内由于天灾人祸造成了赤地千里，大军所过，粮草问题不易解决的状况，决定在战略上采取诱敌深入的方针，把主力部署在郏县以南地区。至于从潼关到郏县的广阔地带，除留下为数不多的巡逻部队以外，"凡郡邑城俱不置守具"[3]。

八月上旬，陕西官军重占洛阳。孙传庭左右的谋士提出建议，不要急于冒进，应采取稳扎稳打的办法，先以洛阳为基地，修复城堞，招徕流民，开屯田，储粮草，这样进可以战，退可以守，待时机成熟

---

[1]《崇祯实录》作"步骑各五万"。
[2] 李长祥：《天问阁明季杂稿》记，李自成听说孙传庭部蠢蠢欲动，担心自己兵力不够，向张献忠借兵。"谓秦师荡我中原，必疾力西蜀。"张献忠派出六千铁骑相助。《甲申传信录》卷二也有相同记载。按，当时张献忠部还在湖广地区活动，并没有进川，所谓"必疾力西蜀"同情理不合。在李自成部义军同孙传庭部决战的时候，张献忠是否提供了兵员支持，目前还没有可靠史料证明。
[3] 高斗枢：《存汉录》。

时再进取中原。[1]孙传庭终畏朝命，不敢逗留，还是领兵向南进发。为了保证军需，朝廷下令由山西平阳（今临汾）等府、县协解米豆，地方官"催逼严急，里老有自缢而死者，运夫有淹没河中者。人情汹汹，莫知所措"[2]。

李自成见孙传庭部来势凶猛，便故意示弱，只派出小部队稍加阻击随即南撤。陕西官军轻易地一直打到宝丰县。这意外的胜利使孙传庭由心虚胆怯一变而为头脑膨胀。他沿途滥杀居民，斩级计功，并向朝廷报捷说："贼闻臣名皆溃。臣誓清楚豫，不以一贼遗君父忧。"[3]朱由检得报大喜，欣欣然把孙传庭的报捷书交朝臣传阅，梦呓般地叫嚷："贼灭亡在旦夕！"[4]甚至急不可耐地面谕吏、兵、工三部："督师驻兵豫中，屡报战胜，土寨多已招安。各镇、抚宜整旅渡河，星速赴任。规避不前者飞参重治。一面招抚流移，开垦荒芜；一面修复城池，安插民众。仍饬河北各府输挽粮草，接济督师，山西附近地方派运不得迟误，功收万全。通侯之赏，断不少靳。"[5]看来，他已经着乎准备给功臣们加官论赏了。但兵部尚书冯元飚却忧心如焚地顿首说："贼故见赢以诱我师，兵法之所忌也。臣不能无忧。"[6]弄得朱由检大为扫兴，好半天说不出话来。

孙传庭所统的官军，一路上拼命搜括居民的粮草财物，残酷地对农民政权管辖下的人民实行阶级报复。九月八日，兵至汝州，义军都尉李养纯投降。九日，抵宝丰城下。李自成任命的宝州牧陈可新、州

---

[1]《绥寇纪略》卷九。

[2] 康熙十一年《垣曲县志》卷十二，《兵乱》。

[3]《甲申传信录》卷二。

[4] 孙之騄：《二申野录》卷八。

[5]《平寇志》卷七。

[6]《二申野录》卷八。

判姜鲤组织百姓据城抵御。十二日晚，有绅衿二百八十八人私自出城投降，"城遂破，诸军蜂拥入，城中鼎沸，火光照若白昼"。陈可新、姜鲤等均被捕杀。孙传庭从投降的二百八十八人中，"择二高年，命一一指名，不能名者十余人，疑为贼，斩之"。对其他城中百姓，更借口"为贼固守"，全部杀光。[1]官军别部于十二日夜攻占唐县时，也借口义军老营曾留在该县，将全城居民屠戮殆尽。

这时，隐藏在农民政权内部的奸细丘之陶认为时机已到，利用他窃据的兵政府侍郎的职务，向在前线指挥作战的李自成发出伪造的情报，谎说左良玉部官军从东面进攻襄阳，后方形势危急。可是，他和孙传庭都没有料到自己的阴谋已经败露。原来，孙传庭接到丘之陶表示愿意充当内应的密信后，欣喜异常，除了转报朝廷外，还亲自给丘之陶写了一封回信，加意联络。这封回信被义军巡逻战士截获。李自成不动声色，只是暗中加以提防。丘之陶的假情报一送到，李自成立即派人把他叫来，拿出孙传庭的回信揭穿了他的内奸面目，处以死刑。[2]

---

[1] 乾隆八年《重修宝丰县志》卷五，《兵燹》。

[2] 《绥寇纪略》卷九；《平寇志》卷七。按，丘之陶是明朝大学士丘瑜的儿子。李自成见他年轻英俊，委任为兵政府从事，又升任兵政府侍郎，在提兵北上河南迎敌陕西官军时，还"委之管留务"。这样重用一个没有经过严格考验和审查的官僚地主分子，险些误了大事。丘之陶充当内奸一事，有原始材料证实。当时的明廷大学士吴甡，在朱由检召见阁臣讨论孙传庭出兵疏时说过："又谓间谍密谋，兵至内应，臣窃忧焉。贼皆秦人，结连日久，内应之谋，果否得当？"（见吴甡《忆记》卷四，又见吴甡《柴庵疏集》卷十九，《召对纪略》）清初尤侗《雁门哀》云"惜哉蜡书计不成，襄阳并杀丘公子"，也是指的这件事。邹漪《启祯野乘》卷十二，《丘大学士传》说法略有不同："公次子之陶，于壬午为曹贼罗汝才所获，羁之营中，后又归闯。寻以自成出与孙传庭迎敌，之陶窃其令箭以逃。竟穿营走出，将渡黄河，盘获。见闯，陶骂不绝声，贼怒刚之。"没有提到丘之陶被李自成任为兵政府从事、侍郎以及充当内奸之事，不是有所讳就是传闻之误。

244

内奸既除，更好全力对敌。九月十四日，义军同官军接战于郏县。义军初战失利，果毅将军谢君友被俘杀。但这只是局部性的挫败。由于李自成诱敌深入的基本战略是正确的，整个战局很快就扭转了过来。官军孤军深入，距离后方供应基地越来越远。又值大雨滂沱，道路一片泥泞，官军粮车进展缓慢，前线的士卒和马匹饥瘦不堪。有人劝孙传庭回师就粮，孙传庭却回答说："师已行，即还亦饥，不如破郏县就食。"[1]郏县本是个又小又穷的县份，官军破城后只抢到几百匹骡马，几万士卒很快就吃完了。李自成见官军深入绝地，一面动员群众坚壁清野，使官军无法就地筹粮，一面派大将刘宗敏带着一万多名骑兵由间道抄到官军后方，在河南汝州白沙地方切断明军的饷道。孙传庭闻讯大惊，部下军心不稳。自成此时却用大牌写下战书，指定日期同官军决战。孙传庭无计可施，命河南总兵陈永福留守军营，自己统率嫡系陕西官兵分路撤退，企图打通粮道。陈永福部下的士兵看着陕西兵撤回迎粮，自己却被留下来忍饥挨饿充当替死鬼，都愤恨不平，拒绝服从命令，纷纷跟在陕西官军后面乱跑。"永福虽斩之，不能止。"[2]陈永福知道军心难违，只好随部众北撤。孙传庭部署的阻击部队一逃，义军即乘势发起总攻，官军部伍大乱，遂全线崩溃。总兵白广恩所统火车营军[3]士卒为了逃命，解下拉车的马匹骑上就跑，火车翻倒倾轧，道路也被堵塞。义军铁骑腾越而过，奋勇直追。步兵则手持大棒猛击官军，"中者首与兜鍪俱碎"。官军大

---

[1] 《绥寇纪略》卷九。
[2] 同1。
[3] 火车是孙传庭在陕西制造的一种战车，上面装载火炮，车箱里存放士兵的衣服和粮食。

败，"死亡四万余人，甲仗马骡数万，尽为贼有"。[1]义军逐北四百余里。孙传庭和总兵高杰收集散亡士卒数千骑北渡黄河，经山西垣曲县绕到潼关。总兵白广恩也领着残兵败卒奔往潼关。

李自成部义军郏县战役的胜利，给了明政府所留下的最精锐的部队——陕西兵以摧毁性的打击，为推翻明王朝的罪恶统治奠定了基础。它在我国古代军事史上也占有重要的地位，作为战例也是值得认真总结的。

孙传庭部精锐被歼灭，对于李自成部义军来说，跟踪追击，全歼陕西官军残余兵力，趁势夺取关中地区，乃是当然之事。然而，对于义军的这个进军方向，在许多著作中却沿袭了一种不可靠的记载。说李自成在襄阳时，曾同牛金星、杨永裕、顾君恩等商讨过进兵方略，牛金星主张直取京师，杨永裕建议东下南京，顾君恩认为前者失之急，后者失之缓，主张先取陕西，收取三边兵力，然后东取山西、北直隶。李自成采纳了顾君恩的方案，后来果然夺取了西安，赏给顾君恩女乐一部作为奖励。[2]这种说法颇能引人入胜，不过就当时的形势而言，却尚有商榷的余地。因为，李自成在襄阳的时候，孙传庭正养锐于西安，不能不有所顾忌。他之所以没有东追左良玉部官军，进而夺取南京和江浙财赋之区，原因就是避免孙传庭追蹑其后。至于北上进攻京师更不是一着高棋，因为这样一来孙传庭必然东向夹击义军，左良玉也会利用义军主力北上的机会，夺取襄阳一带，弄得不好有可能前功尽弃。至于先打陕西官军的原因，正如上面所说，是孙传庭出关的消息已确，李自成才把主力调到河南迎头痛击，并不是他主动向

---

[1]《平寇志》卷七。
[2] 毛奇龄:《后鉴录》；吴伟业:《绥寇纪略》。

陕西进攻的。到郏县战役以后，趁势夺取陕西好比瓜熟蒂落，这时是很少可能在进兵方向上出现争议的。可见，顾君恩献策先取关中之说未必实有其事。

第三节　李自成起义军占领西安

明陕西总督孙传庭在河南惨败之后，率残部据守潼关，妄图阻止义军进入陕西。朱由检接到败讯后恼羞成怒，把责任统统推到孙传庭身上，"谕兵部曰：传庭轻进寡谋，督兵屡溃，削去督师尚书，以秦督戴罪收拾余兵守关，图功自赎。如纵贼入秦，前罪并论"[1]。他又担心义军万一置孙传庭于不顾，东向直取京师，所以"复谕兵部令晋、豫、保、东四抚，各整兵马，亲驻河干，协力堵御，不许一贼窥渡"[2]。不久，又下令升白广恩为援剿总兵官，挂荡寇将军印[3]，拨给兵员三万，希望以不次之赏使这个败军之将感激用命，同孙传庭一道固守潼关，保住陕西。据文献记载，当时退据潼关的官军残部尚有兵员四万，不过已是惊弓之鸟，没有多大的战斗力了。

就在官军喘息未定之时，李自成义军开始了歼灭孙传庭余部进兵陕西的战役。按照李自成的部署，他自己同刘宗敏等统率义军主力，

---

[1] 《平寇志》卷七。

[2] 同1。

[3] 白广恩不久就投降了李自成，这颗用白银铸造的"荡寇将军印"从来没有送到白广恩手里。一九六四年该印发现于南京玉带河淤泥中，现藏南京博物馆。《文物》杂志一九七八年第二期刊有专文报道，但对此印发现于南京所作的解释有不足之处。实际情况是，后来南明弘光朝廷把"荡寇将军印"授给了总兵王之纲。一六四五年五月清兵下江南，王之纲在南京投降，大约就在这个时候，该印被扔进了南京御河。

由洛阳西攻潼关，然后向西安挺进；同时派袁宗第、白鸠鹤、刘体纯、蓝应诚带领右营十万兵马作为偏师，从河南邓州地区出发，取道陕西商洛地区，同主力会师西安。

十月初，义军接近潼关。孙传庭令总兵白广恩部扎营于关城外通洛川，总兵高杰部扎营于南门外西山头，他自己驱使城中壮年男子守城。十月初六日，义军自陶家庄进抵官坡，奋勇冲击。高杰部不战而走，向西逃窜。白广恩部抵敌不住，也望风而溃。由于官军士卒的妻子居住在关城里面，士卒们争先恐后地逃进关城，"保妻孥夺门出"，有的士兵急于入城，用刀劈开南水关栅栏。义军尾随而进，趁势占领潼关。[1]孙传庭和监军副使乔元柱在混乱中被杀。[2]潼关一破，通往西安的门户就打开了。李自成留马世耀镇守潼关，统兵继续前进。义军到达渭南时，明朝知县杨暄"籍子弟乘城固守"，本县举人王命诰却开门迎接义军入城。[3]十月初十日，李过所部前锋攻克临潼县。次日到达西安城下。由于陕西官军的精锐已被歼灭，西安城中的守御力量十分薄弱，地方官员留下途经西安的五千名四川兵协助防守。这时天气已经比较寒冷，川兵没有御寒的衣物。官僚们劝秦王朱存枢拿出点银钱给士兵置棉衣，借以鼓起士气。要求遭到朱存枢的拒绝，守城副将王根子大为不满，决定投降义军。他写好约降信射到城

---

[1] 各种史籍关于起义军攻占潼关一事记载很不一致。这里是根据康熙二十四年《潼关志》卷下，《兵略第八》及《孙忠靖公全集》卷首。《潼关志》卷下载杨端本《明指挥使忠烈张公传》记孙传庭退到潼关后，"越十日，贼众大至，铁骑百万，围城内外，大战自寅至午，炮轰如雷，攻愈力。城中矢石俱尽，城遂陷，兵民逃窜不可止"。情节略有不同。

[2] 孙传庭死后没有找到他的尸体，因此对他的下落出现了不同说法，请参看《豫变纪略》卷六。

[3] 乾隆六年《沁州志》卷六，《忠烈》。

下，大开东门迎接义军进城。十月十一日，李自成起义军占领了古都西安。[1]秦王朱存枢被活捉，陕西巡抚冯师孔、按察使黄炯被杀，布政使陆之祺等投降。义军立即着手安民，"下令不得妄杀一人，误者将吏偿其命"[2]，迅速稳定了西安的局势。

由袁宗第等人统率的义军右营，从河南南阳地区出发后，于十月十二日进抵陕西商州，十五日攻克该城，处死驱民顽抗的明朝商洛道黄世清。十七日，占领洛南县。[3]义军右营胜利地同李自成所统主力会师于西安。

第四节　李自成起义军收取三边

占领西安以后，李自成立即部署扫除明政府在西北地区的各个据点，以便解除下一步东渡黄河进兵京师时的后顾之忧。具体部署是：李自成亲率由李过所部后营和刘芳亮所部左营组成的大军，向北追

---

[1]　《绥寇纪略》卷九和《平寇志》卷七，记义军占领西安的时间是十月十一日；《怀陵流寇始终录》卷十六记于壬申（十二）日，《国榷》卷九九记于癸酉（十三）日午时。根据康熙七年《咸宁县志》（咸宁是西安府的两个附郭县之一）卷七，《杂志·祥异》；《明末农民起义史料》所收崇祯十六年十一月《兵部为塘报贼情事》；《明清史料》辛编，第九六三页，都确凿地证明占领西安是在十月十一日。

[2]　见《绥寇纪略》卷九和《见闻随笔》。但这两部书还说义军进入西安时，"放兵大掠三日"，然后才下令安民，显然是出于恶意造谣。据崇祯十六年十一月兵部关于义军占领西安和陕西其他地方的塘报，引述原先监禁在西安府狱中被起义军释放逃出的人和经潼关逃来的贩花客人的口述，丝毫没有涉及"大掠"的情事，其中只说："贼令省中（指西安府）的民站一边，宗室站一边，家丁站一边；贼将宗室杀死，已行安民，将家丁跟随贼营等情。"可见，义军入城后在掌握政策上泾渭分明，受到严厉打击的是朱明王朝的宗室，并没有损害普通百姓；明朝将领的家丁娴熟弓马，收入义军军营既增强了兵员，又防止了他们在地方上为非作歹。

[3]　乾隆九年《直隶商州志》；乾隆十一年《雒南县志》卷十，《要事》。

击明总兵高杰部官军，夺取陕北；田见秀率部南下汉中，追击明总兵高汝利部，打通南下四川的孔道；刘宗敏、贺锦、袁宗第等西向追击白广恩部官军，攻取宁夏、甘肃、西宁等地。下面分述三路进兵的情况：

李自成、李过和刘芳亮所统大军于十一月到达延安。陕北地区除了原有的驻军外，还有在潼关失守后逃来的明总兵高杰部官军。高杰及其部众早已被义军的凌厉攻势吓破了胆。高杰原是李自成的部将，投降明政府后作恶多端。他自己盘算，如果落到义军手里就没有活路，所以在李过等部占领延安时，他即乘黄河结冰的机会逃入山西。后来在大顺军渡河东征时又望风狂奔，一直逃到南直隶。南明弘光政权建立时，他由于还掌握点部队，竟成为史可法部下的四大主力之一。

义军进军陕北，受到了当地百姓的热烈欢迎，许多州县都自动纳款投诚。由延安北攻榆林，途经米脂，这里是李自成的故乡。崇祯十四年底，明政府曾掘毁了李自成的祖父和父亲的坟墓，遗骸焚弃无遗。李自成这次重返故里，只杀了参与策划伐墓的一个当地劣绅，此外秋毫无犯。祖墓"筑土封之"，派礼政府侍郎姜学易致祭。[1]李自成还"访求其宗人赠金、封爵以去"，"改延安为天保府，米脂为天保县，清涧为天波府"[2]。

这时，陕北的榆林守军仍效忠于明王朝。榆林是明代北边重镇之

---

[1] 李自成进军陕北过程中在米脂祭墓这件事，许多史籍都称之为"大合群贼，戎马万匹，旌旗百里，诣米脂祭墓"（如《绥寇纪略》卷九、《国榷》卷九九、《怀陵流寇始终录》卷十六、《平寇志》卷七）。把李自成亲统大军北征描绘为专程祭祖，大摆排场，是非常错误的。

[2] 见《绥寇纪略》卷九等书。谭吉璁《延绥镇志》作"升米脂县为天保府，治天保县，南割清涧以上，东割山西之永宁、宁乡、临县、保德、河曲属焉"（卷五之四，《纪事志·僭国列传》）。

一，居民多隶军籍，以当兵为职业；出身将门的子弟也特别多。由于他们长期混迹于行伍，在镇压农民起义中双手沾满了鲜血，反动的政治立场很难改变。为了解决榆林问题，李自成采取了先礼后兵的办法。十一月十二日，他派辩士舒君睿携带白银五万两招降榆林诸将，同时命李过、刘芳亮率领大军七万随后进发，以便劝降不成即用武力攻取。做了这些安排之后，李自成即返回西安。榆林总兵王定眼见大势已去，借口往蒙古部落调兵，带着几十名亲信逃跑了。榆林道都任和卸任总兵王世钦、侯世禄、侯拱极、尤世威等商议对策，企图据城抗拒。义军的使者在城中从十二日谈到十四日无结果，十五日开始攻城。双方战斗异常激烈，到二十七日方被攻下，尤世威等被处死。

田见秀部南下汉中比较顺利，沿途州县望风归附。十一月十二日进抵城固县，围攻四日，克其城。[1]明总兵高汝利企图逃往四川，于途中被义军追迫投降。汉中地区平定后，田见秀留部将贺珍、韩文领兵镇守，自己返回西安。

刘宗敏、贺锦、袁宗第等统领大军向西进军，兵至固原，明总兵白广恩投降。[2]为了争取明军将领，减少进军中的阻力，李自成亲宴白广恩，相谈甚欢。左光先闻讯后也解甲投降。陈永福由于守开封时曾射中李自成左眼，担心不会得到谅解，正处犹疑之中。李自成知悉后，让白广恩转达不咎既往的意思。陈永福说："汴城之战，永福亲集矢于王之目。今穷而归命，惧无以全腰领。"自成立即回答道："此各尽其事，何害？"并以折箭为誓，保证不算旧账，陈永福才决

---

[1] 乾隆四年《内黄县志》卷十四，《人物·忠节》；《明史》卷二九四，《司孔教传》。

[2] 参看郑天挺等编《明末农民起义史料》第四七八页，《原任总兵白广恩揭为恭谢天恩披沥苦衷仰乞垂鉴事》。

心投降。[1]继白、陈之后，其他明朝将领也纷纷投诚。

袁宗第部由陕西凤翔向巩昌推进，一路上"将吏争降恐后"[2]。占领巩昌府后，所属州县都不战而下。

次年春，左良玉见大顺军主力已经移到西北，并开始了向山西进兵，就妄图夺取湖广的荆州、承天、德安、襄阳四府；河南的地主武装刘洪起、沈万登也发动叛乱，颠覆了汝宁等地的大顺地方政权；负隅于郧阳的明官军亦猖獗一时，直接威胁到襄阳的安全。为了保证后方的稳定，李自成遂调袁宗第部经商洛地区驰赴襄阳，协助当地驻军迎头痛击左良玉等部来犯之敌。接着又移师河南，粉碎了刘洪起等人的叛乱，有力地打击了地主阶级复辟活动，稳定了大顺政权对湖广四府和河南地区的统治。李自成派遣袁宗第等统领重兵前往湖广、河南平定叛乱，充分说明他对大顺军经过浴血战斗开拓的疆土、建立的政权是十分重视的。那种以为大顺军入陕以后，就把中原地区置之度外的说法并不符合事实。

在宁夏方面，义军的檄文一传到，明朝巡抚李虞夔和分封在这里的庆王朱倬㳠束手无策。庆藩宗室和文武官员聚集在王府里经过一番商讨之后，决定投降。李自成命明监军道陈之龙为宁夏节度使，以投降总兵牛成虎镇守该地。[3]

固原、宁夏等地平定之后，明政府在西北的残余据点就剩下了甘肃、青海（当时称西宁卫）等比较僻远的地方。李自成乃命刘宗敏返

---

[1] 见《绥寇纪略》卷九；《怀陵流寇始终录》卷十六。《豫变纪略》卷六说，陈永福在郏县战败后就投降了李自成。自成命他为先锋，"仍张其旗帜蹑官军后袭潼关"。这种说法同有关潼关战役的可信史料不符，疑不可信。

[2] 胡秉虔：《甘州明季成仁录》卷四。

[3] 同2。

回西安，准备大举东征，完成西征的任务就落到了贺锦的身上。十一月，贺锦领兵西征，一举攻克安定[1]，金县开门迎降[2]，兵锋直抵兰州。明朝甘肃总兵马爌、副将欧阳衮等人见形势危急，劝肃王朱识铉西奔甘州（今张掖），征兵固守。朱识铉驽马恋栈，没有采纳这个意见。马爌等人便自行逃往甘州。十一月二十一日，贺锦所部义军到达兰州，"兰州人开城迎贼"[3]。肃王朱识铉仓皇逃出城外，被明朝卸任总兵杨麒派人擒获，当作自己投诚义军的见面礼。贺锦厌恶他卖主以牟取富贵，既不忠于明王朝，也不是真心投顺起义军，因此，他不仅处死了肃王，也把杨麒父子斩首。[4]这种做法显然不够策略，不利于争取尚在观望的明政府文官武将。贺锦留下党守素镇守兰州，自己统兵继续西进。明凉州（今甘肃武威）、庄浪二卫先后投降，义军进迫甘州。甘肃巡抚林日瑞、总兵马爌等人组织顽抗。十二月，义军踏冰过河，直抵城下。当时大雪纷飞，积雪深盈丈，被驱迫上城防守的官军士卒手脚皲裂，甚至冻掉手指，都有怨言。义军战士却意气风发，利用积雪堆做登城的阶梯，积极准备攻城。十二月二十七日，"守者引贼上"[5]，义军胜利地夺取了甘州城。林日瑞、马爌等都被处死。[6]占领甘州之后，肃州（今甘肃酒泉）等地也不战而下。贺锦在各府州县派设了官员，安抚地方，甘肃全境遂处于大顺政权管辖之下。

---

[1] 康熙十九年《安定县志》卷五，《风土·灾变》。

[2] 康熙二十六年《金县志》卷下，《宦绩》。

[3] 《明史》卷二六三，《林日瑞传》；《横云山人史稿·林日瑞传》。

[4] 康熙二十五年《兰州志》卷三，《杂记志·拾遗》。

[5] 王鸿绪：《横云山人史稿·林日瑞传》。按，这句话在《钦定明史》中被删去。

[6] 《绥寇纪略》等书，都说义军攻克甘州时"杀居民四万七千"。清胡秉虔辑《甘州明季成仁录》引《天山雪传奇》，说死者只有一万多人，并且认为这个数字比较可靠。义军攻入甘州后，经过了一番巷战，死的人多一些本在情理当中。封建史籍常常诬蔑农民军"嗜杀""屠城"，多系造谣不实之词。甘州的记载也可以作为一个例证。

这时，奉贺锦之命进取青海的义军将领鲁文彬（原是明朝将领），领兵进抵西宁，被效忠于明王朝的反动土司祁廷谏、鲁胤昌等击败，鲁文彬被杀。[1]贺锦闻报后，亲率大军从甘州驰赴西宁。祁廷谏等人惶惧失措，参军胡琏器献计道："贺贼骁勇，兼我寡彼众，可以智取不可以力敌也。"建议派少数民族人士伪降，假作向导，引贺锦入伏兵地加以谋害。贺锦歼敌心切，领部队一往直前，阵斩鲁胤昌，全歼其众。由于警惕性不高，不幸陷入敌人的埋伏处，被反动土司杀害。这位在明末农民战争中做出过重大贡献的农民革命领袖壮烈牺牲了，时为永昌元年正月。贺锦部下的将士悲愤填膺，决心为主将复仇，在辛思忠率领下攻克西宁，活捉反动土司祁廷谏。[2]李自成遂命辛思忠镇守西宁，派兵平定青海，各土司先后归附。至此，整个西北地区的官军据点已全部拔除，为大顺农民军渡河东征，夺取京师，推翻明王朝的反动统治，保证了后方的稳定。

第五节　建国大顺

到崇祯十六年底，李自成起义军以雷霆万钧之势连克陕西三边各重镇（西宁一隅正待征讨），把原先为明廷提供兵员武将的重要地区，变成了义军的后方基地。至此，李自成军占领的地方，已经包括了现在的湖北省西部、河南省大部以及西北数省，军事上占了绝对的

---

[1]　顾炎武：《天下郡国利病书》卷六二，《陕西八》写作祁廷楝。这里是根据乾隆十一年《西宁府新志》卷二八，《献征志》。

[2]　大顺军把祁廷谏押解到西安后，没有及时惩处，后来清军攻占西安，祁廷谏得以逃脱，投靠了清朝，授以世袭指挥使。见乾隆《西宁府新志》卷二八，《献征志》。

优势。明王朝不仅没有还手之力，连招架之功也谈不上了，彻底结束反动透顶的明王朝的时机已经成熟。为了有效地推进农民革命事业，扩大政治影响，李自成等起义领导人决定正式建国改元，把襄阳时期建立的中央政权进一步正规化。

明崇祯十七年、清顺治元年（1644）旧历正月初一日，李自成在西安建国，国号大顺，改元永昌。[1]当时采取的措施大约可以归纳为下面各点：

一、改西安为长安，称西京；以明秦王府为宫殿。追尊其曾祖以下为皇帝，母吕氏为太后，册封高氏为皇后，陈氏为贵妃。颁布为李自成和他的父、祖避讳的规定："其一切文书避海、玉、光、明、印、受、自、务、忠、成等十字，不许用。"[2]有的史籍还记载大顺政权曾经"造甲申伪历"[3]。

二、封功臣以五等爵。权将军、制将军封侯；果毅将军、威武将军封伯、子、男。其可查考者如：汝侯刘宗敏、泽侯田见秀、蕲侯谷英、亳侯李锦（李过）、磁侯刘芳亮、义侯张鼐（李双喜）、

[1] 关于李自成在西安建国的问题，一般史籍都说他当时称的是大顺国王，到同年四月二十九日才在北京称帝。但是有一些记载和迹象表明，李自成在西安时可能已经称帝。如张岱《石匮书后集》卷六三记："自成遂以西安为都，僭称皇帝，国号大顺，改元永昌，百官礼乐悉遵唐制。"有的书上说李自成自称大顺国王，却追尊七世祖为帝，妻封皇后，未免太不合情理，两者必有一误。这个问题还需要作进一步的研究，请参看拙稿《从永昌元年诏书谈到李自成何时称帝》（载《北京师范大学学报》（哲学社会科学版）一九八〇年第六期）。

[2] 雍正十年《肥乡县志》卷二，《事纪》。按，关于大顺朝避讳的规定，各书记载不尽相同，以《肥乡县志》最明确。康熙十二年《延绥镇志》卷五之四，《纪事志·僭国列传》，记自成曾祖名世辅，讳为世辐；祖父名海，讳为霙，父名守忠，讳官襄衷；自成讳作奋械。如果《肥乡县志》所记确为大顺政权当日颁布的诏令，那么，自成曾祖名世辅的说法就不可信了。另外，县志中所列十字中的"受"字，疑为守字之讹。

[3] 《甲申传信录》卷六。

255

绵侯袁宗第、淮侯刘国昌、岳侯刘世俊；光山伯刘体纯、太平伯吴汝义、巫山伯马世耀、武阳伯李友、平南伯刘忠、文水伯陈永福、桃源伯白广恩、确山伯王良智（在西安投降的明将王根子）[1]、京山伯陈荩[2]、鄢陵伯刘某；子三十人，宁陵子田虎等；男五十五人，临朐男高一功等。[3]

三、更定官制。改内阁为天佑殿，设大学士平章军国事，以牛金星为之。宋献策为军师。中央行政机构为六政府，襄阳时期六政府只各设侍郎一人，此时增设尚书、侍郎，作为政府首长；属员改郎中为中郎，主事为从事。翰林院为弘文馆，六科为谏议大夫，御史为直指使，尚宝寺为尚契司，太仆寺为验马寺，通政司为知政使。

由于大顺军占领地区已经包括好几个省份，地方官增加了省一级，设节度使，相当于明代的巡抚。不久，又仿照明朝巡按御史的制度，在各省加派巡按直指使，代表中央司监督之责，如以明临汾知县刘达为陕西巡按直指使[4]，介休知县李若星为山西巡按直指

---

[1] 冯甦《见闻随笔》记"确山伯王根子"；康熙《延绥镇志》记"王俍智为确山伯"。良、根形近，智、子音似，大约是王根子投降大顺军后以其名不雅，改为良智。谭吉璁在《延绥镇志》里，凡遇良字均写作俍，如左良玉也写成左俍玉。

[2] 乾隆六十年《钟祥县志》卷二十，《杂记》中云："甲申，僭封陈荩为京山伯。"按，陈荩时任大顺政权扬武州（明承天府，今湖北钟祥）防御使，在镇压地主阶级叛乱中功绩显著。

[3] 封爵的记载主要根据《绥寇纪略》和《见闻随笔》，参考了一些档案文献，大顺政权所封的爵位，史籍中漏载和没有查到的还有不少，比如康熙二十一年《山西通志》和雍正七年《临汾县志》，都记载李自成曾经派恒山伯（一作衡山伯）驻守平阳府，恒山伯的姓名就不清楚。《甲申传信录》卷六，说李自成封明朝投降总兵牛成虎为伯，伯的封号尚有待于查考。此外，李自成建国以后还给一些明朝投降将领封爵，如马科封为怀仁伯，见李天根《爝火录》卷二。

[4] 《国榷》卷九九。《清世祖实录》卷二五作"山西临汾知县、伪授两河巡按御史刘达"。两河即河南省。

使。[1]其他道、府、州、县设防御使、府尹、州牧、县令等官，与襄阳时期相同。[2]

在任命官职的同时，大顺政权又收缴各地明朝印信，另行颁发新印。史籍记载，大顺政权"改印曰符、券、契、章凡四等"[3]。从目前所见到的实物来看，有符、契、信、记四种，券、章尚无实物可资证明。[4]

四、在军制上，定五营的名称为中吉、左辅（辅）、右翼、前锋、后劲；旗纛前营为黑色、后营为黄色、左营白色、右营红色、中营青色。军职虽仍设权将军、制将军、果毅将军、威武将军、都尉、掌旅、部总、哨总等官，但在级别上似乎重新做了厘定，如在襄阳时期五营的主将授予制将军称号，这时却改授予相当于明朝总兵级别的将领[5]、其他军职大概也做了相应的调整。

---

[1] 《明清史料》丙编，第三本，第二五二页。

[2] 康熙《延绥镇志》卷五之四，《纪事志·僭国列传》内，说大顺政权"分天下为十二州，如舜典焉"，无法从各种史料里证实，疑为传闻之误。又《延绥镇志》等书云自成改"布政曰统会使"。从现在所见到的大顺军政权地方官员材料来看，节度使和防御使可考者甚多，独不见有何人曾任何地统会使，疑不确。郑廉《豫变纪略》卷六，述自成西安建国时"有六政府、安抚使、防御使、权将军、制将军等号"，并云有一山西人原为明朝汝州知州，"降于贼，后为伪安抚使"。考大顺政权所设官职，无所谓安抚使，当系节度使之讹。明后期冗官甚多，地方上省一级文官有总督、巡抚、布政使、按察使，布、按二司又有参政、副使等副职，大顺政权唯设节度使一人，当有裁冗就简之意。

[3] 《甲申传信录》卷五。《绥寇纪略》卷九说，大顺政权"易印为信"。

[4] 目前所知大顺政权印信实物有夔州防御使符，辽州、金乡、清源、仪陇、工政府屯田清吏司的契，长方形的"通政司右参议之记"；另有永昌元年十二月造的"三水县信"和铸印时间不详的"商洛防御使信"。估计可能是李自成败回西安以后，各地符、契丧失太多，为了防止弊病，重新颁发了官印，改符契为信。参看《故宫博物院院刊》一九八〇年第一期，载罗福颐《李闯王遗印汇考》。

[5] 例如镇守大同的张天琳就是位制将军；后来清军还缴获了大顺政权铸给的"榆林制将军"银狮子纽大方印一颗，见《明清史料》丙编，第六本，第五四〇页。

加强军事训练和纪律。李自成在西安曾大规模检阅军队，操练士马，"金鼓之声动地"。规定马兵越乱行列者处斩。所骑马"腾入田苗者斩之"[1]，这条纪律显然是为了保护农业生产。

五、在经济方面，除了继续坚持"三年免征"赋税的政策以外，还对明朝官绅实行追赃助饷，即没收官僚贪污所得钱财充作政府经费和军队粮饷。史籍记载："贼大宴关中缙绅，出秦府金银器皿分与之，谓曰：'饷乏，公等皆墨吏多金，宜各出之以助军需。'且令左右露刃胁之。皆战栗署诺惟谨。"[2]为了平抑物价，便利民间贸易，废除了明朝崇祯年间官私所铸薄恶小钱，开炉铸造永昌通宝，大钱值白银一两，另铸当十、当五钱。[3]

六、开科取士。为了搜罗人才担任各级官员，由礼政府"设科目试士，宁绍先充考官，用《定鼎长安赋》为题，拔扶风举人张文熙为第一"[4]，中试者授以府、州、县官。

此外，还让宏文馆学士李化鳞等草檄文，为李自成"颂功德"，揭露以朱由检为头子的明朝廷的罪恶，号召未下诸郡县认清形势及早归附。

李自成在西安建国是襄阳政权的进一步完善和发展，它标志着双方力量的对比已经发生了根本的变化，明末农民战争进入了彻底推翻朱明王朝的关键时期。大顺政权的建立激荡着千百万贫苦群众的心，也使各阶层人士另眼相看，重新考虑自己的前途，因而具有划时期的

---

[1] 《绥寇纪略》卷九。

[2] 《鹿樵纪闻》卷中，《关西二烈》条。

[3] 见《绥寇纪略》卷九。然而到目前为止，所见到的永昌通宝只有小平钱和较大的当二钱（？）两品。究竟有没有当银一两和当十的大钱，尚存疑问。

[4] 《怀陵流寇始终录》卷十七；《绥寇纪略》卷九。又，康熙《延绥镇志》记："出题曰：道得众则得国。"

258

重大政治意义。此外，我们也应当看到，大顺建国时采取的各项措施，虽然在主导方面是维护农民利益的，但是也显示出了这个农民革命政权向封建政权转化的明显迹象。

第六节　大顺军渡河东征和永昌元年诏书

崇祯十六年十二月，李自成鉴于西北地区的军事行动已基本结束，遂派李友、白鸠鹤等率先头部队于十八日渡过黄河，占领了山西荣河等县，为大军东征做好了准备。是月下旬，大顺军传牌山西各郡县，檄文如下：

> 倡义提营首总将军为奉命征讨事：自古帝王兴废，兆于民心。嗟尔明朝，大数已终，严刑重敛，民不堪命。诞我圣主，体仁好生，义旗一举，海宇归心。渡河南而削平豫楚，入关西而席卷三秦。安官抚民，设将防边，大业已定。止有晋燕，久困汤火。不忍坐视，特遣本首于本月二十日，自长安领大兵五十万，分路进征为前锋；我主亲提兵百万于后。所过丝毫无犯。为先牌谕文武官等，刻时度势，献城纳印，早图爵禄；如执迷相拒，许尔绅民缚献，不惟倍赏，且保各处生灵，如官兵共抗，兵至城破，玉石不分，悔之何及？[1]

---

[1]《国榷》卷九九。按，檄文发布人自称"倡义提营首总将军"，估计是刘宗敏，但这个头衔还没有见到其他可以印证的记载。

在叙述大顺军东征的经过情形时，需要首先指出，各种史籍和历史地图中关于大顺军进军路线的表达都包含了严重的错误。它们几乎毫无例外地说大顺军在渡过黄河以后，占领了平阳（今临汾）地区，攻克太原之后才分兵两路，一路由李自成率领北上宁武，经大同、宣府、居庸关进抵北京；另一路由刘芳亮[1]带领由太原东入井陉关，攻占保定后会师北京。这种描写把大顺军东征占领的地区划得很小，为了解释大顺政权管辖区的广袤，又说河南、山西、北直隶、山东的广大地区，都是靠派出一些手无缚鸡之力的文职官员去"虚声胁下"。这是违反历史事实的。实际情况是，大顺军在渡河东征时就已兵分两路，一路由李自成、刘宗敏统率，于占领平阳后攻取太原、宁武、大同、阳和、宣化、居庸关，进抵京师；另一路由刘芳亮率领大顺军左营，于渡过黄河进入山西后，即沿黄河北岸进军，先占领河南怀庆府（今沁阳一带），继占山西潞安府（今长治一带），又东下收河南卫辉、彰德二府（今汲县、安阳一带）、北直大名府，分兵收取附近州县，然后经邯郸、邢台、河间攻取保定，会师北京。此外，在李自成、刘宗敏所统的主力攻克太原之后，又分出一支军队由大将任继荣、马重禧等带领东出固关，占领真定（今正定），然后经保定至北京。这是一个大包围的战略。它的特点是：李自成、刘宗敏亲率主力承担消灭太原、宁武、大同、宣化、居庸关官军的任务，使京师陷于

---

[1]　有的史籍甚至误刘芳亮为刘宗敏，如《鹿樵纪闻》卷下，《自成犯阙》条记：二月十三日，"贼至潞安，分遣刘宗敏入故关，掠大名、真定，而自以大队徇忻、代，陷宁武……"又如《怀陵流寇始终录》卷十七记，三月初四日，"刘宗敏兵至大名，传檄招降……"《甲申传信录》卷七则云："闯寇既陷居庸，犯京师，遣其党刘宗亮驰寇徽南诸郡，所过悉下。"不仅误书人名，而且把南线作战的大顺军，说成是占领居庸关后所派。类似的错误记载还有不少，都反映了作者对大顺军东征的进军路线和情况没有弄清楚。

孤立无援的境地，而刘芳亮等人统率的偏师，不仅收取了黄河以北的大部郡县，同主力形成钳形攻势，防止了朱由检等反动头面人物沿运河一线南逃以及山东、南直隶官军北援。大顺军东征和攻占北京，是我国历史上一次著名的战役，按照它的原貌来叙述当时的双方态势是绝对必要的。

下面分述大顺军两路作战的具体情况。

永昌元年正月初八日，李自成统大顺军主力由西安出发，开始了向北京进军。行前，李自成命权将军田见秀留守西安，自成之妻高氏和一部分六政府官员也留在西安。包括丞相牛金星、军师宋献策在内的另一批大顺朝廷官员则随军行动，称之为行在。大顺军主力渡过黄河后，于正月二十三日到达平阳，明知府张璘然投降。军队略事休整后，即向太原进发。[1]在此前后，大顺军镇守陕北的李过等部也按照统一部署抽调兵力，"由葭州渡河，沿河邀击守渡官兵，以绝太原之援，而开西来之路"[2]。这时，山西的百姓有如大旱之望云霓，等待着起义军的到来。"晋民倡乱者皆传贼不杀不淫，所过不征税，于是引领西望。"[3]明山西巡抚蔡懋德为了对付这种民心瓦解的局面，竟

---

[1] 雍正七年《临汾县志》卷五，《兵氛》记："十七年正月二十三日，李自成自蒲州至平阳，知府张邻迎降，留五日而北。"康熙四十七年《平阳府志》记载得更详细，大顺军前锋于十二月二十五日攻克蒲州后，"十七年正月十六日，李自成至蒲州……十八日至猗氏，十九日至闻喜，二十日至绛州，二十一日至曲沃。二十三日至平阳，知府张邻迎降，留五日而北。历洪洞、赵城、霍州、灵石至汾州"。按，张邻即张璘然。《平阳府志》中记李自成到达猗氏的日期差了一天，据乾隆三十八年《临晋县志》的记载，李自成抵该县的日期是正月十八日（见卷六，《杂记》上，《灾祥》）；雍正七年《猗氏县志》记："是岁正月十九日，闯贼入县。"（卷六，《祥异》）

[2] 嘉庆二年《合河纪闻》卷八。

[3] 戴廷栻：《半可集》卷一，《蔡忠襄公传略》。

伙同封建文人傅山一道，炮制了一份托名"秦民王国泰、黎大安"的帖子"言贼荼毒逼勒之惨"，在太原省城内外到处张贴。又私下编造"马在门内难行走，今年又是弼马温"[1]的童谣，欺惑群众。然而，反动统治者捏造出来的"舆论"毕竟是无根之萍，它欺骗不了人民，更阻挡不了大顺军的前进。

　　蔡懋德面临着的不仅是大顺农民军的重兵压境，而且形势越危急统治阶级内部的矛盾也愈加错综复杂。他以一省长吏亲赴平阳部署防河事宜，妄想扼守黄河渡口。由于粮饷无着，请求封在平阳的晋藩两位郡王西河王和交城王带头"劝缙绅士民捐饷"，却没有一个人答应捐钱。防河计划尚未落实，明晋王又派人催他回太原守城。等他回到太原，巡按御史汪宗友又劾奏他擅自放弃平阳。崇祯得奏，不问情由立即下令把他解任听勘，另派郭景昌接任山西巡抚。郭景昌刚到固关，就得到义军占领汾州的消息，不敢到太原赴任。蔡懋德虽然已被革职，但接替人未到，只好硬着头皮同左布政使赵建极、巡道毕拱辰等人策划死守太原。这时，山西著名文人傅山、韩霖被聘为督帅阁部李建泰的军前赞画。傅山从保护乡梓免被大顺军占领着眼，亲自赶到北直隶请李建泰急救太原。说是只有保住太原，晋南地区才有希望恢复，畿辅才有屏障，这正是督师的责任所在。李建泰却有他自己一番考虑，他受命督师原打算把曲沃老家的财产用来募兵，拼凑一支反革命武装在山西境内阻击农民军。现在曲沃已被大顺军占领，计划无从实现，从北京带出的三千名禁旅见形势不妙早已散去了一大半。在这种情况下援救太原，真是谈何容易。因此，他断然拒绝傅山的请求，退回保定。

---

[1]　戴廷栻：《半可集》卷一，《蔡忠襄公传略》。

二月初六日，大顺军进抵太原城下。[1]晋王朱求桂拿出三千两银子，送到城头"募死士杀贼"，山西提学黎志陞却从中克扣，用纪功纸票代替现银，官军士气更加低落。初八日凌晨，巡抚标营裨将张雄[2]开新南门投降，大顺军遂占领太原。[3]朱求桂被活捉，蔡懋德自杀，布政使赵建极、分巡冀宁道毕拱辰、分守冀宁道毛文炳、督粮道蔺刚中、太原知府孙康周等都被处死。山西提学道黎志陞被俘后，跪在大顺军将领面前口称"本道历任三月，尚未入考棚"[4]，竭力为自己洗刷。已投降大顺军的文士韩霖也为之吹嘘说，"此天下文章士也"。大顺政权当即加以录用，让他主持考试，选拔文官。

李自成在太原停留八天，休整士马，设置地方官员，拘捕明朝官绅追赃助饷。二月十六日，李自成统率大军北上进攻宁武。

在攻克太原后向北京进军途中，李自成发布了著名的永昌元年诏书，全文如下：

[1] 康熙二十一年《阳曲县志》卷十三，《丛纪》。
[2] 《太原府志》卷五〇称，开门纳降的是"小将张急鬼"；戴廷栻《半可集》卷一写作"标营小将张权"。据前任山西巡抚吴甡在崇祯十六年四月的题本中，讲到山西抚标将领有陈尚智、张雄，可知张权是张雄之误，张急鬼大概是张雄的浑名。
[3] 关于大顺军进攻太原的经过，《鹿樵纪闻》说："二月五日，自成抵城下。（明巡抚蔡懋德之）部将牛勇、朱孔训等出战，死之。"《平寇志》卷八也记载，二月初五日"贼犯太原……巡抚蔡懋德遣标下骁将牛勇、朱孔训出战。孔训伤于炮。牛勇陷阵死，一军皆没，城中夺气"。其他史籍类似的记载很多。考康熙《山西通志》、《太原府志》、太原府附郭县《阳曲县志》、时人戴廷栻《半可集》以及当时正在城中的路之谦，于同年十月所作《中顺大夫分守山西督粮道布政使司参议蔺公坦生殉难记略》（收入道光二十五年《陵县志》卷十六，《艺文志》），均作二月初六日义军抵太原城下，也都未载明将牛勇、朱孔训出战败殁事。戴廷栻在《周将军传略》里还说："贼围太原，抚标小将张权、牛勇守新南门。权故贼，开门纳贼。勇逃入西山。"可见前面所引史籍中关于牛勇、朱孔训领兵出战被大顺军歼灭的说法，是靠不住的。当时太原的官军已经人心涣散，没有打什么仗就缴械了。清初史籍的作者加上一段出城作战的描写，是为了给蔡懋德等人脸上贴金。
[4] 康熙二十一年《阳曲县志》卷十三，《丛纪》。

上帝鉴观，实惟求瘼。下民归往，只切来苏。命既靡常，情尤可见。粤稽往代，爰知得失之由；鉴往识今，每悉治忽之故。咨尔明朝，久席泰宁，寝弛纲纪。君非甚暗，孤立而炀蔽恒多；臣尽行私，比党而公忠绝少。甚至贿通宫府，朝端之威福日移；利擅宗绅，闾左之脂膏罄竭。公侯皆食肉纨绔，而恃为腹心；宦官悉龁糠犬豚，而借其耳目。狱囚累累，士无报礼之心；征敛重重，民有偕亡之恨。肆昊天既穷乎仁爱，致兆民爰苦于灾褫。朕起布衣，目击憔悴之形，身切痌瘝之痛。念兹普天率土，咸罹困穷；讵忍易水燕山，未苏汤火。躬于恒冀，绥靖黔黎。犹虑尔君尔臣，未达帝心，未喻朕意。是以质言正告：尔能体天念祖，度德审几，朕将加惠前人，不吝异数。如杞如宋，享祀永延，用彰尔之孝；有室有家，民人胥庆，用彰尔之仁。凡兹百工，勉保乃辟，绵商孙之厚禄，赓嘉客之休声。克殚厥猷，臣谊靡忒。惟今诏告，允布腹心。君其念哉，罔恫怨于宗工，勿贻危于臣庶。臣其慎哉，尚效忠于君父，广贻谷于身家。永昌元年谨诏。[1]

---

[1]　这件诏书以《平寇志》卷九、《甲申朝事小纪》卷一所载为基础，据《国榷》卷一百、《明季北略》卷二十、《怀陵流寇始终录》卷十七校补，参考了王世德《烈皇帝遗事》。笔者的这个校补本在《北京师范大学学报》（哲学社会科学版）一九八〇年第六期发表之后，又看到了民国三十二年《米脂县志》卷十，《轶事志》附《拾遗》内，收有永昌元年诏书的另一文本，题目作《李自成檄明臣庶文》，开头云"新顺王李诏明臣庶知悉"，结尾一句是"檄到如律令"。这一头一尾为其他史籍所无，同内容的风格也不一致，很可能出自后人之手。

这份幸而流传下来的大顺政权诏书，具有重大的历史意义。它实际上是起义农民向明王朝发出的一份最后通牒式的劝降书。诏书全面地揭露了明廷的极度腐败，指出这个朝廷维护的只是贵族、大地主阶层的利益，天下的财富都落到了宗绅（明宗室和官僚）、公侯、宦官的手里，对于平民百姓却"征敛重重"，造成了"闾左之脂膏罄竭"。这就迫使人民起来同他们拼命，即所谓"民有偕亡之恨"。接着，李自成庄严地宣布："朕起布衣，目击憔悴之形，身切痌瘝之痛。念兹普天率土，咸罹困穷；讵忍易水燕山，未苏汤火。"表达了他和广大群众具有共同的命运，要把农民革命进行到底的决心。为了减少进军中的阻力，诏书给朱由检指明了出路，要他"度德审几"，看清形势，及早投降。诏书的革命性是显而易见的。

过去有的史学著作，在"君非甚暗"一语上做了不少分析，似乎认为在李自成眼里，崇祯皇帝也不那么坏，主要是大小臣工为非作歹，把大好山河弄得乌烟瘴气。这种看法是不够全面的。因为既然目的在于劝降，语气上就不能不稍留余地，如果把朱由检说得昏暗已极，劝他识时务就成了对牛弹琴。诏书中没有涉及"三年免征"一类的革命政策，是限于诏书本身的针对性，不能认为它比崇祯十六年发布的《剿兵安民檄》倒退了一步。就精神实质而言，后者是前者的继续和发展。当然，我们并不讳言，诏书中存在一些消极成分，主要表现为天命论。这虽然同诏书起草人的遣词造句有关[1]，但毕竟反映了李自成作为一位旧式农民革命领袖所无法超越的时代和阶级的局限。不过，对诏书中的天命思想也需要分析，它明显地继承了"天心

---

[1] 永昌元年诏书的起草人，史籍中有不同说法，如牛金星、黎志陞、周钟等。据查考，初步可以判定是明降官张璘然的手笔。

视我民心"的进步思想，还出现了"肆昊天既穷乎仁爱，致兆民爰苦于灾裉"这样的句子，对天皇老子也不无微词。可见，借"天命靡常""帝心已改"做文章，主要是为了抹去朱明王朝正统地位的神圣光圈，为大顺政权取而代之做舆论准备。

永昌元年诏书发布的前后，大顺农民军就按照原定部署，以排山倒海之势向畿辅地区进军了。

第七节　宁武之战和势如破竹的进军

宁武之战是大顺军渡河东征以后，占领北京以前进行的唯一战役。这里的守将明总兵周遇吉十分顽固，驱使士卒据城抵抗，最后落得个兵败身死。正是由于周遇吉逆潮流而动，在一片倒戈声中敢于负隅顽抗，博得了反动统治阶级的赞扬。他们抓住宁武战役编造了许多谎言，后来的史家不察，往往轻信盲从。这些谎言主要包括三个方面：一是渲染宁武战役的激烈程度，把这次战役持续的时间说得很长；二是诬蔑大顺军攻克宁武以后，把城里的老百姓都杀光了；三是夸大战役的后果，把大顺军的胜利描绘成惨胜，甚至毫无根据地说李自成等人，由于士卒损失过多曾一度打算退回关中。下面就依据可靠史实，对以上三点进行必要的考辨。

一、《明季北略》卷二十《周遇吉宁武大战》条中说，"遇吉设奇制胜，每战必胜"，相持半月，至三月初一日才被大顺军攻克城池。这是不真实的。据康熙二十一年《山西通志》卷三十《杂志》载，李自成是在"二月十六日自太原起身，数日至宁武"；崇祯十七年三月《兵部为贼势已压云境等事》行稿说，大顺军"二十日过雁门关，二十一日攻宁武"[1]；据乾隆十五年《宁武府志》卷十一，大顺军攻克宁武的时间是二月二十二日。这就清楚地表明，整个宁武战役首尾不过两天。就官军而言，当时已经是强弩之末，士气不扬，只是在周遇吉的逼迫下才勉强迎敌，根本就没有"相持半月"之事。

二、大顺军攻取宁武时，周遇吉被擒处死。但是，大顺军并没有不分青红皂白地杀戮平民。乾隆《宁武府志》记载：

> 贼初破宁武，亦不甚杀戮，旋引兵而东。明日，贼别部在城中者忽树蓝旗，遂肆戕虐，被祸者数千人，其伪总兵尤世禄所为也。王埙作《节录补》而谓"贼恨其久不下，屠杀一尽，血流成波"，亦失其实，盖但得诸传闻耳。[2]

这里说的伪总兵尤世禄，是义军攻占榆林时投诚过来的将领。他曾经任过明朝山西总兵，革职后居住在宁武，同山西官绅结下了宿怨，被撵回原籍榆林。[3]大顺军进攻宁武之前，尤世禄奉李自成之命，以过去曾与共事的关系，到城下去招降周遇吉。周遇吉翻脸无情，弯弓相向，虽然没有射中，却又结下了新仇。可见，攻克宁武以

---

[1] 见《明末农民起义史料》，第四四九页。

[2] 乾隆十五年《宁武府志》卷十一，《余录》。

[3] 凌义渠在崇祯十年十一月十七日具题的《请旨安置罪帅疏》中说："顷者废帅尤世禄贪横不法，罪状显著。监臣牛文炳据实奏参，奉旨革职究拟，似已翦其翼，抉其爪，纵负狂啮之性，亦穷乎计无所施矣。然而山右士大夫不无鳃鳃过虑者，则以凶焰虽除，狡窟仍在，恐不为去恶务尽计，将来播毒一方，终无已时也。……查世禄向来籍贯原在榆林，此地既难容身，自当另图变计，惟有问拟之后即时回还原籍为便。第世禄侨寓宁武日久，广置腴田大宅，多买歌童妇女业已弃故乡若瓯脱，踞任所为郿坞矣。若不奉明旨发遣，而望其逡巡引去，当下毫无系恋，万万不能。……"（见《凌忠介公奏疏》卷五）

后杀了几千人，也还是刚刚投降过来的明朝将领尤世禄的个人报复行动。《平寇志》等书说，"贼屠宁武，婴稚不遗"，完全是一些文人别有用心的捏造。

三、这次战役持续的时间不长，规模也比较有限，大顺军在攻城过程中的伤亡自然不会太大。可是，《明季北略》卷二十《周遇吉传》中，却煞有介事地说"廿五日，贼（指李自成）集头目计曰：'宁武虽破，受创已深。自此达京，尚有大同兵十万，宣府兵十万，居庸兵二十万，阳和等镇兵合二十万。尽如宁武，讵有孑遗哉！不若回陕休息，另走他途。'已刻期明早班师"，云云。根据可信史料的考核，这里所列出的大同至居庸关官军数目，完全是信口开河。我们知道，在明末农民战争中，各部义军都非常注意侦察敌情，李自成对官军的实力肯定有一个基本的了解。作者借李自成之口夸耀官军实力，妄称大顺军已刻期班师，"回陕休息"，无疑是痴人说梦。

宁武战役以后，李自成、刘宗敏率大军继续北上，三月初一日到达大同[1]。这里的兵民早就要求归顺，明朝代王朱传㸅却责令守城。大同总兵姜瓖自知力量单薄，难以抵敌，遂开门投降。[2]大同巡抚卫景瑗被俘，由于他薄有令名，李自成恳切地开导他："我米脂一民耳，今日至此，天命可知，尔真好官，尔降仍用尔抚大同。"过了三天，李自成见他不肯投降，爽朗地说："尔真忠臣，我且驿乘送尔还家。"卫景瑗却死心塌地要为明王朝"杀身成仁"，请求速死。李自

---

[1] 《国榷》卷一〇〇。记大顺军占领大同事于二月二十九日。据明宣大总督王继谟题本及乾隆《韩城县志》卷六《卫景瑗传》，应为三月初一日。

[2] 程源：《孤臣纪哭》（收入冯梦龙编《甲申纪事》）云：三月"初九日，贼至宣府，叛将白广恩、官抚民以书约总兵姜瓖。瓖叛迎贼，宣陷"。程源把姜瓖说成宣府（今河北宣化）总兵，在宣化投降，均误。

成说："我必不杀尔。"卫景瑗唯恐做不成忠臣孝子，自己跑到海会寺自到而死。李自成得报后仍然给了五十两银子，派人把卫的丧枢送回韩城老家。[1]对于明朝代藩，李自成却毫不手软，下令杀了朱传燨全家。义军离开大同之前，派制将军张天琳留守。

大同的投顺，在敌人的营垒里引起了连锁反应。明宣大（宣府、大同地区）总督王继谟驻地为阳和（今山西阳高县），义军还未到，军民就纷纷准备迎接。王继谟在一六四四年旧历三月上旬给朝廷的题本中说："该臣见得阳和将士人民俱欲迎贼，出示严戒，惕以军法，而犯迷终不可解。"为了给部下鼓气，王继谟在关帝庙召集全城文武官员歃血盟誓，自己"大声激烈，洒泪倾肝"，而"诸人但默默虚应而已"。属部各标将领"俱密写禀迎贼"，使他感到"一时已如异世"。王继谟于无可奈何之中，打算带领亲丁百余人护送库银一万余两逃回京师。不料刚走到天城卫，"众兵呐喊震天，又将其好马及饷银尽夺，挟去投贼矣！"这位总督一方的明朝大员不胜感慨，哀鸣道："看此时候，无一兵一将一民不反面向贼。""臣茕茕孤身，止有归命于皇上而已。"朱由检阅报后气急败坏地批示道："王继谟奉旨援云（指大同），此时正当推诚鼓众，奋励图功。据奏兵将溃散，不服调遣，平日料理安在？姑着戴罪收拾兵将，立解云围。不得饰词规避，以干大法。"此时大同已投降数日，王继谟成了光杆司令，叫他"收拾兵将，立解云围"，只能表明朱由检已经急得发昏了。[2]

大顺军到达阳和时，明阳和兵备道于重华，"郊迎十里，士民

[1] 乾隆四十九年《韩城县志》卷六《卫景瑗传》。
[2] 《明末农民起义史料》第四五一至四五二页。不久，王继谟自己也向大顺政权投降了，见赵士锦《甲申纪事》。

牛酒塞道"[1]。宣府（今河北宣化）总兵王承胤也先期派人到大同递表投降，接应大顺军先头部队千人潜入宣化。民间早已宣传大顺军"所过秋毫无犯，发帑赈贫，赦粮苏困，真若沛上亭长、太原公子复出矣"[2]，均急不可待地盼望义军早日到来。三月初六日，大顺军主力到达宣化[3]，宣府巡抚朱之冯妄图负隅顽抗，在城头勒令军士同义军作战，"军士抱手默然无动者。盖一切大炮之火线已绝其火，门已俱塞实，不能发矣"。朱之冯见大势已去，急得仰天大哭。王承胤分守南城，当即大开城门迎接义军入城。"满城结彩，或帛或布，无者继以纸。百姓胸前皆粘'顺民'二字，焚香跪接。"[4]朱之冯自缢而死。李自成巡视全城时，王承胤"跪之前称贺"，面有德色。李自成对他这种自矜功伐颇不以为然，当面问道："此谁家城？"王承胤满面惶恐，无言以对。[5]

第八节　大顺军的南线作战

如前所述，李自成在部署向北京进军时，采取了钳形攻势。当他和刘宗敏亲率大顺军主力取道太原、宁武、大同、宣化入居庸关，一路上扫荡沿边各镇明军，从北面向京师推进时，大顺军的另一支大

[1] 《怀陵流寇始终录》卷十七。
[2] 邹漪：《启祯野乘》卷十一，《朱忠壮传》。
[3] 关于大顺军占领宣化的时间，陈济生《再生纪略》载于三月初八日；程源《孤臣纪哭》说是三月初九日；邹漪《启祯野乘》卷十一记于三月十二日。这里是根据赵士锦《甲申纪事》所载大顺军队长姚奇英的口述。
[4] 邹漪：《启祯野乘》卷十一，《朱忠壮传》。
[5] 李长祥：《天问阁集》卷中，《故都察院右副都御史宣府巡抚宛平朱公庙碑》。

军，即刘芳亮统率的左营，也按照统一部署展开了南线作战。

永昌元年二月，刘芳亮率部于蒲州渡河，沿黄河北岸向东进军。二月下旬，进抵河南怀庆地区，明朝副将陈德（陈永福之子）把巡按御史苏京拘捕起来，投降了大顺军。刘芳亮在怀庆地区设置了防御使、府尹和所属六县的县令。[1]封在卫辉府（府治在河南汲县）的明潞王朱常淓早已吓得魂不附体，义军还未到达就在总兵卜从善的保护下，携带宫眷和宝器渡河南逃。[2]刘芳亮安抚地方以后，领兵进取山西长治地区。长治古称上党，历来是兵家必争之地，明朝的沈王就分封在这里。当时明王朝各地政权机构已成瓦解之势，在义军到达之前，潞安府的官员就逃跑一空，出现了地方无主的局面。大顺军兵不血刃地占领了长治和附近州县。当地士绅不禁叹息道："夫河东上党，为古来用武必争之地，而皆唾手得之，天下事不可为矣。"[3]义军活捉了沈王朱回洪，缴获了宫中所藏大批金银宝器。刘芳亮任命孙明翼为潞安防御使，让他负责追赃助饷，"系诸郡王宗室及乡士大夫，非刑酷拷，大索金银，动以千万计，名为捐助。下至乘田委吏，无一得免者。或已经物故，复收其子孙一体拷掠，是名故宦例亦如之。……且分布诸贼各县严比"。[4]刘芳亮留下大将平南伯刘忠镇守长治地区，自己引兵继续前进。

大顺军左营主力离开长治后，东下彰德府，派部将领兵收取大名府和府属各县，"布州县伪官，毒掠缙绅"[5]，并且留大将刘汝魁镇守

---

[1] 康熙三十四年《怀庆府志》卷九，《古事》。
[2] 顺治十六年《卫辉府志》卷二；又见康熙《卫辉府志》卷二，《建置上·卫志》。
[3] 乾隆二十八年《长治县志》卷二七，《事迹》。
[4] 同3。
[5] 康熙十一年《重修大名府志》卷二四，《外传》。

河南彰德府（今安阳）一带地方。[1]他自己则带着部队取道磁州（今河北磁县），进入畿辅地区。广平府（今邯郸地区，府治在永年县）的明朝地方官逃窜一空，"城中无主"。居住在广平府内的原通州总兵张汝行，派腹心前往磁州向刘芳亮纳款。三月初十日，大顺军进入广平府，"汝行郊迎三十里"。略事休整后，刘芳亮即整队北上。"汝行请为前行，献取京、通之策。芳亮许之。"队伍开拔前，刘芳亮任命翟凤耆为防御使，留下郭都尉、常掌旅领兵五百名镇守广平。[2]

刘芳亮部继续北收邢台、河间等地，一路上皆望风归附。三月二十一日，进抵畿铺重镇保定。史籍中对大顺军向保定进军的场面，留下了这样的描写："寇大至，络绎三百里，羽旗铁甲，炯烁夺目。尘坌纷起，昼为暝；马嘶人喊，海沸山摧。"[3]足见兵威之盛。当时，大顺军旌旗所向，明朝的"守土文武吏率皆望风降遁，或绅士争为乱首，倒曳衣冠，疾走恐后，相与称仁诵义曰迎真主"[4]。保定城里的百姓不愿为朱明王朝坚守，纷纷要求开门纳款。就在这时，"代帝亲征"的明大学士李建泰逃进了保定，他也认为"势难支"，不如及早投降。可是，署府事同知邵宗玄和新任知府何复，却同当地乡绅张罗俊等沆瀣一气，坚决主张守城。他们责骂"百姓无知"，不懂君臣大义，"下令人缀崇祯钱一于额以示戴主之义"，驱使军民上城拒守。大顺军在城下高声喊话，告以京师已于三月十九日攻克，奉劝他们不要执迷不悟，自寻绝路。张罗俊、邵宗玄等人冥顽不化、置若罔闻。刘芳亮见劝降无效，下令全力攻城。大顺军"架铳土阜上，击雉

[1] 参见康熙《广平府志》卷十二，《兵纪》。
[2] 乾隆十年《永年县志》卷十二，《兵纪》。
[3] 康熙十九年《保定府志》卷十七，《忠烈》附《甲申纪事》。
[4] 张罗喆：《明张氏兄弟倡守保定阖门殉难实迹》。

堞如振秋箨，铅丸铁子，喷天抉地，屋瓦飘纷。人皆戴木板循墙走。未几，西北楼火，南郭门又火，隍池溃，高橹灰飞，深沟涛散，守者不寒而栗"[1]。三月二十四日夜半，南城守弁王登洲等人缒城投降，"百雉顿空"，起义军一拥而上。李建泰所带的几百名军士也"崛然内应"，领着保定府推官许曰可、清苑知县朱永康向义军投诚。方正化、邵宗玄、何复、张罗俊等都被处死。

李自成在北京听说保定的明朝官绅仍在顽抗，唯恐激起将士的义愤，破城后杀人过多，特地发布诏书赦免当地军民。刘芳亮于克城前一个时辰接到诏书，进城后立即下令禁杀。[2]他在西门召集士民宣读告谕，任命文华国为保定府尹，同时委任了推官和县令，责成他们办理粮草。第二天，"下令遍拿乡绅之未死者及其子若弟，拷掠惨毒"，进行追赃助饷。还把驱使军民拒守的劣绅、明工科给事中尹洗等处斩，"揭其首于竿，榜曰：据城抗师，恶宦逆子"[3]。二十六日，刘芳亮留部将张洪守保定，自己带领军队向京师进发。李建泰也随同进京，受到李自成的礼遇。

下面再谈大顺军由山西东出固关，占领真定（今河北正定县）地区的经过。真定在明朝末年是巡抚衙门所在地。二月间，大顺军占领

---

[1] 康熙十九年《保定府志》卷十七，《忠烈》附《甲申纪事》。

[2] 陈僖：《明崇祯十七年保定府纪事》（按，即《甲申上谷纪事》，此书多以为早已亡佚）云："方保定守于京师之既亡也，自成恚之。谓伪军师宋企郊（当是宋献策之误）曰：'我起兵横行中原，所略地无敢拒者，独榆林卫、太原府、宁武关拒我师。今京师亡，保定犹守。不大屠掠，何以威天下！遣渠帅刘宗敏行，卜日出师。'宋卜曰：'吉！城克在即，师无庸出也。但保定守于京师已亡，人人敢死，乃忠义之区。我今已有天下，当临之，急走诏赦，为日后封疆臣劝。'自成从之，降伪诏。方亮于廿四辰刻接诏，巳刻下城，午即出令禁杀，由是得不屠。"（引自陈僖《燕山草堂集》卷三）

[3] 康熙《保定府志》卷十七，《忠烈》附《甲申纪事》。

273

太原的消息传来，当地驻军就准备投降。奉巡抚徐标之命出守固关的参将李茂春，一面派人去山西同大顺军联络，一面把大顺军的檄牌传到真定。[1]徐标碎牌斩使，表示要同大顺农民军对抗到底。他标下的兵丁立即行动起来，把徐标绑出西门斩首，推都司谢加福为首，称副总兵，用大顺永昌年号，通令府属各县迎接义军。三月初七日，大顺军一部在大将任继荣、马重禧等人的统领下由固关来到真定。马重禧任大顺政权真保节度使，并任命了防御使、府尹、推官、县令等各级地方官。[2]三月下旬，任继荣带领部分兵马经保定前往京师。[3]

　　大顺军的南线作战，有力地配合了李自成、刘宗敏所统主力攻占北京，完成了收取黄河以北大批郡县的任务，对于大顺农民革命全盛局面的出现做出了重大贡献。

---

[1]　据乾隆五十一年《平定州志》，《建置志·营制》附《兵事》记载，大顺军在二月间就占领了平定州（今山西阳泉市），"伪总兵焦驻兵一日东行"。平定州同北直隶井陉相邻，固关（或名井陉故关）就在两地之间。这说明大顺军当时已经迫近关门，距离真定不远了。

[2]　顺治三年《真定县志》卷四，《政事志》。

[3]　参看康熙《保定府志》卷十七；《小腆纪年附考》卷四等书。按，在一些史籍里把任继荣写作任珍或任祯。

第十一章
明廷在覆灭前的挣扎

第一节　李建泰奉命督师

大顺军在西安建国改元和渡河东征的消息传到北京，朱由检吓得坐立不安。当时摆在他面前的是一大堆的难题：在军事上，起义军兵强马壮，占了绝对的优势，而自己却缺兵、缺将、缺饷，根本招架不过来；在政治上，大顺政权好比旭日东升，万民景仰，而他所代表的明王朝却是民心丧尽，出现了土崩瓦解的形势。他已经预感到自己的末日临近了。但是，一切剥削阶级都不会自动退出历史舞台。正如列宁所说的："在人类历史上从未有过这样的事情，统治阶级和压迫阶级会自愿放弃自己统治的权利、压迫的权利以及从被奴役的农民和工人身上榨取成千上万的收入的权利。"[1]对于朱由检来说，只要他还

---

[1]　列宁：《在第二届国家杜马中关于土地问题演说的草稿》，引自《列宁全集》第十二卷，第二六一页。

拥有一块可供榨取的地盘，一支可供调遣的兵力，他就绝不会甘心坐待灭亡。自从孙传庭兵败身死之后，朱由检迫切希望找到一个能够担任督师的人替他收拾残局，挡住起义军的进攻。经过一番盘算，他内心里选定了大学士李建泰。一天，他在临朝时叹息说："朕非亡国之君，事事皆亡国之象。祖宗栉风沐雨之天下，一朝失之，何面目见于地下。朕愿督师，亲决一战，身死沙场无所恨，但死不瞑目耳。"[1]说罢痛哭流涕。大学士们听皇帝说要御驾亲征，一个个心领神会，从首辅陈演起都挨次报名请求代替，但朱由检都不答应，轮到李建泰报名时，他才欣然同意。

李建泰为人贪生怕死[2]，既无驭将之才，也无应变之策，他被选中出马督师，只是因为他是山西的大富翁。朱由检在兵饷俱缺的情况下看中了他的万贯家财，指靠他"破家以纾国难"。李建泰也明白朱由检的意图，想到大顺军离老家曲沃已经不远，与其让家产落入起义农民的手里，不如用来博取一个急公好义的美名。于是，他干脆在朱由检面前装出一副义形于色的样子，说道："臣家曲沃，愿出私财饷军，不烦官帑，请提师以西。"[3]正月二十日，朱由检正式决定李建泰以督师辅臣的身份"代朕亲征"，选定二十六日举行隆重的遣将礼。到了这一天，朱由检先派驸马都尉万炜祭告太庙，卯时举行典礼，然后在正阳门（北京前门）城楼上大摆宴席，为李建泰饯行。朱由检用金杯斟酒连赐三杯，即以三个金杯赐之后，当即拿出自己亲笔

---

[1] 《明史》卷二五三，《李建泰传》。
[2] 《明季北略》卷二〇，《李建泰督师》条下记载了一个小故事，颇能说明李建泰的为人："昔崇祯丙子（九年），建泰主试江南。（九月）九日，大宴雨花台。百官送之。建泰坐轿中叹曰：'不觉又重阳矣！'盖感日月之易迁，知其贪生之念重也。"
[3] 《明史》卷二五三，《李建泰传》。

撰写的《钦赐督辅手敕》郑重地交给了李建泰。敕书原文如下：

朕仰承天命，继祖宏图，自戊辰至今甲申十有七年，未能修德尊贤，化行海宇，以致兵灾连岁，民罹水火，皆朕之罪。至流寇，本我赤子，窃弄兵戈，流毒直省。朝廷不得已用兵剿除，本为安民。今卿代朕亲征，鼓联忠勇，表扬节义，奖励廉能，选拔雄杰。其骄怯逗玩之将，贪酷倡逃之吏，妖言惑众之人，缺误军粮之辈，情真罪当，即以尚方从事。行间一切调度赏罚，俱不中制。卿宜临事而惧，好谋而成，剿则真剿，奸渠胁胁，一人勿得妄杀；抚则真抚，投戈散遣，万民从此安生。以卿忠猷壮略，品望夙隆，办此裕如，特兹简任，告庙授节，正阳亲饯。愿卿荡荡妖氛，旋师奏凯，侯封晋爵，鼎彝铭功。有功内外文武各官从优叙赉。朕仍亲迎庆赏，共享太平。预将代朕亲征安民靖乱至意偏行示谕，咸使闻知。特谕。[1]

由于李建泰是代帝亲征，故朱由检在敕书里授予了莫大的权力。过去命杨嗣昌等人充当督师时也颁赐尚方剑，但专决范围限制在"文官自监军、兵备道及饷司、府州县等官，武官自副、参以下"[2]，对各地总督、巡抚、总兵等高级文武官员只能参奏，听凭皇帝裁决。给李建泰的敕书中却没有这类限制，不论何人只要"情真罪当，即以尚方从事"。为了让李建泰能够放手摆布，还特别规定"行间一切调

---

[1] 蒋德璟：《悫书》卷十一。
[2] 杨山松：《孤儿吁天录》卷十三所载崇祯十三年赐给杨嗣昌的敕书。

度赏罚，俱不中制"。昔年杨嗣昌陛辞出京时，朱由检不过吩咐一声"与他酒饭吃"，自己就起驾还宫了。[1]这次却亲临正阳门城楼斟酒赐宴，礼遇之隆，前所未有。李建泰受到这样隆厚的礼遇，也为之感泣，誓以死报。席散，崇祯皇帝在正阳门上目送李建泰出京。

李建泰离京后取道保定南下。选择这条路线同当时明廷对形势的分析有关，朱由检和他左右的大臣们都认为，在大同、宣府一带还拥有重兵，大顺军进入山西后如果要攻取京师，"必不犯天下重兵处以入。于是命辅臣统禁旅出保定，而朝廷之忧则在保定不在宣大，且谓保定即不支，犹可调宣大兵之半以援畿辅也"[2]。后来的事实表明，明廷的这种分析仍然是过高地估计了自己的力量。等到发现义军采取的是南北夹攻的战略时，就完全陷入了被动地位。

一出北京，李建泰就立即感到了政治气候的急剧变化。他这位堂堂代帝亲征的大学士，在畿辅之内竟至落到了举目无亲的境地。"李至一县，县人漫视不为礼。李从者饥，求食。县人曰：'汝官为大明乎？为大顺乎？'诡对曰：'大顺。'乃为设食甚丰，饱餐而去。"[3]定兴县距离北京不过二百里，李建泰领着禁旅途经该县时，居然吃了闭门羹。"建泰攻破之，笞其长吏。"[4]南到邯郸时便传来了大顺军左营刘芳亮部正沿着黄河北岸向东进军的消息，李建泰立即原形毕露，"心怖，北向鼠窜，兵遂溃。所过之处恣意劫杀"[5]。途经广宗县时，他要求入城躲避，知县李弘基严词拒绝，带领县民登城设

---

[1] 《杨文弱先生集》卷四四。
[2] 李长祥：《天问阁集》卷中，《故都察院右副都御史宣府巡抚宛平朱公庙碑》。
[3] 刘尚友：《定思小记》。
[4] 光绪十六年《定兴县志》卷十九，《大事》。
[5] 康熙三十二年《广宗县志》卷十，《人物列传》。

守。李建泰大怒，下令攻城。城破后乡绅王佐当面质问他："阁部受命南征逆闯，赐尚方剑、斗牛服，推毂目送，圣眷至渥。今贼从西南来，正宜迎敌一战，灭此朝食，上报国恩。奈何望风披靡，避贼北遁，陷城焚劫耶？"李建泰恼羞成怒，下令把王佐处斩。[1]李军把"官帑民舍抢劫一空"之后继续北窜，一路上士卒不断逃走，只剩下数百名亲军拥簇着饷银，跟随李建泰溜进了保定。不久即在此向刘芳亮部大顺军投降。风光一时的大学士代帝亲征的闹剧，遂告结束。[2]

第二节　调吴三桂部进关之议

孙传庭统率的陕西三边官军覆没后，朱由检感到手头可以用来抵挡农民军东进的兵力十分单薄，除了抽调驻守宁远的辽东总兵吴三桂部以外，再也没有其他选择了。于是在正月十九日召对大臣时，正式指示调吴三桂部进关。在调兵的问题上，又一次表现了明廷的内部矛盾。朱由检非常清楚，吴三桂部入关，无疑是放弃宁远，使山海关外的土地、汉民落入满洲贵族手里。为了避免使自己承担"弃地"的恶名，他一方面指示只抽调五千名精兵随吴三桂前往山西助剿，说什么关外"余兵尚多"，未尝不可以支撑局面；另一方面又示意大臣们主动承担责任，说："此等重大军机应行与否，原应先生每（们）主持

---

[1] 乾隆十五年《顺德府志》卷十二，《人物下》。又见康熙《广宗县志》卷十，《人物列传》。按，不少史籍说李建泰军攻破了东光县城，李军并未经过东光，实无其事。

[2] 《怀陵流寇始终录》卷十七，记甲申正月丙辰日李建泰出京事有一条小注说："辽东孙德新云：建泰实奉密旨封闯为秦王，求罢兵也。"录以备考。

担任，未可推诿延缓误事。"[1]

然而，实际情况是，吴三桂的五千精兵一撤，剩下滥竽充数的明军，根本无法抵挡满洲贵族军队的进逼。而且随着吴三桂主力的进关，势必出现人心不固，关外军民蜂拥入关避难的局面。大臣们深知朱由检的为人，唯恐招来杀身之祸，竭力避免自己承担风险。首辅陈演首先打出"一寸山河一寸金"的旗号，坚决反对"弃地"[2]。在回奏揭帖里，陈演等大臣先把朱由检恭维一番，说调吴部精兵入关"诚为灭寇胜着"，接着笔锋一转："第关宁迫切神京，所系尤重。三桂兵五千为奴（指满洲贵族）所惮，不独宁远恃之，关门亦恃之。虽缓急未必能相救，而有精兵在彼，人心自壮。倘一旦调去，其余皆分守各城堡之兵，未必可用也。……万一差错，臣等之肉其足食乎？此真安危大机，臣等促膝密商，意旨如此，实未敢轻议也。……臣等迂愚无当，诚不敢以封疆尝试，伏乞圣裁！"[3]兵部尚书张缙彦干脆把问题挑明，说："三桂之调不调，视宁远之弃不弃，两言而决耳。"[4]朱由检卸责于下的算盘落了空，只好自己决策放弃宁远。他说："收守关（指退守山海关）之效，成荡寇之功，虽属下策，诚亦不得已之思。"[5]表面看来，调吴三桂部入关的方针在正月下旬总算

---

[1] 蒋德璟：《悫书》卷十一。蒋德璟当时任大学士，书中抄录了阁帖原文，是准确可靠的。一般史籍记载明廷策划抽调吴三桂部入关，都失之过晚，例如谈迁《国榷》卷一百记，二月丁亥（二十八日）朱由检"命府部大臣各条战守事宜"时，吏科都给事中吴麟征"请弃山海关外宁远、前屯二城，徙吴三桂入关，屯宿近郊以卫京师。三桂忠勇，可倚以办寇。廷臣皆以弃地非策，不敢主其议"。这种叙述不能说是误记，而是不知道在这以前，朝廷业已就撤辽东兵马入关防堵大顺军进行过计议。

[2] 孙承泽：《春明梦余录》卷二四，《闻警求去》条。

[3] 蒋德璟：《悫书》卷十一。

[4] 同3。

[5] 同3。

确定了下来，实际上仍然在扯皮。首辅陈演为了把责任推个一干二净，再次召集大臣合议，意在分担责任。廷议通过后，他又千方百计地拖延时间，"具揭以为外边督抚未必来，亦当佥同"[1]，"请行督、抚、镇再议宁远弃后关门作何守法？军民作何安顿？总欲完其不敢任之局也"[2]。朱由检被弄得心烦意乱，只好下"圣谕一道，差官前去，及取回奏"[3]。经过这样反复协商，迁延了一个多月，直到二月底，吴三桂入关之议仍然没有付诸实行。

三月初，大顺军已经逼近畿辅。明廷才在初四日诏封吴三桂为平西伯、蓟镇总兵唐通为定西伯、挂平贼将军印援剿总兵左良玉为宁南伯、凤庐总兵黄得功为靖南伯（不久又补封刘泽清为平东伯）；同时命令吴三桂、唐通等统兵入卫京师。吴三桂部因为距离较远，直到大顺军占领了大同、宣化，兵锋直指京师时，才在三月十三日进关。[4]首辅陈演眼看大厦将倾，就告病回家，陛辞时口称"赞理无效，臣罪当死"。朱由检明知正是陈演等人的油滑才使自己吃了大亏，不禁火冒三丈，大骂道："汝一死不足尽其辜。"[5]就这样，原来策划调吴三桂部入晋抵挡大顺军的计划由于上下推诿，终于全部落空。

按当时的形势和双方兵力对比来分析，即便吴三桂部在正月下旬开始进关，也无法实现朱由检的战略意图，挽救不了明王朝覆灭的命运。因为大顺军不仅在东征的兵力上远远超过明政府所能抽调的兵员，而且大顺军除了主力由大同、宣化进军居庸关，从北面攻取北京

[1]　张缙彦：《依水园文集》前集卷二。

[2]　《春明梦余录》卷二四。

[3]　《依水园文集》前集卷二。

[4]　张缙彦：《依水园文集》前集卷二，《关宁调援纪事》说：吴三桂部"于三月十三日进关，请马一万，安歇家口五日，遂无及矣"。

[5]　《春明梦余录》卷二四。

以外，还有两路偏师分别由大将刘芳亮等率领经怀庆、长治、畿南，取道河间府北上及大将任继荣、马重禧率部由山西出固关，取真定，形成三路包抄京师的态势。相形之下，吴三桂部区区数千官军，不过是杯水车薪，根本无法分头迎敌这三路大军。但是，抽调吴三桂部进关所经历的周折，却从一个侧面反映了明王朝统治集团内部矛盾重重，加速了它自身的灭亡。

第三节　南迁之议

尽管朱由检对李建泰出京督师和抽调吴三桂部堵御农民军抱有幻想，但山西前线传来的越来越不利的消息，却使他感到前途渺茫。何况吴三桂的军队移作抵御农民军之后，关外的满洲贵族军队乘虚而入，京师也同样难保。在这种内外交困之时，他何尝不想效法晋元、宋高，赶在大顺军兵临城下以前脱身南逃，依托半壁江山苟延残喘。早在这年正月，朱由检就秘密地多次召见主张"南迁图存"的左中允李明睿。他四顾无人之后才向李明睿推心置腹地说："朕有此志久矣，无人赞襄，故迟至今。汝意与朕合。朕志决矣。诸臣不从，奈何？尔且密之。"[1]接着，他同李明睿具体商量了南迁的路线、护卫、饷银和留守事宜。二月间，形势急转直下，代帝亲征的李建泰束手无策，派人飞章上奏说："贼势大，不可敌矣。愿奉皇太子南

---

[1] 《平寇志》卷八。朱由检说"朕有此志久矣"，这句话同满洲贵族军队多次侵入畿辅，明京师数次处于危急的背景有关。

去。"[1]南迁的问题逐渐由窃窃私议而公开形之于奏章。然而，连这样一件并不难抉择的事情，也因为朝廷内部的纷争而搁浅了。按崇祯皇帝的本意是自己逃往南方，但一要大臣襄赞，二要顾全面子。李明睿在奏疏里故意把南逃美其名曰"亲征"，就是摸准了朱由检的这种心理。可是，大学士们唯恐皇帝南迁时留下自己辅佐太子居守，变成替死鬼；即便随驾南迁，一旦京师失守，也说不定由于自己曾经主张南迁而替人受过。于是一个个唯唯诺诺，不置可否，即所谓"帝欲大臣一言主之。大臣畏帝不敢言，虑驾行属其留守，或驾行后京师不能守，帝必罪主之者，遂无人决策"[2]。特别是一部分廷臣如左都御史李邦华，竟然主张"皇上自然守社稷"[3]，而让太子朱慈烺到南京去监国，同时分封定王和永王。这是完全不符合朱由检心意的。因为如果实行这个办法，朱由检自己仍然逃不了命；即便有如天之福，勤王兵及时赶到，守住了京师，太子监国南京，说不定会重演唐肃宗灵武登基的旧戏。所以，他愤愤不平地说："朕经营天下十几年尚不能济，哥儿们孩子家做得甚事？先生早讲战守之策，此外不必再言。"[4]在一片混乱当中，给事中光时亨又跑出来参了一本，指责"李明睿南迁

---

[1] 李长祥：《天问阁集》卷上，《甲申廷臣传》。

[2] 同1。

[3] 李邦华明知当时"太原以西已成鱼烂，太原以北势如破竹"，京师"内备外援，一无足恃"，"恃者惟都城崇墉耳"。可是，他却主张"在皇上惟有坚持效死勿去之义"。说什么"方今国势杌隉，人心危疑，皇上为中国主，则当守中国；为兆民父母，则当抚兆民；为陵庙主鬯，则当卫陵庙；而周平、宋高之陋计，非所宜闻"。他先建议让太子早日抚军南京，过了几天不见动静，形势却越来越急，又再次上疏请分封定王和永王于东南太平、宁国等府（在今安徽省南部），用意是避免覆巢之下无完卵，即便北京被农民军占领，朱由检的儿子还可在南京继统（见《皇明李忠文先生集》卷六，《总宪奏议》）。

[4] 《绥寇纪略》补遗中。按，蒋德璟《悫书》卷十二，《阁臣回奏会议名单》中，说"璟奏廷议俱言东宫宜往南监国，上不应"。

为邪说"。朱由检气急败坏地当面斥责道:"一样邪说,却只参李明睿何也?显是朋党,姑且不究。"[1]南迁之议就在这样一片纷争当中拖延了下来。等到起义军逼近北京的时候,朱由检得到情报说,大顺军除了由大同、宣化方面来的主力以外,还有刘芳亮等统率的部队沿黄河北岸进军从南面包抄北京,往南逃跑的可能性也很小了。只有在内心追悔之余,发出"朕不能守社稷,可殉社稷"的哀鸣,准备同他所代表的明王朝一道葬身于农民起义的火海。[2]

第四节 没顶之际的几根稻草

三月初六日,明廷感到事态严重,正式下令放弃宁远,命蓟辽总督王永吉、宁远总兵吴三桂统兵入卫京师。同时檄调蓟镇总兵唐通、山东总兵刘泽清率部勤王。

吴三桂因为远离京师,收拾和安置关外又费时日,直到京师被义军攻克时还跋涉于勤王路上。刘泽清接到勤王诏书后,谎称自己坠马负伤,不能行动。朱由检无法,只得反赐银两表示慰问。刘泽清并没有因此而感动,竟将临清大肆抢掠后率军南逃。只有唐通领着所部

---

[1] 蒋德璟:《悫书》卷十二。其他史籍多有"光时亨阻朕南迁,本应处斩,姑饶这遭"一语。蒋德璟的记载是当时正式回奉的原文,应当说比较准确。杨士聪在《甲申核真略》内,力辩光时亨上疏谏阻南迁一事为妄,失之武断。

[2] 黄宗羲:《明夷待访录·建都》条云:"当李贼之陷京师也,毅宗亦欲南下,而孤悬绝北,音尘不贯,一时既不能出,出亦不能必达,故不得已而身殉社稷。"孙承泽在《天府广记》卷三四中也说:"上御勤政殿,独召驸都尉(指驸马都尉巩永固)密商,然真、保之间路已梗塞。"

八千士卒到达北京，屯扎在齐化门（朝阳门）外。[1]陛见时，朱由检赐宴，慰劳有加。唐通也表示"愿捐躯报效，使元凶速就歼夷"。朱由检非常高兴，赏唐通本人白银四十两，兵丁每人五钱。为了加强对这支军队的控制，他派太监杜之秩充任监军。这种做法激怒了唐通。他把朝廷赐给的东西摔在地上，满腹牢骚地说："皇上太师我，伯我；又以内官节制反上我，是我不敌一奴才也。"[2]接着便借口自己带领的兵员数"寡于贼，不敌；战此平地，尤不敌。当往居庸关设险以待"[3]。上疏后不待朝命，拉起队伍就走。朱由检也无可奈何。此外，临近灭亡之时，朱由检还手忙脚乱地采取了一些措施，主要有以下各项：

一、令勋戚、太监和百官助饷。朱由检为了搜括兵员进行垂死挣扎，但又碰到了军饷的困难。明王朝的国库早已囊空底净，有限的外解又由于京师在军事上陷于被包围状态而无法运来。皇宫里的内帑虽然还很多，朱由检却舍不得拿出来。[4]他在二月中旬下了一道捐饷的命令，责成勋戚、太监和百官报效，以纳银三万两为上等。皇帝自己

---

[1] 李长祥：《天问阁集》卷上，《甲申廷臣传》作："通至，骑八千，步倍之，皆极精锐，壁齐化门外。"（齐化门即朝阳门）李长祥自称当时曾经亲往拜访唐通，按他的说法，唐通部下士卒有骑、步二万四千人左右。然而，其他史籍记唐通入卫时，明廷发给犒师银每人五钱，共发银四十两，算来还是八千人。唐通降于大顺军后，奉命领所部兵马前往山海关时，也只有八千人。李氏所记可能有误。

[2] 《天问阁集》卷上。《甲申廷臣传》记此语为唐通对作者李长祥所述。

[3] 《天问阁集》卷上，《甲申廷臣传》。

[4] 明亡前夕，朱由检仍说："户部既称无饷，内帑业已如扫，各官速为集议。"（见孙承泽《天府广记》卷三四，《成德传》）然而，就连他的亲信大臣也不相信。左都御史李邦华在疏中说："祖宗设立内帑，原积有余之财以供有事之用。今军兴告急。司农（户部）掣肘，士无重赏，何由得其死力？社稷杌陧，皇上犹吝此余物乎？皮之不存，毛将焉附。窃恐尽捐内帑尚无及于事也。……天下大矣，未有天下乂安而天子患贫者，特恐有力者负之而趋耳。"（见李邦华《皇明李忠文先生集》卷六，《总宪奏议》）朱由检不予批答。

285

有钱不出，达官贵人们也相顾不动。朱由检派内官徐高，密谕周后的父亲嘉定伯周奎，让他纳银十二万两，给其他臣工做个榜样。周奎不肯答应，说是"老臣安得多金？"一口咬定只能捐一万两。朱由检认为太少，要他至少拿出二万两。周奎派人向女儿周后求助，周后暗中派人送去五千两。周奎不仅自己一个铜子不添，反将周后送来的银子扣下两千，只以三千两应命。不久大顺军进城，从周奎家抄出现银五十三万两，其他财物也值几十万两。勋戚当中只有太康伯张国纪输银二万两，晋封侯爵。文武百官捐助的不过几十两、几百两不等，聊以应景。朱由检见所得甚微，干脆实行摊派。先是规定每个衙门必须捐助若干，后来又按官员籍贯，规定每省仕京官僚捐助数字，如江南八千、江北四千、浙江六千、湖广五千、陕西四千、山东四千之类。"缙绅纷纷告免。"[1]朱由检一计不成又生一计，他知道许多官僚贪污致富，乃命大臣推举"各省堪输者"，由政府勒逼出银。内官也奉命捐银助饷。太监王之心最有钱，传说他家中藏银一项就多达三十万两。朱由检当面叫他慷慨输将，王之心却推诿道"连年家计消乏"，仅献银一万两。后来，他被大顺军刑夹追赃，吐银十五万两，金银器物价值与此相当。其他的太监一个个也装穷叫苦，有的在住房门上大书"此房急卖"，有的把古董器玩送往市上出售，摆出一副破家纾难的样子。[2]据史籍记载，朱由检大搞捐助，所得不过区区二十万两而已。对比大顺军进城之后，没收皇家内帑和对勋戚、太监、百官追赃助饷，一共弄到七千万两以上的白银，明朝统治集团的贪婪鄙吝也就可想而知了。

---

[1] 赵士锦：《甲申纪事》。杨士聪《甲申核真略》中记作"陕西五千"。
[2] 《国榷》卷一○○。

二、派太监监视各镇。各地文官武将纷纷投向大顺政权，使朱由检感到不寒而栗，进一步加深了他的猜忌心理。二月底，他派出一批亲信太监前往各地担任监督防范之责，如高起潜总监关、蓟、宁远，卢惟宁总监通、德、临、津，方正化总监真定、保定，杜勋总监宣府，王梦弼监视顺德、彰德，阎思印监视大名、广平，牛文炳监视卫辉、怀庆，杨茂林监视大同，李宗先监视蓟镇中协，张泽民监视蓟镇西协，等等。兵部认为，这样政出多门，事权无法统一，只会增加地方上的困难，请求收回成命。朱由检却拒绝采纳。这些太监除了方正化甘心充当朱明王朝的殉葬品以外，其余大抵都随同地方官员和驻军一起投降了大顺军。朱由检这一着棋，不仅丝毫没有奏效，而且更加暴露了他的众叛亲离。

三、下罪己诏。朱由检在面临灭顶之灾时，妄想收拾人心，在二月中旬和三月中旬两次发布了"罪己诏"。二月间的诏书表面上承担一切罪责，宣布"皆朕抚御失宜，诚感未孚"，"己实不德，人则何尤？"实际上空话连篇，一点与民休息的措施也不肯采取。就像谈迁所指出的那样："当是时，民莫苦于横征，率空言无指实。"[1]三月十八日，即明王朝覆亡的前一天，朱由检再次发布的罪己诏中才声称加派的新旧饷项全部停止。同时宣布"除李自成罪在不赦外，……他如文伪职牛金星、喻上猷；武伪职刘宗敏、罗戴恩等皆朕之臣子，如乃心王室，伺隙反正，朕亦何忍弃之，悉赦其

---

[1]《国榷》卷一〇〇。这年正月，给事中孙承泽和光时亨都曾上疏，"求皇上下罪己之诏"，希望他采取停止练饷等实际步骤（见《天府广记》卷十三，光时亨：《王言更新疏》）。

罪，令复官职"[1]。自己的命运都已完全掌握在革命人民手中之时，朱由检还摆出一副宽大为怀的模样，高唱赦罪安民的调子，真好比骷髅卖俏，徒在历史上增加一点笑料而已。

由于大小臣工们眼见形势不妙，在二月底三月初已纷纷逃难，"旬日内外，大车小辆络绎而出国门"[2]。朱由检见人心动摇，下令除了朝廷派出的官员外，其他官员和家属一律不准出城。三月十四日，为了防止起义军化装潜入京师，朱由检还命都察院，督促五城御史严行保甲制度，"缉捕奸细"[3]。这类措施究竟能收到多大的效果，事实不久就做出了回答。

[1]《国榷》卷一〇〇。《平寇志》卷八，把这件诏书记载于三月初六日，所列大顺政权文武官员还有李振声、杨永誉（裕）、田见秀、杨彦昌、谷可成。又，陈济生《再生纪略》，说这个诏书是三月十四日颁发的；《怀陵流寇始终录》则载于三月初五日，待考。
[2]《皇明李忠文先生集》卷六，《总宪奏议》。
[3]《皇明李忠文先生集》卷六，《总宪奏议》。

第十二章
明王朝的覆亡和山海关之战

第一节　大顺军攻克北京

三月十五日，大顺军进抵居庸关，唐通和监军太监杜之秩投降，号称天险的京师"北门锁钥"，便在大顺军面前敞开了。

大顺军逼近京师，给明廷蒙上一片阴沉的气氛，朱由检和他的大臣们陷入了束手无策的境地。三月十六日，大臣们在朝房商讨对策，一个个"但相顾不发一论"[1]。同一天，朱由检故作镇定，按照常例召对考选诸臣，以抵御满洲贵族军队和农民起义军以及筹措兵饷为题，挨次奏对。在厄运临头的时候，他做这种毫无实际意义的官样文章，只不过是借以安定人心。然而，就连他本人内心的恐惧也无法掩饰了。据时人刘尚友记载，朱由检在听取诸臣奏对时已经心不在焉：

---

[1]　刘尚友：《定思小记》。

"上或凭几而听之，或左右顾而哂之，或斟茶，或磨墨，皆亲手自为之。如忽忽无绪然，非平时庄莅景象也。""闻是日帝笑语颇失恒度。"[1]奏对还没有结束，内官便忽然递进一件密封文书。朱由检一看，立刻面无人色，惶遽退入后宫。参加奏对的臣工们面面相觑，不知道是怎么回事，出来后一打听才知道是报告昌平失守[2]，起义军即将兵临城下了。[3]

就在这天的傍晚，大顺军先头部队到达京师北面的土城（元大都北面城墙遗址）。十七日，义军进抵北京城下，开始攻城。京师里立即像开了锅一样乱作一团，"人人惶急，莫知所措。士大夫相见，唯唯否否，或曰无害，或曰奈何？惟议巡街闭门，无一胜算也"。[4]有的官僚心怀侥幸，"犹谓城坚势重，外有大帅足倚，围三月未伤也。

---

[1] 刘尚友：《定思小记》。

[2] 赵士锦《甲申纪事》中说："昌平降兵陈一元谓予曰：昌平巡抚何老爷（何谦）于大兵未至，十四日借守居庸之名出城。吾辈于十七早闻大兵至，禀李总爷守镶即襄成（指襄城伯李国桢）之叔云：'吾兵只得去降。'总爷不肯。吾辈又云：'老爷虽不肯，吾辈去矣。'李回马至门房自缢。我兵至三里坡，已有老人、生员在前迎接。刘老爷（指宗敏）先至，吾辈跪云：'昌平守兵降。'刘老爷云：'圣驾在后。'须史，皇爷（指自成）至，跪降之。"据此则大顺军占领昌平在三月十七日。关于李守镶之死，光绪十一年《昌平州志》的说法略有不同，"十七年三月乙未（乙未为初七日，当为乙巳），李自成陷昌平。总兵官李守镶骂贼不屈，格杀数人，死之"。（卷六，《大事记》）

[3] 许多史籍都说大顺军经过昌平时，将明十二陵烧毁无遗（如文秉《烈皇小识》卷八就说"闻贼破昌平，将十二陵享殿悉行焚毁"）。清初，顾炎武在《昌平山水记》中说，被烧毁的只是康陵、昭陵的明楼和定陵的殿庑门。他在《恭谒天寿山十三陵》诗中又说："康、昭二明楼，并遭劫火亡。定陵毁大殿，以及东西廊。"（《亭林诗集》卷三）屈大均在《自代北入京记》中也说："定陵全毁于贼，昭陵、康陵仅明楼被焚。"（《翁山文外》卷一）顾炎武、屈大均都经过实地探访，所记完全相同，可证一般史籍之误。最可笑的是光绪十一年《昌平州志》卷六《大事表》，竟然也说"贼遂焚十二陵享殿"，简直是闭着眼睛说瞎话。被义军烧毁的康、昭、定三陵在西边，其他九陵在东边，也许能说明义军当时行经的路途。

[4] 计六奇：《明季北略》卷二〇。

290

故城中多务积煤米，余无所问"[1]。崇祯皇帝则"仰天长号，绕殿环走，抚胸顿足，叹息通宵，大呼：'内外诸臣误我，误我！'仓皇召对，人人战栗无策，嗫不发声"[2]。守城的重任完全落到了宦官手里，被驱赶上城守垛的士兵平时既无训练，临事又缺粮饷，"守垛之兵，饥不得食。或母或子，携粥至城下狂呼，不知守之所在。一日再食者十无一二"[3]。襄城伯李国桢所统京兵三大营屯扎于城外，大顺军一到立即全部投降，火炮等器械转手之间便成了义军攻城的利器。

大顺军围攻北京的时候，李自成在昌平、北京之间的沙河巩华城设下临时总部，由大将刘宗敏担任前线总指挥，攻取北京。为了尽量减少攻城时人民生命财产的损失以及日后进兵中的阻力，李自成等义军领导人认为，争取朱由检投降是比较理想的。于是，派了在宣府投降过来的太监杜勋等人进入城内，敦促朱由检看清形势，及早投降。关于这次谈判的情况，史籍中言人人殊。根据原始材料来考察，可以大致确定谈判的经过如下：杜勋到城下后，由于当时的城守掌握在太监之手，没有遇到什么阻拦就被城守太监曹化淳、王德化等用绳索吊到城上。[4]杜勋说明了来意，指出大顺军兵势浩大，明廷根本无力抵

[1] 刘尚友：《定思小记》。
[2] 张正声：《二素纪事》。
[3] 史可法：《请饬禁门户疏》，见《史忠正公集》卷一，《奏疏》。
[4] 孙承泽：《天府广记》卷三四；《国榷》卷一〇〇。

敌，转达了义军领袖要求朱由检"逊位"的意见。[1]朱由检自知已成瓮中之鳖，除了接受起义农民的条件之外只有死路一条。这时，他处于贪生之念与博个"国君死社稷"的"美名"之间的矛盾之中。长期君临一切的至高无上的地位和极端的爱面子，阻碍了他接受杜勋转达的要求，而一口拒绝就无异于宣判自己的死刑。在这种两难之中，他指使亲信太监同杜勋继续谈判，希望通过讨价还价争取到一个比较可以接受的条件，或许还希望拖延谈判，等待各地勤王官军的到来。谈判一直延至十八日晚，即义军攻克北京的前夕。史料记载说，十八日晚，明兵部尚书张缙彦巡视城头，走到正阳门附近，见"其处之城上有酒筵，上坐者一人，旁坐者皆内官。则数人见缙彦起。缙彦问何人。内官曰：城下都督爷。缙彦惊问何以得上。内官出一纸，草纸也，其上墨写'再与他谈'四字，帝之御书。缙彦默然"。清朝初年，张缙彦任职浙江布政司时，"有问以巡城事，无异词，惟帝之御

---

[1] 关于谈判的情况，史籍中有种种说法。《国榷》卷一百说，杜勋在城下喊话，"提督太监王承恩缒之上，同入见大内，盛称贼势，皇上可自为计。守陵太监申芝秀自昌平降，亦缒上入见，述贼语，请逊位。上怒叱之。"《平寇志》卷九所记相同。陈济生《再生纪略》说，三月十八日"申酉时分，贼密遣杜勋通话，欲中分天下，谋之大僚，不可而止"。《甲申传信录》卷一云："是日，贼遣叛监杜勋缒城入讲和，盛言李闯人马强众，议割西北一带，分国而王，并犒赏军银百万，退守河南。当局茫然无应。内臣告上，上密召见之平台，辅臣魏藻德在焉。勋具以事白上，且言闯既受封，愿为朝廷内遏群寇，尤能以劲兵助制辽沈，但不奉诏与觐耳。因劝上如诸为便。上语藻德曰：'此议何如？今事已急，可一言决之。'藻德默然不答，鞠躬俯身而已。上忧愦不能坐，于龙椅后靠立，再四询藻德定议，藻德终无一辞。上命勋且回话，朕计定另有旨。复缒勋还营。"《怀陵流寇始终录》卷十七也有这样一段记载。另在三月十二日下又说："蓟辽总督王永吉陷贼，纵归。中枢张缙彦疏请召对。下旨先问来意。永吉云：闯贼有二说，一如楚汉分地，一解甲归朝以大将军辅政。闻者大骇，不许召对。"文秉《烈皇小识》卷八所记亦同。按，王永吉当时并没有被大顺军俘获，所记有误。以情理而言，大顺军已经兵临城下，谈判中提的条件就只能是同永昌元年诏书一样，要朱由检逊位，也就是投降，其他的说法大概都不可靠。

书草纸谓是朱写非墨写"[1]。

朱由检的拖延不决，超过了起义农民的忍耐限度，大顺军开始了大规模的攻城，崇祯年间满洲贵族军队几次攻到京师附近，明王朝都是依靠各地勤王兵才守住京师的，这次却没有任何勤王兵参加守城，京营兵的腐败已经到了不堪一击的程度。朱由检欲战不能，欲和不愿，只有坐待灭亡。三月十八日夜间，大顺军将士爬城而入，占领了外城。[2]朱由检感到火烧眉毛了，他"徘徊殿廷，忧懑计无所出"。内官张殷忽然跑上前来说道："皇爷不需忧愁，奴辈有策在此。"朱由检忙问何策，答道："贼若果然入城，直须投降便无事矣。"朱由检大怒，一剑把张殷砍死。[3]直到这时，他还妄图突围逃命。他先要皇亲国戚巩永固、刘文炳等召集家丁护驾，得到的答复却是人心已散，无法可想。[4]他仍不死心，自己手持三眼枪带着一批内官像没头苍蝇似的向齐化（朝阳）、安定等门乱窜，但碰壁而回。最后，他领着太监王承恩爬到煤山（今景山）顶上四处瞭望，看到城外烽火连天，已经插翅难逃了，才下了狠心上吊自尽。[5]临死之前，他迫使

---

[1] 李长祥：《天问阁集》卷中。张缙彦《依水园文集》前集卷二有《缢贼上城纪事》一文。惜我所见北京图书馆藏刊本缺二页，这篇文章正在缺页之内。但书前既有这篇文章的题目，至少可以证明义军代表上城谈判完全属实。当时任明朝兵部职方司郎中的张正声说，"是夜（十七日夜），降珰杜勋悬吊，坐楼上与三军门叙话"，也可资旁证（见《二素纪事》）。李长祥所记城头上坐者为"城下都督爷"，似乎是大顺军的一位将领，详情待考。杨士聪《甲申核真略》以"杜勋已叛，安肯复回"为理由，否定有杜勋入城谈判之事，失之武断。

[2] 杨士聪：《甲申核真略》，记大顺军于十八日申时攻克外城。

[3] 王世德：《烈皇帝遗事》。

[4] 《天问阁集》卷上，《新乐侯刘氏传》。

[5] 景山公园中有一棵槐树，相传是崇祯自缢处。然而，当时在北京的人留下的记载不少，虽然都说吊死在煤山，具体地点却不一致，没有任何人说吊死在那棵槐树上。这棵槐树还在，并不太大，不像三百多年的古树；何况要说崇祯吊死在上面，这棵树当时就不能太小。估计这种说法起源于清代宫内人员的附会。

皇后周氏自缢，对长女长平公主朱徽娖怒喝一声："为何生我家？"挥剑砍去，朱徽娖举手遮挡，被砍断左臂，昏倒在地；又杀死幼女昭仁公主。他还念念不忘要同起义农民斗争下去，把太子、永王、定王叫来，让他们换上平民衣装，嘱咐道："汝今日为太子，明日为平人，在乱离中匿形迹，藏姓名，见年老者呼之以翁，年少者呼之以伯叔。万一得全，报父母仇，无忘吾今日戒也。"[1]说罢，派太监领去躲藏。朱由检的最后一道谕旨，是发给成国公朱纯臣的，命他总督内外诸军，且托以东宫。[2]这道谕旨送到内阁还未及发出，就被大顺军缴获了。

三月十八日深夜，外廷大小官僚们还在梦中，宫内已经乱成一团。皇帝不知去向，皇家的变乱又是那样触目惊心，宫女和太监们纷纷夺门而逃，络绎道路，在一片惊惶骇乱的景象当中，紫禁城迎来了黎明。

一六四四年农历三月十九日，大顺农民军占领了北京，宣告了明王朝反动统治的覆亡。这天上午，大顺军迈着胜利的步伐由外城通过正阳门、崇文门、宣武门进入北京内城。[3]史籍载："刘宗敏整军入，军容甚肃。"[4]大顺军纪律严明，进城后迅速地建立起革命秩序，有

---

[1] 《烬宫遗录》卷下。王世德《烈皇帝遗事》也记载了这件事，文字略有不同："上执太子手大恸曰：'尔等今日是太子、王，城破，即小民也。各自逃生去罢，不必恋我。朕必死社稷，有何面目见祖宗于地下。尔等切要谨慎小心，若逢做官的人，老者当呼为老爷，幼者呼为相公；若遇平民，老者呼为老爹，呼幼者为老兄，或称为长兄，呼文人为先生，呼军士为户长，或称曰长官。'言毕，大声曰：'尔三人何不幸而生我家也。'遂呜咽不能出声。"太子、二王生于深宫之中，长于阿保之手，虽经乃父的一番教诲，毕竟少不更事。大顺军进城以后，他们成了俘虏，同别人谈到大顺军时还是满口"贼"字。原大学士丘瑜听得心惊肉跳，偷偷以笔书于掌示之云："今后勿言贼字。"（刘尚友：《定思小记》）

[2] 《甲申核真略》。

[3] 张正声在《二素纪事》中说："十九日早，贼从正阳、安定门两股分入。"

[4] 《明季北略》卷二〇。又刘尚友《定思小记》中也说："辰刻入城，果尔肃然。"

294

效地维护了社会治安。北京城里的居民热烈欢迎农民军[1]，皆在门口设立香案，大书"大顺永昌皇帝万岁，万万岁"，有的人在帽子上也贴上"顺民"字样，"往来奔走如故"[2]。

李自成在得到京师已经攻克的捷报后，从巩华城来到北京，于中午时分由德胜门入城。[3]

在刘宗敏、牛金星、宋献策等文武大员的陪同下，李自成这个当年的驿站马夫，骑着高头大马来到了象征着封建帝国权威所在的皇城。立马承天门下[4]，李自成抚今追昔，感慨万千。忽然，他拿起弓来，搭上一支箭，照着承天门的门扁上射了过去。"奉天承运"的朱明王朝垮台了。

李自成等进宫时，明太子朱慈烺"跪迎于门左，遂仆地"[5]。李自成叫人把他扶起来，接着又搜获了永王朱慈炯、定王朱慈焕。兄弟三人"穿民间破衣，帽上亦贴顺民二字"[6]。李自成命人给他们换下破衣

---

[1] 《国寿录》卷一，《左中允刘理顺传》云："须史贼入，百姓欢迎。"

[2] 赵士锦：《甲申纪事》。

[3] 许多书上都说大顺军开始进攻北京时，李自成即已亲抵城下，甚至说他向着城上大骂。这种违反常识的说法根本不足信。又，《鹿樵纪闻》卷下《槐国人政》条说，李自成进城时先到西直门，"拔剑去镞，向后三发，令曰：'军士入城敢伤一人者，杀无赦。'忽有黑气涌门而出。宋献策曰：'此害气也，宜避。'乃改从德胜门入"。钱䫌《甲申传信录》卷一也有类似记载。这种说法并不可靠。因为李自成是在大顺军占领全城以后才从德胜门进城的，申明军纪应当是在军队进城以前。根据当时正在北京的祝渊等人的记载，分守西直门的明朝官僚是吴麟征，他在大顺军围城时，用土石把西直门的城门洞子堵了个严严实实。李自成在京期间，西直门一直没有开过。清兵进京后才把土挖掉，重开西直门。此外，李自成从德胜门进京，不仅是因为这个城门的名称具有以德制胜的象征性意义，而且他从沙河巩华城过来，由德胜门进城路途也最便捷。

[4] 承天门在清顺治皇帝亲政后改为天安门。

[5] 《甲申核真略》；《甲申纪事》。

[6] 张正声：《二素纪事》。

服，吩咐他们不必害怕，“今日即同我子，不失富贵”[1]。随即将明太子和二王交刘宗敏营内看管。不久，李自成封明太子为宋王，定王为安定公，永王也改封公爵。[2]这在当时只是一种策略性的举动，目的是招徕原为明王朝效劳的文武官员。自成在宫内看到被朱由检砍伤的袁妃和长公主，也为之叹息，“令扶去本宫，各调理之”[3]。

当时的头等大事是要查明崇祯皇帝的下落。宫中既找不到朱由检的踪迹，内官和宫女也说不清去向。尚玺卿黎志陞说：“此必匿民间，非重赏严诛不可得。今日大事，不可忽也。”于是，一面“令诸将南追”[4]，一面出牌大书曰：“主上救民水火，克破京城。其崇祯逃出紫金城外，有能出首者赏黄金一千两；隐匿者诛其全家。”[5]过了两天，有个内官在煤山发现了朱由检所骑的马，才寻踪找到了朱由检

---

[1] 《甲申核真略》；《甲申纪事》。

[2] 《国榷》卷一百。永王所封公爵之号，诸书失记。《国榷》写作“永王改口永公”。《甲申核真略》云：“封东宫为宋王，定、永二王亦各改封为王如故。”甲申以后，朱由检三子中太子的下落众说纷纭，无法取信。永王结局也不清楚。只有定王朱慈焕被大顺军将领带到河南，后来又逃往安徽、浙江等地，长期隐姓埋名。康熙四十七年时已经七十五岁了，在山东汶上县李朋来家充当塾师，被清政府捕获，不久全家处死。这个案件清政府称之为“伪朱三太子案”。其实，朱慈焕的口供说得非常清楚，他是朱由检的第四子（第三子为永王朱慈炯），他的六个儿子仍按朱元璋《祖训》中规定的排行第二字以“和”字命名，其孙儿名曾裕，盖隐曾祖父（朱由检）临御天下之义。康熙皇帝审阅了全部案卷，明知确系崇祯的后裔，却故意说是假的，全部杀光。玄烨南巡时，一再拜谒明孝陵，表示要寻求朱氏子孙奉祀。朱慈焕一生颠沛流离，并没有从事反清活动，却硬给安上一个“伪”字实行斩草除根，政治手腕真是到家了。这个案件的详情见《史料旬刊》第二期所收康熙四十七年直隶巡抚赵弘燮的奏疏；又见李朋来《张先生传》以及《清圣祖实录》的有关部分。

[3] 《甲申核真略》。

[4] 聋道人（徐应芬）：《遇变纪略》。

[5] 《明季北略》卷二〇作“献帝者赏万金，封伯爵”；赵士锦《甲申纪事》作“有能出首者爵通侯，黄金万两”。这里是根据杨士聪的《甲申核真略》，该书原注紫禁城被农民军误书为“紫金城”，作者可能看到了大顺政权发出的告示牌。

的尸体。吊死皇帝的衣袖上写着"因失江山，无面目见祖宗，不敢终于正寝"，又一行云"百官俱赴东宫行在"[1]，说明这个反动头子，直到葬身于农民革命的烈火中时，还寄希望于太子和百官同起义农民继续对抗下去。大顺政权把朱由检和周后的尸体移出宫禁，停在东华门外示众。[2] 那些不久前还在朝廷上争权固宠的明朝官僚们，这时皆树倒猢狲散，有的钻头觅缝，希冀改换门庭；有的藏头露尾，避之唯恐不及。总之，已没有多少人再去理会这具政治僵尸了。四月初，由大顺政权派员将崇祯帝、后葬入昌平县田贵妃墓。[3]

---

[1] 关于这件事各书所记文字多有不同，这里据《甲申核真略》。作者杨士聪说："此余闻之周中官自内出亲见之者。"

[2] 据谈迁《金陵对泣录》说，朱由检和周后的尸体移出宫城后，由明朝兵部武选司主事刘养贞出私钱八千，买柳木棺殡殓。三天后，大顺政权用红漆棺和黑漆棺各一具，改殓了崇祯帝、后。清朝康熙皇帝在宫中听到另一种说法：朱由检死后，"尸首暴露东华门桥上，官员无一寻收者，太监慈有芳觅棺殡殓"（见《清圣祖实录》卷二九一）。这种说法同时留下的各种记载不符，很可能是宦官们编造的，借以表明自己最能效忠主子。

[3] 即今昌平区明十三陵中的思陵。赵士锦《甲申纪事》云：四月"初三日，葬先帝及后于田贵妃墓，黎明令数人舁去"。根据承办这件差事的署昌平州吏目赵一桂的申状，他在三月二十五日接到大顺政权顺天府的檄文后，"即动帑银，雇夫穿田妃圹，葬先帝及周后。四月戊午朔，职夫二十名举先帝梓宫、夫十六名举周后梓宫至州。越三日庚申发引，望日辛酉下窆"。大顺政权只派了礼政府主事许作梅（大顺军进京后录用的明朝降官）任监葬官，没有任何的铺张。下葬时昌平州的经费不够，许作梅束手无策，当地十名绅士"敛钱三百四十千"才勉强完工。赵一桂的申状还说："田妃葬于无事之日，棺椁如制。职见先帝有棺无椁，遂移田妃椁用之。"（温睿临：《南疆逸史》卷四七，《赵一桂传》）事实经过说明，大顺政权在安葬朱由检一事上是非常简慢的，当时的京师官民对此也是相当冷漠的。谭吉璁在《延绥镇志》中说："俄得崇祯帝凶问，贼往煤山临而哭之，曰：'我来与汝共享江山，如何寻此短见识？'诸贼无不洒泪，乃以帝礼殡之。"（卷五之四，《僭国列传》）钱邦芑《崇祯甲申燕都纪变实录》云，三月二十一日，"在京大小官员由东华门入朝拜贺，御座上不见有人，但见青衣小帽一人传呼。贺毕，众官请殡先帝。见青衣传一批云：'帝礼葬，王礼祭，二子待以杞、宋之礼。'众官又求并以帝礼祭。少顷，青衣传语云：'准了'"。恐怕都属于传闻之辞。

第二节　大顺政权在北京期间的措施

从三月十九日到四月三十日，大顺军在北京一共经历了四十二天。这是李自成领导的农民起义的极盛时期。大顺政权当时管辖的范围，包括了整个西北和华北，山东、河南两个全省以及湖广、南直隶的部分地区，广袤数千里。在此期间，大顺政权及其领导人的活动情况究竟如何，关系到对这一政权的认识、它失败原因的分析，以及对李自成、大顺军的评价等一系列重大问题。过去的一些著作常常在缺乏对当时全貌进行深入研究的情况下，就轻率地接过南明和清初封建统治阶级的诬蔑之词，对以李自成为首的农民军滥加指责。有的则为李自成和他领导的大顺军的所谓"腐化"而叹息。然而，历史是公正无私的，它不允许用阶级偏见和主观臆测来代替事实真相。那么，真相究竟是怎样的呢？

我们首先要指出一个基本的也是人们往往忽视的事实：大顺军在北京的四十二天可以分为两段，前一段从三月十九日起，到四月初十日得到山海关战报为止，计二十二天；后一段从紧张准备出兵，中经山海关战役，再到主动放弃北京，共二十天。既然人们普遍地认为招致大顺军在山海关大败的主要原因，是入京以后追求享受，丧失战斗意志，那么问题的热点自然应集中到前一阶段的二十二天。我们且不说一支朝气蓬勃的军队，竟然在短短的二十二天里便腐化得不能打仗，听起来是多么令人难以置信；也不说某些论著为了证明大顺军在北京急剧"腐化"，而在材料上不得不借重当时敌对势力所编造的污言秽语。还是先来看看在这段时间里，大顺政权究竟干了些什么事情吧。

大致来说，大顺政权在这段时间内的活动主要有以下几项：一、迅速地稳定京师的人心和社会秩序；二、接管和清理明王朝的中央机构，对数达两三千名的明朝官僚进行甄别，或予录用，或加惩办；三、向黄河中下游的广大地区派设地方官，于战略要地派驻军队，以建立政权，稳定地方；四、抽调部分军队沿运河南下，试图打通漕运道路并为尔后的大举南征做准备；五、筹备即位典礼，制定一统之规，草拟政策、法令、仪注；六、清点府库仓储，没收皇宫、宗室、勋戚、太监的财产，对贪污官僚进行追赃助饷；七、着手解决土地问题；八、打击太监和厂、卫；九、问民疾苦；等等。现分述如下：

一、稳定社会秩序

大顺军入京之初，便迅速地稳定了局势，恢复了北京居民的正常生活秩序。由于北京是明王朝长期统治的巢穴，是达官贵人、三教九流会集的地方，要做到这一点并不太容易。大顺军的领导人深知，北京的局面如何，对各地的影响关系重大。因此，首先便是严肃军纪，解除一般居民因明王朝的反动宣传而产生的疑惧心理。赵士锦在大顺军进城时是明工部官员，他根据亲眼所见的记载说，大顺军进城之后，鉴于官军停止了抵抗，立即就"不杀人了"。义军战士"俱白帽青衣，御甲负箭，衔枚贯走"。百姓"有行走者，避于道旁，亦不相诘"，丝毫不加侵犯。为了防止反革命势力的敌对活动，义军"添设门兵，禁人出入；放马兵入城，街坊胡同无不至者，但不抄掠"。在数以万计的入城大军中，个别违反纪律的现象在所难免，但一旦发现违纪事件，大顺军领导就毫不手软地秉公执法。赵士锦就记载说："贼初入城，有兵二人抢前门铺中绸缎，即磔杀之，以手足钉于前门左栅栏上，予目击之。"[1]当时在北京充当明给事中涂必泓记室的徐

---

[1] 赵士锦：《甲申纪事》。

应芬（署名聋道人），在其著作中虽然提到个别义军战士有贪图便宜暗中窃取银钱的现象，但他仍然不得不承认："至淫、夺、斩、杀之事，则犹未见也。"[1]当时也在北京的陈济生，一方面在他的书中记载大顺军进城后，"商民仍旧张肆。兵淫掠者有禁，民抢攘者有禁，城军下城者有禁，犯者立死，断头截体，纵横衢道，虽触目悚恻，而人情稍帖"。另一方面又编造了许多谣言，硬说大顺军在京师奸淫妇女，乃至于"安福胡同，一夜妇女死者三百七十余人，惨不忍言"[2]。然而，当时亦在京师的明左谕德杨士聪，虽然因为妻子和二妾自缢、爱女投井，对大顺军充满了仇恨，但他在《甲申核真略》中，还是比较实事求是地指出了大顺军"军纪不行"是四月二十六日从山海关败回京师以后的事。"若二十六日以前，则绝无此等。坊刻称贼于四月初七日淫掠妇女，一日夜安福胡同死者三百七十余人，大属妄语。事之所无，虽在逆贼，讵可诬乎？"直接有力地批驳了陈济生所散布的谎言。

由于大顺军在加强对京师的控制的同时，又注意约束军纪，故当时北京的社会秩序是良好的。大顺军在普通居民中享有很高的威信，如杨士聪记载说："都人嫁女于贼营者甚多，甚以为荣。"甚至在李自成亲自统率大军前往山海关讨伐吴三桂，京师的守备力量大大削弱的时候，依然保持了局面的安定。这也说明大顺军为稳定京师社会秩序所做的努力，收到了显著的效果。

二、接管和清理明朝廷各衙门

大顺军进京时，明朝在京官僚大约有两三千人，其中只有二十九

[1] 聋道人（徐应芬）：《遇变纪略》。
[2] 陈济生：《再生纪略》。

300

个人自杀，甘心充当朱明王朝的殉葬品，对剩下的一大批人员如何处理，是个政策性很强的工作。大顺政权在三月十九日发布的命令说："文武各官，于次日投职名，二十一日见朝。愿为官者量材擢用，不愿者听其回籍。如有隐匿者，歇家、邻佑一并正法。"[1]

命令一公布，一些热衷仕途的官僚争先恐后地报名；一部分心怀观望的官僚，也在长班随役的督促下前往应点。二十一日，"报名各官，青衣小帽于午门外匍匐听点。平日老成者、儇巧者、负文名才名者、哓哓利口者、昂昂负气者，至是皆缩首低眉，植立如木偶，任兵卒侮谇，不敢出声。亦有削发成僧、帕首作病，种种丑态，笔不尽绘"[2]。二十三日，刘宗敏、牛金星又在五凤楼（午门）前，传各营在押官员入朝听选，按姓名册唱名。首批录用的就有九十六人，"用者出东华门赴吏部听选，仍长班家人相随，无防押之人；不用者仍发营看守"[3]。二十六日，又选用了一批。

李自成等大顺军领导人深知明朝吏治腐败，特别是那些占据要津的高官显宦，不仅是明王朝反人民政策的策划者，而且绝大多数是贪污成性者。因此，决定三品以上的文武大僚一般不予录用，发往各营

---

[1]　赵士锦：《甲申纪事》。按，陈济生《再生纪略》和无名氏《燕都日记》，说这是丞相牛金星出的布告。李天根《爝火录》卷一于三月十九日下记："吏政府大堂谕：为奉旨选授官职事。照得大顺鼎新，恭承天眷，凡属臣庶，应各倾心。尔前朝在京文武官员，限次早一概报名汇察。不愿仕者听其自便；愿仕照前擢用。如违抗不出者，大辟处治。藏匿之家，一并连坐。仰各遵新旨，共扩皇图。赴谒宜先，趋选宜后。须至榜者。永昌元年三月　日示。"《爝火录》成书较晚，这段文字和《明季北略》卷二三相同，而《明季北略》中这一条又是抄自反动小说《新世宏勋》（《定鼎奇闻》）第十二回，告示尾书"永昌元年三月廿四日"，系时同当时在京诸人所记不合，有可能是伪造的榜文。

[2]　陈济生：《再生纪略》。

[3]　赵士锦：《甲申纪事》。

301

追赃助饷[1]；四品以下的官员则分别情况，多数授职，让他们自动捐银助饷，少数劣迹昭彰的也发到各营追赃。

大顺政权在对待明朝官员的问题上，也有处置不当的地方，它的革命性大大地超越了必要的策略性。这不仅表现在匆匆忙忙地大搞追赃助饷的不合时宜（这点在下面还将讲到）；而且在安排降官职务上也过于拘谨。在数以千计的明朝官员出于种种原因而倒向大顺政权的时候，在各地明朝官僚正密切注视新兴的大顺政权如何对待自己这一流人物的时候，李自成等起义军领导人，本来应当在注意防范的前提下，采取先包下来然后逐步清洗的办法，却没有这样做。李自成在北京时重用的文官除牛金星、顾君恩外，其他也多是明朝的降官，不过投顺得稍微早一点罢了。大顺政权后期一个明显的不足，是缺少一批对全国形势有真知灼见，能够统筹全局，提出恰当的战略方针的人物。相形之下清廷却要高明得多，它在入关以前就网罗了范文程、洪承畴这样一批"引路人"，在决定战略方针时非常注意征求他们的意见；入关以后，对明、顺两个政权的官员一概收揽，还多次命令已经投降的汉族官员推荐人才，动员他们写信招降。在北京投降过大顺政权的明朝官僚中，并不缺少有才能的人，其中有的后来被清廷选拔为六部首脑甚至大学士。大顺政权在北京期间，规定了文官受武将节制的制度，只注意到出身于起义农民的将领居于支配地位，却没有注意发挥降官的作用，这不能不说是策略上的一个重大错误。

三、接管地方

鉴于明王朝在黄河流域的统治已经土崩瓦解，大顺军的领导人不失时机地任命了大批官员到各地去接管地方政权，把这些地区置于大

---

[1] 三品以上大员中录用了前户部尚书侯恂，这是因为侯恂被朱由检关在监狱里。

顺政权的管辖之下。当时派遣官员的方式有两种：一种是在大顺军进军过程中，由统兵大将直接从随营文士中或当地降官、知识分子中选充；另一种是在大顺军进入北京后，由吏政府从明廷投降官僚和科举取士中选派。大顺军在北京期间，任命的地方官相当多，山东全境几乎都建立了各级政权机构，南直隶北部也派设了官员。刘尚友在《北还纪变》诗中说："正拟次第举，设官遽迩均。"下注大顺政权"设官东至淮，西至蜀"[1]。连同襄阳、西安时期任命的地方官员一起，作这样的描写是符合实际的。在这样广阔的地区内建立起从属于农民革命的政权，不仅是空前的，也是绝后的，在我国历史上确实是光彩夺目的一页。大顺军在山西、北直隶、山东以及豫东、南直隶北部建立的地方政权，为时虽然短暂，却不可等闲视之。它的意义在于：在整个黄河流域和部分长江流域的大地上推翻了明王朝的反动统治，通过各级政权机构推行了大顺农民革命政策，如三年免征、平买平卖、追赃助饷，以至于着手解决土地问题的均田政策等，无情地打击了罪大恶极的官绅地主，使明王朝加在广大人民身上的枷锁一度得到松弛。

在某些著作当中，为了解释大顺政权的失败，依据不可靠的史料，甚至加上主观推测，归咎于大顺政权的腐化变质。说他们由以解民倒悬为己任变而成为各级领导人追逐私利、漠视民间疾苦，乃至于苛虐人民，结果丧失民心，自己也随之垮台。这种说法不符合事实。首先，史料确凿地表明，大顺政权占领北京以后基本政策并没有改变。遍查黄河流域各地的地方志和某些时人的著作，可以看到大顺政权在各地的官员主要干的就是两件事：一是追赃助饷，打击官僚地主；二是宣布钱粮三年免征，使农民们能够喘一口气，安心恢复生

---

[1] 刘尚友：《定思小纪》。

产。既然这是依据大量的统计得出的判断，就没有理由去怀疑大顺政权已经变质。说它丧失"民心"，实际上是它使那些希望大顺政权和一切改朝换代的王朝一样维护自身利益的大地主们痛心疾首。但是，官僚地主正是农民革命所要扫荡的主要对象之一，并不属于当时的人民范畴。其次，一个同样明显的事实是，由于大顺政权推行农民革命政策，严重地激化了它同官僚地主的矛盾。一旦当大顺政权在军事上遭受重大挫折，形势逆转时，这些人便乘衅而起，发动叛乱；但是，在那样广阔的地区内，却没有出现过农民起来反抗大顺政权的事。明末清初，山西、畿南、山东、河南，到处狼烟滚滚，烽火遍地，反抗官府的地方性农民起义更是数不胜数。在大顺政权治理的短暂期间，形势却截然相反，原先各地的地方性农民起义武装，有的改编为大顺政权的地方武装，有的自动解散归农，个别已经转化成了地主武装的则被大顺军剿灭或驱走。时人陈济生记载他在甲申四月，由北京南下经过大顺政权管辖区的见闻时曾经说："追忆出都时，人言籍籍，皆云盗贼密布，跬步难移。今布帆安稳，殊出望外。"走到郑家口（今故城县）时，所看到的情况是，"居民稠密，诸乡村肩荷而来，日中为市，至晚方散。太平光景，于兹仅见"[1]。刘銮在《五石瓠》中也说："至李自成称帝关中，设伪守令到河北，诸贼（指各地地方性农民起义）始消。"从一些封建史籍中，也可以看到大顺政权在群众中的威望是很高的。如《定兴县志》记载，明王朝覆亡后，畿辅地区的群众曾经趁乱抢掠富家财产，一个名叫耿权的绅士想出了一条奇计，"取自成伪檄增数条禁之。一时传数百里，皆敛手不敢

---

[1] 陈济生：《再生纪略》。

动，众以保全。孙夏峰称其能济变"。[1]大顺政权得到人民群众拥护的根本原因，固然是它实行了免粮等农民革命政策。它所派出的地方官员一般比较廉洁，也是主要原因之一。如光绪《定兴县志》转引旧志说："崇祯十七年，逆闯陷京师，伪县令刘钟泰自山右来任。……时贼法严，吏不敢舞文，民不敢犯禁，……履任二十余日，邑甚安之。"大顺政权的淮徐防御使武愫上任后，当地乡绅"有屈膝于公堂之上馈遗礼物，为其所摈斥者"[2]。《甲申传信录》也说，李自成"号令严切，所遣守土之吏，无敢暴民，亦旬月之雄也"。可见，在北京期间，各地建立的大顺政权颇有一番新兴振作的气象，是得到贫苦群众，以至于中小地主拥护的。

为了吸收知识分子，大顺政权在北京期间也举行了考试。四月初二日，"黎志陞充随驾考选试官，考京城生员，出题《天与之人归之》"[3]。同时，顺天府召试了所属各县生员，中试者由吏政府选授官职。

四、抽调部分军队南下

大顺军攻克北京以后，占地日广，驻防军队所占的比重迅速增加，除了在北京掌握着较大的机动兵力以应付不测事件以外，抽不出多少军队南征。然而，随着明王朝的覆亡，长江以北的明政府统治已成瓦解之势。为了利用这一有利形势，把大顺农民革命扩展到更加广阔的地区，为北方底定之后完成统一大业做准备，李自成曾决定抽调

---

[1] 光绪《定兴县志》卷二〇，《志余》。按，邓之诚《清诗纪事初编》卷二说"李自成破北京，奇逢避迹新安水乡，颇苦抄掠。忽发一檄，严禁把棍掳掠，列款多端，署名大顺，众遂以戢。事后始知奇逢即夏峰先生。盗用大顺政权名义出布告的究竟是谁，说法不一，但这件事确实反映了大顺政权令行禁止，享有很高的威望。

[2] 阎尔梅：《阎古古全集》卷六，《沛城从贼纪事》。

[3] 赵士锦：《甲申纪事》。

部分军队（基本上是明朝投降官军）沿运河南下。四月初六日，任董学礼（原明朝宁夏花马池副将）为淮镇制将军，并命他带领兵马一千五百名由北京起行。五月间到达南直隶宿迁县，与南明弘光朝廷的官军对峙。[1]随同董学礼南下的，有充当招降使者的大顺军将领刘暴[2]，他携带了李自成颁发给南明将领黄得功、高杰、刘伊盛、刘肇基、徐大绶的五道敕文。黄得功冥顽不化，把刘暴关进监狱，并且报告了弘光朝廷。由于大顺军主力没有南下，派遣的明降将兵力又非常单薄，招降无效自是意料中之事。除董学礼部以外，先后奉调南下的，还有明降将、原柳沟副将郭陞和副将白邦政，所带兵员也都不过数千人。这时，明福王朱由崧在大臣史可法、马士英等拥戴之下，已经初步稳住了阵脚。南下的大顺军除了对山东、苏北一带的官僚地主起了某些震慑作用外，没有收到更大的效果。不久，由于清兵进关，整个局势急剧逆转，大顺军的南征和统一大业终于成为画饼。

五、筹备即位典礼

随着大顺军在军事上的节节胜利，建立的地方政权已经相当广泛。特别是占领了北京，迫使崇祯帝自尽，标志着明王朝的覆亡。李自成等大顺政权领导人，认为有必要在北京举行即位典礼，正式颁诏天下，宣告大顺政权业已取代朱明王朝而居于正统地位。因此，在京师局面稳定之后，便由礼政府于三月二十五日发出告示，命随驾各官率领耆老上表劝进，开始了即位典礼的准备工作。新铸造了国宝，文曰："继天立极，天字上一层居中，下一层并列继立极三字。"[3]在牛

---

[1] 陈济生：《再生纪略》中说："贼兵营于宿迁。南北相持，往来路绝。"不久，在南明优势官军的攻击下，董部被迫北撤。

[2] 李天根：《爝火录》卷三。按，刘暴在一些史籍里被写作刘日恭。

[3] 韦道人（徐应芬）：《遇变纪略》。

金星等人的主持下，制定了《永昌仪注》，刊刻成为一卷，"前载伪令，禁奏疏冗长。条记官制、补服、朝见仪节，以及各官往来礼束之类皆具"。[1]大顺政权规定以水德王，衣服尚蓝。这是由于明以火德王，取水灭火之义，反映了五德终始的天命循环思想。

六、继续推行追赃助饷等政策

大顺政权在北京期间的财政政策，是西安时期的继续。它和历史上各个新建立的封建王朝不同，没有宣布在保护官僚地主土地财产所有制的前提下实行轻徭薄赋，而是坚持"三年免征"赋税，用没收明内帑及宗室、勋戚、太监的家产和对官僚实行追赃助饷的办法，来解决财政问题。关于大顺军攻克北京之后，究竟从宫中缴获了多少属于皇帝的私财（内帑），各种史籍记载分歧很大。比较可信的说法是白银三千七百万两，黄金一百五十万两，数量相当庞大。[2]对于明宗室和勋戚的财产，在政策上同对官僚的追赃是有区别的，前者的动产和不动产全部没收，而对后者则在数额上有一定的限制。在京期间的追赃助饷包括了两个方面：一是在大顺军所到之处普遍推行这项政策；二是指在北京城内对明廷官员实行的追赃助饷。

下面着重谈谈在北京追赃助饷的经过情形。

据杨士聪记载，三月"二十七日，派饷于在京各官，不论用与不

---

[1]《国榷》卷一○一。又，《甲申传信录》卷六载，四月"初二日，……榜示伪顺仪制，颁为条约，凡文官俱受权将军节制，行跪礼"。刘尚友《定思小纪》说大顺政权将官制、服色以及"文官拜武将之类，俱刊定成册，以候颁行"。《永昌仪注》早已亡佚，从一些记载当中可以看出，这部文献最值得注意的地方是反映了大顺政权实行"右武"制度，以保证久经战阵的农民军将领居于主导地位。

[2] 赵士锦：《甲申纪事》说，内库"银尚存三千余万两，金一百五十万两"。大顺军破城时任明朝兵部职方司郎中的张正声说，"李自成括内库银九千几百万，金半之"（见《二素纪事》）。杨士聪《甲申核真略》说："贼入大内，括各库银共三千七百万，金若千万。其在户部者外解不及四十万，捐助二十万而已。"

用。用者派少，令其自完，不用者派多，一言不辨即夹。……其输饷之数，中堂十万，部院、京堂、锦衣七万，或五万、三万，科道、吏部五万、三万，翰林三万、二万、一万，部属而下，则各以千计矣。勋戚之家无定数，人财两尽而后已"[1]。

追赃的做法，据亲身经历者的记载，都是说发到刘宗敏、李友等大将营内，由农民军官佐、战士追比。[2]"言卿相所有，非盗上则剥下，皆赃也。"[3]抗拒不纳或纳不及数者，用夹棍刑追。当时在北京的明廷官僚，因追赃受到刑拷的人数由于史料芜杂，无法做出正确统计。但是可以肯定，许多史籍为了渲染农民军的残暴，过分地夸大了受刑的人数。杨士聪就说过，"其未受刑者甚多。若坊刻随意填注，半属未真"[4]。后来清修的《明史》中也说，"大抵降者十七，刑者十三"[5]。

追赃助饷，在本质上是农民阶级实行的一项革命政策，它不仅在一个时期里把国家财政负担，从贫苦农民身上转嫁给官僚地主，而且在政治上也有力地打击了这伙衣冠禽兽，大长了革命人民的威风。然而，就策略而言，大顺军在进入北京以后，大规模地对明朝官僚实行追赃助饷是很不妥当的，甚至可以说这是大顺军领导人犯下的一个严重错误。因为当时仅没收的明廷内帑，就足够大顺政权两年以上的全部支出，并不存在财政上的紧迫性。如果把当时打击的对象，明确宣

---

[1] 《甲申核真略》。
[2] "在宗敏及诸将处者，付本人；在监押健儿处者，付健儿自追。"（《甲申核真略》）
[3] 《怀陵流寇始终录》卷十八。
[4] 《甲申核真略》。除了杨士聪所说的某些"坊刻"以外，有些接受了大顺政权官职的明朝官僚，为了掩盖自己"从贼"的经历，也颠倒黑白地把大顺政权的礼遇说成被"拷掠"。
[5] 《明史》卷二六六。

布限制在皇亲国戚、勋臣、太监以及为数不多的持敌对态度的官绅范围内，必然可以大大减少官绅地主的疑惧，有利于大顺政权的稳定。可是，李自成等大顺军领导人，却没有考虑到进入北京后客观形势的变化，在政策上未能做出相应的调整。在北京和黄河中下游的广大地区内普遍地推行追赃助饷，使各地官绅如罹汤火，人人自危，造成了树敌过多的局面。

在北京的追赃从三月二十七日开始，由于反应相当强烈，李自成也发觉这样搞法对大顺政权的稳定和进而统一全国可能造成不利的影响。因此，他在四月初八日便亲自出面干预，下令停止在北京的追赃助饷，对明廷官僚，不论是否已交足所派饷额，一律释放。但是，这一果断措施只限于对明廷官僚，各地方的追赃活动仍然在雷厉风行地进行。

七、均田问题

大顺政权为解决土地问题也采取了一些措施。查继佐在《罪惟录》一书中说，大顺政权"五年不征，一民不杀，且有贵贱均田之制"[1]。大顺政权是否提出过均田的政策或口号，目前还是个有争议的问题。有的论著认为，史料中的"均田"指的是改革赋役征收办法，只求做到赋役的相对平均，并不包含改变土地所有权的意思。应当承认，在明清官场用语中，"均田"一词确实有时是指按田亩和人丁的多少均出赋役。不过，正如不能把史料中出现的所有"均田"字样都解释为均分土地一样，也不能把这个词都解释为均出赋役。在明末土地高度集中的历史条件下，要求改变"富者田连阡陌，贫者地鲜立锥"的土地占有状况，具有客观的必然性。就连当时统治阶级中的

[1] 查继佐：《罪惟录》卷十七，《帝纪》。又该书卷三一也说，大顺政权"伪为均田免粮之说"。

一些人物也提出过限田的主张，例如崇祯九年，吏科都给事中颜继祖的奏疏中就说到，有人主张"追富家千石外之田以没官"[1]。崇祯十三年，工部主事李振声又上疏，"请限品官占田，如一品田十顷、屋百间，其下递减"[2]。试问：身为官绅的人尚且在社会危机日益严重的情况下，提出了触及土地问题的建议，为什么被剥夺了土地的农民在革命的高涨时期，反而不可能提出均分土地的政策或口号呢？由于史料的缺乏，我们对于明末农民战争带来的土地关系的变动，不可能做出确切的叙述，但是，起义农民连根铲除某些大地主，实行占田屯种的事例却是屡见不鲜的。大顺政权在北京期间管辖的一些地区，确实出现了剥夺宗室、勋戚和官绅地主田产的行动，有的正是在当地大顺政权的直接支持下展开的。著名的例子如山东诸城县官僚丁耀亢所述：

> ……闯官莅任，则土贼豪恶投为胥役，虎借豺藜，鹰假鹞翼，以割富济贫之说，明示通衢："产不论久近，许业主认耕。"故有百年之宅，千金之产，忽有一二穷棍认为祖产者，亦有强邻业主明知不能久占而掠取资物者，有伐树抢粮得财物而去者。一邑纷如沸釜，大家（指官绅地主）茫无恒业。[3]

日照县官僚地主厉宁在本县和诸城县拥有四千多亩土地。当地大顺政权建立后他畏罪潜逃，"所存田产、牛只、家属，悉为二县民人

---

[1] 《明末农民起义史料》，第一二一页。

[2] 《明季北略》卷十六。

[3] 丁耀亢：《出劫纪略·保全残业示后人存纪》。

瓜占"[1]。这两个县属青州府管辖，该府是明朝衡王建藩的地方，王府的禄粮和庄田也被"仆佃悉行侵欠"[2]。山东青州地区的农民们在大顺政权支持下，"均"大地主的田产，可以视为大顺政权管辖区内土地关系变动的一个缩影。[3]自然，不能据此而推论以李自成为首的大顺军领导集团，制定了平均分配土地的法令。但是，在大顺农民革命浪潮激荡所至的地方，大土地所有制受到了猛烈冲击，部分在明王朝统治下被剥夺了土地的农民收回或夺得了部分土地，则无疑是个事实。这年五月，江西临川绅士曾益写了一篇《讨贼檄》，以官绅地主代言人的姿态破口大骂大顺军"掠我资，均我产"[4]，也反映出农民革命带来了包括土地在内的社会财产关系方面的变化。

　　在叙述大顺政权为解决土地问题而采取的措施时，应当指出均田在大顺政权的活动中并不占重要地位。这是因为在明末统治阶级的沉重压榨下，农民往往整甲整里地逃亡，耕地大面积抛荒；由于农民军到达的地方，明宗室、官绅大批地被消灭或者窜往他乡，出现了大量无主之田。因而在这种特定的条件下，土地问题反而不显得那么突出。现存史料中涉及土地关系的比较少见并不奇怪。总之，我们不应该否认大顺政权曾经着手解决贫苦农民的耕地问题（均田），也不能

---

[1]　顺治二年《厉宁奏本》原件藏中国第一历史档案馆。《明清档案》第三册A3—226，户部为厉宁事上揭帖为顺治三年正月。厉宁为日照生员，中武举，历都司，任副将，降清，隶镶红旗下为副总兵。
[2]　顺治二年《登莱巡抚陈锦题本》，见《明清史料》丙编，第五本，第四九六页。
[3]　在山西大同地区，明朝代王的"宗姓约计四千余，闯贼盘踞六日，屠戮将尽"。"宗之房屋尽为贼居，地土庄窝无一不为贼据。"大顺军西撤之后，清政府"查出贼遗故宗室空房共一千六十所，地一千三百七十余顷，大小庄窝五十八处"。说明在大顺政权控制下的一两个月间，当地大土地所有制受到摧毁性的打击（引文见中国第一历史档案馆藏顺治元年八月初六日《大同总兵姜瓖启本》）。
[4]　李天根：《爝火录》。

311

过分渲染大顺政权的均田政策。

八、打击太监和厂卫

大顺军迅速攻克北京，同明朝太监开门迎降是有关系的。李自成进入京城时，太监王德化领着内官三百余名排班迎接。这些昔日倚仗明朝皇帝权势作威作福的家伙，现在又聚集到李自成的周围了。太监杜勋奉李自成之命在进京谈判时，曾私下对他的同伙说："吾辈富贵自在也，可无虑。"[1]然而这一次他们却打错了算盘。四月初一日，李自成下令"尽驱阉宦出城，不许复入，群呼打逐老公。寺人贵贱老少，哀泣奔走，失履裂衣坠帽，首面血淋漓"。"一钱不得随身，都人大快之。"[2]有的史籍记载，李自成在设置官职时规定："太监不得过千人。"[3]这同明朝末年内官数万相比，不能不说是一项重大的改革，对明中期以来飞扬跋扈的宦官集团是个沉重打击。但是，它也说明，李自成这位农民革命领袖已经在逐步继承封建帝王的遗产。

对于明代臭名昭著的特务机构东厂和锦衣卫，大顺政权断然地予以废除[4]，厂、卫头目一律从严惩办。这件事深得人心，连当时一个敌视大顺政权的封建文人也不得不用赞扬的口气说道："向来厂卫知名者咸从束缚，要津猾胥，先倾其家而后杀之。此举差强人意。"[5]

---

[1]《国榷》卷一百。

[2]《平寇志》卷十；《怀陵流寇始终录》卷十八。

[3]《小腆纪年》卷四。杨士聪《甲申核真略》记："中贵迎贼不独（王）德化一人为然，凡监局掌印者皆出迎，皆照旧。由是各招集名下听贼拣选，共留八百余人，余皆散去。"

[4]《国榷》卷一〇一说，大顺政权"改锦衣卫为龙衣卫，各营兵递直午门……"孙承泽在《天府广记》卷三四中，记大顺军占领北京后，看守他的人是"伪锦衣尉梁姓"，原为"陕西诸生"。两书所说的"龙衣卫"和"伪锦衣尉"大概是指李自成的警卫部队，而不是明朝的锦衣卫。

[5]《再生纪略》卷上。

大顺政权对那些世袭的所谓开国功臣、靖难功臣之后和皇亲国戚，则给以摧毁性的打击。三月二十二日处死了成国公朱纯臣。两天以后，又押解勋卫武职官员二百多人斩于平则门外。[1]

九、召见明降官、耆老

山海关战役前，李自成承担的军国重务虽然很多，但还是抽空亲自接见明降官和京师城郊耆老，借以联络感情，了解民间疾苦。三月二十三日，在文华殿召见明中允梁兆阳，梁叩头说："先帝无甚失德，只因刚愎自用，致使君臣之谊否隔不通，以致万民涂炭，灾害并至。"自成回答道："我只为几个百姓故起义兵。"梁又叩头说："主上救民水火，自秦、晋抵燕，兵不血刃。百姓箪食壶浆以迎王师。神武不杀，比隆尧舜，汤武不足道也。臣遭逢圣主，敢不精白一心，以答殊恩。"自成很高兴，留坐款茶，谈得十分融洽。告辞时，梁兆阳向上打躬，自成也举手作揖回礼。随即任梁为兵政府侍郎。[2]被召见的还有已委任为礼政府侍郎的杨观光，李自成向他询问了郊天典礼的有关事项，杨观光一一做了解答。自成颇为欣赏，在谈话结束时说道："俱有至理之言，先生说得是。以后先生常进来讲讲。"把杨送到屋檐下才告别而还。[3]后人有感于李自成的礼贤下士，赋诗寄慨云："开国先延理学臣，赐茶留坐问谆谆。亲贤下士非夸大，漫骂刘邦敢问尘。"[4]

四月上旬，李自成先后两次召见了城内和城郊各村镇耆老，"问

[1]　顾炎武：《明季实录》；《平寇志》卷九。
[2]　《平寇志》卷九；《甲申传信录》卷五。
[3]　《明季实录》；《甲申传信录》卷五。
[4]　民国三十二年《米脂县志》卷九下，《艺文·诗词》。

民间疾苦，有无扰害。"[1]受到接见的耆老们出宫后，喜形于色地传告李自成头戴大绒帽，身穿天蓝箭衣，同其他将领简直没有区别。

这些事实说明，李自成注意到了争取明朝官僚和士绅、耆老的问题。如果不是很快就爆发了吴三桂叛乱和清兵进关，大顺政权完全可以进一步稳定局势，并且以对社会生产最小的破坏为代价实现全国的统一。如能在一个新兴的、领导人物起自民间、饱经阅历因而能够实行开明政策的大顺帝国统治下，我国的社会进程，无疑地将会在明朝中后期社会经济、思想、文化、对外交流等方面已经取得成就的基础上，获得长足的发展。然而，历史的偶然性却导致了大顺政权的失败。由于清兵的南进，民族矛盾激化，连年的战祸使劳动人口等社会生产力遭到了极大的破坏，而代替大顺朝执掌全国政权的清王朝，又是一个以社会发展水平较低的满洲贵族同汉族中最腐朽的大地主阶级相勾结建立起来的新王朝，这就推迟了明朝末年凋敝已极的社会生产的恢复，从而导致了我国社会在一个比较长的时期里，陷于倒退停滞和发展缓慢的境地。

以上依据史实，列举了大顺政权在京期间活动的九个方面。此外，大顺军入京后也没有放松军事训练，仅据《甲申传信录》卷六所载就有：四月初一日"权将军刘宗敏下营点操"；初六日，"闯尝至万寿山观将士骑射，从者数千余人"。尽管由于大顺政权档案文书被毁灭，我们无从弄清它的全部活动的具体情况，但是，在二十二天里有效地治理那么广阔的地区，从事那样多方面的工作，领导人公务之繁忙是可想而知的。正因为事实如此，我们才无法同意那种认为大顺军入京之后，领导人只顾追欢逐乐，不以国事为念的论点。

---

[1] 《再生纪略》卷下。

314

第三节　山海关战役

三月，吴三桂率领辽东明军约四万人及八九万关外汉民陆续进关，暂屯于山海关至滦县、昌黎、乐亭、开平一带。[1]这里需要纠正一种常见的误解：许多史籍都以为山海关属于吴三桂的防区，甚至把吴三桂说成山海关总兵。[2]其实当时的明山海关总兵是高第[3]，下辖兵员数目约为一万人。吴三桂进关之后即同高第会合，密切注视形势的变化。

三月十五日，大顺军进抵居庸关，明守将唐通投降。李自成对山海关一带的官军十分重视，他知道吴三桂所统边兵是明朝的一支劲旅，距离北京比较近，又处于大顺军和满洲贵族军队之间，如果不及时解决，将成为一个重大的隐患。至于解决的方式究竟是以武力消灭还是采用政治手段招降，李自成分析了当时的情况，认为以招降比较稳妥。首先，因为自从大顺军进入山西以后，除了宁武总兵周遇吉负隅顽抗落得个兵败身死的下场外，据守各战略要地的明朝统兵将领，如大同姜瓖、宣府王承胤、居庸关唐通等，都望风归附。在这以前投降的总兵还有白广恩、牛成虎、郑嘉栋、左光先、陈永福等。这种先例对吴三桂自然会产生重大影响。其次，吴三桂自己统兵在外，他的父亲吴襄和其他家属却留在北京，为了保住身家产业，决策投降大顺政权也是在情理当中的。另外，如果不先从政治上争取就付诸武力，

---

[1]　乾隆三十九年《永平府志》卷三，《封域志·纪事》。又，顺治元年七月清滦州同知赵钟瑞奏本中自我表功说："即前平西亲王兵丁分居本城，尽皆安置得宜，兵民帖服。"（见中国第一历史档案馆所藏《顺治朝奏本》第九号）也是指吴三桂降清以前的事。

[2]　《明史》卷三〇九《李自成传》，就用了"闻山海关总兵吴三桂兵起"的措辞。

[3]　见康熙八年《山海关志》卷四，《官职志》。

吴三桂势必倒向满洲贵族。因此，李自成命降将唐通率本部兵马，带上犒赏关宁官军的银两、财物，前往山海关招降吴三桂和高第。唐通去后，"遗三桂书，盛夸自成礼贤，啗以父子封侯"。[1]这两个明朝总兵果然立即投降了。由唐通接管了山海关防务，吴三桂则带领部众向京师进发，准备朝见李自成，接受新命。

吴三桂领着兵马于三月二十四日到永平府（府治在卢龙县），"大张告示：本镇率所部朝见新主，所过秋毫无犯，尔民不必惊恐，等语"[2]。一两天之后又行至玉田县。[3]就在这时，吴三桂得到消息，说他在北京的家属受到大顺军的侵犯，政治态度立即发生了变化。关于导致吴三桂叛变的直接原因有两种说法：一种是说他的爱妾陈圆圆被刘宗敏夺去，于是"冲冠一怒为红颜"[4]。另一种说法是刘宗敏在追赃助饷的过程中，逮捕了吴三桂的父亲吴襄，"索饷二十万"[5]。目前因史料不足，尚无法判定孰是孰非，但大顺军触犯了他的家庭，大致是可信的。吴三桂本来是个封建军阀，他的政治态度完全以个人利害为转移。他投降大顺政权，是为了保住既得利益，并希冀在大顺朝革故鼎新之际跻身于新贵行列。当他获悉自己的家庭受到波及时，便误以为李自成的招降是把他骗来北京，将不利于己。其他地方传来的大顺政权对明降官追赃助饷的种种消息也使他不寒而栗。于是，他一怒而

---

[1] 《清史列传》卷七九，《唐通传》；《平寇志》卷十。

[2] 匿名：《吴三桂纪略》，见《辛巳丛编》。行至永平府的时日是根据乾隆《永平府志》卷三，《封域志·纪事》。

[3] 康熙八年《山海关志》卷五，《政事志·兵警》。又，《临榆县志》所载当时人余一元《述旧事诗》云："进抵无终地。"无终即玉田县的古称。

[4] 吴伟业：《梅村家藏稿》卷三，《圆圆曲》。这类讲法极多，充斥于史籍。

[5] 张怡：《谀闻续笔》卷一。《甲申传信录》卷八也说："闻其父为贼刑掠且甚。"杨士聪则说："吴襄者，三桂父也，在京为都督，被获将夹，复宥而宴之。吴知终不免，遣人贻书与子云。"

去，率部直奔山海关，向镇守关门的唐通部发起突然袭击。由于变生意外，唐通猝不及防，被吴军击败，山海关遂被吴三桂占领。吴三桂的叛变，对于各方面人士来说都是没有预料到的，也是很不得人心的。在一个当事人的诗中有这样的描写："吴帅旋关日，文武尽辞行。士女争骇窜，农商互震惊。"[1]说明愿意跟着他背叛大顺政权的人寥寥无几。[2]唐通被击败后，带着残兵驻于关城西北的一片石，派人向北京告急。约四月初十日左右，李自成得到了吴三桂叛变、山海关被占的消息。经过紧急商议之后，他一面批评了刘宗敏，对吴襄进行了抚慰，并且让牛金星代吴襄起草了一封给吴三桂的信，努力做挽回工作；一面决定亲率大军往山海关平叛。

四月十三日晨，李自成、刘宗敏带领大顺军从北京出发，由丞相牛金星和少数大顺军将领统率一万名士卒守备北京。[3]随军带往山海

[1] 佘一元：《述旧事诗》第二首，见光绪四年《临榆县志》卷九，《舆地编》四，《纪事》。

[2] 同1，《述旧事诗》中有一联是："二三绅儒辈，早晚共趋迎。"可见参加吴三桂叛乱的人只是当地为数有限的几个绅士。请参看程儒珍《关门举义诸公记》（见光绪四年《临榆县志》卷二一，《事实编》四，《乡型》下）和佘一元《潜沧集》卷三《曹捷音传》，卷四《朱太母诸氏墓志铭》《廪庭冯先生墓志铭》。

[3] 关于山海关战役期间留守北京的大顺军将领是谁，各种史籍说法不一致。赵士锦《甲申纪事》说："惟留李岩居东城，牛金星居朝中，以为守备。"陈济生《再生纪略》说："伪相牛及贺（有威）、郭（之纬）两伪将留守京师。"《甲申传信录》说："制将军李遇（过）及贺锦二将留守京都，禁约军丁。"杨士聪《甲申核真略》说："惟留一姓李伪都督居东，与牛金星共为守备。"《平寇志》和《怀陵流寇始终录》说，李牟和牛金星"以老弱万人守京师"。《鹿樵纪闻》则说李过留守。《国榷》记"牛金星、李牟、李友等居守"。这些说法不尽可信。如李岩、李牟本无其人，贺锦已牺牲于西宁。《国榷》卷一〇一记四月十七日有人在京师宣武门外偷偷张贴"大明运当中兴"的反动榜文，"伪都督李友捕榜之，左右民杀之"。《甲申传信录》卷六记四月"二十三日，都中微闻闯败。制将军刘当将城外房屋督居民尽行拆毁，并及佛寺，运兵器上城守城"。制将军刘当指左营制将军刘芳亮。如果这两条记载属实的话，李友和刘芳亮是留守北京的大顺军将领。此事尚待继续查考。

关的有吴襄和崇祯帝的三个儿子，以及在西安、太原俘获的秦王、晋王。这表明李自成希望让吴襄出面消除误传的谣言，以父子之情打动吴三桂。带明太子朱慈烺等一同前去的用意也非常明显，无非是堵塞吴三桂效忠故主的借口。尽管李自成等做了诸多准备，但这一次招降却没有达到目的。吴三桂叛乱后，关宁两镇兵合在一起只有五万人，占据山海关一隅之地，根本无法同大顺军相抗衡。为了逃脱覆灭的命运，吴三桂不顾民族大义，决定卖身投靠满洲贵族。

这时，满洲贵族在关外建立的清廷，已经度过了由于皇太极去世而出现的内部动荡，注意力又集中到如何利用明朝内部的阶级大搏斗实现自己进取中原的夙愿。在大顺军占领北京以前，清廷曾希望联合农民军推翻明王朝，分享胜利成果。这年正月二十七日，清廷派迟起龙等人充当使者，取道蒙古部落地区给大顺政权送来一封信。信的原文如下：

> 大清国皇帝致书于西据明地之诸帅：朕与公等，山河远隔，但闻战胜攻取之名，不能悉知称号，故书中不及，幸毋以此而介意也。兹者致书，欲与诸公协谋同力，并取中原。倘混一区宇，富贵共之矣。不知尊意何如耳。惟速驰书使，倾怀以告，是诚至愿也。[1]

这封信送到大顺军镇守榆林的大将王良智手里时，李自成已经率军东渡黄河向北京进军了。尽管王良智立即奏知了李自成，但李自成对清廷"协谋同力，并取中原"的建议却未予理会。大顺军摧枯拉朽

---

[1] 《明清史料》丙编，第一本，《清帝致西据明地诸帅书稿》。

式的进军，使满洲贵族们既为之眼红，也感到极大的不安。他们不禁考虑到一个新兴的、朝气蓬勃的汉族政权代替原来腐朽没落、不堪一击的明王朝之后，自己将无油水可捞；而且一旦大顺政权完成了汉族地区的统一事业之后，必将凭借强大的人力和物力资源，重新解决辽东问题。因此，清廷在摄政王多尔衮等人的策划下，决定乘大顺军立脚未稳之时出兵干涉。

四月初，清廷得到大顺军占领北京、明朝覆亡的消息，便急不可待地大举兴师。《朝鲜李朝实录》中，记载了朝鲜使臣郑太和四月十四日在安州同清朝使节谈话后写的一件紧急报告，其中说：

> ……（清使郑命寿）又曰："顷日九王闻中国本坐空虚，数日之内，急聚兵马而行。男丁七十以下，十岁以上，无不从军。成败之判，在此一举。"臣问："所谓本坐空虚者何事耶？"曰"为土贼所陷"云，而更不明言。所谓本坐似指中原皇帝而言矣。[1]

四月初九日，多尔衮和豫郡王多铎、武英郡王阿济格等，带领满洲、蒙古八旗兵员的三分之二以及全部汉军大举"伐明"[2]。进军路线是采纳汉奸洪承畴的建议，准备由蓟州、密云地区破边墙而入。四月十五日，清军行至翁后，遇上了吴三桂派来的使者副将杨坤和游击郭云龙，告以山海关形势危急，"若及此时促兵来救，当开山海关门以

[1] 吴晗：《朝鲜李朝实录中的中国史料》上编，卷五八。
[2] 《清世祖实录》卷四。按，据李洼《沈馆录》卷七，清廷在三月二十六日以前即已准备"西征"（伐明），并命李洼从行。不久，得到大顺军攻占北京的消息，在出兵时间和调集兵员数量上大概都做了调整。

迎大王"[1]。同时面呈书信一封，内称："王以盖世英雄，值此摧枯拉朽之会，诚难再得之时也。乞念亡国孤臣忠义之言，速选精兵直入中协、西协。三桂自率所部，合兵以抵都门，灭流寇于宫廷，示大义于中国。则我朝之报北朝者岂惟财帛，将裂地以酬，不敢食言。"[2]多尔衮大喜，除留下使者杨坤外，还派妻弟拜然随郭云龙前往山海关探其虚实。同时下令改变行军路线，向山海关兼程进发。在给吴三桂的回信里，多尔衮避而不用"合兵"一词，却趁机向吴三桂进行招降："今伯若率众来归，必封以故土，晋为藩王。一则国仇得报，一则身家可保，世世子孙，长享富贵，如河山之永也。"[3]吴三桂得到回书后，果然决定投降，并决心驱迫关辽兵同大顺军恶战一场，借以提高自己在满洲贵族面前的地位。

四月二十一日，大顺军到达山海关，吴三桂只留下少数军队和反动乡绅防守关城，把主力已拉到关内石河，摆开阵势。李自成除了把主力用于石河以外，还派出部队进攻山海关的东罗城、西罗城和北翼城[4]，对吴军实行包围。双方昼夜激战，至二十二日晨，吴军已困惫难支，据守北翼城的一支吴军向大顺军投降，吴三桂的全军已面临崩溃之势。清兵于二十一日晚赶到山海关后，屯驻于欢喜岭。此时的多尔衮并不急于参战，他"蓄锐不发"[5]，要等到吴三桂部支持不住、大顺军也疲惫时再一鼓作气夺取胜利；同时，他也要观察一下吴三桂的诚意，以免上汉人的当。二十二日晨，吴三桂感到形势严重，带着属

[1] 李洼：《沈馆录》卷七，引自《辽海丛书》。

[2] 《清世祖实录》卷四。

[3] 同2。

[4] 按，山海关是东西向的，南翼城近海，故不作为进攻的主要目标。

[5] 刘健：《庭闻录》卷一，《乞师逐寇》。

官和乡绅们出关，至欢喜岭上的威远台[1]谒见摄政王，请求清军立即来援。多尔衮谕以"汝等愿为故主复仇，大义可嘉，予领兵来成全其美。先帝时事，在今日不必言，亦不忍言。但昔为敌国，今为一家。我兵进关，若动人一株草、一颗粒，定以军法处死。汝等分谕大小居民，勿得惊慌"[2]。继之又对吴三桂道："尔回，可令尔兵以白布系肩为号。不然，同系汉人，以何为辨？恐致误杀。"[3]说完，让吴三桂等先行回去，自己随即下令清军，从南水门、北水门、关中门三路进关。布好阵势后，即向大顺军阵地发动猛烈冲击。大顺军虽然奋勇迎敌，无奈清兵以逸对劳，而且在数量上也占了很大的优势[4]，故不久便败下阵来。清军乘胜追击，大顺军大败，兵员器械损失惨重，大将刘宗敏也负了伤。李自成只好连夜撤退。他们行经永平范家庄时，把吴襄处斩。二十六日回到北京，又杀吴三桂全家三十四口。而吴三桂本人却在山海关战役结束这一天，被清摄政王承制封为平西王。这样，由于吴三桂背信弃义，大顺军终于被满汉地主阶级联军击败。从此明末农民战争由盛转衰，进入了以抗清为主的新时期。

山海关战役是顺、清之间关键性的一战，它决定着究竟是大顺朝还是清王朝能建立对全国的统治。大顺军的失败，除了上面已经提到的因素以外，主要的原因是：首先，李自成等大顺军领导人，在一片凯歌声中滋长了骄傲轻敌的思想，对于随着明王朝的土崩瓦解而必然

---

[1] 威远台遗址尚在，称作"威远城"，距山海关城极近，大约不过二三里。威远台建造在欢喜岭上，所谓欢喜岭只是略高于平地的一条小丘陵。当地人士说，明时官军返自辽东，行至该岭则关门近在眼前，心中欢喜，故名。

[2] 康熙八年《山海关志》卷五，《政事志·兵警》。

[3] 《清世祖实录》卷四。

[4] 李粹以当事人的身份说："以臣所见，胡兵似倍于流贼。"（见《朝鲜李朝实录中的中国史料》上编，卷五八）加上吴三桂的军队双方兵力悬殊更大。

出现的满洲贵族的武装干涉，缺乏清醒的估计。这主要表现在，大顺军渡河东征时调集的兵员不够。当时，大顺军兵力总数在百万以上，但平定西北地区后派驻各地的军队数量过多，占领山西、北直隶、山东等地后，又在各战略要地分别驻军，使兵力进一步分散。因而在北京地区集结的军队，用于对付吴三桂等部的明朝官军虽然胜任有余，但要同强大的满洲贵族军队决一雌雄，就显得力量不够了。

其次，在用政治手段招降吴三桂之后，李自成派往山海关镇守的，只是刚刚投降过来的明将唐通所部八千人，没有派出农民军大将率领重兵协防。派到山海关地区的文官兵政府侍郎左懋泰和山海关防御使张若麒，都是大顺军进京以后从明朝官僚中选拔的。这也反映了大顺政权领导集团对辽东军事形势可能出现的新情况估计得很不够。按情理分析，从万历末年以来，辽东军事冲突连绵不断，特别是崇祯年间清兵几次攻入畿辅地区，造成朝野震惊的局面。要说李自成等人对此一无所知或漠然视之，是绝对不可能的。然而，他们的行动却给人一种强烈的印象，似乎在他们心目中明、清之战是"前朝"的事情，自己并没有同清方交恶，完全可以井水不犯河水，各自安心过日子。因此，他们头脑中的辽东问题只是吴三桂等人统率的关宁边兵，吴三桂投降之后东北方面的问题就已经基本解决，关外虎视眈眈的满洲贵族被置之度外。如果李自成在山海关地区部署了重兵，吴三桂发动叛乱的可能性势必大大降低，即便叛变也不可能轻易地夺得关门重镇。这种麻痹轻敌不能不说是李自成等起义军领导人犯下的一个重大错误。

清廷方面的情况却正好相反。从皇太极到多尔衮等人都一直密切注视着中原地区阶级斗争的演变，并随时根据获得的情报而决定自己的对策。到大顺军以排山倒海之势向北京进军之时，清廷已经认准农民军是自己的真正对手，紧张地筹划出兵干涉了。顺治元年初，范文程在《致摄政诸王启》里明确指出：

> 盖以为明劲敌者我国也，抑则流寇也。正如秦失其
> 鹿，楚、汉逐之，虽与明争天下，实与流寇角也。[1]

到了大顺军攻占北京，明王朝覆亡之后，清廷就在极短的时间里几乎空国而来，"前后兴师未有如今日之大举"，因为多尔衮等人深知，"成败之判，在此一举"[2]。

一方是对迫在眉睫的危险视若无睹，一方是处心积虑以求一逞。在这种情况下，前者的惨败和后者的大获全胜就是必然的了。李自成农民军在山海关战役中用鲜血写下的教训，直到现在仍然值得记取。

第四节　大顺军放弃北京

四月二十六日，李自成带着败军回到北京。此时摆在他面前的问题是，固守北京等待援军的到来呢？还是趁清军围城以前主动放弃北京？刚回京时，李自成就下令火速拆除关厢民房和羊马墙[3]，说明他曾一度考虑过固守北京，但只过了两天，李自成却毅然决定在北京举

[1] 缪荃孙：《云自在龛随笔》。
[2] 《朝鲜李朝实录中的中国史料》上编，卷五八。
[3] 杨士聪：《甲申核真略》记，四月二十七日，"驱城中百姓于崇文、宣武门外，毁撒沿河诸房及城外四面羊马墙，云：'向攻城时借此墙遮蔽炮箭，大得其力。恐东兵攻城，故亟去之'"。下文又说第二天他自己也被抓去拆羊马墙，"余脱身而走"。这证明山海关战役后，李自成确曾打算固守北京。

行即位典礼后立即向西撤退。做出这样的决策是痛苦的然而却是正确的。当时大顺军在距北京不远的地方虽然有不少驻军，但不可能组织起一支足以挡住清军（包括已经投降清方的吴三桂部）的武装。其他军队则因分驻在西北各省和湖广、河南、山西等地，短期内无法调来。在外有跟踪而来的强敌，内有仇视农民革命的残余反动势力的情况下，李自成以新败之余据守孤城，后果是不待龟卜的。大顺军领导人有鉴于此，终于决定了主动放弃北京。

四月二十九日，李自成在武英殿举行即位典礼，由牛金星代行郊天礼，六政府各颁敕书一道。[1]典礼草草结束后，即"分付阖城人民，俱各出城避难"[2]，同时放火焚毁了明代宫殿和各门城楼，开始撤离北京。"城中扶老挈幼西奔者络绎不绝"[3]，一些投顺了大顺政权的明廷官员也杂在队伍里一同逃难。在大顺军遭到严重挫折，而敌方以明太子为标榜的情况下，仍然出现这种场面，说明大顺政权在京师人民中享有崇高的威望。在撤退之前还要正式举行即位典礼完全是从政治上考虑。北京自元代以来就长期是全国的政治中心，在人们心目中设在北京的朝廷拥有正统地位。李自成之所以在军情旁午之际，仍然要在这里举行一次即位典礼，颁诏天下，其用意即在于向全国宣布：大顺政权在推翻朱明王朝之后，业已成为全国唯一合法的政权，北京是大顺朝定鼎的地方，尽管由于军事上的失利而暂时放弃，但迟早是要回来的。

四月三十日晚，清军进抵蓟州，得到了大顺军已撤离北京的消

---

[1]　杨士聪：《甲申核真略》。按传统规矩都是由皇帝颁诏天下宣告即位，诏书的后面一般都附有大赦等恩款。大顺政权却分别由吏、户、礼、兵、刑、工六政府各发敕书一道，这些文献没有保存下来。

[2]　李天根：《爝火录》卷三所引塘报。

[3]　聋道人（徐应芬）：《遇变纪略》。

息，多尔衮即命多铎、阿济格和吴三桂等人统率精锐急速追击，自己则带领一部分军队赶往北京。五月初二日，多尔衮到达北京。当时都中的明朝官僚和市民并不知道吴三桂已经投降清朝，纷纷传说吴三桂打败了李闯，夺回了明太子朱慈烺，将奉太子来京即位。于是一群官僚便聚集东郊迎接，内官们也准备了卤簿法驾。出乎他们意料的是，傲然而来的却是胡服辫发的清朝摄政王，转眼之间满洲白旗兵已经布满城垣。许多人不胜错愕，惶遽而退。一部分鲜廉寡耻的官僚则将错就错，竟把多尔衮迎接进宫，居之于火后仅存的武英殿。

五月初三日，大顺军退至保定，"虽钲鼓喧阗，而骑无行列，弧折筈残，人尽阻饥"[1]。但农民军仍严守纪律，"掏珠易饪"[2]，用财物向当地百姓购买食品。为了阻滞追兵，担任殿后的部队把"大内锦绮缠挂树上，铸金为瓴甋抛置道右，唌追骑以可欲，少缓须臾，一日夜行三百里"[3]。五月初八日，清兵在庆都（今河北望都县）追上大顺军。蕲侯谷英麾兵还战，双方战于城东。大顺军饥疲交困，士气不扬，被清军击败，谷英不幸牺牲。[4]大顺军继续南撤，又与清军战于真定，再次失利[5]，遂经井陉退入山西，留精兵防守固关。[6]追击的清

---

[1] 康熙十九年《保定府志》卷十七，《忠烈》。

[2] 同1。

[3] 同1。

[4] 《清世祖实录》卷五记：五月初八日"多罗武英郡王阿济格等追击流寇于庆都县，大获其辎重"。另参看康熙十七年《庆都县志》卷三，《历代政绩》；《国榷》卷一〇一。按，《国榷》记双方作战地点为定州北十里清水铺，据《清世祖实录》和《庆都县志》，这一战役是在望都县境进行的。又《国榷》记大顺军有"大帅三人"被清军俘虏，恐不可靠。

[5] 《清世祖实录》卷五记："固山额真谭泰、准塔，护军统领德尔得赫、哈宁噶等率前锋兵追至真定，又破之。贼焚辎重，仓皇败走。"另参见《清史列传》卷四，谭泰、准塔、哈宁噶传。

[6] 边大绶：《虎口余生记》。

军也因"马困人疲，不能远逐"[1]，又需要巩固对京师和畿辅地区的占领，不得不在五月十二日回到北京。[2]

清军是在为崇祯帝复仇、"吊民伐罪"的黑旗下出兵镇压农民军的。为了在汉族地区站稳脚跟，多尔衮接受范文程、洪承畴等人的建议，采取了一些笼络汉族官绅地主的措施。进京后的第三天就下令，"官民人等为崇祯帝服丧三日，以展舆情，着礼部、太常寺备帝礼具葬"[3]。由于在京的明朝官僚绝大多数都投降过大顺政权，他们当中的许多人担心吴三桂和清兵入城以后，会把自己视作"从逆伪官"。清廷有鉴于此，"大张榜示，与诸朝绅荡涤前秽"[4]。只要归顺清朝，就官复原职，甚至加官晋级。同时明确宣布，凡属被起义农民夺去的田产一律还本主[5]。这些保护汉族官僚地主的政令一公布，那些曾饱受农民军铁拳打击的明朝官绅地主，无不弹冠相庆，"故朝野一时欢然服从，如大旱之得时雨也"[6]。"是月终旬，长安市上仍复冠盖如云矣！"[7]完全是一派全面复辟的景象。

[1] 《朝鲜李朝实录中的中国史料》上编，卷五八。
[2] 《清世祖实录》卷五。
[3] 《清世祖实录》卷四。
[4] 聋道人（徐应芬）：《燕都志变》（《遇变纪略》）。
[5] 《明清史料》甲编，第一本，第七五页，引顺治元年谕旨云："前朝勋戚赐田、己业，俱各照旧。"
[6] 《燕都志变》。
[7] 同6。

第十三章
大顺政权的失败

第一节　明朝官绅的叛乱

　　大顺军在山海关战役中的失败和被迫放弃北京，在全国产生了巨大的反响。农民军自从崇祯十四年以来几乎是战无不利，攻无不克，现在却在一次关键性的战役中遭到重大挫折，士气难免受影响。清方旗开得胜，一举拿下了北京，迈出了多年梦寐以求的进取中原的第一步，自然兴高采烈，信心大增。但是，由于大顺军后方的兵员尚多，活动余地仍然很大；清军战斗力虽然比较强，毕竟受到满族人口稀少的限制。因此，在大顺和清争夺天下的抗衡中，具有关键意义的却是汉族官绅地主的动向。

　　汉族地主中的许多人，大约从崇祯十六年冬开始，已经看出明王朝大厦将倾的前景。他们在这场社会大动荡当中仓皇四顾，迫切地寻求新的保护者，见以李自成为首的大顺政权如日东升，兵锋所至，风卷残云，很自然地便把保护自身利益的希望寄托于大顺政权。这也是李自成起义军进潼关以后，不到半年时间几乎兵不血刃地就拿下整个黄河流域数千里地方的重要原因之一。

然而，汉族地主们很快就大失所望了。李自成和大顺军的主要领导人，虽然由于自身地位的上升和封建文人的影响而开始逐步地向官绅地主转化，可是这种转化还没有达到质变的程度。在基本政策方面，李自成等大顺政权的领导人仍然坚持维护农民阶级的利益。在阶级社会中，一个政权的政策总是要维护某些阶级、阶层的利益而损害另一些阶级、阶层利益的。大顺政权的经济政策，特别是它的财政政策，正是在最大限度地维护着农民（可能还有一些中小地主）阶级的利益，给地主阶级，特别是其中最有权势的官僚地主以沉重的打击。当时，大顺军的兵员已达百万左右，在大片地区内建立了政权，用什么办法来筹措这笔庞大的兵饷和行政费用呢？一种办法是在承认和保护地主阶级土地所有制的前提下实行"轻徭薄赋"，这是历史上许多新建王朝的传统办法；另一种是实行剥夺剥削者的农民革命政策。李自成于崇祯十四年到十五年在河南曾提出了"不当差，不纳粮"的口号，崇祯十六年初在襄阳建立政权时，又具体化为"三年免征"的政策。是信守这些诺言呢？还是出尔反尔食言以自肥呢？李自成等大顺军领导人坚持了保护贫苦群众利益的农民革命立场，决定继续执行暂时（计划在三年之内）免除农民赋税的政策。这样，一方面要解决庞大的军饷和日益增多的政府开支，另一方面又要恪守许下的诺言，大顺政权的财源就只能依靠没收明宗室财产、接收所克城镇官府的微薄库存、对明朝官绅实行追赃助饷了。三者当中，最后一项是主要的。从现有史料来看，李自成虽然早在河南时就提出过"贪污吏籍其家以赏军"的口号，但追赃助饷作为一项政策，是在大顺军进占西安以后才正式形成并且广泛实行的。这以后，随着大顺政权管辖地区的扩展，遂普遍推行于陕西、山西、北直隶、山东、河南等地。雷厉风行地执行追赃助饷，使各地官僚地主"如罹汤火"。他们不仅像剜却心头肉似的被迫缴出贪污盘剥所得的钱财，而且在追赃过程中刑拷相加，缙绅体面扫地以尽。这样，官僚地主作为一个在各地拥有盘根错节的潜在实力的阶层，政治态度就逐渐发生了根本性的变化。他们原先希冀托庇于大顺政权的保护，现在发现这个政权的刀锋正是对准着自己。严酷的事实使他们同大顺政权处于不共戴天的敌对状态。当大顺军在军事上势如破竹地向前挺进时，各地的官绅地主慑于兵威，表面上俯首帖耳潜伏忍受，骨子里却咬牙切齿，待机报复，即所谓"人人饮恨，未及发也"[1]。甚至一些被大顺政权吸收参加了工作的官僚士绅，也不免产生兔死狐悲、物伤其类之感，对执行这种政策的大顺政权的前途表示怀疑。

封建社会中的农民毕竟受到所处时代和地位的局限，在同官绅地主的斗争中，他们只能借用原有的政权形式加以惩罚，而不可能运用阶级分析的方法把贫苦农民组织起来，对本地的乡绅劣衿实行有效的专政。于是，在大顺政权管辖区内就存在着一种十分微妙的政治形势：一方面是显而易见的，农民们如释重负，意气风发，沉浸于胜利的喜悦当中；另一方面是潜在的，官绅地主在各地的头面人物虽然被弄得衣冠扫地，但他们所代表的封建势力却依然相当强大，在某种程度上讲，只有他们才有可能利用各种社会联系、习惯势力把当地的人力、物力调动起来。这就是说，封建社会中的农民由于自身的局限性，即便是在狂飙突起的革命高潮中，也不可能产生科学的思想武

---

[1] 王庹：《伪官据城记》，引自《荆驼逸史》；又见康熙《泰安州志》。

器，创造出有效的组织形式，用以镇压统治者的势力和保护自身利益。他们的胜利当中就潜藏着巨大的危险，或者说隐藏着失败的因素。

山海关战役中大顺军的失败，特别是全国政治中心——北京的陷落，成了一个重要的信号，各地官绅地主认为时机已到，纷纷发动叛乱。他们杀害或拘捕大顺政权地方官员，袭杀当地大顺军驻兵，"榜闯大逆无道罪状"，"凡逆闯政令一切革去"[1]。叛乱一旦得逞，原来的明朝官僚立即把握了地方政权，从而实现了全面复辟。

现将山海关战役后两个月内北直隶、山东、河南地区发生的官绅地主叛乱情况列制为表，附于本书之后，供读者参阅（见附录）。

这些叛乱虽然是分散、自发的，但都不谋而合地聚集到封建王朝之下。较早发生的叛乱往往以为崇祯帝发丧，恢复明朝年号，甚至抬出明朝宗室相号召，如德州推出宗室朱帅𰷺为"济王"[2]；大同总兵姜瓖也以明枣强王朱鼎珊"续先帝之祀"[3]。等到他们弄明白了大顺军是败在清兵之手时，就差不多全部归顺了清朝。而靠近南方的山东、河南一些地方的官绅地主，则在清廷和南明弘光朝廷之间摇摆。以满洲

---

[1] 李长祥：《天问阁集》卷中，《殷渊传》。

[2] 康熙十二年《德州志》卷十，《纪事》载，当地乡绅卢世㴐、赵继鼎、程先贞等发动叛乱时，"求得王孙朱帅𰷺为盟主"；乾隆五十三年《德州志》载，以朱帅𰷺名义发布的檄文中有："闻吾君犹存六尺之孤，况寰宇不止一成之籍"，"知匡复之不远，识中兴之有期"。可见德州的官僚地主是以恢复明朝相号召的。朱帅𰷺（按：有的书写作朱帅𰷺，有的书写作朱帅𰷺，此据顺治元年朱帅𰷺本人给清廷的启本）原为明庆藩宗室，崇祯年间换授为北直隶香河知县。他的济王称号是冒牌的。《德州志》讳而不言。但是，康熙十四年《香河县志》卷七，《秩官志》记载："朱帅𰷺，宗室换授，陕西宁夏人……值李闯犯阙，遂率健卒至山东德州，为州人共推立为济王。"中国第一历史档案馆还藏有"山东济王府兵部主事臣张吕韬"在顺治元年七月给清廷的奏本。

[3] 《清世祖实录》卷五载大同总兵姜瓖启本中说，他"恐无主生乱"，故立枣强王朱鼎珊，被清摄政王多尔衮斥之为"大不合理"。

330

贵族为主体的清廷，在很短的时间里便能在黄河流域站住脚并且进而推行征服全国的事业，其最主要的因素就是它得到了北方汉族地主，特别是这个阶级中最有权势的阶层——官绅地主的支持。

在这些叛乱当中，对农民革命事业危害最大的是那些窃据了大顺政权重要职务的文武官僚。如明朝遵化巡抚宋权在李自成进京时拜表投降，被任命为大顺政权遵化节度使。[1]他发动叛乱时，大顺军守将黄锭还被蒙在鼓里，仍用对上司的礼节对待他，结果仓促遇害，镇守军队全部被搞光，防御使、府同知和县令等下属文官也被一网打尽。[2]又如李自成在晋北重镇大同留了上万名重兵，由制将军张天琳负责镇守，由于没有解除明朝投降总兵姜瓖等人的军权，加上防范不严，以致姜瓖叛变得逞，张天琳等大顺军将领被刺杀，驻防的军队也随之瓦解，使李自成放弃北京后固守山西的计划转眼就落了空。

第二节　李自成返回西安时的部署

一六四四年五至六月，大顺政权领导集团经由山西太原、平阳（今临汾）返回西安。由于兵力不足，对畿辅和山东地区已经无力顾及，所以把防御重点放在山西、河南一线。五月中旬，李自成对山西一带的防务做了具体部署：晋北大同地区由制将军张天琳统领一万多

---

[1] 《甲申传信录》卷首原序。

[2] 宋荦：《记文康公遵化平伪始末》，见光绪五年《永平府志》卷三〇，《纪事中》。按，宋荦是宋权的儿子，文康公即宋权。宋荦在这篇文章里，竭力掩盖他父亲曾经投降过大顺政权。可是在叙述经过情形时又一再露出马脚，如说大顺军守将黄锭见宋权时"向上揖"，就是一个明显的例子。吴伟业在《绥寇纪略》卷九中记遵化事变即取材于这篇文章。

名士兵镇守；晋中太原地区由文水伯陈永福带领兵马一万镇守[1]；晋东南长治地区由平南伯刘忠镇守，兵员数字不详。李自成离开太原时亲自召见了陈永福，"授以坚壁清野之计"[2]。为了加强山西的防务，又留下右营大将、绵侯袁宗第以兵万人屯于临汾挂甲庄[3]。在河南卫辉府一带也留下刘汝魁等部大顺军镇守。

为了巩固对山西、河南等地的控制，大顺政权还采取了措施打击和防范各地官僚豪绅的叛乱活动。大顺军主力西撤以后已无法有效地镇压北直隶、山东的叛乱，而在山西、河南则仍然采取了有力的对策。对于已经发生的叛乱，坚决用武力平定。五月上旬，大顺军从北直隶撤入山西时，山西平定州（今平定县）、榆次县和太谷县的官僚劣绅背叛大顺政权，关起城门，不让义军进城，甚至填塞水井，给军队饮水造饭制造困难。李自成等人当即下令攻城平叛，把参与叛乱的分子处以死刑。[4]五月中旬，山西定襄发生了大顺政权的饷银被明朝官僚组织的"游兵"劫去、典史被害的事件，该县县令密报省城太原，当即派来大顺军三千多名平定了叛乱，并由镇守忻州的大顺军将领"兼辖定襄"[5]。大顺军在力所能及的范围里坚决打击叛乱活动，在一段时间里遏制了北直隶、山东官绅地主叛乱活动的蔓延，使山西、河南等地的大顺政权得以暂时稳定。

---

[1] 顺治元年七月二十日招安山西大同等处吴惟华揭帖中说："风闻太原府有明朝巡按韩文铨今为节度使矣，李若星为直指使矣，总兵陈永福为权将军矣。城内兵马约有一万。"见《明清史料》丙编，第五本，第四〇九页。
[2] 康熙二十一年《阳曲县志》卷十三，《丛纪》。
[3] 康熙四十七年《平阳府志》卷三四，《兵氛》；雍正七年《临汾县志》卷五，《兵氛》。
[4] 参见乾隆五十一年《平定州志》，《建置志·营制》附《兵事》；乾隆十三年《榆次县志》卷七，《事考》；乾隆四年《太谷县志》卷五，《祥异》。
[5] 康熙五十一年《太谷县志》卷五，《祥异》。

为了同样目的，大顺政权还采取了一项重要的防范措施，即在六月间下令把山西、河南等地的明朝官绅，强制迁往陕西各地重新安置。如五月间，河南滑县举人王良翰、程见周等绅衿，定盟"起兵，将斩伪令以待王师"。相邻的浚县明典史李化桂也勾结当地士绅，秘密策划逮捕大顺政权县令马世聪。这两起阴谋败露后，首恶都被处死。滑县令刘三晋还具疏奏请"李自成，欲一网打尽"。六月，大顺军将领刘汝魁带着兵马来到，把浚县、滑县、长垣三县的明朝官绅押往陕西，"各安置边远州县"[1]。大顺政权山西巡按也奉命把全晋之缙绅，"其未死与潜匿者，票催尽解西安"[2]。河南辉县一带的"大小乡绅、举贡，则尽并其家属押解陕西"[3]。顺治二年清都察院的揭帖中说："河南、山西官绅为贼逼勒西行，甚有合家颠连，求生不能，求死不得者。"[4]这种大批迁徙明朝官绅的目的，在于使这些地头蛇脱离故土，无从发挥他们的反革命能量。

　　关于李自成等大顺政权的领导人为什么没有在山西就地组织固守，伺机反攻，而是径直返回西安的问题，由于其失败后档案被毁弃一空，我们无从知道李自成等人当时是怎样商议和决策的。看来主要是因为西安是大顺政权立国的地方，称为西京。一些史籍曾经记载大顺军渡河东征时，中央机构仍然留在西安，李自成统兵所到的地方称为行在，六政府各选一侍郎从征。[5]此外，李自成的妻子高氏从来没

---

[1]　康熙二十五年《滑县志》卷十，《丛志》。

[2]　《明清史料》丙编，第三本，第二五三页。

[3]　清国子监司业薛所蕴顺治元年七月十八日启本，原件藏中国第一历史档案馆。

[4]　《明清史料》丙编，第三本，第二六二页。

[5]　赵士锦《甲申纪事》中说："其尚书皆留守陕西，每府（指吏、户、礼、兵、刑、工六政府）一侍郎从征，称行在。如吏政宋企郊、户政杨建烈、兵政喻上猷、刑政陆之祺、工政张璘然及（礼政巩）焴，皆侍郎也。"

有在北京露过面，可以肯定这位皇后一直留在西安。这就意味着，大顺军占领北京期间，实际上存在着两京制度。北京失守以后，西安就成了大顺政权的政治中心。另一个原因可能是当时西北地区的大顺军队比较多，李自成需要亲自去组织反攻力量。然而，李自成在西撤过程中，没有尽可能地把较多的主力部队留在山西，也没有任命一位高级将领统筹山西防务，回到西安后又没有及时地从陕西调集兵力加强山西的驻军，这在战略上似乎是一个比较严重的错误。

李自成回到西安以后，确实很快就开始了反攻的准备工作。顺治元年七月，清大同总兵姜瓖在一件塘报里，提到了大顺永昌元年七月初七日发出的行牌，其中有"长安二府田（指田见秀），绥德、汉中高、赵（指高一功、赵光远）从西河驿过河，统领夷汉番回马步兵丁三十万，权将军刘（指刘宗敏）统兵十万过河从平阳北上。又报皇上（指李自成）统领大兵三百五十万，七月初二日从长安起马。三路行兵，指日前来。先恢剿宁武、代州、大同、宣府等处，后赴北京、山海，剿除辽左。至叛逆官兵尽行平洗，顺我百姓无得惊遁"等语[1]。这个行牌为了先声夺人，在兵力数字上不免有所夸张，但表达了大顺政权领导人有整兵渡河、同清军再决雌雄的意向。行牌中宣布以田见秀、高一功、赵光远（原为明朝汉中总兵）统兵三十万为先

---

[1] 征西前将军大同总兵官姜瓖塘报，见《明末农民起义史料》，第四五八页。关于高一功是否曾随李自成东征的问题，现在还不清楚。乾隆二十年《丰润县志》卷六，《杂记》载："明庄烈帝末年四月，流贼李自成率兵东行入丰润，居于西察院，于墙折一豁口，踞坐胡床，左右雁行立。旋率众由弘法寺西街至城外阅视战马。……李自成之妻弟住居西街王家，呼主人出问何人，曰生员也。即令戴巾，云：有人问即云是我将令。"自成妻弟即高一功，如果所记不误，那么高一功不仅参加了东征，而且参加了山海关战役。由于目前只是一个孤证，暂按高一功在大顺军东征前后一直守陕西绥德的说法。

锋，也值得注意。他们在大顺军进军北京时分别留守西安、绥德和汉中，养精蓄锐，兵马齐整，计划中让他们打头阵，安排也是合理的。

大顺政权还加紧了反攻的其他准备工作，如筹集军用物资，在平阳府属各县"派征钢、布、翎毛"等物[1]；在山西泽州、潞安（今晋城、长治地区）"打造盔甲"[2]；在河南怀庆地区也积极征集制造箭翎的羽毛。[3]在军事方面也采取了一些措施，如清兵部右侍郎金之俊在顺治元年六月上的奏疏中说："臣接易州道塘报，流贼尚在太原，日事招练。又询之真定副将王燝云，伪将马总兵（当即大顺军大将马重禧）径倚固关以蔽我。且连日据守门官军盘获流贼奸细，供称来京探信，实繁有徒。可见逆闯包藏祸心，固未尝一刻忘东向者。"[4]七月间，大顺军还曾派出部队东出固关，一度占领了井陉县城。[5]八月，奉南明弘光政权之命前往北京同清政府和谈的左懋第也在奏疏中说："然道路传闻，闯贼盘踞晋中，以多寇守紫荆、倒马、井陉等关，似贼不甘心于（虏）而与为难者。"[6]九月间，高一功部也曾经一度由陕北攻入山西。然而，这些措施毕竟属于准备工作和局部行动，大规模的反攻始终没有成为事实。我们不大清楚李自成在部署反攻时遇到了哪些困难。从一些迹象来看，内部的不稳定是个重要的原因。不稳定的因素包括：一、当时在西北地区的明朝投降将领还掌握着部分兵权，

---

[1] 康熙十一年《垣曲县志》卷十二，《兵乱》；雍正《临汾县志》卷五，《兵氛》。

[2] 顺治元年七月通政使王公弼启本，原件藏中国第一历史档案馆。

[3] 顺治元年七月国子监司业薛所蕴启本，原件藏中国第一历史档案馆。

[4] 金之俊：《贼谋甚狡疏》，见《息斋集·佐枢疏草》。

[5] 《明末农民起义史料》，第四七四页，《直隶真顺广大巡按监察御史卫周胤揭帖》。

[6] 左懋第：《萝石山房文钞》卷一，《辞阙效言疏》。

清王朝则利用各种社会联系对他们广为招徕，而他们的态度或是暧昧难明，或是跃跃欲试；李自成为了防范可能发生的武装叛变，不得不在战略要地分驻大顺军旧部，这就必然要牵扯相当一部分力量。这年六月，大顺军绥德守将高一功和延安守将毫侯李过，突然把镇守榆林的确山伯王良智（李自成进攻西安时开门投降的明朝守将王根子）处死，由高一功接管了榆林的防务[1]。王良智为什么被杀，没有见到能够说明当时情况的材料。上面曾经提到，清廷写给"西据明地诸帅"的书信曾送到了他手里。此后他同清方是否有来往不得而知，但不能排除这种可能性。更明显的一个例子是：上文说到七月间大顺军组织了一次反击，由山西出固关占领了井陉县。正待扩大战果时，投降大顺政权的明都司崔有福，突然在晋西永宁州（今离石）叛变。他聚集乡兵逮捕了大顺政权的州牧，占领州城，并且骚掠接境的临县、宁乡（今中阳）二县。大顺军被迫"移兵围州城"，直至八月二十五日才攻克。[2]这次叛乱虽然平定了，反攻的部署却被全盘打乱。二、在文职官员当中，原明朝投降官僚以至一部分没有出仕明朝的封建文人，在大顺军遭到重大挫折时也阴萌异志。《豫变纪略》记载了牛金星在西安时对其亲戚说的一席话：

　　一日，出为贡生置酒，饮间忽叹曰："人生乱世，贵贱何足道，孽报耳！"因指其首曰："保此物大难。我在祸网

---

[1]　康熙十二年《延绥镇志》卷五之二，《纪事志》；卷三之四，《名宦志》下。又见康熙十九年《延安府志》卷九，《纪事》；道光二十一年《榆林府志》卷九，《纪事志·历代纪事》。

[2]　康熙四十一年《永宁州志》卷八附《灾祥》。原文记载，大顺军克城后，"在城庠士被杀死者百七十人"，可见参与崔有福叛乱的骨干都是绅衿地主。

中，或庶几可以幸免，即不免而砍之悬于市曹也亦宜。君死网中胡为乎？幸即出居他所，卒有变，利有逃匿，保此头颅。"遂呜咽流涕而罢饮。

李自成还惩办了一些朝廷和地方官员，如刑政府尚书耿始然、户政府侍郎李天笃以及平阳防御使张爌等。有的固然是因为贪赃枉法，有的则是同政治态度有关。上述迹象表明，大顺军败回西安之后，内部矛盾有逐渐激化之势。在这种情况下，要想全力对敌就不大可能了。

最后，我们还要着重指出一点，即从一六四四年农历六月李自成返回陕西到下一年正月放弃西安，经过了半年的时间，大顺政权当时管辖的地方还相当广阔，处理着好几个省的政治、经济、军事日常事务。从现存的非常有限的一些材料可以说明，大顺政权在西安期间不仅做了大量的工作，政策上也做了相应的调整。如在财政政策上就做了重大的改变，停止了追赃助饷，改而实行按土地数字征收赋税的政策。上文说过，李自成在北京时就感到大规模地追赃助饷对大顺政权的稳定不利，四月初八日曾亲自出面干预，把拘留在营中追赃的明朝官僚全部释放。然而，当时只是停止了在北京对明廷官员的追赃助饷，其他地方则仍在继续进行。回到西安以后，便"通行免追比"[1]。全面停止追赃助饷的原因固然比较多，但主要原因还是避免对官绅地主过分打击而不利于后方的稳定。

---

[1]　顺治四年七月清陕西巡抚黄尔性题本，原件藏中国第一历史档案馆。这个题本中说到，大顺政权中部县令陈尚新在"李贼通行免追比"之后，竟然把追到的一笔赃银五百两"侵扣入己"。同一内容又见顺治四年十一月清刑部尚书吴达海等《为贪婪伪官匿藏伪印事》题本，亦藏中国第一历史档案馆。

追赃助饷一经停止，各地政权便失去了财源，势必要用其他方式来代替。我们至今还不清楚大顺朝廷是否规定了统一的征税制度，但从各地的零星材料来看，从一六四四年农历六七月起，许多地方确实开始了征收赋税。如顺治元年七月，清国子监司业薛所蕴启本中谈到，大顺政权在他家乡河南辉县，"每地一亩派银五分，追比急如星火。又按亩征解阔布，花缺布贵，敲扑就毙，人相枕藉。又科派雕以充箭翎，臣乡此鸟最少，乃至死鸥一只，费银十两有余。又派打造盔甲"[1]。曾任明朝兵部尚书、投降大顺政权不久又降清的张缙彦也说："雕翎、鱼胶，尽派穷民；钢铁、牛角，亦入地亩……初诱百姓以三年免征，后辄百端催科。"[2]史料还记载，陕西麟游县大顺政权曾经"踏勘荒熟"，征收税粮，"计当时共坐阖县熟地一千五百一十六顷四十五亩，按地该粮一千八百八十三石"[3]。这些史实都说明在形势逆转的情况下，大顺政权被迫提前改变了赋税政策。只是由于满汉地主阶级相勾结已成大势所趋，局面已无法挽回了，财政政策的改变并没有收到什么效果。

---

[1]　顺治元年七月十八日国子监司业薛所蕴启本，原件藏中国第一历史档案馆。

[2]　张缙彦：《菉居文集》卷二，又见《依水园文集》前集卷二。

[3]　王继文：《乞恩查减荒粮以实国赋以存残黎事揭帖》，原件藏中国第一历史档案馆；又见顺治十四年《麟游县志》卷三上，《田赋》第四，文字略有不同。此外，顺治元年十月清山西巡抚马国柱题本中，说到大顺政权在山西忻州"三丁之中抽军一名，其余二丁供田三十亩，银十二两"。这项措施不知道是哪一个月开始的，就内容来看属于军屯，征收的籽粒银每亩高达四钱银子，是相当重的。

第三节　清军占领山西

清军进入北京以后，一面巩固自己在畿辅地区的统治，一面逐步蚕食山西、山东两翼，为大举进兵作准备。六月，明恭顺侯之弟吴惟华自称应袭侯爵，"请招抚山西自效"[1]。摄政王多尔衮欣然同意，派其前往山西招抚，又派明降官王鳌永以户部右侍郎兼工部右侍郎名义前往山东招抚。同月，"遣固山额真觉罗哈纳、石廷柱率将士平定山东一路"，"遣固山额真叶臣等率将士平山西一路"[2]，以为武力后盾。

当时，姜瓖对大顺政权的背叛使大同地区落入了清方手里，吴惟华乘势招抚了大同府南面的代州及所属繁峙、崞县。投降大顺政权的明将唐通，在大顺军西撤时同李过部一起退到陕西府谷地区。他看到大顺军的处境日益困难，就在清廷招诱下[3]，向李过部发起突然袭击，随即把部队拉过黄河驻于山西保德地区，至九月十五日便拜表投降了清廷。[4]整个山西北部遂为清方所有。

大顺政权山西节度使韩文铨、制将军陈永福和山西巡按李若星等见形势日益紧张，加强了保卫太原的准备。他们处死了明宗室千余人，又把大批明朝官绅押往陕西，借以消除内患。陈永福还遵照李自成"坚壁清野"的指示，下令拆除了城外关厢的全部房屋，以免清军攻城时用作掩蔽，并且派出军队"四出搜野，为固守计"[5]。九月十三

---

[1] 《清史列传》卷七九，《吴惟华传》。

[2] 蒋良骐：《东华录》卷四。不久，石廷柱被调往山西。

[3] 见多尔衮致唐通书稿，载《清代档案史料丛编》第六辑，第一二九页。

[4] 唐通降清以后被封为定西侯，不久解除兵权，寓居北京。他叛降清朝之后，大顺政权把他的家属处斩，家产没收，给予了应得的惩罚。见顺治十一年正月唐通奏本，原件藏中国第一历史档案馆。

[5] 雍正十二年《山西通志》卷五一。

日，叶臣等统率的清军经固关进抵太原城下。在一段时间里，陈永福等人防守太原是相当认真的，清军无机可乘。十月初三日，清军调来"西洋神炮"，集中火力轰击西北城角，城垣被毁塌数十丈，清军由缺口一拥而上。大顺军抵挡不住，从东门突围，又遭到埋伏在城外的清军截杀，伤亡很大。陈永福向南逃脱，后来投降了清朝。[1]节度使韩文铨战死，巡按李若星投降，山西省城太原遂告陷落。

晋东南长治地区，大顺政权原派平南伯刘忠镇守。开始刘忠也采取了拆毁关厢民房等坚壁清野措施，防备清军攻城。可是，八月间清将孟乔芳等从泽州（今晋城）北上进攻长治时，刘忠却弃城而逃。大顺政权防御使孙明翼、潞安府尹师心知以及长子县令、屯留县令均被捕杀。清军以原明朝潞安府通判冯圣兆署冀南道事，随即北上参加攻取太原之役。刘忠探知清军已离长治，又引兵来取。冯圣兆会同当地士绅，驱迫百姓据城防守。刘忠以帛书射城上说："明亡，天下分裂，秦晋当属我，而拒之，是逆也。百姓执冯通判出，即不屠。"[2]因此城中人心动摇，"啧啧多偶语"。但冯圣兆以清军势盛相威慑，继续坚守。十月，清军攻破太原，派兵来援。刘忠被迫经泽州撤退，攻阳城十一昼夜也未能得手[3]，不得不率部转入河南。至此，山西全省仅剩下西南一隅仍属大顺政权，李自成扼守山西的计划已基本瓦解了。

---

[1] 陈永福何时何地降清未见到明确记载。但顺治五年八月，清廷给投降将领授职时，陈永福被授予拜他喇布勒哈番，见《清世祖实录》卷四〇。按，《清世祖实录》把陈永福的名字误写为陈有福，参见《清世祖实录》卷十。

[2] 康熙十一年《束鹿县志》卷七，《仕迹列传》，刘昆：《冯中丞传》。

[3] 康熙四十五年《泽州志》卷二八，《祥异》，附《兵燹》。

第四节　怀庆之役和清军占领西安

一六四四年九月，多尔衮把顺治皇帝福临由沈阳接到北京，于十月初一日举行了即位典礼。满洲贵族在畿辅、山东、山西的统治逐渐稳定下来后，清廷便以为征服全国的时机已经成熟，遂决定大举进兵。多尔衮等清廷决策人的胃口起初是非常大的，他们分兵两路，企图一举摧毁西安的大顺政权和南京的弘光政权。十月十九日，英亲王阿济格、吴三桂、尚可喜等由北京出发，准备先攻陕北，然后南下西安，镇压大顺农民革命。途中把宣府、大同两镇降兵尽调随征，"搜括无遗"[1]，总兵力达八万人。同月二十五日，豫亲王多铎、孔有德、耿仲明等统领另一支大军南下，原计划是收取江南。

就在清廷调兵遣将的前后，大顺军向河南怀庆地区发动了局部的反攻。十月十二日，大顺军两万多人由山西垣曲东下河南怀庆。"怀庆肘太行，踵黄河，为南北要道。"[2]大顺军连续攻克济源、孟县，"其锋甚锐"[3]。清军怀庆总兵金玉和领兵出战，被击毙于柏香镇。大顺军乘胜攻怀庆府城沁阳，清卫辉总兵祖可法火急赶入沁阳组织城守。

大顺军反攻怀庆、金玉和被击毙的消息传到北京，多尔衮大惊，不得不立即改变进军南京的计划，命多铎先救怀庆，然后攻取潼关，同阿济格夹攻西安。大顺军发动的怀庆之役，把清军主力全部吸引到了自己这方面来，在客观上延缓了弘光朝廷覆灭的时间。朱由崧、马士英、史可法等弘光朝廷的决策人在清军主力西向，山东、河南、北直隶等地兵力相当薄弱的时候，只是鼠目寸光地欣赏着清军代为讨平

---

[1] 顺治元年十二月十三日清宣大总督吴孳昌启本，原件藏中国第一历史档案馆。

[2] 李介：《天香阁随笔》卷二。

[3] 同2。

"流寇"，自己却按兵不动，弃掷了进取山东、北直隶的良机。这不仅充分暴露了弘光朝廷仇视人民、认敌为友的反动本质，更重要的是给清廷提供了各个击破的机会。

多铎的大军进抵怀庆后，大顺军兵力不敌，主动撤退。清军从孟津渡河，十二月十五日进至陕州（今河南三门峡市陕州区），大顺军张有曾部屯于灵宝城外，被清军击破。多铎遂于二十二日进抵潼关二十里外立营。

李自成等大顺领导人获得清军将攻陕北的消息后，注意力集中在加强陕北的防务。[1]这年冬天，大顺军便源源不断地大批北调。史料记载："顺治元年冬十二月，李贼自同州过白水，北趋延安。战败，复奔白水。"[2] "自成遣其部伪侯刘、贺、辜、高等来援。已而，自成亲至，率伪汝侯刘宗敏踞洛浃旬。"[3]这两段记载弥补了一般史籍上的缺略，使我们知道当多铎统率大军正向潼关进发时，大顺军领导人才发觉根据过去情报做出的部署有问题，但自己已经陷入了南北夹攻的困境。《洛川县志》说，李自成、刘宗敏由西安北行至该县后整整

---

[1] 《豫变纪略》卷六说："是时，贼在西安，所谨备者北边耳，潼关谓有刘宗敏可无虑。及闻英王将南下，惧弗支，则调关中兵悉往应之。而其实英王尚远未来也。豫王抵潼关，关中卒无几人，遂长驱而入。贼方筹谋御其北部，而潼关溃卒残甲断秋而带伤者踵至矣。贼大恐，中夜而逃，南走蓝田。"这里对潼关战役的经过叙述得严重失实。潼关战役前，刘宗敏并不是潼关的守将，战役开始时李自成本人也已赶到潼关。但是，书中指出李自成等人把防御的重点放在陕北，抽调大批军队北上准备迎敌阿济格部清军，却是符合实际情况的。

[2] 乾隆十九年《白水县志》卷一，《地理·兵寇》。按，这里所说的"战败，复奔白水"，是错误的。顺治四年《白水县志》作："清顺治元年冬十二月，贼闯自同州逾白（水），北趋延安逆战。未几，复自延安逾白（水）趋同（州）。县为古今兵争冲地如此。"（卷上，《抚要》）李自成是在增援陕北的途中接到多铎部清军威胁潼关的消息以后又调过头来赶往潼关，他本人并没有参加陕北战役。

[3] 康熙六年《洛川县志》卷上五之四，《杂志》附。按，文中洛即指洛川，地在延安和西安之间。

停留了十天。显然是被清军两路来犯的形势弄得进退失据，只好暂时不动，需等待进一步的消息后方能决定增援何方。这样，原来准备在陕北迎击清军的战略设想，随着形势的变化而不得不改变，使自己在战局上完全陷于被动。由于阿济格军迂道蒙古土默特、鄂尔多斯部地方"索取驼马"，进军缓慢[1]，而潼关的消息却越来越紧，李自成才决定同刘宗敏等带领增援部队匆忙赶往潼关。

十二月二十九日，潼关战役开始，刘宗敏先战不利。次年正月初四日，刘芳亮统兵出战，受到挫折。李自成"亲率马步兵拒战"，也遭到多铎部八旗兵全力反击，大顺军再次失利，步兵损失很大。初五、初六两日晚间，大顺军连续出击，都没有取得效果。初九日，清军调来攻坚利器红衣大炮，进逼潼关口，大顺军"凿重壕，立坚壁"阻之。十一日，清军先用红衣炮轰击，接着大举进攻。在不利的情况下，大顺军仍然英勇奋战，派出骑兵反击，又分兵迂回到清军阵后突击，竭力想扭转战局，但都没有成功。

这时，北路阿济格带领重兵已由山西保德州渡过黄河，进入陕北。他留下一班投降将领围攻榆林，自己则统兵南下。十二月十四日，清军占领米脂，惨无人道地将李自成故里李家站和李继迁寨的居民，不分老幼全部屠戮一空。[2]接着，便向西安推进。李自成在两

---

[1] 《清世祖实录》卷十四。

[2] 民国三十二年《米脂县志》卷十，《轶事志》附《拾遗》，《李自成族裔考》。据这篇文章记载，当清兵围剿的时候，有一位妇女携带幼子，归宁于榆林所属的叶家站，幸免于难。此子遂冒姓叶氏，入籍榆林。又有李某从悬岩上跳下得脱，遍体鳞伤，人呼之为李没皮。此外全被清军杀光。《清世祖实录》卷八，记顺治元年九月二十日，平定山西固山额真叶臣自军中奏报："伪定西侯唐通败降后，我军复攻破流贼原籍米脂县，歼其亲族，掘其坟墓，弃其骸骨。侦得流寇党羽俱经星散，以闻。"唐通降清事在九月十五日，从九月十五日到二十日，并没有清军攻破陕西米脂县事，当时叶臣所部清军也没有进入陕西。《清世祖实录》的这条记载可能有误。

路清兵夹攻的形势下，看到陕西的陷落已成定局，被迫带着主力撤回西安。正月十二日，镇守潼关的大顺军将领巫山伯马世耀及所部七千余人伪降，清军占领潼关。当晚，马世耀派使者送密信给李自成，被伏路清兵截获。次日，多铎假说打猎，在潼关城西南十里的金盆坡口埋伏军队，旋又声言举行宴会，把马世耀所部军队的马匹器械全部解除。然后一声号令，伏兵四起，七千多名大顺军将士统统被杀。[1]

潼关战役是大顺军保卫西北地区的一次决定性战役，经过十三天的激战，因力量不敌以失败而告终。李自成知道守住陕西已无望，就在撤回西安的当天（正月十三日）决定放弃西安，取道蓝田、商洛地区向河南转移。这个决策是非常仓促的，因为估计潼关失守后多铎所统大军将很快进攻西安。当时，大顺军李过、高一功部还据守着榆林、延安；宁夏、甘肃、西宁也都还有驻军。但是李自成考虑到在多铎、阿济格两路重兵压境的情况下陕西是支持不住的，如果向西撤退，势必被清军切断同河南、湖广大顺军的联系，且僻处荒凉的西北一隅也没有多大前途；南面是张献忠控制下的四川，但由于一六四四年秋冬间大顺军同大西军发生过正面冲突，李自成也不便向西南发展。因此向河南、湖广转移，去夺取弘光朝廷控制下的南方，凭借这里雄厚的人力、物力继续进行斗争，便成了

---

[1]　潼关战役的经过，见《清世祖实录》卷十四所载豫亲王多铎顺治二年二月奏报和康熙二十四年《潼关志》卷下，《兵略第八》。《绥寇纪略》卷九记："二月，本朝大兵至潼关，攻之。伪巫山伯马世耀以六十万众大败，潼关破，世耀死。"《钦定明史》卷三〇九，《李自成传》，也依样画葫芦，大书"顺治二年二月，我兵攻潼关，伪伯马世耀以六十万众迎战，败死，潼关破"。时日和战况无一不错。看来清朝明史馆的编纂人员，连本朝的实录和档案也未能寓目，仅拾他人牙慧敷衍成篇，疏漏荒诞乃至于此。

当时唯一的出路。

放弃西安时,李自成令权将军、泽侯田见秀殿后,让他把带不走的粮食等库存物资和官舍全部烧毁,以免资敌。田见秀却以"秦人饥,留此米活百姓"[1]为由,没有执行李自成的指示,只把东门城楼和南月城楼点燃,便赶来告诉李自成说已经遵命办理。李自成远望烟焰冲天,信以为实。田见秀所行的小人之仁,使清军在西安得到了大量的补给,士饱马腾,很快就追了上来。大顺军在转移过程中得不到较充分的休整时间,同田见秀的错误是有一定关系的。

人们常常以为李自成从西安撤退时,是带着西北地区的全部大顺军向河南、湖广转移。实际上同他一起行动的只是大顺政权的中央机构、李自成带往增援潼关的军队以及西安地区的留守部队,兵员总数只有十三万左右。陕北、汉中、宁夏、甘肃、西宁的军队都还留在原地。等到李过、高一功部在陕北立脚不住被迫撤退时,西安地区已被多铎、阿济格部先后占领,只有迂道会合镇守甘肃的党守素等部,取道汉中南下四川,然后顺江而下。他们直到李自成牺牲以后,才在湖广同跟随李自成、刘宗敏东下的大顺军余部会师。

第五节 西北地区明降官降将的叛乱和该地区大顺政权的崩溃

随着清军攻入陕西,西北地区的明朝降官降将也一个个原形毕露,乘衅而起,拜表投降清廷。原先任过明朝宁夏花马池副将的董学礼,归顺大顺政权后曾奉命沿运河南下,后来撤到河南怀庆地区降于

---

[1] 《绥寇纪略》卷九。

清朝。[1]他降清之后急于"立功自现",派人带书信约大顺政权宁夏节度使陈之龙起兵充当内应。陈之龙过去是明朝监军道,他投降大顺政权本来就心怀叵测,用他自己的话来讲是"借其兵权,以待天时"[2]。董学礼的密信被牛成虎(曾任明朝总兵,这时奉大顺政权之命镇守宁夏)截获。牛成虎不赞成背叛大顺政权,把董学礼的家属全部处斩。陈之龙引而不发,清军进入陕西后,他利用职权拉拢一部分军队,"倡率大小文武军民,望风投诚"[3],迫使牛成虎一道投降了清朝。白广恩归顺李自成后被封为桃源伯,随着形势的逆转,也准备投降清朝,只是由于大顺军防范较严,一时还难以得逞。到李自成撤出西安时,他就在蓝田口拉出队伍投奔了清朝。兰州总兵郑嘉栋,甘州总兵左勷、副总兵谢祯荣等人,都在一六四五年正月叛降清朝。奉李自成之命率军入川的四川节度使黎玉田(原先是明朝辽东巡抚),总兵马科(投降大顺后被封为怀仁伯),副总兵马德、高汝利、石国玺,也在清廷招降下领着士卒一万多人叛附清朝。此外,叛投清朝的还有汉南副将胡向化所部士兵一万余人、黄甫营守将高鸾以及陕北从响水到宁塞的十营堡边军。

从目前所见到的资料来看,原来为形势所迫投降大顺政权的明朝将领,差不多全部都拜倒在了爱新觉罗皇室之下。[4]他们在政治上的反侧,给大顺军造成了极大的危害。当他们态度暧昧、尚未公开叛变时,李自成等人为了防范而不得不留下相当数量的大顺军旧部加以监

---

[1] 顺治二年三月《凤翔总兵董学礼揭帖》,见《明清史料》丙编,第五本,第四七五页。
[2] 《陕西三边总督陈之龙揭帖》,见《明清史料》甲编,第二本,第一〇四页。
[3] 同2。
[4] 这时还没有叛变的原明朝将领只剩下左光先,一六四五年四月他在湖广被清军俘虏后也屈膝投降了。

视，这就在前线急需增援时不能充分有效地集中兵力。他们叛变以后又往往急于向清廷献媚，或是背信弃义地向大顺军发动突然袭击，或是把自己驻防的地区作为进见礼，其或二者兼而有之。我们已经指出，山西沦陷时，姜瓖在大同和唐通在保德的叛变，不仅把整个山西北部献给了清廷，而且都给大顺军造成了重大损失。西北地区明朝降官降将的叛变，更使大顺军领导人苦心经营的后方顿时烽烟四起，无法固守。陕北的陷落就是一个明显的例子，除了高一功、李过镇守的榆林、延安以外，其他负责防守沿边城堡的明降将，很快就被清廷拉了过去，使榆林、延安陷入孤立无援的地位。文献中说，"惟榆林守将高一功乃闯贼旧党，坚拒相抗"[1]。正是由于大批降官降将的反水，阿济格才能只留下大同总兵姜瓖、榆林总兵王大业、宁武总兵高勋、宣化副将康镇邦等降将围攻榆林，自己却领着大军继续南下。这是迫使李自成丢掉西安的一个重要原因。历史又一次证明，任何政权如果没有一个大体上稳固的后方，要在前线取得胜利是非常困难的。大顺军在山海关战役之后节节败退，主要原因并不是清兵天下无敌，而是由于自己内部的不稳定。

第六节　李自成的牺牲和大顺政权的失败

　　清军占领西安后，多尔衮命多铎按原计划移师进攻南明弘光政权，阿济格部由陕北南下追击大顺军。这时李自成正带着军队进至河南内乡一带。据说，李自成曾有意直趋南京，抢在清军之前占领东南

---

[1] 《明清史料》丙编，第五本，第四六九页。

财富之区，由于顾君恩的竭力劝阻，才决定南下襄阳、承天。[1]阿济格受命进攻陕北时，曾经迂道蒙古部落索取马匹，受到摄政王多尔衮的严厉训斥，责成他"将流寇余孽务期剿除，以赎从前逗留之咎"[2]。阿济格不敢怠慢，在任命了西北地区官员之后随即率师南下。当时大顺军在数量上仍然超过清军，但是连续大败之后，士气低落，撤退时又拉家带口，行动迟缓。正月二十九日，主力撤到河南内乡后，在这里停留了较长的时间，直到阿济格部清军追了上来时，才于三月十八日拔营南下湖广。[3]

据阿济格向清廷的报告，这年三月到四月，清军先后在河南邓州，湖广承天（今钟祥）、德安（今安陆）、武昌、富池口（今湖北阳新县境）、桑家口、江西九江等七地，接战八次，大顺军都被击败。[4]这里所说的八次战役，并不都是大顺军主力同阿济格部清军展开的正面交锋，但反映了大顺军从西安撤退下来的行经路线和清军的追击情况。[5]

三月，大顺军由承天进抵汉川、沔阳，南明镇守武昌的左良玉告

[1] 康熙六年《钟祥县志》卷十，《杂志》记："顾君恩，邑庠生，值李自成陷城，用为伪政府，宠待最隆。及贼败南下，欲趋汝南。君恩力阻之，遂走襄、郧。"我以为顾君恩反对东进、主张南下襄阳、承天，大概确有其事。但是，李自成决策从河南南下的主要原因，可能同襄阳一带留驻的大顺军比较多有关，顾君恩未必能发挥那么大影响。

[2] 《清世祖实录》卷十四。

[3] 康熙《内乡县志》卷十，《兵事》。

[4] 《清世祖实录》卷十八。

[5] 据康熙年间大学士张玉书的记载，邓州之役的情况是："时贼自西安收败卒出蓝田，分道鼠窜，由西而南，豫楚之间所至皆贼，而独不得自成所在。会谍者言河南邓州贼兵甚众，葛布什贤、噶喇额真席卮库率兵薄其城。城溃，乃贼余党也。斩抗敌者数十人，余悉就抚。"（见《张文贞公集》卷七，《纪灭闯献二贼事》）德安之役，清军所遣的只是偏师，作战规模也很小。可见，所谓连战八次，并不是双方主力对阵。

急。明江西总督袁继咸以为大顺军将沿长江北岸向南京进军，就带了一部分军队赶往蕲春，同武昌的左良玉部相呼应。大顺军却从沔阳州的沙湖和对岸簰洲之间渡过长江，在荆河口击败左良玉部将马进忠、王允成的驻防军，使"武岳大震"[1]。左良玉吓得魂飞魄散，只好借着"北来太子"[2]问题大做文章，打起清君侧的旗帜，声称要打到南京，讨伐马士英、阮大铖。左军于三月二十三日全师东下后，武昌遂无驻军，李自成乘机占领该城。

李自成当时的计划是夺取东南作为抗清斗争的基地，所谓"西北虽不定，东南讵再失之"[3]。到达襄阳时，他麾下的士卒有从西安带来的十三万，又把原先部署在襄阳、承天、德安、荆州四府驻防的七万人调集随营，合计二十万众，"声言欲取南京，水陆并进"[4]。李自成把襄、荆四府的驻防军调随主力东下，是因为同清军争夺南京，需要这支比较完整的生力军。但是，这次集中兵力的做法是失策的，当时负责镇守德安的大将白旺就曾提出意见，认为这些地方经过一年多的经营，已经比较巩固，驻防军也不弱，应当固守。但这个正确的建议没有为李自成所接受，白旺没有办法，只好奉命行事。所以当阿济格

---

[1] 袁继咸：《浔阳纪事》。

[2] 乙酉正月有一少年自北而南，自称崇祯之皇太子。弘光朝廷斥之为伪，云系驸马都尉王昺之侄孙王之明，监于狱中。时任大学士的王铎，在崇祯朝曾教太子读书三年，他去看后说，相貌风度全然不似，问以当年讲书情况，"竟懵懵罔知"，连他这位讲书时仅离二尺的老师也不认识，立即断定为假冒（见王铎《拟山园选集》卷十一，《奏疏》四）。李清在《三垣笔记》中也认为是假太子，并记载了崇祯朝另外两位东宫讲官刘正宗、李景濂前往看视后都说不像。然中外多有疑其为真者。就材料而言，假冒的可能性极大。当时闹成轩然大波，实质上是反映了统治集团内部的矛盾和弘光朝廷不得人心。

[3] 《绥寇纪略》卷九。

[4] 《清世祖实录》卷十八。

部清军尾追而来时，大顺军后方空虚，根本没有力量阻滞清军前进。

李自成刚到达武昌不久，清军就跟踪而至，"围武昌城数匝"[1]。刘宗敏、田见秀领兵五千出战，败还，大顺军只好弃武昌东下。[2]从现有的材料来看，大顺军当时向东南方面进发，战线拉得比较长。南明江西等地总督袁继咸在三月下旬曾向朝廷报告："闯贼下走蕲黄，上犯荆岳。"[3]所以他当时派出署总兵邓林奇等增援蕲黄，自己则准备带副将汪硕画等领兵往江西袁州，防备大顺军由岳阳进入湘赣。

由于大顺政权没有留下较多的兵力扼守地方，又没有适时地组织必要的反击，只是一味地东进，这种顾前不顾后的做法终于招致了惨重的失败。四月，清军追至阳新富池口，趁大顺军不备冲入营垒，使大顺军又一次失利。同月下旬，在距江西九江四十里处被清军攻入老营，大顺军久历战阵、功勋卓著的大将刘宗敏被俘，军师宋献策、明降将左光先、李自成的两位叔父赵侯和襄南侯以及大批随军的将领家属也被清军俘获。刘宗敏和李自成的两位叔父当时就被杀害，宋献策和左光先却可耻地投降了。[4]就在这前后，丞相牛金星认为大势已去，竟然不告而别，开了小差。牛金星的儿子牛佺原任大顺政权的襄

---

[1] 《张文贞公集》卷七。

[2] 有的史籍说李自成在武昌停留了五十天（如《绥寇纪略》卷九；《明史》卷三〇九），但当时南明湖广总督何腾蛟却说："闯逆居鄂两日，忽狂风骤起，对面不见。闯心惊疑，惧清之蹑其后也，即拔营而上。然其意欲迫臣盘踞湖南耳。"他指出大顺军在武昌只停留了两天，也没有提到清军围攻武昌的事。

[3] 《浔阳纪事》。

[4] 《清世祖实录》卷十八，记这些人员被俘以后，"其自成两叔及伪汝侯刘宗闯（敏）俱斩于军"，没有涉及对宋献策、左光先怎样处理。据谈迁《北游录·纪闻》下，《宋献策》条记载，他在顺治十年到北京以后得知"满洲人重其术，隶旗下。出入骑从甚都"。说明宋献策又用算命占卦献媚于满洲贵族了。另据《清世祖实录》卷四〇，顺治五年八月左光先被授予拜他喇布勒哈番，可知也投降了清朝。

阳府尹，在大顺军节节败退的情况下，也认贼作父，投降了清朝，被委任为黄州知府，后来又升任湖广粮储道。牛金星逃离大顺农民革命队伍后，一直住在牛佺的官衙里，享受着老太爷的清福，直至寿终正寝。[1]"千古艰难惟一死，伤心岂独息夫人？"以一个封建落魄文人出身、被李自成委为文臣之首的牛金星所走过的生活道路确实是耐人寻味的。

大顺军在湖广阳新、江西九江连遭重大挫折之后，东下的去路已被清军截断，所掌握的数万艘船只也被清军掠夺一空，多铎部清军已由归德（商丘）、泗州直趋南京，李自成原先的战略意图已无法实现，不得不掉头向西南方向进军，准备穿过江西西北部转入湖广南部。五月初，李自成行至湖广通山县境九宫山下，突然遭到当地地主

---

[1] 牛金星究竟在什么时候逃离大顺军有不同的说法。《绥寇纪略》卷九，记李自成撤离陕西之后，"宋企郊等皆于道亡，牛金星亦留而从其子于襄阳"。似乎牛金星在三月间随军撤到襄阳时就脱离了大顺军。近年来又有人说，在江西瑞昌县隔江对面的一个属湖北省管辖的村子里存有牛金星的牌位，如果此言非虚，牛金星脱离大顺军就有可能是在刘宗敏、宋献策被俘以后，在大顺军已转移到通山、瑞昌、宁州一带时。据道光二十一年赐绮堂刊本耿兴宗《遵汝山房文稿》卷七《牛金星事略》，牛金星一直住在牛佺的官署中，病危时嘱咐牛佺说："赖弥缝之巧，得不膏荆棘，可幸，要不可恃也。吾死，必葬吾于香山（在河南宝丰县境）之阳，闭门教子，勿再出。"（《牛金星事略》承友人白钢同志从郑州抄赠，谨此致谢）清朝统治者并不是找不到牛金星的下落才使他吞舟是漏，而是因为他和牛佺的政治态度已经改变。顺治四年八月清吏科给事中杭齐苏、六年八月户科给事中常若柱，先后上疏要求清廷把牛金星父子一并处斩，多尔衮不仅置之不理，反而训斥道："流贼伪官，真心投诚者多能效力，常若柱此奏疏不合理。"下令把常若柱革职回家（见《清世祖实录》卷四五；《明清史料》丙编，第七本，第六一八页；康熙五年《蒲城县志》卷二，人物上，甲科）。《清史稿》列传三一《季开生传》，所载常若柱奏疏中说，牛金星在顺治初年"复玷列卿寺，靦颜朝右"，与《清世祖实录》所载不同。牛金星大概没有出任清朝官职，原因未必是他讲究什么气节，而是他在大顺政权中地位太高，在汉族地主中又名声很坏，清廷不便安排他的官职。

武装[1]袭击。当时跟随在他身边的只有义子张鼐和二十八名战士。地主武装见兵马不多，就一拥而上。二十八名战士先后被击杀，李自成也在搏斗中壮烈牺牲。关于李自成牺牲的情况，明末清初人士费密所著的《荒书》里有这样一段记载：

> 自成亲随十八骑，由通山县过九宫山岭，即江西界。山民闻有贼至，群登山击石，将十八骑打散。自成独行至小月山牛脊岭。会大雨，自成拉马登岭。山民程九百者下与自成手搏，遂辗转泥淖中。自成坐九百臀下，抽刀欲杀之，刀血渍，又经泥水，不可出。九伯呼救甚急，其甥金姓以铲杀自成，不知其为闯贼也。武昌已系大清总督，自成之亲随十八骑有至武昌出首者，行查到县，九伯不敢出认。县官亲入山，谕以所杀者流贼李自成，奖其有功。九伯始往见总督，委九伯以德安府经历。[2]

关于李自成牺牲的地点和时间，各种史籍记载分歧很大。地点问

---

[1] 据康熙四年《通山县志》卷一，《乡坊》记载，这里历来有官府组织的地主武装。"成化间，设三十五堡……各有保长。嘉靖二十四年，地方屡警，抚按檄照旧规，每大村或合数小村，共设团长一名。十人编一甲，置小甲一名，百人为一总，置总甲一名。衣甲器械操演如法，遇警互相救援。知县吴道夫编为一十九堡……万历十年，知县张书绅复置张公隘、九宫隘二堡于要害处，并旧二十一堡。各立堡长以守之。岁时徽点，以戒不虞。"何腾蛟在《逆闯伏诛疏》中说："臣揣知闯逆知左兵南逞，势必窥楚，即飞檄道臣傅上瑞、章旷，推官赵廷璧、姚继舜，咸宁知县陈鹤龄等联络乡勇以待。"何腾蛟在报告李自成死讯时特别写上这段话，目的是引为己功。所谓"联络乡勇以待"，就是指动员这类地主武装准备同大顺农民军为敌。
[2] 费密记载李自成牺牲的经过相当详细，也比较准确，可惜没有注明材料的来源。个别细节可能有错误，比如当时跟随李自成的人数，据何腾蛟《逆闯伏诛疏》的说法是二十八骑，张鼐幸免于难，当时张鼐正在何腾蛟部下，应该更接近事实。

题有通城说[1]，通山说，辰州说[2]，新昌（今江西宜丰县）说[3]，等等。有的书说李自成并没有牺牲，而是病死于罗公山[4]；甚至说他兵败以后遁往湖广石门县夹山寺[5]，或湘黔交界的清水江畔野寺[6]，或山西五台山[7]当了和尚。史学界在一九五六年考证自成牺牲于湖北通山县[8]，其说良是，兹不赘。时间问题，《明史》载于九月，他书或作四月、五月、六月、八月以至顺治三年，主张石门为僧说的人甚至认为"李自成"（奉天玉和尚）圆寂于康熙十三年，但绝大多数都是依据传闻和推测。近年来，学者多倾向于五月说，但究竟在五月的哪一日，

[1] 《明史》卷三○九，《李自成传》；同治六年《通城县志》卷二三，《兵事》，又见同书卷三，《山川》。

[2] 之江抱阳生辑《甲申朝事小纪》卷一；同治十三年《黔阳县志》卷五六，《载记》下，《闯贼》。又见林时对《荷牐丛谈》卷四。

[3] 《石匮书后集》卷四六，《陈泰来传》记："先是，甲申闯贼败窜，期径道新昌走长沙。泰来将兵御截。李自成奔八公山，九日登高，乡民群以梃击杀自成，实泰来功也。里人生祠泰来，东郊十里有石柱一丈，勒'陈刚长先生杀逆贼李自成于此'。"

[4] 嘉定苏瀜眉函《慪斋见闻录》；《明季遗闻》卷一。

[5] 乾隆十五年《澧州志林》，又见同治十三年《石门县志》；近年来发表持这种观点的文章甚多，可资参考。

[6] 《甲申朝事小纪》载王怀民转述阎南宫的一段话说："凡载李自成死于通城九宫山，谬也。湖广孝廉张琮伯，字和汉，于壬寅、癸卯（康熙元年、二年）间赴云南同知任，由常德乘船上镇远，泊舟于清（在辰州西、镇远东，黔楚交界处），因林谷幽胜，乃登高四望，忽闻磬声，即觅径步至禅院。叩门入，见一老僧，状伟而言辞慷慨，语甚投合。留连数日乃别。后升江西抚州知府，复道经于此。访老僧，已物故矣。其徒悬像，所陈设彝鼎，皆非常物。询何以得此，其徒曰：'吾师即闯王李自成也。'张惊问：'当日九宫山死者谁邪'，其徒曰：'闯王平日原养状貌类己者数人，彼时有孙某者愿代死。吾师甫得脱耳。'张益奇之，后转甘肃道，以语阎南宫，阎又语予云。"

[7] 光绪三十三年《米脂县志》卷十二记："有传其削发至五台山为僧者。有僧徒数人皆猛恶，不类沙门，居尝趺坐，不诵经卷。死后共瘗之，树碣曰：'奉天玉和尚。'自成初为奉天王，犹隐寓其意也。尝有诗云：'时来作恶天还怕，运去看经佛不灵。'二语恰肖其人。"

[8] 《历史研究》一九五六年第六期。

尚无定论。康熙四年《通山县志》载:"顺治二年五月初四,闯贼数万入县,毁戮四境,人民如鸟兽散,死于锋镝者数千,蹂躏三月无宁宇。"[1]同书又说:"程九伯,六都人。顺治二年五月,闯贼万余人至县,蹂躏烧杀为虐,民无宁处。九伯聚众,围杀贼首于小源口。本省总督军门佟嘉其勇略,札委德安府经历。"[2]与大顺军相比,程九伯等地主武装在力量上是微不足道的。当时的各种文献都说,他们之所以敢于向李自成及其随从发起攻击,是因为不知道出现在面前的这支小队伍就是声名赫赫的大顺军,更不知道其中就有大顺皇帝在内。何腾蛟在前引疏中就说:"闯势实强,闯伙实众,何以死于九宫山团练之手?诚有其故。"缘故就在于"乡兵初不知也。使乡兵知其为闯,气反不壮,未必遂能翦灭……"[3]所以,如果大顺军大队人马奔驰而来的话,这种局面是不可能出现的。比较合理的解释是,李自成带着近三十名随从,行进在大队人马之前(作为全军统帅也不可能距离大队太远)[4],乡团练见来人不多才敢于上前寻衅。在刘姓伴当逃回报告"李万岁爷被乡兵杀死马下"的噩耗后,大顺军"满营聚哭"[5],部下将士对通山县一小撮地主武装立即实行报复性打击乃是必然之事。就

---

[1] 康熙四年《通山县志》卷八,《灾异》。

[2] 康熙四年《通山县志》卷五,《人物·武勋》。

[3] 《烈皇小识》卷八所附何腾蛟《逆闯伏诛疏》。

[4] 认为李自成和他的随从走在大队之前,并不仅是一种推测,查继佐在《国寿录》卷四《中湘王何腾蛟传》中就说:"自成弃关中,南走楚,众犹二十余万。方至九宫山下,自成先以二十余骑前观屯处。乡之人向团结,有事共起,防小掠也。见数骑,一呼数百人,持田器竞前搏,骑不能敌,尽走散,一时俱死。须臾后队至,始知有自成顺皇帝在此二十骑中。乡人惧,咸走匿。"又,何腾蛟《逆闯伏诛疏》内说:"天意亡闯,以二十八骑登九宫山,为窥伺计。"用"窥伺"这个字眼,也意味着李自成行进在大队之前。

[5] 何腾蛟:《逆闯伏诛疏》。

354

是说，李自成仓促遇难，同大顺军在通山的"毁戮四境"应是同一天发生的事。如果这一推断能够成立的话，李自成牺牲的日期，可初步确定为顺治二年五月初四日。[1]其他材料也有助于推断李自成遇难的日期。康熙《宁州志》载，大顺军攻克宁州是在五月十三日。[2]江西宁州（今修水县）同湖北通山接境，大顺军在领袖遇难以后必然要经过一番料理，将近十天之后这部分大顺军才进抵宁州，也在情理之中。

李自成这位中华民族历史上最杰出的农民革命领袖牺牲了。他把一生献给了反对阶级压迫和满洲贵族民族征服的革命事业。在他领导下，受尽欺凌压榨的贫苦农民挺起了腰，抬起了头，向腐朽透顶的明王朝进行了勇猛的冲击，在广阔的土地上荡涤了官绅地主的污泥浊水，推翻了以朱由检为头子的明王朝。直到他牺牲时为止，他所领导的大顺军以大无畏的气概，独立地承担了抗清斗争的全部重任，为尔后二十年的抗清斗争揭开了序幕。以李自成为代表的明末起义农民们创建的丰功伟绩，将永远光照史册，受到后世人们的景仰。

---

[1] 不久前湖北通山县有人拿出了一份题为《甲申岁弋闯志》的文件（《武汉师范学院学报》（哲学社会科学版）一九八二年第一期刊有该文的影印件，可资参阅），文尾有"顺治二年乙酉腊万年拙录，民国元年仲秋八世孙麟安移录"字样。据说这是当时目击李自成牺牲经过的一位本地人士朱万年的记录。文中说李自成被乡勇"弩铳击毙"，时为"顺治元年甲申五月癸未"。李自成牺牲于顺治二年是确切无疑的。如果是这年的五月癸未，那就是五月初二日，比笔者的推论早两天。但是，通观《甲申岁弋闯志》全文，可疑的地方甚多，比如顺治二年腊月记载当年五月间的重大事件，何至于误为上年，文中提到"清大将阿济格、多铎"，都是规范化以后的满人译名，在顺治二年是不可能运用的。这个"文件"极可能出于近人的伪造。在没有就其真伪做出结论的时候，既不能轻易相信李自成牺牲于五月初二日的说法，也不宜采用其中描述的情节。

[2] 康熙十九年《宁州志》卷一，《祥异》，卷五，《列传·宦绩·万仁传》。

第十四章
大西军在四川

第一节　大西军入川

　　到崇祯十六年十一月，张献忠领导的大西军已经比较稳固地占领了湖广南部和江西的袁州、吉安两府。在这些地方派设了官员，建立了政权，形势相当可观。可是，就在这时，张献忠却毅然决定率领大西军主力西进四川，在湖广、江西只留下微不足道的一点地方武装，实际上等于自行放弃两省地方。张献忠为什么要这样做？封建史籍上说他是害怕左良玉部官军，才避而入川的。近年来，某些论著又认为这是流寇主义在大西军中的表现。笔者以为，张献忠之所以率部入川，在很大程度上是由于同李自成部义军的关系不好。他决策向四川转移正是李自成歼灭了孙传庭部官军席卷西北地区之时。这时明王朝覆灭的前景已经洞若观火，大顺军眼看就要着手实现统一全国的大业了。张献忠非常清楚，他既然不打算并入李自成的大顺军，自己又不甘心向李自成俯首称臣，那就只有另寻出路。他过去曾经一再进军四川，对这一带的地理条件有较深刻的了解。就全国而言，四川偏处一隅，北有秦岭，东有三峡，都是易守难攻的天险。蜀中又有丰富的人力、物力资源，足可立国图存。纵观历史，大凡天下大乱之际，在四川建立的割据政权一般都能够维持得比较长久。所谓"天下未乱蜀先乱，天下已定蜀后定"，正是这种历史状况的简单概括。在大顺政权行将统一全国的时候，既然不愿意放弃自己的独立地位，张献忠毅然放弃长江中游地方，远离他人的卧榻，就是不难理解的事了。

再看四川的情况，明朝末年这里的社会阶级矛盾十分尖锐，统治阶级的骄奢淫逸同农民的极度贫困形成了鲜明的对照。当时人士就曾对四川的社会状况做了这样的描述：

……即如一服饰也，厌薄缟素，竞侈罗绮，僭制造奇，月异岁变；一宴集也，淡泊是鄙，丰厚相尚，邱糟林肉，海错山珍；一居处也，华堂绣户，卷雨飞云，园榭必花木盛植，池亭必鱼鸟备观；一烹宰也，只顾适口，不惜物命，刲脔极殄极虐，炮炙极怪极惨；一田土也，富连阡陌，贫无立锥，侵谋膏腴，占人世业，欺夺孤弱，全我方圆。甚之交易则利己损人，营求则重息撒债，结处则口是心非，刁唆则舌剑唇枪，纵欲则贪刻奸淫，逞奸则阴谋下石，见人得志则嫉忌横生，闻人不幸则幸灾乐祸。又甚至贪官污吏、学霸势绅、市棍土豪、衙蠹宦仆，猫鼠固结，鱼肉善良，倾人之家，破人之产，鬻人之子，骗人之财，坏人之功名，害人之性命，淫占人之妻女，拆散人之婚姻。绅衿棍蠹，莫不万亩千楹，更锦衣而玉食；乡农庸贩，惟有佃田租屋，且啼饥以号寒。[1]

崇祯后期，明王朝在四川的统治业已摇摇欲坠，地方性的农民起义和民变风起云涌。其主要的表现便是：活动于川北和川东地区的摇黄十三家越来越活跃，川西等地以"打衙蠹"为号召的民变又方兴未艾。"摇黄十三家"起源于以摇天动、黄龙为首的农民军。崇祯七年农民军大举入川后，有一小部分留在四川同当地群众结合，逐渐形成了十三支起义队伍。这十三家的首领是：争天王袁韬、震天王白蛟龙、整齐王张显、黑虎混天星王高、逼反王刘维明、夺天王某、闯食王某、争食王黄鹞子景可勤、二哨杨秉胤、六队马超、行十万呼九思、顺虎过天星梁时政、九条龙某等。他们活动于蜀中，很少同外面大规模的农民军直接配合作战，类似于河南、山东等地的地方性农民起义。摇黄十三家在前期是得到贫苦民众支持的，史料记载"无聊穷人，背主黠仆，贼与此辈气味相投"[2]，因此发展很快。后来由于缺乏正确的纲领口号，有的甚至蜕化变质，直接侵犯到一般群众的利益。但是，对明王朝来说，他们一直是造反的队伍，牵制了官军的力量，破坏了明政府统治的基础。明四川按察使司金事张一甲在叙述大西军和大顺军分别进川"势如破竹"的原因时，曾经指出，"川非无兵，为摇黄折尽"[3]。崇祯十六年，摇黄十三家的力量发展壮大，控制

---

[1] 欧阳直：《蜀乱》。

[2] 摇黄十三家的首领，在各种史籍中记载不完全一致，这里主要是根据费密的《荒书》和李馥荣的《滟滪囊》卷一《摇天动黄龙寇巴蜀》。《滟滪囊》把行十万呼九思写作"邢十万扈九思"，《蜀乱》的作者欧阳直曾经被掠入行十万营内，说他"绰号行十万"，当可信。又，《滟滪囊》卷一尚记有夺食王王友进。

[3] 《国榷》卷一〇三，甲申年十二月癸酉日记。

了川北巴州、通江、仪陇等州县，"官兵不能攻"[1]。

"打衙蠹"的兴起表明四川人民同官府的矛盾已经达到白热化的程度。在明末农民战争的感召下，四川人民在崇祯十四年便到处揭竿而起，自发地对吏胥衙役、绅衿子弟、王府爪牙痛加惩处，即所谓"打衙蠹"。此类运动最初是在彭县爆发的，其他州县也闻风而动，如雅州"百姓各执枪棒进城，拆毁衙役房屋，打死蠹役数十人。上南州县，处处皆然，州县官惟闭署坐"[2]。随着群众斗争的深入，内容也由"打衙蠹"而扩展为"除五蠹"："一曰衙蠹，谓州县吏胥快皂也；二曰府蠹，谓投献王府、武断乡曲者也；三曰豪蠹，谓民间强悍者也；四曰宦蠹，谓缙绅家义男作威者也；五曰学蠹，谓生员之喜事害人者也。"[3]到崇祯十六年，"打衙毒（蠹）之风渐炽，因岁饥，转掠富户。凡土官之积厚者皆被其害，如邛州之杨天官，毁其厅堂，掠其财物。如山之富，不待贼（指大西农民军）而乌有矣"[4]。

很明显，人民群众已经自己起来斩除封建统治阶级的爪牙了，他们把矛头指向了整个官绅地主。四川地方当局开初还加以抚慰劝阻，指望大事化小，小事化无。不料百姓们根本不听，乱子越闹越大，以致不可收拾。官僚们改而动用武力，调军队和土司兵对人民群众的这种自发斗争进行血腥镇压。山雨欲来风满楼，这就是大西军入川时的蜀中形势。

张献忠决策入川后，大西军就由常德、澧州北上荆州、夷陵。原活动于这一地区的老回回马守应，由于同李自成有隔阂正处于彷徨无

---

[1] 费密：《荒书》。
[2] 李蕃：《雅安追记》。
[3] 费密：《荒书》。
[4] 同3。

适的境地。张献忠部义军到来之时，马守应已经病重，不久死去。部众遂加入了大西军，随同进川。[1]张献忠还注意召集荆州、宜都等地的群众入伍，所以兵势非常强盛。一六四四年春，大西军逆江而上，水陆并进。四川官军的防御力量相当薄弱，大西军"越下牢，渡三峡，古称天险，如蹈无人之境"[2]，于二月间占领万县，明总兵曾英率部退守涪州（今涪陵）望州关。

由于江流湍急，两岸高山难行，大西军在行进中队伍拉得很长，后续部队一时跟不上来；加之兵员和随军家属人数相当庞大，沿途又都是生产不发达的地区，筹集粮草极不容易。因此前锋到达万县后，滞留了三个月才继续西进。[3]六月初八日，大西军攻克涪州，明守道刘龄长逃往綦江。十一日，张献忠下令分兵两路进取重庆，水路溯江

---

[1] 马守应原来奉李自成之命攻取夷陵（今湖北宜昌市）一带地方。罗、贺事件发生后，他同李自成的关系恶化。李自成主力入陕以后，马守应统兵"下袭江陵"，迫使自成派驻荆州的守将任光荣、防御使孟长庚退走，遂据有荆州。十二月，张献忠来到荆州，"自称西王，诡慰士民，并授文武官职"，"而所谓马回回者，当车之臂亦饱于雀腹矣"。马部随大西军入川后，任光荣、孟长庚回到荆州，恢复了当地的大顺政权。见康熙二十四年《荆州府志》卷四○，《备遗》。

[2] 杨鸿基：《蜀难纪实》。见乾隆四十二年《富顺县志》卷五，《乡贤》下。

[3] 关于大西军在万县停顿三个月的原因，《绥寇纪略》卷十说，是"水涨，不得上，留屯者三阅月"；其他史籍也大抵采用这种说法。但大西军入川为正月、二月，应当是江水枯浅之时。何况，如果大西军真已经云集万县，那么长江水域最险要的地段已经顺利通过，为什么反而不能前进了呢？可见，这是出于吴伟业等人的臆想。笔者做的解释是根据下面几条史料：光绪六年《巴东县志》记载："十七年二月，张献忠尽驱荆州民入蜀，男大（女）扶携，鱼贯而进，越数月始毕，饿毙者积尸满道。"（卷十四，《事变志·寇乱》）康熙三十六年《宜都县志》记载："十七年三月，献贼入蜀，积尸蔽江而下，臭闻数十里，一月方尽。"（卷十一，《事变志·灾祥》）又，康熙五十四年《巫山县志》也说："崇祯甲申春，贼张献忠尽驱楚民大举入川。……所掳楚中男妇尽食麦苗草根，死者相枕藉。大江舟楫络绎不绝，两月始尽。尸横遍野，江水皆臭，居民所遗无几。"这些材料说明：一、由于山陡路险，队伍拉得很长；二、粮食十分困难，饿死的人很多。

而上，陆路取道南川县，约定十八日会合于重庆城下。[1]张献忠乘坐大船，船上悬挂着"澄清川岳"字样的黄旗，在重庆附近登岸，同麾下将领观察了地形。攻城之前，他派人劝说重庆守城官员投降。明守土官员问张献忠大军此次入川的意图何在，使者回答说："暂取巴蜀为根，然后兴师平定天下。归诚则草木不动，抗拒即老幼不留。"[2]明官僚拒绝投降，献忠即部署攻城。重庆位于长江和嘉陵江汇合处，三面临江，是一座易守难攻的山城。大西军从西面陆路先攻占浮图关[3]，进抵城下。六月二十日，张献忠命军士用火药炸开通远门附近的城墙，一举攻克了重庆。[4]明瑞王朱常浩[5]、四川巡抚陈士奇、重庆知府王行俭、巴县知县王锡等都被处死。张献忠下令把据城抗拒的官军士卒砍去一只手，然后释放。这些人逃窜所过地方，军民震骇，纷纷瓦解。大西军稍事休整后，除留下刘廷举带着为数不多的军队镇守重庆外，大军即分水陆两路向成都进发。

成都是明蜀王的封地。从洪武年间起，朱椿的后代即凭借政治势力，霸占了跨府连县的腴田沃土，积攒起惊人的财货，过着骄奢淫逸的糜烂生活。史载第一代蜀王朱椿就霸占大量土地，共建了三百多个王庄，"王膳"一天由一个王庄供应，一年之间才轮换一遍，

---

[1] 同治《涪州志》；光绪元年《南川县志》卷六，《兵燹》。

[2] 李馥荣：《滟滪囊》卷二。

[3] 浮图关在今重庆市大坪。

[4] 道光二十三年《重庆府志》，《舆地志》卷一，《城池》；乾隆二十五年《巴县志》卷二，《城池》。据当时任明朝四川按察使司佥事的张一甲奏报，大西军攻克重庆的日期为六月二十一日，见《国榷》卷一〇三。

[5] 瑞王朱常浩原封在陕西汉中府，李自成起义军入陕时，他逃到四川，借住于重庆府。

"故富无与比"[1]。到万历年时，王府庄田已经占了利用都江堰水灌溉的十一个州县土地的十分之七，还不包括蜀府亲王、郡王、将军、中尉的禄米、杂项收入和差徭。末代蜀王朱至澍听说京师失守、崇祯自尽，竟然异想天开地希望得到四川地方文武官员的支持，先就监国之位，然后黄袍加身。四川巡按御史刘之勃以朱至澍的世系太远为理由坚决反对，其他一些官员也表示冷淡。朱至澍的皇帝梦做不成，大为恼怒。当大西军和大顺军分别由湖广、陕西进川时，地方官感到形势严重，曾请求蜀王出钱募兵。朱至澍怀恨在心，又舍不得出钱，皱起眉头说："孤本无蓄，止有承远殿一座，如可变，请先生卖以充饷。"[2]等到大西军攻破重庆，瑞王被杀的消息传来，朱至澍才慌了手脚，打算带着宫眷财宝逃往云南。地方官担心会引起人心涣散，不让他走。朱至澍无法，只好拿出银子募人守城，宣布应募者"人给白金五十两"。但为时已经晚了，"应募率皆游手无赖，方授兵登陴，各怀锱铢埋堞而去"[3]。

六七月间，正当大西军由重庆向成都推进的时候，李自成任命的大顺政权四川节度使黎玉田[4]、怀仁伯马科[5]统兵一万从汉中入川。当时，李自成已经败回西安，明知张献忠部已由湖广进川。尽管李自成遣军入川和任命四川地方官员，是在北京期间决定的，这时对付清军已感到力量不足，本应立即撤回入川军队，假意同张献忠修好，共同抗清。可惜他没有这样做，其中原因目前说不清楚。七月，黎玉田、

[1] 乾隆八年《双流县志》卷四，《外纪》。
[2] 《纪事略》，见中华书局一九五九年版《甲申纪事》。
[3] 杨鸿基：《蜀难纪实》。
[4] 黎玉田原是明朝辽东巡抚，大约和吴三桂同时投降大顺政权，被委任为四川节度使。
[5] 马科原为明朝总兵，投降大顺军后被封为怀仁伯。

马科所统大顺军进入川北重镇保宁（今阆中县）。

明王朝在四川的统治已经面临末日，成都居民"每夜呼曰：闯至矣！明日又呼曰：献至矣！"[1]惶惶不可终日。八月初五日，大西军到达成都城下。初九日，破城而入。[2]朱至澍和王妃投井死，新任巡抚龙之光、总兵刘佳胤投水自杀。巡按刘之勃被活捉，张献忠劝他投降，他却顽固不化，被处死。张献忠封蜀世子为太平公，不久也杀掉。

占领成都以后，张献忠派出大将分别领兵收取四川各府、州、县和各土司。大都望风而下，"州县争封府库应伪命"[3]。邛州的生员听说大西军占领了省城，自动聚集群众"伐鼓大噪，索印款贼"[4]。在很短的时间里，除了遵义（今属贵州省）和石柱、黎州土司以外，四川地区便大都处于大西政权的管辖之下了。

第二节　张献忠在四川建国

大西军初进四川时，曾在名义上承认李自成大顺政权的正统地位，遵用永昌年号。[5]不久传来了大顺军被清军击败的消息，李自

---

[1]　彭遵泗：《蜀碧》卷二。又见《绥寇纪略》卷八。

[2]　《蜀难叙略》记八月初五日大西军抵成都。《纪事略》说八月初六日大西军用火药崩塌城墙，占领成都，所记时日有误。据《国榷》卷一〇三载，四川按察司佥事张一甲向弘光朝廷的奏报说，大西军"八月初五日围城，九日大炮破城"。其他史籍也说攻克成都的日期为八月初九日。

[3]　光绪《井研县志》卷二八，《纪年》二。

[4]　《蜀难叙略》。

[5]　同4。

363

成派黎玉田和马科统兵入川，又直接触犯了张献忠的利益，使他难以忍受。因此，他先派部将，继而亲统大军来到川北，一举击败马科部，把大顺军赶回陕西。张献忠为了纪念这个胜利，把绵州改为得胜州，派设了地方官员和镇守将领。川北一战标志着张献忠同李自成两大农民军公开决裂。李自成在抗击清兵尚且自顾不暇的时候，派出军队去同张献忠争夺四川，尽管他的部队收取的是大西军尚未到达的明政府管辖州县，毕竟有伤和气。但是，张献忠却走得更远。他在绵州取胜之后，竟然一不做二不休，于十一月间派出军队进攻大顺政权管辖的陕西汉中府。结果被大顺军汉中守将贺珍击败。[1]在全国形势由于清政府推行民族征服政策而日益恶化的时候，大西军和大顺军却兵戎相见，其对双方的影响都是相当不利的。汉中之战仅仅过了一个多月，大顺军就在清军进攻下被迫放弃陕西。李自成固然不能指望得到张献忠的支援，而在大顺政权倾覆之后，大西政权也失去了北面的屏障，直接处于清军攻势的威胁之下。

　　张献忠占领成都后，便正式建立政权，初称大西国王，不久称

---

[1] 《纪事略》等书把大西军进兵汉中，说成是李定国未取得献忠同意的擅自行动，甚至说献忠"恨定国挑衅"。据《蜀难叙略》记载，大西政权曾"于田里起征成之兵，而排门运粮人夫，乘有事汉中也"。这显然不是一个前方将领所能决定的。又，乾隆二十二年《广元县志》记载，顺治元年张献忠"入寇汉中"，二年"还据广元，于葭萌山下修御营"（卷八，《兵事》附）。看来，汉中之战是张献忠亲自指挥的。

帝，定年号为大顺。[1]以成都为西京，蜀王府邸为宫殿。其立国措施主要有以下几项：

一、设立官职，开科取士

朝廷设立丞相、六部尚书等官职。以汪兆龄为左丞相，严锡命（四川绵州人）为右丞相，政事多裁决于汪兆龄。胡默为吏部尚书，

---

[1] 张献忠称帝的时间，诸书说法不一。李馥荣《滟滪囊》卷三记："十月初八日，贼僭位，国号大西，改元大顺。"佚名《纪事略》说："献忠遂于八月十五日僭位。"吴伟业《绥寇纪略》卷十载："献忠以十一月十六日即伪位，称西王，国号大西，改元大顺。"《明史》卷三〇九《张献忠传》亦从此说。乾隆十二年《遂宁县志》卷八记："甲申十一月十一日，流贼张献忠僭号成都。"当时四川简州人士傅迪吉谓，十月初四日，大西军发兵至简州招安，"始知献忠僭位，改元大顺元年，国号大西，改成都为西京"（《五马先生纪年》）。这里所说的"僭位"不一定是指称帝，有的是指"僭称"大西国王。但《纪事略》等书在记献忠"僭位"之后，紧接着说立刘氏为皇后，并只下令百姓皆"立西朝皇帝万岁牌位于大门前，供以香花"。显然是认为献忠在成都建立政权的时候就已经称帝。《圣教入川记》根据两位混迹于大西政权中的西方传教士的记载，说张献忠于公历一六四四年九月五日进入成都之后，"随即称王"；到一六四六年二月，"适值阴历正月"，才在新年佳节之际正式称帝。诸书说法不一，确切情形尚有待于考证。此外，《昆山王源鲁先生遗稿》，残明前编，《张献忠屠蜀》条，记张献忠攻克成都之月"建号大西，又自称秦王，改元义武"。关于张献忠称秦王的问题，孙可望后来要求南明永历朝廷封秦王，说是"国继先秦"，又称张献忠为"先秦王"，看来必有所本。我们知道，张献忠早年自称西营八大王，崇祯十六年在武昌称大西国王，在四川建立政权时也以大西为国号，那么秦王的称号从何而来呢？这可能是李自成在甲申正月于西安建国时，曾经封张献忠为秦王，所以张献忠初进川用的是大顺政权永昌年号。后来见李自成败于清军，未必能成大事，又因马科统兵进川使双方矛盾激化，才干脆称尊建号的。国号大西是自己的传统，年号大顺，很可能是因为一度奉过大顺政权正朔，一下子全改过来会给人以突兀的感觉，所以移花接木地把大顺国号借作年号。这只是一种推测，尚须通过发掘史料加以检核。至于说张献忠改元义武，只是一种捕风捉影之谈。产生这种讹传的原因，是张献忠曾收得"义武左营关防"废印一颗，崇祯十二年在谷城受抚期间他没有官印，请求总理熊文灿准许他使用这颗关防，熊文灿转报朝廷后遭到拒绝（见《杨文弱先生集》卷三二）。由于张献忠一度想用义武作为自己的营号，后来就误传为他曾改元义武。

365

王国麟为户部尚书[1]，吴继善为礼部尚书（不久处死，以江鼎镇代替），龚完敬为兵部尚书[2]，李时英为刑部尚书，王应龙为工部尚书。

值得注意的是，张献忠入川初期，很重视延揽四川地方人才。左、右丞相中安排了一个四川人士，六部尚书中王应龙是延安工匠出身，跟随张献忠多年的老战士；胡默和李时英是在湖广参加张献忠起义军的知识分子，共过患难，让他们掌握用人和刑杀大权比较放心，此外的三部尚书（同丞相一样各占一半）都是就地取材，任用了四川人或明朝四川降官。川北巡抚也由四川广元人吴宇英担任。[3]

为了争取地主阶级知识分子的支持，张献忠在四道各设学官一人，开科取士。命令各州县起送士人参加科举，规定若有父兄阻挡子弟赴试，要受到严厉惩罚。从当时人士的记载中可以看出，地主阶级知识分子中心怀疑惧者固不乏人，但多数还是抱有善意或者热衷功名的，故参加大西政权科举的人相当踊跃。考试方法改八股为策论。张献忠亲自写了一篇《万言策》，"历评古今帝王，以西楚霸王为第

---

[1] 王国麟，湖广人，崇祯十七年任四川彭县知县（见嘉庆十八年《彭县志》卷二六，《职官》）。他书或作王国宁。

[2] 龚完敬，四川彭县人，崇祯十年进士，曾任明临安府推官（见嘉庆《彭县志》卷四二，《外纪》；同书卷二八，《选举》）。王士祯：《池北偶谈》卷三《义王》条记，"蜀绵州鹿头关庞士元祠，（孙）可望重修，有石坊大书伪衔：柱国太师兵部尚书。凡数百字，犹称张可望云"。龚完敬任兵部尚书后不久被处死，是否由孙可望接替，或者孙可望的兵部尚书只是个虚衔，尚须进一步查考。

[3] 吴宇英曾任明工科给事中。《纪事略》吹捧他"姜桂之性，老而愈辣"，说他"焚伪敕，斩伪使，尽出所藏，招集义勇，扼险以待"。"据神仙峒以抗献忠"，始终拒绝大西政权的委任，最后被大西军剿灭。《绥寇纪略》卷十也说："给事中吴宇英亦以不屈死。"其实根本不是这么回事。顺治二年四月，清陕西总督孟乔芳启本中说："有八大王张献忠伪巡抚吴宇英，系故明朝兵科给事中，据彼处来人说，称彼有投顺之意。臣写书与彼，令其说张献忠投降，相机而行。"（《明末农民起义史料》，第四八九页）可见吴宇英确实任过大西政权巡抚职务。

一"[1]，颁发学宫，供士子学习。考试及格的人由吏部分别授官。大西政权的科举制度，包括了笼络士子和加意防范的双重意义。一方面尽量用功名争取士子，虽然当时管辖范围不到一省，科举却分为入学、中举、进士三级。一六四五年科试之后不久，"又以为不得真才，仍复设科，是一年两科举也。一时举人、进士固多，而状元、榜眼同出一州"[2]。另一方面又规定"未取童生不许躲闪，已中者不得宁家，未中者不得在乡居住。以为秀才在乡造言生事，并家眷尽驱入城中，十人一结，一家有事，连坐九家"[3]。这些措施，实质上反映了大西政权对地主阶级既争取又控制的态度。

二、军制

大西的军制，有正规军和地方武装之分。正规军共四十八营，以孙可望为监军节制文武平东将军，刘文秀为挂先锋印抚南将军，李定国为安西将军，艾能奇为定北将军[4]；以王尚礼为提督御营，窦名旺为提督皇城都指挥，王复臣、王自羽为水军左、右都督。此外，大将尚有张君用、马元利、冯双礼、白文选、刘进忠等。上述将领除王尚礼、窦名旺外，都经常统兵分镇或分巡各州县。

为了维护地方治安，大西政权在各州县还组织了地方武装，称为

---

[1] 《绥寇纪略》卷十。

[2] 傅迪吉：《五马先生纪年》。

[3] 同2。

[4] 孙可望、刘文秀、李定国、艾能奇都是张献忠的义子，当时都随献忠姓张。史籍中关于他们在四川建国时授予的职位记载不一致，如《纪事略》说："封义子张可望智勇伯，挂平南监军印；张文秀封勇义伯，挂平南先锋印；张能奇挂平南将军印；张定国为前军都督；张君用为右军都督；马元利为左军都督；冯双礼为后军都督；其余贼将俱各封赏有差。"《滟滪囊》卷三，记献忠封孙可望、刘文秀、李定国、艾能奇为"平东、抚南、安西、定北四伪王，其次封伪将军，设鹰扬、龙韬、虎韬、豹韬诸伪宿卫，分四十八营"。这里是根据欧阳直《蜀乱》的记载。

里兵。史料记载，大西政权"有里兵，皇兵名色。按户口金派，三丁抽一，皇兵出师，里兵守城"[1]。仅在简州一地就有"里兵五百人，属伪都司管辖"[2]，定期进行操练。

三、肃清内奸，厉行法治

张献忠深恶朱明宗室鱼肉人民，入川后就下令："凡王府室支，不分顺逆，不分军民，是朱姓者，尽皆诛杀。"[3]防止了官绅地主利用正统旗帜拥立朱元璋的子孙发动叛乱。为了防范敌探奸细，大西政权实行了严格的户籍制度，如在广元，"城中居民不论老幼男女，一切入籍，不能遗漏一名"。[4]西京成都的城禁更是十分森严：

> 四城门不许擅行出入。凡城内出者，先赴兵马司处投递手本，上开某街等几铺或某坊某人出到某处，左右邻某人，户首某人，保结某人，有无家口，约某日回城。如至期不回，先拘左右邻及户首斩杀，后拘出城不回之人家口，不拘老少，尽数斩杀。其城外入者，兵马司盘问明白，填给入票。事毕出城，验缴原票方行放出。如或有失落原票者，即杀不放。如系本日往还者，则于左颊印一图书，至晚验明图书方行放出。倘或有被汗水摩擦，图书不明者，亦拘留斩首。[5]

---

[1] 嘉庆十八年《峨眉县志》卷九，《艺文》，张宏映《邑志纪闻》。

[2] 《五马先生纪年》。

[3] 《纪事略》。又，沈荀蔚《蜀难叙略》记：甲申年，"十月，逆令各郡县起送王府宗室暨家口数万人，皆杀之"。费密《荒书》也说："遣贼兵捕蜀王府宗室，凡匿深山穷谷者无不毕获，杀之。"

[4] 乾隆二十二年《广元县志》卷八，《兵事》附。

[5] 《纪事略》。

368

又派出缉事兵丁，化装成平民于大街小巷往来巡查，发现有"讥讪新朝"言论者，立即绑赴王尚礼处严加惩办。一天夜间，有个男子絮絮闲谈，他的妻子阻止说："夜深了，你还是张家长李家短说个没完没了。"被缉事兵丁听得，第二天捉将官里去。张献忠得报后大笑道："这是说我家长，自成家短，是个良民嘛！"下令给赏释放。[1]在这种政治空气下，城中百姓虽不免感到精神紧张，但大西政权肇建之初，敌对势力尚欲蠢动之时，严加警戒也是可以理解的，当然手段过于残酷了些。

四、经济措施

大西军在湖广的时候，曾经宣布过钱粮三年免征的政策，军饷等费用都是取之于没收官府、宗室和官绅地主所得。入川以后有否改变，没有见到明确的记载。[2]从现有的材料来看，大西政权在四川没有实行按土地或人口征收赋税的政策。几十万大军和各级政权的消费，基本上是依赖没收和打粮。当时人士傅迪吉和李蕃的著作中，都描述了大西军出外打粮的情况。明末社会中，家有余粮的固然主要是地主，可是这种见粮就拿、见猪就杀的政策，必然要侵犯到一般农民的利益。如果说这种做法在流动作战时期还有它的合理性的话，那么

---

[1]《滟滪囊》卷三。原文是："街民张成恩道邻人闺门，其妻止之曰：'夜深矣，尚说张家长，李家短何为？'贼间知，侵晨执见献忠，问之，民以实对。献忠曰：'我家长，他家短，是良民也。'赏而释之。"《绥寇纪略》卷十记最后一句话作："献忠笑曰：此我家胜自成之谶也。释之。"

[2]《绥寇纪略》卷十，记张献忠曾经"声言边郡新附，免其三年租赋"，似乎是针对土司而言。《纪事略》说大西军占领成都后，汪兆龄曾条陈治安之策，其中"治蜀民之策"内有"定赋税各项事宜"；后面又说孙可望建议"轻徭薄赋，以恩止杀，另颁新政，与民更始"。马元利部将后来还说："蜀川千百万生灵，挽粮输赋，供给三载，未见负嵎梗化。"好像大西政权在四川期间一直实施了赋税制度。但是，《纪事略》这本书多有夸诞不实之处，所言未必可信。此事尚待深入研究。

作为一个相对稳定的政权，继续这么办就必然走到难以为继的地步。它不仅不利于恢复和发展社会生产，而且必然导致生产的萎缩和停顿。[1]这不能不说是大西政权在四川站不住脚的重要原因之一。

同大顺政权相类似，大西政权也曾经"取富户追赃"[2]。"拘绅衿富室大贾罚饷银，皆以万计，少亦数千，不问其力之足否。事甫毕，则又戮之如初。"[3]在雅州"止发土户（指土司）钱粮助饷，地方尚未残破"[4]。

为了便于民间贸易，大西政权铸造了大顺通宝，制作精工，同明末的薄劣恶钱形成鲜明的对照。[5]张献忠还下令专门铸造了"西王赏功"钱，分金、银、铜三品。这种钱显然是供赏赐有功将士之用。其铸造的时间大约在入川以后至称帝以前，至于是否可在市场流通尚不清楚。[6]史料中可以看到不少当地百姓"入营贸易"的记载[7]，说明大西政权是保护商业的。

五、对西方传教士的态度

张献忠在成都建立政权以后，礼部尚书吴继善曾推荐明末来川

---

[1] 傅迪吉在《五马先生纪年》里，曾叙述当地农民不愿意下秧，他归之于"懒惰"。不过他没有解释四川的农民历来非常勤快，为什么这时突然变得懒惰起来。真正的原因，是大西军随意打粮和地方不安定，造成了农民无心从事生产。

[2] 嘉庆十八年《什邡县志》卷三八，《人物》。

[3] 《蜀难叙略》。

[4] 《雅安追记》。

[5] 至今见于文献和实物的大顺通宝有两种：一种背面无字，略小；另一种背面孔穿下有"工"字，略大。

[6] 见丁福保撰《古钱大辞典》下编《补遗》，第五一九页，图版上编《补遗》，第四一一页，《拾遗》上编图版，第八页；袁庭栋著《张献忠传论》所附图版，也有西王赏功铜币拓片。这种赏功钱至今只发现于四川，在湖北、湖南和江西还没有见到发现的报道。钱上用"西王"二字，推测当在入川初期铸造。

[7] 《五马先生纪年》。

传布天主教的耶稣会士利类思（意大利人）、安文思（葡萄牙人）"才德兼优"，可备顾问。献忠依言派礼部官员前往聘请。接谈时，献忠从他们那里得到了许多闻所未闻的知识，感到非常高兴，待以上宾之礼。不久，以二人"深通天文地理，又知各国政治"，赐以"天学国师"徽号，由国库按月发给银两。这两个耶稣会士通过同张献忠的接触，发现他"智识宏深、决断过人"，"天姿英敏，知足多谋、其才足以治国"[1]。张献忠抱着很大的兴趣向两位传教士询问了西学和西方各国政治制度、风俗人情，兼及天主教教义和"教内事件"，注意吸收当时西方比较先进的自然科学知识。他"问算学之事甚多"，并且"随同左右辩论，颇有心得"。他还委派传教士带领工匠用红铜造天球、地球和日晷各一座。造成后，张献忠"视若异宝，饬令将天、地二球排列宫中大殿上。以壮观瞻"[2]。他多次向传教士索取天文书和算学书，表明他对西方的科学技术非常关注。

然而，张献忠却不赞成在中国传播天主教。他很得体地对传教士们说："吾深知尔等之教，活而且圣。唯一天主真神，应受朝拜，尔等当朝拜之。然当在欧洲朝拜之。因我等生于中国，亦有我等之敬礼，谨当守之。尔等之天主亦愿在尔欧洲享受敬礼，因彼处有多数人敬之故也。天主不愿在中国受敬礼，亦不令人尊之敬之，因此地之人心锢闭，随从其祖宗之教故也。是以尔等教律紧要诸书，尔等宜保存

---

[1] 《圣教入川记》，本节内引文，凡未注明者均出自此书。
[2] 《圣教入川记》记载了三件仪器的情况："按二球之大，须二人围之。天球有各星宿及其部位，七政星宫环列其上，配以中国天文家所演各畜类，又分二十八宿，以合中国天文家之天图。而地球分五大部洲，国名、省名、城名与及名山大川历历可数。经线、纬线、南北两极与黄道、赤道、南北温道无不俱备。至于日晷，列有黄道午线及十二星宫与各度教，日月轨道如何而明，岁时因何而定，了如指掌。以上各器部位尺寸，大小合宜，实为当时特出之物。"

之，并耐心等候吾将全国平服后，即当送尔等还乡。彼时烦尔等多遣天文学士及天文诸书惠寄来华。"在一位封建社会中出身于社会底层的农民领袖身上，竟然具有这样明确的区分精华和糟粕的卓识，实在是令人钦佩的。张献忠尊重传教士们的科技知识，但对于他们不远万里来到中国的隐情却洞若观火，"谓其借传教为名，暗行其私意，侦探中国底蕴，报知外国"。从后来公布的西方传教士超越宗教活动范围，私自搜集和记录中国政治、军事、经济、地理、风俗、人情等大量情报来看，张献忠的"智识宏深，决断过人"诚非虚语。

六、大西政权封建化的若干迹象

在四川建立的大西政权，本质上是农民革命政权，受到这个政权沉重打击的是官绅地主。不过，也有若干迹象表明这个政权正处于向封建政权转化的途中。张献忠入成都后，追求生活享受很是令人吃惊，仅后妃就多达三百余人。[1]这种在生活上的追求，正反映了张献忠作为一位农民革命领袖，随着地位的变化而逐渐丧失了原先的朴素作风。由于后妃众多，太监也就成为必不可少的了。同李自成在西安建国以后的情况一样，张献忠也把封建统治阶级恭避御讳的做法学了过来，不准人们使用"献""忠"二字，犯者严惩。连往代碑文上的献忠字样也一概铲掉。史料记载："近日人家庙宇扁对石碑牌坊上，有犯张献忠名字，亦皆镵去。"[2]"献忠恶人犯其名字，自剑阁栈道抵成都，前人碑版皆凿之，虽嫌名亦讳，并刊去前代年号，故蜀无完碑。"[3]

---

[1] 《圣教入川记》。《绥寇纪略》等书说，献忠"聘井研陈氏（明末大学士陈演之女）为伪后，封其兄为国戚。不十日，陈赐死，兄及两尚书皆极刑"。

[2] 清陈祥裔耦渔辑：《蜀都碎事》卷三。

[3] 乾隆《新繁县志》卷十一，《兵燹》。

第三节　官绅地主的叛乱和大西政权的加紧镇压

历来的封建史籍，对大西军在四川的作为差不多都一言以蔽之曰"屠蜀"，把张献忠描绘成以四川百姓为敌的凶神恶煞，这是不符合事实的。张献忠占领四川的本意是以"巴蜀为根"，徐图向外发展。所以，他在入川初期是相当注意争取各方面支持的，打击的对象只限于坚决与大西政权为敌的部分官绅。大西军进川过程中纪律严明，并不随便杀人。《长寿县志》记载，大西军由涪州进攻重庆途经该县时，"立誓不妄杀一人"，"邑中得无恙"[1]，就是一个典型的例子。当时，由于大顺军已经攻克了北京，明王朝土崩瓦解，四川地方的官僚士绅，除了少数甘心充当朱明王朝殉葬品的人以外，大多数都转到大西政权方面寻求保护。如史籍所说，"初，成都官吏见献忠将至，逃避不遑。继见献忠称王，分官任事，以为暴雨之后，云收雾散，将见太平。又闻献忠有勇有为，能任国事。于是一班官吏均出任事"[2]。省会以外的府县，"文臣武将，卖降恐后"[3]。接受大西政权官职的人员虽然缺乏统计材料，但据西方耶稣会士的记载，张献忠在成都建立政权之初，"在朝之官统计千人"[4]，可以肯定其中大部分是在四川吸收的。尽管这些人还存在不同程度的疑惧，有的甚至心怀叵测，但就大势而言，大西军占领四川的初期，各地社会秩序比较稳定，地主豪绅既有攀龙附凤之心，又慑于大西政权的兵威，阶级冲突并不十分尖锐。因此，大西政权采用暴力镇压的措施相当有限，杀人并不多。

---

[1]　康熙五十三年《长寿县志》卷四。

[2]　《圣教入川记》。

[3]　《雅安追记》。

[4]　《圣教入川记》。

直到一六四五年上半年官绅地主的叛乱逐渐严重时，大西政权仍然注意约束军纪，努力做到"兵民守分相安"。这年三月，大西军骁骑营都督刘进忠还发布了禁约，勒石立碑以示郑重。禁约碑文主要内容如下：

> ……本府秉公奉法，号令森严，务期兵民守分相安，断不虚假。仰各驿铺（此处缺数字）约法数章，如有犯者，照约正法，特示。
>
> 一、不许未奉府部明文擅自招兵，扰害地方者，许彼地士民锁解军前正法；如容隐不举，一体连坐。
>
> 一、不许往来差舍并闲散员役擅动铺递马匹兵夫，查出捆打。
>
> 一、不许坐守地方武职擅受民词，违者参处。
>
> 一、不许假借天兵名色扰害地方，该管地方官查实申报，以凭枭示。
>
> 一、不许无赖棍徒投入营中，擅辄具词诈告，妄害良民，违者捆打。
>
> 一、不许守□文武官员擅娶本土妇女为妻妾，如违参究。[1]

这个禁约的发布人刘进忠，后来降清成了农民军的叛徒，但文告本身仍然反映了大西军入川前期，对于维护军纪、稳定社会秩序的重视。

---

[1] 见《明末农民起义史料》及袁庭栋著《张献忠传论》所附图片及释文。

四川地区的阶级矛盾是怎样激化起来的呢？原因主要有两个：一是张献忠等大西政权的决策人，虽然采取了安排蜀人做官、开科取士等政治措施争取当地士绅，但这个政权的基本施政方针却直接损害了官绅地主的利益，如下令各地"搜求仕宦及起送卫所世职，皆杀之"[1]，以及拘集官僚士绅罚银充饷。随着这类农民革命政策的推行，官绅地主才发现张献忠起义军虽然"开基立国，而群盗之习毫无悛改"[2]，他们的失望是可想而知的。二是四川地区的官绅地主，本来是在群龙无首的情况下投靠大西政权的。甲申五月，明福王朱由崧在南京建号，颁诏各地，自封正统。当时北方的局面是清兵同大顺军相对峙，弘光朝廷自知力量单薄不敢问鼎中原，注意力就更多地放在南方。东南各省是弘光朝廷立国的根基，西南除四川外，其他省份仍奉明朝正朔。在这种形势下，弘光朝廷很自然地要加紧部署颠覆大西政权，致力于建立自己的半壁江山。然而，南京小朝廷自建立之始就患有先天的软骨病，它既不可能派遣军队入川同大西军正面交锋，就只好采取任命四川官员，指使他们联络策反，把本地的官绅地主势力组织起来同大西农民军为敌。明末封建文人黎遂球向弘光朝廷上书言事时，就曾提出过以下的建议：

> 又闻献贼逋窜蜀中，设伪官分为四道，以图延喘旦
> 夕。……诚得亲信之士布置其间，或散为流言以惑其众，
> 或伺其隙以间之，使之互相杀戮，而潜结蜀中诸士官与夫

---

[1] 沈荀蔚：《蜀难叙略》。按，对明朝仕宦，初期主要是征聘他们出任官职。"皆杀之"一语不确，但杀了一部分（包括授职的某些人员）则是事实。
[2] 杨鸿基：《蜀难纪事》，见乾隆四十二年《富顺县志》卷五，《乡贤》下。

忠义之士，阴为部署，伏聚高山长林之间，多设旗帜以寒其胆。又潜与之约，能复一城一邑者即以与之。而其中有能斩献贼之头来归者，即举蜀地爵之。如此，将不烦大兵而蜀可以得，献贼可灭，其众且可收之以为用。故纵间之策不可不行……[1]

一六四四年八月，弘光朝廷任命樊一蘅为川陕总督；旧辅王应熊以大学士兼兵部尚书总督川、湖、云、贵地方，赐尚方剑便宜行事。[2]王应熊是四川巴县人，樊一蘅是四川宜宾人。南明政权利用他们在本省士绅中的影响，"皆委以恢复之任，号召诸路官兵义旅，响应云合"[3]。王应熊受任之后，坐镇遵义、綦江地区，统筹全局。按照他提出的规划是，依靠贵州的兵力和军饷，加上败军溃卒，地方武装，由綦江、纳溪北上；同时责成云南巡抚命将出师，沿建昌、毕节一线推进；川陕总督樊一蘅则提兵转入川北，夺取保宁（今阆中）、顺庆（今南充）一带，从北面牵制大西军。他还要求朝廷急令湖广巡抚重占荆州，防止大西军顺江东下；郧阳抚治则沿大昌、大宁、达州、东乡一线蚕食川东北地区；偏沅总督和巡抚由东南面扼控四川。这就是王应熊提出的围剿大西军的全盘计划。[4]在他的组织和策动下，四川各地的反革命势力顿时活跃起来。

一六四五年春，明总兵曾英击败大西军守将刘廷举部，占领了重

[1] 黎遂球：《莲须阁集》卷三，《中兴十事书》。
[2] 黄宗羲：《弘光实录钞》卷二。《国榷》卷一〇三记甲申十二月弘光朝廷再谕："督师大学士王应熊：蜀将悉听调遣，文武官吏、汉士兵惟卿用之。"
[3] 《蜀难纪实》。
[4] 《国榷》卷一〇四。

庆。张献忠派大将刘文秀率领几万名战士反攻重庆，又被曾英部击退。这个山城重镇的失守，是张献忠入川以后，在政治上和军事上遭受的第一个重大挫折。此外，明将王祥据有綦江，参将杨展盘踞黎雅，游击马应试窃据叙州（宜宾），四川南部成了官绅地主颠覆大西政权的主要基地。在顺庆地区（今南充一带），明举人邹简臣"潜与顺庆豪杰倡义，建'中兴'赤帜于江浒，数日众至十余万，军声大振。贼卷甲遁，恢复顺庆十余城"[1]。川西的松潘副将朱化龙也"敛兵自守"，割据一方。大西政权控制区内的官绅地主则纷纷叛乱，"起义兵斩伪令者所在皆是"[2]；"乃西川人性戆愚，特明顺逆，不量势力，不肯被不义之名，故其所置郡县贼吏特以兵威迫胁，民勉听从；兵才他适则群起而杀之"[3]。后来竟弄到这样的地步："成都百里外，耰锄白梃，皆与贼为难。"[4]

事实说明，南京弘光小朝廷成了四川官绅地主心目中的旗帜，为他们提供了从事反对农民革命的复辟活动所必需的组织系统和精神支柱。这正是四川地区政治局势发生剧烈变化的重要原因。

官绅地主的疯狂反扑，迫使张献忠加紧了军事扫荡。这本来是必要的，然而张献忠在镇压和防范叛乱的过程中却走得太远了，往往弄到顺逆不分的程度。他看到官绅地主是反对大西政权的主要势力，而生员们一般多是出身于这个阶层，就在大顺二年十一月借口举行"特科"，命令将各府县生员一律起送成都，到齐后找了个借口全部杀

---

[1] 道光《乐至县志》卷十四，《人物》，宿士敏《邹公易斋传》。
[2] 《滟滪囊》卷三。
[3] 《蜀难纪实》。
[4] 康熙《四川成都府志》卷二六，《贼盗·张献忠》。

光。[1]这就是所谓大慈寺屠戮士子事件，大约杀了五千人。[2]当他不断得报大西政权的地方官员被反革命势力捕杀时，又常常迁怒于当地居民，派出军队不分良莠滥加屠杀。张献忠的过激行动，使本来就非常尖锐的阶级对抗更加复杂化了，导致大西政权逐渐丧失民心。

在历史上身居权力顶点的人物，一旦走上了错误的道路是很难迷途知返的，他们往往在谬误的斜坡上越滑越远，张献忠的悲剧正在于此。他甚至发出了"除城尽剿"的命令，分遣军队到所属州县搜杀百姓[3]，连西京成都也发兵"剿洗"。《圣教入川记》中，载录了外国传教士目睹的情况：一六四五年十一月二十二日，张献忠下令除大西政权官员家属以外，成都"城内居民一律杀绝"。第二天，"各军人皆奉命认真严剿，毫不容情。……各军分队把守城门，余军驱百姓到南门就刑"。"被拘百姓无数集于南门外沙坝桥边。一见献忠到来，众皆跪伏地上，齐声悲哭求赦云：'大王万岁！大王是我等之王，我

----

[1] 雅州由于混入大西政权的地主分子郝孟旋密图反水，伪造了张献忠的诏书，把起送在途的本州生员全部追回，雅州生员因此逃脱了这次屠杀。见李蕃《雅安追记》。又，乾隆四年《雅安府志》也记载："是年（一六四五年）献忠檄蜀士子尽赴省试，违者以军法论，监军郝孟旋矫献忠诏曰：'雅系边地，承平时自专心文墨，今羌夷不时窃发，久已弃诗书而事干橹矣。宾兴之典，宜俟异日。'时蜀士赴试被歼无遗，独雅安诸生获免。"（卷十，《勘乱》）

[2] 某些史籍记作青羊宫事件。如李馥荣《滟滪囊》记："八月，届期至者五千余人，尽杀于青羊宫侧。"《蜀碧》中说，欧阳直是当时被起送到成都参加"特科"的士子之一，由于年龄较小，免于被杀，发到大西军营内帮办文书。他在所著《蜀乱》一书里，记载各地士子集中的地点是大慈寺。特科事件发生的时间也有不同说法。如道光八年《新津县志》，记该县生员蓝炜奉调参加特科，"十一月初十日，同多士死于东门外"（卷三三，《忠节》）。康熙年间西充县人李昭治所作《西充凤凰山诛张献忠记》说："乙酉十二月十五日，收杀绅士，自进士以至生员二万二千三百有零，积尸成都大慈寺。"（见康熙《西充县志》卷十，《艺文》上）

[3] "除城尽剿"，在当时四川人士的记载中是常见的，有的还根据亲身见闻叙述，我们没有理由怀疑这些记叙的可靠性。

378

等是你百姓，我等未犯国法，何故杀无辜百姓？何故畏惧百姓？我等无军器，亦不是兵，亦不是敌，乃是守法良民。乞大王救命，赦我众无辜小民。'云云"。张献忠听了，"不独无哀怜之意，反而厉声痛骂百姓私通敌人。随即纵马跃入人中，任马乱跳乱蹄，并高声狂吼：该杀该死之反叛！随令军士急速动刑。冤乎痛哉，无罪百姓齐遭惨杀。……锦绣蓉城顿成旷野，无人居住，一片荒凉惨象，非笔舌所能形容"。"献忠剿洗成都后，旋即传令晓谕各乡场镇村庄之民，均可移居成都城内为京都居民。"张献忠的过火行为，最后弄得自己越来越孤立，干脆一把火烧掉成都，打算丢掉四川，另谋出路。

《纪事略》等书中记载，深受张献忠信任的左丞相汪兆龄，是促使大西政权推行屠戮政策的主要策划者。从其他著作叙述张献忠牺牲以后孙可望、刘文秀、李定国、艾能奇四将军处死汪兆龄时宣布的罪状[1]来看，可以互相印证。汪兆龄出身于南直隶桐城县的官绅地主，混迹于大西军后巧于逢迎，博得了张献忠的宠信。他竭力主张血腥屠杀，是出于蓄意破坏呢，还是因为大西军入川以后四川人在政权中占的比例越来越大，妨碍了他独揽大权，必欲杀之而后快呢？抑或是迎合张献忠的偏激思想以保全自己的禄位呢？由于史料缺乏，无从做出准确判断。但是，他利用张献忠的愤激情绪，把大西政权为巩固自身而采取的镇压措施推向了反面，造成大西政权在后期树敌过多，招致最后的惨败，是要负重要责任的。

关于张献忠在四川杀人过多的问题，我们应当看到，这首先是因为官绅地主的疯狂反扑引起的。把事情说成张献忠天性好杀、残忍，是封建统治阶级的诬蔑。史籍中常常回避张献忠在四川前期和后期政

---

[1] 详见后文。

策上的变化，而用以偏概全的手法，把后期客观形势的改变和主观判断上的错误而杀人过多，说成一贯如此。比如大西政权的开科取士，其前两次都是真正的延揽人才，安排官职。只有最后一次才是借口举行"特科"，屠杀士子。在许多史籍中故意含糊其词，光说张献忠假借科举，把四川的读书人杀戮一空，这显然是违背历史事实的。有的封建史籍，把张献忠杀人的情况和数字夸大到极其荒诞的地步，如清初封建文人毛奇龄说，仅从丙戌年（大顺三年，1646）正月张献忠"命四将军分路草杀"，到五月回成都报告，所杀人数合计竟高达六亿九千九百余万，此外所杀者尚未计算在内。[1]明后期全国人口数仅六千多万，毛奇龄撒下弥天大谎，编造张献忠在四川一省（实际上大西政权当时所能控制的只是成都附近州县）杀的人数，竟超过全国总人口的十倍以上。这种无耻的梦呓，居然被清朝统治者主持修撰的《钦定明史》所沿袭。在该书卷三〇九《张献忠传》里，竟赫然大书，"共杀男女六万万有奇"。有的史籍还绘声绘色地着意渲染，胡说什么张献忠杀人，竟至于"流血若奔涛，声闻数里。锦江尽赤，河水不流"[2]。这类猖猖狂吠，适足以暴露封建统治者们对起义农民的仇视心理而已，毫无史料价值可言。

但是，我们也应当正视包括张献忠在内的大西政权领导人的错误。把凡被大西军所杀的人都说成该杀的，都是农民革命的死敌，不仅违反历史事实，也不利于从中总结历史的教训。除了前述汪兆龄之流的顺风吹火以外，张献忠本人的偏激情绪，也是造成镇压扩大化的重要原因之一。现存大西政权所立的张献忠"圣谕碑"，颇能反映他

---

[1]　毛奇龄：《后鉴录》。
[2]　康熙《四川成都府志》附《蜀难纪略》。

当时的思想。碑文只有两句话："天有万物与人，人无一物与天。鬼神明明，自思自量。大顺二年二月十三日。"[1]这道"圣谕"，虽不像统治阶级捏造的那样，下面还有七个"杀"字，但它确实明白无误地反映了张献忠的变态心理：对封建统治阶级的仇恨扩展成了对人的厌恶。张献忠何尝不知道"天意从来高难问"，他所说的天只不过是他自己。有的史料记载，"张献忠常曰：人命在我，我命在天。四方有路，在劫难逃。"[2]在他眼里，是四川百姓忘恩负义，只有由他这位上天之子来恭行天罚了。[3]张献忠忘记了，他和部下军队吃的是百姓种的粮，穿的是百姓织的布，忘记了他在玛瑙山战役之后，正是在川东山区百姓的掩护下，才免于被官军歼灭，也忘记了正是千千万万的百姓跟着他打江山，才把他捧上了皇帝的宝座。张献忠用自己创造的天与人之对立，代替了现实生活中富与贫的对立，正反映了他在思想上的变化。在某种意义上可以说，这个"圣谕碑"，是张献忠为自己在镇压官绅地主叛乱时滥及无辜愚蠢做法的辩护。

史籍中谈到大西军在四川的举措时，常常同明末清初四川人口的锐减连带论述，这样做不是有意中伤，便是无知妄说。明清之际，四川人口急剧下降是事实。封建统治阶级把这笔账全都挂在张献忠名下，是极为不公的。造成四川许多地方荒无人烟、人口锐减的原因是

---

[1] 参看《四川大学学报》（哲学社会科学版）一九七八年第三期，胡昭曦《四川地区有关明末农民起义的一些碑石》。

[2] 乾隆二十二年《广元县志》卷八，《兵事》附。

[3] 《圣教入川记》中，记载张献忠按自己的意思作成谚语道"天造万物为人，而人受造非为天"，实际上就是这个"圣谕"经过两次转译之后，在文字上出现的差异。据说张献忠自鸣得意，叫传教士"将此语速寄欧洲，使文人学士先睹为快"。同书还记载了张献忠对传教士发的谬论"四川人民未知天命，为天所弃"，"今道我为天子，剿灭此民，以惩其违天之罪"等。这种语言同现存"圣谕碑"文，在精神上是一脉相承的。

多方面的，其中包括明朝军阀屠戮平民[1]、清军滥杀无辜、摇黄等武装蹂躏百姓；张献忠领导的大西军肃反无边，当然也应负一部分责任。但主要原因还是，由于连年兵荒马乱，生产大面积停顿，人民大批地死于饥饿[2]、相食[3]、虎害[4]、瘟疫[5]，向外逃亡的也不在少数。在批驳封建史籍诬蔑大西军"屠蜀"的时候，还应当指出，直到张献忠牺

[1] 如光绪三十一年《内江县志》说"官兵之虐，甚于流贼"（卷十二，《外纪》）。欧阳直《蜀乱》记："又合阳土豪李调燮，尝对余言及彼集士兵扎寨，时无粮，每发兵捕人谓之人粮。凡挈到人口，选肥少者付厨下，余者系瘦，乃发兵士，烹宰俱按整猪羊法。彼受招安入杨展营，人赠以绰号曰万人坟。"

[2] 当时江津人士龚懋熙记载说："时天下无主，官兵所过尤烈于贼，里巷恣睢雄杰之徒，借起义为名，驱民为兵，众至千、万，文士反依依焉。督抚崇衔、侯伯重爵，攫而取之，在廷唯唯而已。其究也，民尽为兵，废耕绝食，旋亦自相食以尽，全川自此烟火断绝凡十五年。"（嘉庆九年《江津县志》卷十五，《艺文》，龚懋熙：《叙略》）又如南明范文光、曹勋在雅安搜括百姓的粮食，竟至于"已播谷种，亦漉来作食"。官军在路上碰见百姓，哪怕只有一碗米也"杀而夺之。由是僵尸横路，白骨遍野"（李蕃：《雅安追记》）。时人杨鸿基在《蜀难纪实》中也说："时蜀土不耕已二年，余粮罄竭，民惟拾稻谷，采野蔬以充腹，已有人相食者。而诸兵搜劫无已，民不能出而求食。故不死于兵则死于饿。蜀难至斯转剧，民存十不能一矣。"又，欧阳直《蜀乱》云："时官兵无粮，曾英条议云：今沿江闲田，一望荒芜，各营所获牛只颇多，请准兵丁择便屯种，无事则登岸耕作，有警则登舟敌忾。阁部（王应熊）以田地乃朝廷疆土，百姓己业，未经奉旨，何得给兵，不允其说。于是，营兵尽抢劫以自活。自叙、泸以至重、涪两岸，打粮至一月路上，地方残民尽饿死，田土尽荒莱矣。"

[3] 明末清初四川"以人为粮"的现象相当普遍。这里举几个例子：崇庆州有袁姓一家兄弟五人，"奉母偕众避难，至晚无食，众择其肥大者杀而食之。五人已杀其四，第五子奉母逃到他县，竟免其难"（光绪三年《崇庆州志》卷十二，《杂识》）。又如时人欧阳直，"自内江同溃兵过咸远，遇十数饥人邀于路，见人众不敢近，犹狂呼曰：'走不去，丢下两个与我们做粮饭罢'"。他自己在顺治三年，由南明四川巡抚马乾委任为安居县令，抵任后，"忽一夜有人告余曰：'我辈久无粮食，每借人为食，渠等今且欲谋及县君矣。'"说得欧阳直头皮发麻，连夜逃走。（《蜀乱》）

[4] 如民国十八年《南充县志》记载："蜀保（宁）、顺（庆）二府多山。遭献贼乱后，烟火萧条，自春徂夏，忽群虎自山中出，约以千计。相率至郭，居人移避，被噬者甚众。县治学宫俱为虎窟，数百里无人踪，南充县尤甚。"（卷十六，《外纪》）

[5] 张宏昳：《邑志纪闻》载，顺治四年"又加瘟疫流行，名马蹄瘟，患者多死"。（嘉庆十八年《峨眉县志》卷九，《艺文》）

牲、大西军转入云贵时，四川遭受的破坏还是比较有限的。此后四川的人口仍在大幅度下降，这是可以列举材料加以证明的。[1]

第四节　张献忠牺牲及大西政权失败的原因

从一六四五年起，大西政权所面临的局势就逐渐恶化起来。四川各地的反革命势力嚣张一时，大西政权控制的地区逐渐缩小。就全国而言，李自成部义军建立的大顺政权被清军摧毁了，南明弘光政权也跟着覆亡，民族矛盾已经上升成为国内的主要矛盾。

清政府为了实现其征服全国的野心，在东南和湖广地区大举用兵，企图镇压大顺军余部和其他汉族士民的抗清斗争。而对于张献忠则一再派人进行招降，妄图不费一兵一卒便掠定四川。顺治二年春，清陕西总督孟乔芳致书大西川北巡抚吴宇英，"令其说张献忠投

---

[1] 如川北的广元县，在顺治五年清朝知县高培元抵任时，"百姓农业尽废，至是每市米一斗，价五两（按，明清正常粮价约为一石价银一两，此时高达五十倍），百姓易子析骸，弱肉强食。且疫疠流行，死亡遍野，苟全性命者仅十一于千百"（乾隆二十二年《广元县志》卷八，《兵事》附）。又如同治《绵州志》记载，顺治五年和六年"全蜀大饥，人民相食，逃亡几尽"（卷三五，《祥异》）。清军的横征暴敛是造成饥荒的重要原因。如顺治五年清朝总兵"柏（永馥）、马（化豹）、芦（卢光祖）等，复镇顺庆，而一时粮饷不继，夏取民之麦，秋又取民之禾。起视斯民，室如悬磬，野无青草，如之何其使民不饥而死也"（民国十八年《南充县志》卷十六，韩国相：《流离外传》）。清初安岳人周于仁说："追戊子、己丑（顺治五、六年），五谷无遗种，斗米三十金，民皆采掇草子树皮野果为食，绝盐味，无定居。"加上"以人肉为家常饭"的土匪和"能破壁、升屋、上树伤人"的虎害，才造成安岳和乐至"两县绝人迹，少烟火者二十余年"的局面（见道光二十一年《安岳县志》卷十五，《祥异》；又见光绪二十三年《续修安岳县志》卷四，《外纪志》）。这些材料都说明，在顺治三年张献忠牺牲、余部经贵州转入云南以后，四川才经历一场最严重的破坏。

383

降"[1]。同年秋，清湖广等地总督佟养和也派人"持书与告示往四川招抚张献忠"[2]。张献忠对清政府的招降嗤之以鼻，根本不予理会。当他发现吴宇英在广元暗自组织反革命乡勇，准备叛投清方时，便断然派兵平叛，处死了这个反复无常的官僚。[3]

于是，清廷改而采用军事征讨和政治招降双管齐下的方针。顺治二年十一月二十日，多尔衮任命驻防西安内大臣何洛会为定西大将军，加派左翼固山额真巴颜、右翼固山额真墨尔根、侍卫李国翰等率兵前往陕西，"会剿四川，征讨叛逆"[4]。同一天，又颁布了招抚张献忠的诏书和告四川文武各官兵民人等的谕旨。诏书说："张献忠前此扰乱，皆明朝之事。因远在一隅，未闻朕抚绥招徕之旨，是以归顺稽迟。朕洞见此情，故于遣发大军之前，特先遣官赍诏招谕。……张献忠如审识天时，率众来归，自当优加擢叙，世世子孙永享富贵，所部将领头目兵丁人等，各照次第升赏，倘迟延观望，不早迎降，大军既至，悔之无及。"谕旨说："凡文武官员兵民人等，不论原属流贼或为流贼逼勒投降者，若能归服我朝，仍准录用。倘抗拒不服，置之重典，妻子为奴。开诚投顺者加升一级，恩及子孙。有擒献贼渠将佐者，论功优升，永同带砺……"[5]

由于当时在陕西汉中等地的孙守法、赵荣贵、贺珍等部仍在坚持抗清斗争，牵制了何洛会等统率的清军，使他们无暇进剿大西军。顺治三年正月，清廷又命肃亲王豪格为靖远大将军，同多罗衍

---

[1] 《明末农民起义史料》，第四八九页，《陕西总督孟乔芳启本》。
[2] 《明末农民起义史料》，第四九二页，《总督八省军门佟揭帖》。
[3] 孟乔芳：《孟忠毅公奏议》卷上，《题为再报汉中情形并陈开川事理仰祈圣鉴以奏荡平事》。
[4] 《清世祖实录》卷二一。
[5] 同4。

禧郡王罗洛宏，多罗贝勒尼堪，固山贝子吞齐喀、满达海等，统率官兵前往四川征讨张献忠。[1]清军在陕西先后击破孙守法、赵荣贵、贺珍等部。大顺军刘体纯部在这年正月，虽曾一度由河南邓州攻入陕西商州，终因兵力不敌败回湖广。豪格等人在陕西粗定之后，就着手准备入川。

就在这个关键时候，大西军内部发生了刘进忠叛变事件。[2]刘进忠原是大西军骁骑营都督，据说其部下四川籍将卒较多。在阶级斗争日益激化的形势下，他的一名部将叛投了南明。刘进忠惧怕受到张献忠的严厉惩罚，竟然率部仓皇出逃，先南奔重庆投靠明将曾英；不久又率部北移，同摇黄十三家中的袁韬部合营，自称新天王。大约在顺治三年十月间，他又派部将吴之茂往陕西向豪格投降，接引清军入川。[3]

此时，张献忠正处于内外交困、举棋不定的境地。八月，他下令

---

[1] 《清世祖实录》卷二三。

[2] 刘进忠叛逃事，欧阳直在《自纪》中云："乙酉（1645）年春三月，营将刘进忠叛献走秦陇。"当时，欧阳直正在刘进忠营内，似乎不应该弄错时间。可是参考其他文献，可以肯定说乙酉三月是不对的。他在所著《蜀乱》中，也把刘进忠叛投清朝载于丙戌年下。

[3] 刘进忠投降清朝的原因和经过，各种史籍说法不一，这里主要是根据费密《荒书》和韩国相《流离外传》（见民国《南充县志》卷十六）。顺治十八年三月张凤起撰写的神道碑，叙述了刘进忠的家世和早年经历："公讳进忠，字虎山，陕西汉中人……凤传华胄。其先人多以军功武烈显著当时。""父胤昌，原任汉中宁羌卫千户。""公弱冠，喜儒术，习文辞，然而读书通大义，不斤斤章句为务。"也许能够说明刘进忠的叛变具有较深的思想根源。由于蜀道险阻，非有向导莫能得其要。熟悉地形和大西军内情的刘进忠自告奋勇，充当引路人，对肃亲王豪格部顺利入川，显然起了重要作用。因此，事后被"题名剑阁"，任为益阳总兵，用农民革命英雄的鲜血染红了自己的顶子。参见《清故镇守益阳等处总兵官都督同知一等阿思哈哈番刘公神道碑》，碑在北京市海淀区魏公村。

放火焚毁成都，带领大军转移，打算丢掉四川另寻出路。[1]九月初八日，到达顺庆（今南充）。次日，攻克叛乱分子谯应瑞、冯有庆等人窃据的顺庆府城。在这里屯驻二十余日后，又引兵移往西充县境。

十一月，清军准备就绪，迅速入川。二十六日在南部县境从大西军俘虏口中，得悉张献忠的大营驻扎在西充县凤凰山下。[2]豪格密令昂邦章京鳌拜、固山额真准塔等率领精锐充为先锋，自己则带着满、蒙军队随后进发。清军"衔枚疾驱，一昼夜行三百里"[3]，于二十七日抵达西充凤凰山。张献忠当时拥众数十万，不但对于清军的行动一无所知，而且直到清军迫近，侦探一再报告清军已经到来时，张献忠还是不相信。等到清军已经近在眼前，张献忠才带着少数随从出营观察，仍然没有做任何战斗的准备。双方隔着一条名叫太阳溪的水沟相遇。张献忠被清

---

[1] 据《圣教入川记》的记载，张献忠的这次战略转移，是计划前往陕西。《纪事略》也说，献忠"一日召兆龄、可望等议曰：朕得蜀二年，蜀民恩之不附，威之不畏，屡抚屡叛，将若之何？朕意欲弃蜀出秦，一得长安，则中原首领自我而据，且关中为我故乡，诸将兵多系秦人。自来强兵战马皆产于秦，要图大事还是陕西"。时人韩国相记，献忠带领大西军行至南充、西充地区后，"备舟造楫，声言直取南京"（见《流离外传》）。直到献忠牺牲为止，大西军在顺庆府滞留了将近三个月，原因不清楚。至少说明他决策北进陕西并没有做好充分准备。

[2] 李昭治：《西充凤凰山诛张献忠记》说："是时，贼将刘进忠已降大清肃藩，导之讨贼。贼营人马不戒，弓刀无备。初有言大兵至者，逆献怒曰：'摇黄贼耳！'即杀言者。大兵将近，复报献。献又杀之。大兵已压贼营，献不披甲，衣常服，加飞蟒半臂，率牙将出现，与大兵隔太阳溪。刘进忠指曰：'此即张献忠。'大兵中南伊马喇射穿逆左乳下，仆马而毙。"《绥寇纪略》卷十、《寄园寄所寄》卷九引《诛剿新编》、毛奇龄《后鉴录·昆山王源鲁先生遗稿》残明前编《献忠屠蜀》条、顾山贞《客滇述》等书，都说是刘进忠投降清朝后，充当向导，引清兵直奔献忠驻地。清康熙年间大学士张玉书，根据档案文书写成《纪灭闯、献二贼事》其中说："比抵南部县境，有前锋擒贼生口至，具言献忠方列营顺庆之西充县，急击之可就擒……"（《张文贞公集》，卷七）《清世祖实录》卷二九，记顺治三年十二月十二日靖远大将军和硕肃亲王豪格等奏报："臣帅师于十一月二十六日至南部，侦得逆贼张献忠列营西充县境。"两种说法略有不同。

[3]《张文贞公集》卷七。

兵箭中左胸，当即坠马而死。关于张献忠牺牲的情况，当时正在大西军"皇营"（当作"御营"）中的外国传教士有以下一段叙述：

> 时在西历一千六百四十七年正月初三日，二位司铎到皇营欲见献忠……突有侦探队某兵飞奔入营向长官报告，谓在营前高山上见有满洲兵四五人，各骑骏马，由山谷中迎面而来。献忠闻报，即时震怒，欲将报信之兵正法。幸被人讨保，未能加罪。献忠未能深信满兵竟敢至此。殊知满兵大队已匿营前大山反面矣。献忠闻警不疑，以为谣传。于是提讯昨日某逃官之夫人，历半小时。又有探兵入营告急，谓满兵马队五人已到营外对面高山矣。献忠闻警，不问详细，是否果系满兵马队，随即骑马出营。未穿盔甲，亦未携长枪，除短矛外别无他物，同小卒七八名，并太监一人，奔出营外探听满兵虚实。至一小岗上，正探看之际，突然一箭飞来，正中献忠肩下，由左旁射入，直透其心，顿时倒地，鲜血长流。献忠在血上乱滚，痛极而亡。太监见献忠已亡，先奔回大营，高声叫道：大王已被射死！声震各营，一时大乱。各营军队不击自散，各奔一方，各逃性命。[1]

---

[1] 张玉书记载张献忠牺牲的情况略有不同："黎明，抵西充之凤凰观。会大雾昼晦，勒军登山。贼谍者知之，驰白献忠曰：'王师至矣。'献忠坚卧不为动，曰：'岂真从天而降耶！或秦督孟乔芳兵至耳，一战当立败矣。'顷之，王师逼贼营，献忠方在厩阅马，闻急，大惊，仓皇麾所部马、步兵迎敌，自乘所爱马驰走，不及擐甲。有裨将某驰射之，贯其胸。献忠负创还营。鳌拜、准塔等鼓勇力击，大破贼众，遂擒献忠，斩于军前。士民饮恨献忠者，争往斫其尸于军门外，不移时骨肉俱尽。"（《张文贞公集》卷七，《纪灭闯、献二贼事》）

清军乘势冲杀，大西军由于变生意外，毫无战斗准备，被打得大败，牺牲战士数万名，损失骡马一万二千余匹。[1]其余战士在孙可望、刘文秀、李定国、艾能奇等大将的率领下急速南撤，经重庆、遵义转入贵州，后来在云南建立了著名的四将军政权。在联合南明永历朝廷共同抗清的斗争中，大西军余部仍然发挥了主导作用。

张献忠牺牲了，在他领导下经过浴血奋战建立起来的大西农民革命政权也被摧毁了。但是，他所开创的事业却被大西军将士继承了下来。以李定国为代表的大西军余部，在长达近二十年的抗清斗争中立下了丰功伟绩，用鲜血写下了可歌可泣的壮烈诗篇。

从表面上看，张献忠的牺牲和四川被清军占领，带有很大的偶然性，可是这种偶然之中却寓着必然。大西政权失败的原因就在于：

一、张献忠领导的大西农民军，毕竟是封建社会中的农民革命武装，他们不可能超越时代，因而在官绅地主策动的叛乱面前，用地域概念代替了阶层区分，把四川官绅的敌对行为，误认为是"蜀民"的忘恩负义，不加区别地滥加剿杀，结果造成了自己的孤立。在张献忠施政的后期，出现了一种恶性循环：他越是感到孤立，就越发变得猜疑暴戾；而越是猜疑暴戾又更导致他不分良莠的屠杀，使自己更加孤立。自古以来，任何一支队伍想要战胜敌人，必须有两个基本条件，即自身的团结一致和争取最低限度的同盟者。大西军在其后期基本上没有同盟者，甚至作为大西政权赖以存在的基础的普通农民，也在其

---

[1] 《清世祖实录》卷二九，记豪格奏报："臣至，复分兵四出，破贼营一百三十余处，斩首数万级，获马骡一万二千二百余匹。"同书卷五三、卷一〇七，两次追叙豪格的"功绩"说，"又复入川，攻克内江县，击败张献忠一百三十六营，斩贼首献忠及其伪巡抚、总兵等官二千三百有奇，俘获无算。广宣德意，招来文武官二百三十五员，马步兵六千九百九十有余，四川大定"。

所施行的暴力面前吓得远离而去,自身军队中的不稳定因素也日益增长。这正是大西军在四川站不住脚的基本原因。

二、张献忠和他的某些助手过分迷信武力,似乎只要掌握了武力,其他都不在话下,无论是粮食、物资、地盘、兵源以至人心都可以轻易地取得。因此,他们不注意恢复社会生产,不重视维护社会安宁。在大西政权统治的后期,四川人民未能得到起码的安居乐业、休养生息的条件。这固然同官绅地主的叛乱有关,但张献忠等人在客观条件允许的范围内,也并没有做出多大的努力。一个拥有庞大军队的政权,只是建立在社会生产日益萎缩的基础之上,它的前途就是不言而喻的了。

三、大西军领导人麻痹轻敌,也是导致兵败国亡的重要原因之一。明末农民战争的初期,各支起义军由于力量远逊于官军,为了达到保存自己、相机出击的目的,一直非常注意侦探敌情,避免行动的盲目性和遭受官军猝然袭击。这个优良的传统保持了相当长的时间。可惜的是,张献忠(李自成也有类似情况)在自己的军事力量对官军占了压倒性的优势以后,就逐渐滋长了骄傲情绪。突出地表现为麻痹轻敌,不再兢兢业业,临事而惧,好谋而成了。张献忠、李自成的突然牺牲,都不是由于兵力削弱到连自己的领袖人物都保卫不了。相反,他们在牺牲时都还掌握着几十万大军。只是由于麻痹大意,情况不明时硬充好汉,卒致以身予敌。这种无独有偶的悲剧,给后世的人们留下了极为沉痛的教训。

第十五章
弘光政权的覆亡和南方的阶级斗争形势

第一节　弘光朝廷"借虏平寇"政策的破产

　　甲申四月，大顺农民军攻克北京、崇祯皇帝吊死煤山的消息传到了南方，聚集在留都南京一带的明朝官僚们顿时乱成一团。为了收拾这无主的半壁江山同起义农民对抗，他们面临着一个迅速解决明王朝的继统问题。由于朱由检的三个儿子都没有逃出北京，大臣们只有从藩王中挑选。当时藩王中尚存的神宗直系子孙有福王、惠王、瑞王、桂王四人，后面三人分别在四川、广西，地处僻远。离南京近的只有从河南逃来的福王朱由崧和旁系的侄儿潞王朱常淓。有的大臣主张立福王，理由是他在世系上同朱由检最亲；有的大臣却顾虑到老福王几乎夺嫡的旧事，唯恐立了福王之后会掀翻旧案，引用"奸邪"，对自己不利，于是借口"立贤"，主张拥戴潞王。[1]凤阳总督马士英见史可法等重臣支持潞王[2]，认为是自己飞黄腾达的好时机，于是就联络总兵黄得功、刘良佐、高杰、刘泽清等实力派，宣布拥立福王。五月初一日，福王朱由崧被迎入南京，史可法、高弘图等留都官员眼看木已成舟，也只好加入奉迎的行列。五月初三日，朱由崧就任监国，以南京兵部尚书史可法、户部尚书高弘图、凤阳总督马士英以及旧臣姜日广、王铎等五人入阁为大学士，同时选任了一批小朝廷的官员。五月十五日，朱由崧即位称帝，以明年为弘光元年。这就是第一个南明政权。

弘光政权在南京建立的时候，国内的形势是：清军打败了大顺农民军，占领了北京和关内的大片土地，并且得到了黄河流域一部分汉族地主的支持；大顺政权仍然拥有山西、河南以西的地方，正准备着手重整兵马同清军再决雌雄；南方除了大西农民军正向四川进军以外，其他地方基本上都处于弘光政权管辖之下。一场中原逐鹿的斗争就在这三股政治势力之间展开了。社会矛盾由原先的汉民族内部的阶级对抗和辽东地区的满、汉之间的民族对抗，演变为全国性的阶级矛盾和民族矛盾相交织呈现出极其错综纷杂的局面。

---

[1] 李天根《爝火录》卷十记："弘光既失国，时人咸恨不立潞王。太常少卿张希夏语大理寺丞李清曰：'吾尝奉敕奖谕潞王，亦中人耳，未见彼善于此也。王居杭时，常命内官下郡邑广求古玩。又指甲长六七寸，以竹筒护之，其为人可知矣。'大理少卿沈因培常曰：'使潞王立而钱谦益为相，其败坏与福王、马士英何异？'人是其言。"又见李清《三垣笔记·附识》卷下。弘光朝廷覆亡之后，潞王朱常淓曾在杭州监国，为时不过几天就投降了清朝。可见，所谓"立贤"，不过是南京官场派别斗争中的借口。

[2] 黄宗羲：《弘光实录钞》卷一；《石匮书后集》卷二四，《史可法列传》。姜日广在《过江七事》中说，史可法和马士英开初定议拥立桂王，不久马士英变卦，改拥福王。

南明的弘光朝廷，表面上是个庞然大物，它拥有全国最富庶的地区和数量可观的军队。以兵员来说，仅镇守武昌一带的左良玉部就达二十余万，加上高杰、刘泽清、黄得功、刘良佐、郑芝龙以及两广、云贵、江浙等处的驻军，兵马约近百万。然而，由于这个政权是以江南最腐朽的官僚地主为基础，勾结在农民军打击下逃窜而来的军阀集团建立起来的，骨子里糜烂已深，所以实际上是十分脆弱的。它不仅完全继承了崇祯朝的反人民政策，在腐朽、无能、内部纷争等方面，更有过之而无不及。被捧上皇帝宝座的朱由崧在政治上毫无作为，生活上荒淫透顶，集中地体现了没落贵族的全部特性。他把政事委任给大学士马士英，口称"天下事有老马在"[1]，自己却百事不理，整天吃喝玩乐。皇宫内廷里悬挂着他叫大学士王铎书写的一副对联"万事不如杯在手，百年几见月当头"[2]，仅此就可以想见其为人了。一六四五年除夕，朱由崧不乐，大臣们还以为他是忧虑前方形势不利或是思念先帝，一个个磕头请罪。不料朱由崧说出的意图是："朕未暇虑此。所忧者梨园子弟无一佳者，意欲广选良家以充掖庭，惟诸卿早行之耳。"[3]直到清兵已临近大江边，朱由崧还忙于选美女。为了配制房中药，他还命乞丐捕捉癞虾蟆，灯笼上大书"奉旨捕蟾"，所以人们都称他为"虾蟆天子"[4]。

大学士马士英则乘机揽权，把朝内比较正直的官僚都排挤出去，由自己掌握大权。他又引用阉党阮大铖为兵部尚书，互相勾结，公开卖官鬻爵，选用文武官员都有定价，以致当时南京城里流传这样一首

---

[1] 顾炎武：《圣安本纪》卷四。
[2] 抱阳生：《甲申朝事小纪》卷八，《弘光失德》条。
[3] 同2。
[4] 王应奎：《柳南续笔》卷一。

《西江月》：

> 弓箭不如私荐，人材怎比钱财？吏兵两部挂招牌，文武官员出卖。
>
> 四镇按兵不举，东奴西寇齐来。虚传阁部过江淮，天子烧刀醉坏。[1]

又有这样的歌谣："中书随地有，翰林满街走。监纪多如羊，职方贱如狗。荫起千年尘，拔贡一呈首。扫尽江南钱，填塞马家口。"[2]在一片纸醉金迷的虚幻太平景象中，南京的新贵们一个个有如燕巢幕上，竞相经营自己的安乐窝。

为了争权夺利，朝廷内外狗咬狗的斗争花样翻新，层出不穷。有围绕所谓北来太子和童妃事件的皇室内部争斗；有朝廷上这一部分官僚同那一部分官僚的钩心斗角；有军阀们争夺地盘的兵戎相见。这些斗争又往往纠缠在一起，乱哄哄地闹得不可开交。这样的朝廷不仅民心丧尽，就在统治集团中也没有多大的权威。据史籍记载，督师大学士史可法在行间讲话，常引用弘光的旨意，大将高杰竟"拂然曰：旨，旨，何旨也。尔曾见皇极殿中有人走马耶？"大将黄得功"一日伏受诏，语不当意，不待竟即起，攘袂掀案，大詈曰：去，速去，

[1]　姚廷遴：《历年记》上，引自上海人民出版社1982年版《清代日记汇抄》，第五十五页。应廷吉：《青磷屑》卷上记："南都人复书《西江月》一词于演武场云：有福自然轮着，无钱不用安排。满街都督没人抬，遍地职方无赖。本事何如世事，多才不若多财。门前悬挂虎头牌，大小官儿出卖。"
[2]　引自顾炎武《圣安本纪》卷二。夏完淳《续幸存录》作："京师谚云：都督多似狗，职方满街走。相公止爱钱，皇帝但吃酒。"《思文大纪》卷三作："尔来南京有'都督量成斗，职方地下走'之谣。"

吾不知是何诏也"[1]。甚至一再发生皇帝指名逮捕的官员—藏入大将兵营,朝廷就无可奈何的怪事。

内部的腐败和矛盾重重,使弘光朝廷从立国之始就患上了软骨病。甲申五月,由史可法以大学士身份出任督师,在江北设立黄得功、高杰、刘泽清、刘良佐四镇,同武昌的左良玉部组成江淮防线,提防大顺军南下。在吴三桂降清、大顺军受挫的消息传来后,弘光朝廷欣喜异常,以为可以借清朝兵力摧毁农民军,然后通过讨价还价同清方达成分疆而治的协议。大学士马士英早在五月间就提出:"因三桂款建,使为两虎之斗。……今之上策也。"[2]史可法在奏疏中也认为:"目前最急者,无逾办寇矣。"清兵"既能杀贼,即为我复仇。予以义名,因其顺势,先国仇之大而特释前嫌,借兵力之强而尽歼丑类,亦今日不得不然之着数也"[3]。这就是贯穿弘光一朝始终的所谓"借虏平寇"的方针。

对于满洲贵族来说,夺取中原是早已确定的方针。但是,由于满族人口很少,所能提供的兵员有限,多尔衮等人在入关初期,对于依靠自己的力量究竟能够占领和有效控制多大的地盘,并不明确。史载多尔衮刚进北京时,曾说过:"何言一统?但得寸则寸,得尺则尺耳。"[4]六月初一日,清廷的诏书中还说:

> 深痛尔明朝嫡胤无遗,势孤难立,用移我大清宅此北土。厉兵秣马,必歼丑类,以靖万邦。非有富天下之

---

[1] 姜曰广:《过江七事》。
[2] 《国榷》卷一○一。
[3] 史可法:《请遣北使疏》,见《史忠正公集》卷一,《奏疏》。
[4] 张怡:《谀闻续笔》卷一。

心，实为救中国之计。咨尔河北、河南、江淮诸勋旧大臣节钺将吏及布衣豪杰之怀忠慕义者，或世受国恩，或新膺主眷，或自矢从王，皆怀故国之悲，孰无雪耻之愿。予皆不吝封爵，特予旌扬。其有不忘明室，辅立贤藩，勠力同心，共保江左者，理亦宜然，予不汝禁。但当通和讲好，不负本朝，彼怀继绝之恩，以惇睦邻之谊。[1]

但下文也预先埋伏下了借口："若国无成主，人怀二心，或假立愚弱，实肆跋扈之邪谋；或阳附本朝，阴行草窃之奸宄。斯皆民之蟊贼，国之寇仇。俟予克定三秦，即移师南讨，殄彼鲸鲵，必无遗种。"实际上，当时清廷多尔衮等人对南明弘光朝廷，做的是进可以攻、退可以和的两手准备。

清廷暗伏杀机的这道诏书，对弘光朝廷起的居然只是麻痹作用。他们抓住多尔衮"睦邻"的橄榄枝，急不可待地派出使团"通好讲和"，一心想在共同镇压农民革命的基础上实现南北朝的局面。七月，弘光朝廷派遣兵部右侍郎兼右佥都御史左懋第、太仆寺少卿马绍愉、总兵陈洪范为使者，携带白银十万两、黄金一千两、缎绢一万匹作为酬谢清廷出兵的礼物，另封吴三桂为蓟国公，犒赏银一万两的诰命，于十八日起程前往北京。北使团出发前，弘光帝曾命大学士会同府部等官，从长酌议同清方谈判的条件。大臣们议论纷纷，"或言以两淮为界。高辅宏图曰：'山东百二山河，决不可弃，必不得已，当界河间耳。'马辅士英曰：'彼主尚幼，与皇上为叔侄可也'"。[2]史

---

[1]《国榷》卷一〇一；顾炎武：《明季实录》。

[2] 李清：《三垣笔记》卷下。

可法在奏疏中也认为："宁前既撤，则势必随以入关。此时畿辅间必不为我所有。"[1]言外之意，割让北直隶乃势在必行。弘光帝在给使团的指示中，则以割让山海关外土地、南北互市、许岁币不得过十万和会见时不屈膝、不辱命作为谈判的起点。[2]

就在弘光朝廷陶醉于"借虏平寇"的美梦时，清廷由于汉族官绅归附者越来越多，力量和见识日增，态度也益渐骄横。多尔衮等满洲贵族从汉族降官口中得知，江南物产丰盈，民风脆弱，可传檄而定，不禁食指大动。他们认为与其平分秋色，何如一口独吞。主意打定，多尔衮就在七月间致史可法的信中，公开指责弘光朝廷是"乘逆贼稽诛，王师暂息，遂欲雄距江南，坐享渔人之利"。并且大加恫吓："今若拥号称尊，便是天有二日，俨为敌国。予将简西行之锐，转旆东征，且拟释彼重诛，命为前导。"[3]根本不承认弘光朝廷的合法地位。十月，左懋第等到达北京，处处受到冷遇和凌辱。清廷除了把使团带来的银币如数照收以外，对使团提出的通和讲好嗤之以鼻。左懋第等人反复辩解，得到的答复只是一句话："毋多言，我们已发大兵下江南。"[4]十月下旬，弘光朝的北使团毫无结果地起程南返时，内部又发生了惊人的背叛。使团中的陈洪范暗中给清摄政王多尔衮写信，请求将同行的左懋第、马绍愉拘留。自己南返后除率领本部兵马归顺外，还将拉拢左良玉、高杰、黄得功、刘泽清等将领一道投降，南方可以不战而定。多尔衮纳其言，立即派军队赶到沧州，将左、马二人追回拘押于北京，让陈洪范独自回去充当内奸。陈洪范抵南京

---

[1] 史可法：《请遣北使疏》。
[2] 左懋第：《萝石山房文钞》卷一，《辞阙效言疏》；陈洪范：《北使纪略》。
[3] 徐鼒：《小腆纪年附考》卷七。
[4] 《北使纪略》。

后，一面密奏"黄得功、刘良佐皆阴与□（虏）通"[1]，妄图挑起朝廷对黄得功等的猜疑，以便自己乘机行事；一面"逢人劝降"，被称为"活秦桧"[2]。只是由于朝廷诸臣感到三人出使，一人独回，事有可疑，陈洪范的阴谋才暂时没有得逞。

北使议和变成了一场赔了夫人又折兵的丑剧，特别是更摸清了清方剑拔弩张、要用武力征服全国的既定方针，弘光朝廷本当改弦易辙，以民族大义为重，重新调整自己的政策。可是，朱由崧等人出于反人民的立场，在战略上仍然认定农民军是自己的主要敌人，对清方的步步进逼却一味退让，唯恐得罪。一六四四年旧历十月，清廷原定两路出师，阿济格军攻陕西镇压大顺军；多铎等南下摧毁弘光政权。只是由于大顺军发动的河南怀庆反击战，把多铎部清军吸引了过去，才延缓了弘光朝廷的覆灭。从这年冬到一六四五年春，大顺军又一次独立承担了抗击清军主力的重任。当时，清廷在北直隶、山东、河南、山西的兵力相当薄弱，统治还很不稳固。弘光朝廷如能乘虚进兵鲁、冀，客观上将对西进的清军主力起到牵制作用，大顺政权就不致在优势清军的打击下很快被颠覆，南明的偏安江左也可以多维持一段时间。然而，弘光朝廷的显贵们却蹲在石头城上，睁起近视的两眼，为清军击败大顺军而欢呼鼓噪。一六四五年正月，正是多铎、阿济格两路清军都聚集在陕西的时候，督师大学士史可法行至苏北宿迁白洋河，得报西征"流寇"的兴平伯高杰在睢州被总兵许定国诱杀，许率部众叛投了清方，竟然吓得手足无措，只草草安置一下高杰部下诸将就一筹莫展了。幕客阎尔梅劝他："渡河复山东，不听；劝之西征复

---

[1]　顾炎武：《圣安记事》上。
[2]　林时对：《荷牐丛谈》卷四。

河南，又不听；劝之稍留徐州为河北望，又不听。""一以退保扬州为上策。"[1]正是由于弘光朝廷始终没有举起抗清的旗帜，更没有采取任何抗清的行动，才使清廷各个击破的策略得以顺利实现。

一六四五年三月，多铎部清军由西安东行至河南归德府，积极准备南下。同时，大顺军主力在阿济格部清军尾追下也由河南西部进入湖广襄阳一带。镇守武昌地区的明宁南侯左良玉自知不是大顺军的对手，扯起"清君侧"的旗号遂全师东下，声言讨伐马士英、阮大铖。部队行至江西九江时，左良玉病死，其子左梦庚自称副元帅继续率师向南京进发。四月，多铎所统清军从归德府出发，南经泗州，渡过淮河后直扑扬州。史可法连章告急。在这关键时刻，马士英、阮大铖等却抽调黄得功等部西御左军。有的廷臣认为当务之急是加强淮扬的防御，不同意把大军西调。马士英悍然声称："宁可君臣皆死于大清，不可死于良玉之手。"并"瞋目大呼：有议守淮者斩"[2]！四月十八日，清军抵达扬州城下，派人招降史可法等，遭到拒绝。二十四日清军大举攻城，次日占领扬州，史可法被杀。清军在扬州城滥加屠戮，制造了一场惨绝人寰的浩劫。[3]五月上旬，清军进抵瓜洲，同明军隔江相对。马士英召集大臣们商议对策，有的官僚公然齐声嚷道"便降志辱身，也说不得了"[4]，积极准备投降清朝。初九日，清军开始渡江。弘光朝廷的头面人物连清军的影子还没见着，就一哄而散了。初十日晚，朱由崧在一群宦官的拥簇下，慌慌张张地窜往南直隶太平府（今当涂）黄得功的军营，马士英则

---

[1] 阎尔梅：《阎古古全集》卷二，《已矣歌》及《惜扬州》。
[2] 计六奇：《明季南略》卷八，《议御北兵》条。
[3] 参见王秀楚《扬州十日记》。
[4] 《明季南略》卷二，《五月纪》；又见陆圻《纤言》下。

护卫着太后逃到浙江杭州。剩下的一批文武官员在忻城伯赵之龙、大学士王铎、礼部尚书钱谦益的率领下，于五月十五日向多铎投降，清军遂进入南京。几天后，降将刘良佐勾结黄得功部下将领田雄等谋害了黄得功，于是朱由崧被活捉并解往南京。[1]在这以前，左梦庚带着二十三万大军，一矢未发就向英亲王阿济格投降了，原来的江北四镇兵马也先后投降了多铎。

弘光朝廷覆灭之后，马士英拥簇着弘光太后逃到杭州，又想另起炉灶拥立潞王朱常淓。不料，朱常淓却是个扶不起的阿斗。六月，他根据太后的谕旨出任监国。但刚刚粉墨登场便传来了清军迫近的消息，就在巡抚张秉贞、总兵陈洪范和宦官们的撺掇下，向清朝纳土投降了。

弘光朝廷和潞王监国的相继倾覆，打破了南方汉族地主们"联虏平寇"、偏安江左的迷梦，终于看清了满洲贵族绝不允许同时存在另一个汉族政权，从此抗清派才占了上风。多尔衮等人见胜利来得很容易，于是头脑膨胀起来，蛮横地推行一系列的民族压迫政策。这就不能不使民族矛盾迅速地激化，上升为社会的主要矛盾。在各地人民抗清活动的推动下，终于进入了以农民军为主体的联明抗清的新时期。

---

[1] 陆圻《纤言》，记载了朱由崧被俘入南京的情况："丙午，帝乘无幔小舆入城，首蒙缁素帕，身衣蓝布袍，以油篦掩面，两妃乘驴随后，夹路百姓唾骂，有投瓦砾者。……帝嬉笑自若，但问马士英奸臣何处尔。"又见《明季南略》卷九，《宏光出奔》条。

第二节　南方农民反对封建统治的斗争的特点

明末农民战争，在本来意义上不仅包括了起自陕西的农民大起义，也包括了这一时期各地人民反对封建统治的斗争。当李自成、张献忠领导的农民军为推翻明王朝而大显身手的时候，许多地方性的农民起义也风起云涌，充分体现了明末农民战争的广度和深度。

从总体来看，明末农民战争在南方和北方的发展是不平衡的。北方的农民起义经历了一个由星星之火到燃成熊熊之焰的全过程。在明末农民战争进入高潮的时候，不仅形成了以李自成、张献忠为首的两大主力军，而且地方性的农民起义也多得很。在河南，几乎到处都有所谓的"土贼"，出现了所谓"流土交讧"的局面。在山东济南、兖州、东昌三府，到崇祯十四年已经是"无民非贼"，"势成燎原"[1]，使明朝廷同东南地区的联系往来不得不改道青州府。梁山山区李青山的起义具有相当的规模。这支队伍在崇祯十四年十月间曾一举攻克东平和张秋，缴获漕粮数万石，切断了沟通南北的运河。直到次年正月，才被统治者用狡诈的手腕镇压下去。[2]此外，在山西、北直隶以及南直隶北部，都爆发了农民反政府的起义。在大顺军占领整个黄河流域以后，就根本改变了当地阶级对抗的局势，小股的农民起义，像江河入海一样同大顺农民革命汇合在一起。南方的情况则有所

---

[1] 《明清史料》乙编，第十本，第九一〇页。

[2] 明政府山东官员在正式报告中说，李青山等战败之后逃到费县箕山被活捉（《明清史料》乙编，第十本，第九三六页，张国维题本）。李清在《三垣笔记》中说，官军"诱青山降，执送京师献俘。上率太子、永、定二王御门受之。凡三十余人。贷一人，磔青山及王（李青山之谋主王邻臣），余斩首。方赋赴西市，众贼云：'许我做官，乃缚我耶！'至市，青山奋起，所缚之桩立拔；王诟骂当事者负约，死乃绝声"（附识，卷上）。

不同。这里发生的起义一般都比较分散，规模也比较小，特别是在时间上晚于北方的农民起义。大约在崇祯十年以后，南方的农民起义才有逐渐增多的趋势。例如，湖广有临武、蓝山的所谓"矿贼"，声势最盛时曾达到"残破三湘，直至洞庭"[1]的规模；广东有"阎罗总"等山寇；福建有姜世英起义，"纠众数万"，攻入广东饶平、大埔地区，一度包围了潮州[2]；江西有吉安的吕疲子起义以及万载的丘仰寰领导的棚民起义，等等。这些起义都打击了当地的明政府和乡绅势力，但在规模和作用上，毕竟不能同起自陕西的农民军相比。

在南方，利用宗教组织群众展开斗争还比较常见。明后期，随着社会矛盾的激化，人民群众利用秘密结社进行反政府的活动是非常普遍的，无论在北方还是在南方都是如此。然而，北方农民在宗教掩护下举行起义一般是早期的现象，如著名的徐鸿儒、于弘志起义，便是在天启年间爆发的。到崇祯年间，河南杞县还爆发过白莲教起义。但在大多数情况下，起义群众已经不需要借用宗教的说教，而是鲜明地提出了自己在经济上和政治上的主张；起义的领导者也不再需要利用秘密结社的方式来组织群众，因为他们自己就是在群众的自发的武装斗争中涌现出来的。所以，尽管有确切的材料证明各种秘密结社在北方各地进行过长期的活动，拥有大量信徒，但在农民起义进入高潮以后，秘密结社却成了一种过时的形式而被淘汰了。南方的阶级矛盾虽说也尖锐，但相对而言不如北方，披着宗教外衣进行反抗活动，仍有其存在的客观必要。崇祯十一年二月，江西有"铅山妖人张普微，倡无为教聚众起兵"[3]。崇祯十六年，江西龙南、定南又有"密教杨细

---

[1]　汪辉：《湘上痴脱离实录》，见《希青亭集》。

[2]　尤侗：《艮斋倦稿文集》卷十二。

[3]　康熙五十九年《西江志》卷三二，《武事》四。

徕以妖言惑众"。史载:"细徕系定南何氏家奴,流浪外乡数载。突归,自称遇师指引,今当弥勒下界,谬以天翻地覆、铜风铁雨恐吓愚民,必入其教始得免劫。因是煽惑男妇以千万计,立教堂于定南县樟田,密约从教者俱于本年六月初一日齐赴龙华会。一时愚民轰动,有弃其父母妻子产业而不顾者。至晚,细徕密谕腹徒,各选精丁,授以兵具,诡云至下历司踏胜地举刃疾呼,其城自崩。至司试其术不验。营兵发炮伤数人,众悉奔溃。"杨细徕也被俘杀。[1]

在指出南方的农民起义相对落后于北方的同时,也应当看到随着明末农民战争的迅猛发展,明王朝统治危机的全面加深,南方同北方的差距在不断缩小。这首先表现在,崇祯后期爆发于南方的一些农民起义,提出的口号和斗争目标具有鲜明的革命性;其次也反映在明王朝覆亡后,南方各地奴变、佃变的广泛发动方面。

先说第一点。崇祯末年,南方的某些农民起义提出的口号很值得注意,它们往往体现了农民们在政治上已经达到相当高的觉悟水平。崇祯九年,湖广临武、蓝山的农民和矿徒起义,领导人郭子奴自号铲平王。[2]在一两年之内,他们向北连克湘潭、湘乡等县;向南进逼广东乳源、韶州;西出永州,围困广西全州,一时兵威大震。明朝廷被迫在崇祯十一年,诏令两广总督张镜心,会同偏沅巡抚陈睿谟、南赣巡抚王之良、江西巡抚解学龙、广西巡抚林赞,组织四省官军围剿。从三月到八月历时半载,官军才依仗优势力量,把这次起义镇压下去。这次起义虽然失败了,影响却是深远的。过了六七年,江西的农民又举起了铲平王的旗帜,要求铲除社会地位和财富占有上的不平等

---

[1] 康熙四十八年《龙南县志》卷十一,《纪事》。
[2] 黎遂球:《莲须阁集》卷四,《平湖南山寇纪功碑》。

现象。有的起义一开始就提出了明确的斗争目标，具有重大的政治意义。如崇祯十六年十二月，浙江奉化县胡乘龙，领导当地农民在雪窦山起义，"自称天萌国大将军"[1]，"改元宗贞，谓于崇祯去其头、剥其皮也"[2]。所谓"天萌国"估计具有压倒"大明"的意思。胡乘龙的起义虽然很快就被封建官府所扼杀，但他们斗争的矛头，一开始便直接指向了明帝国和它的最高统治者，没有经历一个"只反贪官，不反皇帝"的幼稚阶段。同年三月，湖广武冈州农民的抗暴斗争，更是震惊一时。武冈是明代岷王分封的地方，由于"藩禄日增，厘饷岁益"[3]，农民们已经被压榨得喘不过气来。岷王朱企鏋骄奢淫逸，早就"蓄怨于远迩"。当农民起义席卷神州大地时，他唯恐失去自己的天堂，强迫附近农民修筑州城，结果是"筑城筑怨，遂不堪命"。崇祯十六年三月，武冈四乡农民一万余人起兵黄桥铺，一举攻克州城。朱企鏋被活捉处死，宫室也化作一片灰烬。这次起义经过了五个月才被官军扑灭，先后遭到屠杀的群众有一万多人。[4]同年七月，由于岷藩祁阳王朱禋鉒"为虐地方，人心怨恨"[5]，祁阳县农民也聚众起义，清算朱禋鉒的罪恶。朱禋鉒被吓得星夜逃往广西避难。[6]

起义中提出的斗争口号和斗争目标，不仅是检验参加者觉悟水平的重要标志，也可以衡量当地阶级冲突深化的程度。上面列举的事例

---

[1] 道光二十六年《宁波府志》卷三六，《逸事》。康熙二十五年《奉化县志》卷六，《陈国训传》内，记胡乘龙之名为胡成龙；同书卷十三《通云禅师传》内，又写作胡承龙。

[2] 黄宗羲：《弘光实录钞》卷二。

[3] 康熙二十四年《宝庆府志》卷十九，《赋役志》下。

[4] 康熙二年《武冈州志》卷九，《征异·时事》；又见康熙二十四年《宝庆府志》卷二一，《武备志·兵纪》。

[5] 马光：《两粤梦游记》。

[6] 康熙《零陵县志》卷十四，《灾祥》。

清楚地反映了江南各地阶级斗争的形势已经达到爆炸的临界点，农民们再也不能忍受明王朝的暴虐统治了。

第三节　南方的佃变

在南方农民反对官绅地主压迫的斗争中，佃农和奴仆们为维护本身利益而自行解放的运动，占了相当突出的地位。大致说来，奴变主要发生于南直隶，佃变则主要集中在福建、江西等省。这同各地官绅地主采取不同的剥削和奴役方式是有密切关系的。在明王朝统治下，随着地主阶级日趋腐化，为了满足自己穷奢极侈的生活要求，不断加重了对佃户的压榨。他们兴起种种陋规，增加剥削量。早在明中期，福建沙县一带的"郡邑长吏，受富民贿，纵其多取田租，倍征债息，小民赴诉无所"[1]。地主们还勒索"冬牲"，迫令农民送租至仓。农民们被逼得走投无路，终于在邓茂七领导下爆发了震惊一时的武装起义。农民的起义斗争被镇压下去后，官绅地主卷土重来，一切剥削旧规又都恢复了。如福建宁化地主收租时，"以二十升为一桶，曰租桶；及粜则桶一十六升，曰衙桶，沿为例"[2]。一进一出之间，剥削量便增加了四分之一。农民们又被迫缴纳冬牲、豆粿，实行送租至仓等旧例。江西一些地方的地主豪绅也"于庄田租粒之入，俱改用大斛"[3]；石城县"旧例每租一石，收耗一斗，名为桶面"[4]。此外，各地

---

[1]　《明英宗实录》卷一七五。
[2]　康熙二十三年《宁化县志》卷七。
[3]　康熙五十九年《西江志》卷一〇七，《祥异》。
[4]　顺治十五年《赣石城县纪》卷八，《纪事》。

陋规尚多。地主们无不各显神通，想尽种种办法鱼肉农民。农民们若有反抗，地主就以夺佃以至送官惩办相威胁。由于政权在地主手里，农民们颠连无告，总是吃亏。明末农民战争的狂飙兴起，佃户们从中看到了希望，一场如火如荼的反对残酷压榨的斗争便展开了。

明末的佃变，一般爆发于北都覆亡后的弘光、隆武年间，而延续到清朝初年。其中比较突出的有福建宁化和江西石城、瑞金等地的田兵。

福建宁化县民黄通，"以较正斗斛，衰益贫富为名"[1]，反对地主用二十升的大桶收租，"唱谕诸乡凡纳租，悉以十六升之桶为率，一切移耕、冬牲、豆粿、送仓诸例皆罢。乡民欢声动地，归通惟恐后"[2]。通"乃连络数十乡为长关，金其豪者曰千总，总各为部。通有急则传千总，千总传所部，不一日而千百人集矣"[3]。在这种组织下，"乡之丁壮，悉听其拨调"[4]，称之为田兵。他们行使了部分政权职能，"事关有司者，皆取断于通，令（指南明知县）拥孤城而已"。隆武二年（1646），黄通部田兵一度攻克了宁化县城，还活捉了隆武朝廷兵部侍郎于华玉。这场斗争后来被清政府所扼杀。

江西石城县的佃变起于隆武元年九月，当地佃农在吴万乾领导下，掀起了减租和争取永佃权的斗争。他开初提出废除每纳租谷一石加耗一斗的所谓桶面，得到佃户们的热烈响应。在这个基础上又把佃户组织为田兵，斗争的内容也由废止桶面陋规发展到减少租额，一石

[1] 李世熊：《寒支初集》卷八，《宁化知县徐公墓志铭》。
[2] 康熙二十三年《宁化县志》卷七；又见李世熊《寇变记》，载《清史资料》第一辑。
[3] 同1。
[4] 康熙二十三年《宁化县志》卷七。

只纳七八斗，并且提出了永佃权的要求。由于当地地主豪绅的势力比较雄厚，吴万乾就联络宁都、瑞金、宁化的客户，建立了集贤会的组织，多次围攻县城。顺治三年，石城落入清方之手。次年，在几千名清兵的围攻下，田兵被击败，吴万乾也惨遭擒杀。[1]

在宁化、石城佃农运动的影响下，附近州县的佃农也组织了田兵展开斗争。如瑞金县的何志源、沈士昌、范文贞等人，"效宁化、石城故事，倡立田兵，旗帜号色皆书'八乡均佃'。均之云者，欲三分田主之田，而以一分为佃人耕田之本，其所耕之田，田主有易姓而佃夫无易人，永为世业"。田兵们还"蚁聚入城，逼县官印均田帖以数万计。收五门锁钥，将尽掳城中人"，迫使南明官僚不得不责令粮户（田主）出城，与佃户"立盟，捐额租，除年节等项旧例。粮户不敢出一言，唯唯而已"[2]。瑞金的田兵，后来同福建宁化和江西石城的佃农运动会合在一起，声势相当浩大。顺治四年，清朝知县徐珩到任后，"请兵虔院，发马步兵五千人，破其山寨，剿杀五六千人"[3]，把这场佃农为捍卫自身权利的斗争淹没在血泊当中。

江西中部的佃农运动，具有鲜明的革命色彩。上文已经指出，这一带的贫苦农民在崇祯十六年曾坚决支持过张献忠起义军。明亡以后，他们又在铲平王的旗帜下，向地主豪绅展开了猛烈的冲击。史载：

---

[1] 顺治十五年《赣石城县纪》卷八，《纪事》；又见乾隆十年《石城县志》卷七，《兵寇》。

[2] 乾隆十八年《瑞金县志》卷七，《艺文》载杨兆年《上督府田贼始末》。

[3] 乾隆十八年《瑞金县志》卷一，《兵寇》。

初，甲申、乙酉间，吉州一大变也。苍头蜂起，佃甲厮役群不逞者从之。刲牛屠豕聚会，睢盱跳梁。每村千百人，各有渠魁，裂裳为旗，销锄为刃，皆僭号铲平王，谓铲主仆、贵贱、贫富而平之也。诸佃各袭主人衣冠，入高门，分据其宅，发仓廪散之。缚其主于柱，加鞭笞焉。每群饮，则命主跪而酌酒，批其颊数之曰："均人也，奈何以奴呼我？今而后得反之也。"此风滥觞于安福、庐陵，其后乃浸淫及永新。[1]

这是何等可贵的革命的豪言壮举啊！农民们用自己的行动，证明了他们是地主阶级封建制度的批判者，他们所追求的是政治和社会上的平等、经济上的平均。换言之，他们本能地具有同压迫和剥削相对立的大同理想。诚然，由于历史条件的限制，农民们用以批判封建制度的思想武器是不科学的。然而，这与那些认为农民根本没有自己的思想、根本不反对封建制度的说法，毕竟不是一回事。

第四节　南方的奴变

明朝初年，朱元璋在元末农民战争的影响下，曾颁布过免奴为良的法令，并对官绅畜奴做了严格的限制。随着王朝统治的重新稳定和日益腐朽，畜奴的风气又盛行起来。特别是在南方，缙绅地主通过购买和接受投靠，拥有大批的奴婢。明后期，江南士大夫之家不仅家内

---

[1]　同治《永新县志》卷十五。

服役依赖奴婢，而且部分田土的耕种也由奴仆承担。顾炎武说："今吴仕宦之家，（人奴）有至一二千人者。"[1]湖广麻城的梅、刘、田、李四家，"家僮不下三四千人"[2]。沦为奴仆的农民，"子姓世为奴，非主自鬻，无得脱册籍"。[3]他们的子女称为人奴产子或家生奴婢，家主有役使和转让的权力。有的地方严格禁止奴仆读书识字，目的是使他们永远处于愚昧无知、易于役使的地位。奴仆们过的是缺衣少食、劳役繁重的生活，还要忍受主子的种种欺凌。一件史料中说：

> 间尝闻江南惨礉之主，或有苛使盲驱，繁于《僮约》。奴多腹坎无食，膝踝无裙，臀背无完肌肤。奴女未配耦，蚤破其瓜；妇未耦子，先割其鲜。主妇妒，则有锻楝阴私，剃毛缝皮，丑痛之声，流闻于外。[4]

非人的待遇使奴仆们的胸中蕴积了复仇的火焰。在李自成、张献忠为首的农民起义感召之下，奴仆们看到了摆脱世世代代受压迫的希望，他们行动起来了。较早的奴变在崇祯七年秋爆发于安徽桐城。这里的奴仆在黄文鼎、汪国华、张儒等人的联络下，立盟会聚，"谋为乱以应贼"[5]。他们受"替天行道"口号的影响，以"代皇"二字为号。"'代皇执法'四字屡冠于檄首，标于令箭，传于郡城及各乡村矣。"[6]这说明他们对当今皇帝还抱有幻想。桐城的奴变，得到了

---

[1] 《日知录》卷十三，《奴仆》条。
[2] 于子瞻：《金沙细唾》。
[3] 张明弼：《萤芝全集》，《削鼻班记》。
[4] 同3。
[5] 蒋臣：《桐变日录》。
[6] 桐川踏海生：《桐叛纪异》。

当地群众的广泛支持，"穷民之亡赖者，无远近少长毕至"[1]。参加起义的群众，在城外胡家庄"设将台，建令旗、令箭，署文武参谋、中左右前后五哨先锋等号。民间讼狱咸取决焉"[2]。这次起义不久就在官府和乡绅勾结下被击败了。当知县审问张儒为什么聚众为变时，他回答道："无他，不欲为奴耳。"[3]桐城奴变的组织者被诱杀，这并没有吓倒逐步觉悟起来的奴仆。"漏网余党，愤恨不平，说：'我等要杀乡官，到不曾杀得，反被乡官杀了。'是以往北方接得流贼来报仇。"[4]崇祯十六年，湖广麻城奴仆组织的"里仁会"，派人往南直隶迎来了张献忠起义军，说明奴仆们已经认识到，必须联合其他地方的农民革命武装，才有可能改变自身被奴役的地位。

江南奴变的高涨，是在大顺军推翻明王朝之后出现的。甲申四五月间，大顺军占领北京、崇祯皇帝自尽的消息传到南方，各地的奴仆闻风而起，迅速掀起了一场反对封建人身依附的解放运动。奴仆们的斗争目标，首先是要求脱籍，改变奴主关系。在金坛县，奴仆们听说大顺军攻克了北京，欢呼道："天地迥薄，贵贱翻蹑，我辈何必长为奴乎？"他们组织起来，自称为"削鼻班"。这个名称的来源是江南一些地方"谓奴曰鼻"。班名"削鼻"，就是要削除奴仆的身份和世籍。削鼻班策划了举事的日期，规定到时"各刲其主，破券均齿乃已"。弘光朝廷建立以后，地主豪绅有了靠山，神气起来了，削鼻班的活动暂时趋于沉寂。乙酉五月，清军南下，弘光小朝廷覆灭。奴仆们又"拍掌相贺曰：'我知天公果不欲终奴我也'。""骤呼其党

---

[1] 蒋臣：《桐变日录》。
[2] 同1。
[3] 桐川蹈海生：《桐叛纪异》。
[4] 同3。

近万人，饮血于城隍之庙，令曰：'国步既改，诸勋戚与国同休者咸已休废，若我辈奴籍不脱，奴将与天地同休乎？'遂部署秃屑者司驱走，桀黠者主指画，温肥者赡金帛。令曰：'主有不肯破券均齿者，众共灭其家；奴有自不愿去者，磔而尸之。'"[1]"遂鸣钲造乱，缚故主，胠其囊箧，索身契，横行剽惨。去主从乱，凡四五万人。"[2]南直隶嘉定县，于"端午后始得北信，于是邑有逆奴，乘乱焚劫索契之变"[3]。《研堂见闻杂记》记载南直隶太仓州的情况说："吾娄风俗，极重主仆。男子入富家为奴，即立身契，终身不敢雁行立。有役呼之，不敢失尺寸。而子孙累世，不得脱籍。……乙酉乱，奴中有黠者倡为索契之说，以鼎革故，奴例何得如初？一呼千应，各至主门，立逼身契，主人捧纸待。稍后时，即举火焚屋，间有缚主人者。虽最相得，最受恩，此时各易面孔为虎狼，老拳恶声相加。凡小奚细婢，在主人所者立牵出，不得缓半刻。有大家不习井灶事者，不得不自举火。自城及镇、及各村，而东村尤甚。鸣锣聚众，每日有数千人鼓噪而行。群夫至家，主人落魄，杀劫焚掠，反掌间耳。……城中倡首者为俞伯祥，故王氏奴。一呼响应，自谓功在千秋，欲勒石纪其事，但许一代相统，不得及子孙。"[4]江阴县的"叛奴乘衅索券焚弑者络绎而起，烟火蔽天，大家救死不暇"[5]。

在南直隶黟县有"黠奴"宋乞，"暗约诸奴，以吾辈祖父为

---

[1] 张明弼：《莹芝全集》，《削鼻班记》。
[2] 于子瞻：《金沙细唾》。
[3] 苏渊：《惕斋见闻录》。
[4] 娄东无名氏（王家祯）：《研堂见闻杂记》。
[5] 陈曦明：《江上孤忠录》。

役，子孙隶其籍，终不能自脱。天之授我，此其时矣。彼皆孱弱，不任干戈，而乘上之急，即欲以逆绳我，无暇也。部署既定，及期而皆举，无或后者。邑凡列营数十余处，各有魁帅领之"[1]。"始而挟取其先世及其本身投主卖身文契，继而挟饷于乡邑。素有名望者，俱剪除之"。[2]

浙江海宁县有李刀三领导的奴变，"李刀三故大家奴，以黠称。乘间煽诸毒怨于大家者揭竿起，而己构兵其间，势汹汹"[3]。

广东的奴变称为"社贼"，"贼皆人奴，忿杀其主以叛。始于顺德县冲鹤村，延及新会、开平、高要。皆杀逐其主，掘其坟墓，踞其妻室，连年屠毒，至顺治十五年乃止"。[4]

奴仆们在自发的斗争中，还清算了主子的罪恶。这点在有关金坛奴变的记载中，叙述得很清楚：

> 若有憾于主，则曰："吾受汝扈若干年矣，城隍神令我酬汝。某日，汝棒我，请偿棒。"则掣神签以数棒，曰："痛乎？"其主曰："痛！"则曰："若棒我时，何为不知痛也？某日，汝锥我，请偿锥。"曰："痛乎？"其主大号。则曰："若既知痛，向何为锥我也？"……有一绅，性严正，独留城。诸奴絚其项，徇于市，令大叫曰："为主慎无若我之溪刻也。"不叫，则棘鞭竞鞭之。是绅老，几

---

[1] 嘉庆十七年《黟县志》卷十五，《艺文》载江碧《义烈江伯升雷传》。
[2] 嘉庆十七年《黟县志》卷十五，《艺文》载程功《乙酉纪事》。
[3] 《海宁县志》，《名宦传》。
[4] 道光六年《高要县志》卷十，《前事志》。

毙。有数诸生不胜楚挞，亦几毙。[1]

在李自成、张献忠起义军推翻明王朝的影响下，南方的奴仆们所掀起的人身解放斗争是完全正义的。毛泽东同志在分析湖南农民运动时指出，农民们"为所欲为，一切反常，竟在乡村造成一种恐怖现象"，这"都是土豪劣绅、不法地主自己逼出来的。土豪劣绅、不法地主，历来凭借势力称霸，践踏农民，农民才有这种很大的反抗。凡是反抗最力、乱子闹得最大的地方，都是土豪劣绅、不法地主为恶最甚的地方"[2]。这段话虽然是在民主革命时期说的，对于认识明末的江南奴变，以至于整个明末农民战争，同样具有指导意义。

江南的奴变是在明末农民战争的感召下爆发的，也是这场社会大变动的一个重要组成部分。正如各地的农民起义在清初仍然此起彼伏

---

[1] 张明弼：《削鼻班记》。又，《金沙细唾》中也有一段非常具体的描写："有邑绅御下严酷，少拂意即鞭扑，奴怨之入骨。奴既挠聚，遂缚绅至城隍庙，庙中有竹节大杖，杖末量五寸，积一寸许。数其平昔事轮杖杖之，两人对杖，交进乱下，杖至百余乃止。血渗漉阶前，肤肉糜烂，胝骨撑露，死而复苏，气奄然而已。绅平生爱品茶，以硖州碧涧、阳羡天池为最。奴奉命采茶者必计时日返，迟则受笞。至是杖主讫，捽出庙门，群溺之，旋以秽溲一摞灌其喉曰：'试尝此碧涧、春池也。'又邑中风俗，凡时节喜庆，碾白米为细粉，蒸熟成粿，名曰团子；所盛之器为蒸笼，一笼计五六十枚，每蒸三四笼或六七不等。一绅家蒸团偶未熟，集奴婢列跪于前，计团若干棰手若干。时为奴缚至庙中，共数而詈之曰：'若犹记一团，一棰乎？此棰债当偿久矣。'亦如数棰之。两手赤肿，血漫渍于皮爪间，指腕几折。棰毕，以琅珰系颈牵之游街，抚掌欢呶，杂沓巷市。若此类者，莫可缕记。顾亦有感其故主者，号于众曰：'我辈报复，必须恩怨分明。如某之长厚仁心，某之仁慈待物，知怨而不知德，惧为神人嗤矣，必报之。'于是，列仪仗，枞金张彩，八人舁大舆，猎猎迎故主出游。主逊谢，辞甚恭；奴请益力。主愈谢。而众已拥持入舆，骁奴导前，骑奴环后，轩盖鼓次，轩耀路隅。绕城一匝，乃送归。主逊谢再三，然后欢呼而去。其他惨辱屠虐，虽邑令亦无如之何。"

[2] 毛泽东：《湖南农民运动考察报告》，引自《毛泽东选集》四卷本，第十六至十七页。

412

一样，南方的奴变也延续到清朝初年。在清兵南下、弘光朝廷覆亡之后，一些地方的奴仆曾经趁改朝换代起事，甚至幻想得到清政府的支持。他们显然错了。清王朝在各地支持的，是依附于它的汉族官绅地主，维护的是封建统治秩序。史料清楚地表明，各地的奴变都是在清政府同当地豪绅勾结下遭到镇压的。例如，金坛著名的削鼻班，就被清政府将为首数人捕去，"截其鼻，悬之市衢，曰：班名削鼻，鼻削示众，遂斩之。众乃大服"[1]。安徽黟县的奴变先后坚持了两年，清政府在当地的统治稳定之后，"邑之士夫，走乞师于郡，始执首叛诸奴，磔市以徇。诸素谨者贷其死，就仆舍执役如初"[2]。又如南直隶太仓州的奴变，也是在当地士绅控告之后，清政府"斩一人，重责四人，又悬示不许复叛，而主仆之分始定"[3]。在奴变被清政府镇压下去后，一位官绅不无得意地评论道："奴辈谓奴不当与天地同休，是则真奴语也。夫有天地，斯有君臣、有父子、有主仆。天地不变，则君臣、父子、主仆亦不变。主仆之义，天地同敝。……假使鼻不居于眼下，而忽居额上，讵可名人乎哉！"[4]他套用"天不变，道亦不变"的陈腐教条，论证主仆之义将与天地同休。这正好说明了农民受奴役，是同封建制度相终始的，不推翻封建制度，农民就不可能求得解放。

---

[1] 《削鼻班记》。

[2] 嘉庆：《黟县志》卷十五，《艺文》。

[3] 《研堂见闻杂记》。

[4] 《削鼻班记》。

附 录

说 明

一、大顺和大西农民革命政权在各地设立的文武官员相当普遍，表中列出的却很少，这是因为资料来源主要是各地的地方志。清初，朝廷曾经明令各地修志时，只准把明崇祯以前和清顺治以后朝廷任命的官员载入职官志，大顺、大西政权以及南明几个朝廷和三藩叛乱时吴三桂等人任命的地方官员都被排除在外。只是在部分方志的《兵燹》《纪事》《灾祥》之类的项目里保留了一些，这就造成了客观上的困难。加以个人所见史籍有限，遗漏的肯定很多。把这些残缺的资料排列成表，目的是让读者对明末农民战争中建立的政权有个比较具体的认识，从官员的设置和变动情况中可以看出这两个农民政权的概貌和盛衰。

二、李自成起义军建立的政权，正式定名"大顺"，是从一六四四年旧历正月开始的。为方便计，表中襄阳时期的政权也借用了大顺的名称。襄阳政权的官员名单，主要依据吴伟业《绥寇纪略》卷九。我们没有按襄阳时期、西安时期和北京时期分别制表，是因为相当一部分官员从襄阳时期受职起，一直延续到大顺政权失败为止。

三、表中所列仅限于有姓名可考或有姓佚名的官员，个别虽无姓名但事迹明确、有参考价值者也附带列出。此外，史籍中仅提及某地"伪官"字样者为数尚多，表中一概从略。

四、大顺政权在北京期间录用了一批明朝官员，通过科举又选拔了一批士子，其中有的被任命为地方官员，由于山海关战役后形势急转直下，绝大多数没有到任，表中只列出少数已经到职视事的官员，如四川节度使黎玉田、山海关防御使张若麒等，其他由于没有实际意义，也不列入表内。

五、表中的职务名称不一定准确。有的是史料语焉不详，有的是史料的作者沿用了明代官职的习惯称呼，比如一府之内主管司法的官员，明代称为"理刑推官"，简称"理刑""推官"，或作"司理""司李""四府"，史料中记载大顺和大西政权的府级司法官员就用了"司理""理刑""推官"等不同的称谓，其实是同一职务。由于我们并不知道大顺、大西政权运用的正式名称是什么，只好沿用史料原文。又如，对于某些大顺政权的节度使（大西为巡抚）、防御使（大西为道）的管辖范围和正式名称不清楚，有的是以所在地区推测职务名称的。个别显然是文献中误用的官职名称，如将大顺政权县令称为"伪知县"，掌旅写作"长闯"，表内都改了过来，不再注明。

六、行政区划历代都有变动，加上我们对大顺政权的行政区划并不清楚，它的节度使管辖范围并不见得与明亡时的巡抚相同，防御使也未必完全按明亡时的道辖区选派。例如，冠县在明、清都属山东，而大顺政权的冠县县令则是由真保节度使马重禧任命的。直到现在，能查到的大顺政权山东各地官员是比较多的，却未发现山东节度使的记载。在未能确定大顺政权行政区划的情况下，表内基本上按目前省的区划开列。由于同样原因，表内没有分省按节度使、防御使、府尹、州牧、县令逐级编制。这样确实显得比较乱，但作为提供给读者参考和进一步研究的素材，我想还是可以的。

七、附表可能有助于澄清一些问题。例如，大顺和大西政权究竟是封建政权还是农民革命政权？在一篇拙稿中曾经指出，在明末和清初各地农民反对封建政府的斗争几乎是烽火遍地，唯独在大顺政权管辖的短暂时期至今未看到一条农民起来反抗的史料。表三所展现的，各地官绅地主同大顺政权势不两立拼死搏斗，多少能够说明大顺政权同明清两个封建王朝代表的是利益根本不同的两大对抗阶级。又如，有的史著习惯于指责李自成的所谓"流寇主义"，说大顺军领导人不重视地方，后期虽然建立了政权，也只是派出一批手无缚鸡之力的文官"单骑赴任"。表一证明，大顺政权在每一个相当于省管辖的地区内，都有高级将领统兵镇守，战略要地一般都部署了相当的武装力量，甚至州、县基层政权也大抵配置了专职武官带领地方武装维持治安。这就有助于检验"流寇主义"一词是否准确地反映了当时的历史实际。再如，人们对大顺政权失败的原因做过种种解释，却没有触及问题的症结：大顺政权执行的农民革命政策严重地损害了官绅地主的利益，大面积的官绅地主叛乱，使大顺政权根本无法集中力量同满洲贵族军队作战。换句话说，满、汉地主阶级的联盟，里应外合，是大顺农民革命失败的根本原因。表三就是为了说明当时阶级斗争的形势，依据确凿史实编制而成的。最后，过去在一篇关于李岩的拙稿中谈到，我们现在对许多职位很低的大顺政权文武官员都查得了可信的史料，为什么名声仅次于李自成的"核心人物李岩"却始终未能找到一条真实材料？我愿意借此机会建议对李岩问题关心的同志多做一些史料的发掘和鉴别工作，不要在不分真伪的"有史料依据"的水平上停滞不前。

表一 大顺政权地方官员表

一、节度使（相当于明朝巡抚）

地区	姓名	简况	当地武职	资料来源
河南节度使	梁启隆	甲申年初设，驻于开封。同年五月大顺军败后遁去。	大顺军先后驻防河南的将领有刘忠、刘汝魁、牛万才等人。甲申夏，右营大将袁宗第还曾统兵入豫，平定刘洪起等地主武装的叛乱。	《明通鉴》附编卷一上。
延绥节度使	周士奇	原为明朝绥德州知州。乙酉正月清军进攻榆林时逃走。	大顺军后营主将李过守延安，高一功守绥德，确山伯王良智守榆林。甲申六月，李过、高一功杀王良智，由高一功接管榆林防务。	康熙十二年《延绥镇志》卷五之二；康熙十九年《延安府志》卷九；道光二十一年《榆林府志》卷九。
宁夏节度使	陈之龙	原为明朝监军道。乙酉正月清军入陕，陈之龙投降。后任清凤阳巡抚。	制将军牛成虎镇守宁夏。牛成虎原为明朝总兵，后随陈之龙降清。	乾隆四十五年《宁夏府志》卷十八。

地区	姓名	简况	当地武职	资料来源
甘肃节度使	周伯达	原为明朝关西道。清军入陕后投降，任清朝甘肃、江宁巡抚。山东莱阳人，崇祯丁丑进士。	大顺军大将党守素镇守兰州。	《清世祖实录》卷二五、卷三一，康熙十七年《莱阳县志》卷八《人物·乡贤》。
太原节度使	韩文铨	陕西咸宁进士，明巡按御史。甲申十月清军进攻太原，"城陷死之"。	文水伯陈永福领兵万人守太原，清军破城时逃走，后降于清朝。	《甲申传信录》卷五；康熙二十一年《山西通志》以及《清世祖实录》有关部分。按：有的书上说韩文铨并未死于太原战役，而是逃跑了。
真保节度使	马重禧	原为大顺军果毅将军。山海关战役失败后，随同李自成撤入山西。	马重禧直接统率一部分军队驻守真定。	顺治三年《真定县志》卷四；边大绥《虎口余生记》。
遵化节度使	宋权	原为明朝遵化巡抚，大顺军至，"首进降表，即与原职"。五月初，宋权获悉大顺军在山海关战役中失利，即勾结明宣府总兵唐钰发动叛乱，杀害大顺军留守官兵，投降清朝。	守将有黄锭等，见遵化防御使项下。	《甲申传信录》原序及卷五。

地区	姓名	简况	当地武职	资料来源
徐淮节度使	吕弼周	原为明河南驿传道。甲申四月十五日为明淮路振飞擒杀。	随行有参将王富。此外，李自成还任命明降将董学礼为淮镇，"带兵马一千五百名于四月初六日自北京起行"，五月进至南直隶宿迁县，被南明军队击败。	《淮城纪事》；《燼火录》卷三；《再生纪略》。
四川节度使	黎玉田	原为明朝辽东巡抚。甲申三月投降大顺政权后，被任为四川节度使，与怀仁伯马科统兵入川，被大西军击败，退回陕西。	随黎玉田入川的大顺军将领为马科，原为明朝总兵。所部兵马一万。	《滟滪囊》；康熙二十六年《成县志》。
京兆尹（西京）	嵇某	陕南生员，家贫，好读书，三试三黜。自成入关，"以嵇生为京兆尹"。	大顺军进军北京期间，以权将军田见秀留守西安。	唐甄：《潜书》上篇下，《贞隐》。
顺天府尹（北京）	王则尧	三月二十四日任，曾出示安民，考试宛平、大兴诸生。	自成出征山海关时，留守北京的兵马约为一万。守将姓名参见正文。	《国榷》卷一〇一；《再生纪略》等。
	赵兆麟	降清任延绥、郧阳巡抚。		《清世祖实录》卷三一。

二、防御使（相当于明朝兵备道）

地区	姓名	简况	当地武职	资料来源
襄阳防御使	李之纲	河南郏县生员。降清后为湖广郧阳兵备道（《清世祖实录》卷一九）。《明清档案》A4-94，湖北巡抚马兆熿揭作"巡下荆南道"。	初由左威武将军高一功、右威武将军冯雄各领兵二千守襄阳。自成入陕后，镇守襄阳的将领有杨彦昌、冯养珠、路应标。	《国榷》卷九九；《绥寇纪略》卷九；高斗枢《详述秦郧情形疏》，见《甬东正气集》卷一。《平寇志》卷六云："以陕县恩贡武之纲为襄阳防御使。"（疑误）
荆州防御使	孟长庚	河南洛阳举人。崇祯十五年十二月设，乙酉年二月，荆州守将郑四维杀孟长庚降清。	置通达卫，以任光荣为将，统兵六千守荆州。	《绥寇纪略》卷九；《国榷》卷九九；光绪六年《荆州府志》卷二六；康熙二十四年《荆州府志》卷四〇。
扬武州防御使	陈荩	河南洛阳进士，明荥阳知县。自成改明承天府为扬武州。陈荩任职期间因平定地主官绅叛乱有功，被封为京山伯。	初以果毅将军白旺守扬武州，至崇祯十六年三月，白旺调德安，由威武将军谢应龙代守扬武州。又有都尉马世泰领兵六百分守显陵。	乾隆六十年《钟祥县志》卷二〇；《国榷》卷九九；《绥寇纪略》卷九。
夷陵			通达卫左威武将军蔺养成领步兵八百，都尉张礼领水兵六百守夷陵。	《国榷》卷九九。

地区	姓名	简况	当地武职	资料来源
汉川			威武将军谢应龙以兵三千守汉川之马家隔。	《国榷》卷九九。
德安			自崇祯十六年起，以果毅将军白旺守德安。该地争夺十分激烈，白旺两度击败官军，收复府城，多次搜剿地主武装盘踞之山寨。乙酉春，自成兵败东下，白旺部调集随行，后被叛徒王体中刺杀。	康熙五年《德安安陆郡县志》卷一。
裕州防御使	吴大雁	湖广钟祥生员，后为自成所诛。		康熙六年《钟祥县志》卷十。《绥寇纪略》卷九作"南阳防御使吴大雍"，疑误。
汝宁防御使	金有章	湖广江陵举人，崇祯十六年十月为明巡道韩煜所擒。	威武将军马尚志驻守。崇祯十六年十月为明副将沈万登所杀。	康熙《新蔡县志》卷七；康熙《汝宁府志》卷十；《平寇志》卷七。按，顺治十六年《项城县志》卷八云，自成"设官置伪节度使建牙汝宁府"，实为防御使。

地区	姓名	简况	当地武职	资料来源
信阳州防御使	黄阁	湖广江陵贡生，崇祯十六年十月为官军所擒。	威武将军韩华美以兵八百守信阳。	《平寇志》卷七；《绥寇纪略》卷九；《国榷》卷九九；康熙《汝宁府志》卷十。
怀庆防御使	佚名	甲申二月，大顺军左营由山西袭怀庆，"选授伪防御使、府尹、六邑令"。八月清军南下，大顺政权"文武官吏皆望风遁去"。		康熙三十四年《怀庆府志》卷九。
兴安防御使	耿三桂	山西曲沃人。《兴安州志》云，后为郧阳官军所擒。而顺治三年六月清陕西巡抚雷兴启本中提到，耿三桂直至是年五月，仍同大顺军刘体纯部以及孙守法等领兵围攻兴安州。		康熙三十四年《兴安州志》卷三。参看《清代档案史料丛编》第六辑，第一三七页。
延绥防御使	张弘祚			康熙十二年《延绥镇志》卷三之四。

地区	姓名	简况	当地武职	资料来源
鄜州防御使	徐即达	原为大顺政权河南邓州牧。提升为鄜州防御使后因上言触怒李自成，被杖责八十，囚禁于洛川县。顺治二年清军入陕后，被任为署分巡河西道。	徐即达奏本中提到他标下有"中军"武职，也可证明大顺政权防御使一般都掌握一支武装力量，兼辖文武的。	顺治二年四月后半月《录疏》所收《陕西署分巡河西道臣徐即达奏本》，原件藏中国第一历史档案馆。
西宁防御使	齐之震		大顺军大将辛思忠守西宁。	乾隆十一年《西宁府新志》卷三；顾炎武《天下郡国利病书》卷六二。
平阳防御使	张炉	甲申春大顺军渡河入晋时所置。同年五月李自成败归，途经平阳时将张炉处死，原因不明。		康熙四十七年《平阳府志》卷三四；雍正《临汾县志》卷五。
	吴养德	继张炉为平阳防御使。陕西华州人，崇祯十五年举人。	甲申六月以后一段时间内，绵侯袁宗第统兵一万驻守平阳挂甲庄。	康熙二十一年《山西通志》卷三〇；光绪十二年《永济县志》卷二三。
潞安防御使	孙明翼	为清军所杀。陕西华州人，崇祯十二年举人。	平南伯刘忠领兵镇守。	顺治《潞安府志》；乾隆二十八年《长治县志》卷二七。《续华州志》卷四，《科贡》。

地区	姓名	简况	当地武职	资料来源
辽州防御使	雷于霖	陕西朝邑举人。大顺军失利后"阳顺清朝"，暗中"求救于闯"。发觉后清廷朱批将其"拿解来京正法"。雷于霖趁乱逃回家乡。清朝大定之后，雷于霖写了一个自传体的东西，内多掩饰之词。一九七四年以《一个地主阶级分子的供状》为题公布于《文物》杂志上。		顺治元年十月二十五日《保定巡抚王文奎题本》，原件藏中国第一历史档案馆。参见一九七四年第十二期《文物》所刊《雷于霖自传》。
临巩防御使	王永年	山西汾西人。原为明朝武功知县。		光绪六年《汾西县志》卷五，《人物·隐逸》。
大同			制将军张天琳驻守。甲申五月初十日，在明总兵姜瓖发动的叛乱中被害。	顺治九年《云中郡志》卷十二。
真保防御使	白足长秦镜	随大顺政权真保节度使马重禧上任。原文作"伪道白足长、秦镜"，具体称谓不明。		顺治三年《真定县志》卷四。

地区	姓名	简况	当地武职	资料来源
大名防御使	张景辰	在地主官绅叛乱中，因兵力不敌，率城内官员及"贼众斩关而出"。	除大顺军大将刘芳亮、陈永福引兵经过大名外，尚有武将马宁、熊正官、王国功、李日泽统兵镇守该城。	顺治元年六月至七月《录疏》所载顺治元年七月《庆藩奉国中尉朱帅锁启本》。
宣化防御使	李允桂	甲申五月初八日，原明朝宣府巡抚李鉴等发动叛乱，大顺政权文武官员均被擒。	"伪帅黄应选"有"老本劲兵约三千有奇"防守宣化，保安有掌旅李琦，怀来有"伪将李定国"，永宁有"伪将孙弘图"，"各有精锐千余，星联棋置"。	顺治二年五月清宣大山西总督李鉴启本，见《明清史料》丙编，第四八三页；《清世祖实录》卷五；《清史列传》卷七八。
山海防御使	张若麒	原为明降官，山海关战役后降清任顺天府丞。	明降将唐通领兵八千守山海关。	《甲申核真略》；《清史列传》卷七九。
遵化防御使	潘跃龙	在宋权叛乱中，大顺政权遵化地区的文武官员均被擒杀。	"伪帅黄锭"守遵化；"伪将马应湖、毕三才踞喜峰、松棚；刘衷拥贼数千踞三屯"。	光绪五年《永平府志》卷三〇。
密云防御使	左懋泰	原为明降官，自成入京授此职。		《甲申传信录》卷五。
广平防御使	翟凤耆	山西闻喜举人。大顺军失利后逃去，后降于清朝。		《天问阁集》卷中，《殷渊传》。

地区	姓名	简况	当地武职	资料来源
永平防御使	李丕著	降清仍原职。		《甲申核真略》。《清世祖实录》卷四、卷八、卷十六。
济宁防御使	张问行	清苑（河北）进士，一作清源（山西）进士，在两县志中均未查得。崇祯末明青州道名张问行，未审是否同一人。后在官绅叛乱中被擒杀。	"有掌旗（旅）伪将点兵一千三百余名防守。"	乾隆五十年《济宁直隶州志》卷三一；《再生纪略》。参看康熙二十四年《蒙阴县志》卷八。
兖东防御使	刘浚本	山西进士，在官绅叛乱中被擒杀。		乾隆《济宁直隶州志》。《再生纪略》作"刘浚"，他书或作"刘洵"。
济南防御使	丁昌期	四月到任，五月初"德州讨贼檄至，都司刘世儒欲起义诛伪官……伪官次第逃去"。	四月十四日至十九日"权将军郭升"领兵驻济南。	乾隆三十七年《历城县志》卷四一。
泰安防御使	郭都	在明将高桂叛乱中被害。		同上。
武德防御使	阎杰	甲申四月初十日上任，四月二十七日被杀。	"杰有兵数百为卫。"	康熙十二年《德州志》卷十；《平寇志》卷十一。

地区	姓名	简况	当地武职	资料来源
临清防御使	王皇极	在于连跃、凌骕叛乱中被擒，"解至中途被贼劫去"。	叛乱后，大顺军将领郭升、王典领兵马数千"意欲攻城"，被官绅武装击退。	《明清史料》甲编，第一本，第七四页。
青州防御使	王道成	山西平阳进士。在地主官绅叛乱中被原明朝知县王开期等所擒。	除有大顺军将领姚应奉（或作姚应凤）领兵五百镇守青州外，王道成尚有"伪中军沈映衡"及"李都司"。后姚、李在叛乱中被杀，沈映衡被擒，守军瓦解。	康熙六十年《青州府志》卷二二；顺治元年七月《庆藩奉国中尉朱帅鋑启本》；《国榷》卷一〇一。《怀陵流寇始终录》卷十八云青州防御使为王应元，与诸书不合。
徐淮防御使	武愫	陕西泾阳进士，为南明巡抚路振飞擒送南京杀害。	武愫抵任后，曾"设官练兵，防黄河"。	《阎古古全集》卷六。

三、府尹及其僚佐

地区	姓名	简况	当地武职	资料来源
襄阳府尹	牛佺	河南宝丰生员，牛金星之子。后投降清朝，任黄州知府、湖广粮储道。		《绥寇纪略》卷九。
理刑	朱梦庚			同上。
荆州府尹	张虞机	河南长葛生员。	荆州地方武官有都尉、哨官等。	《绥寇纪略》卷九；《国榷》卷九九；康熙二十四年《荆州府志》卷四〇。
府丞	张士政			《绥寇纪略》卷九。
理刑	王业昌			同上。
德安府尹	吴从绳	崇祯十六年五月二十六日在地主阶级叛乱中被擒。		顺治《孝感县志》卷九；康熙五年《德安安陆郡县志》卷一；光绪重修《德安府志》卷八。《绥寇纪略》卷九云吴从绳为安陆理刑，误。
同知	某	同上。		同上。
德安府尹	姚锡胤	陕西商州举人。白旺平定叛乱后再次任命的德安府尹。	武官有掌旅等官。	康熙五年《德安安陆郡县志》卷一；光绪重修《德安府志》卷八。

地区	姓名	简况	当地武职	资料来源
同知	陈吾鼎	顺治二年清兵占领德安府，陈吾鼎投降，升为巡道。		同上。
推官	方奉三			同上。
南阳府尹	刘苏	湖北江陵举人。崇祯十六年三月上任。	崇祯十六年冬，自成入陕，留牛万才统兵守南阳地区。	康熙《内乡县志》卷十：顺治十六年《邓州志》卷二；《国榷》卷九九。
理刑	胡邦彦			《绥寇纪略》卷九。
汝宁府尹	邓琏	湖北江陵举人。崇祯十六年十月为明巡道韩煜擒杀。	都尉侯可畏、陈士荣、吴勉、黄衮、龙冯。	康熙元年《汝宁府志》；《平寇志》卷七。
理刑	邹应麟			同上。
巩昌府尹	王鼎鼐	入清后仍居该府。顺治三年二月初二日为清政府擒获。		《明清档案》第四册，A4-7，巡视陕西茶马御史廖攀龙启本。
学正	薛清			同上。

430

地区	姓名	简况	当地武职	资料来源
汝宁府	祝永龄	甲申十二月，"总兵刘洪起获汝宁府伪官祝永苞"，或作祝永龄。此当为大顺军右营大将袁宗第平定汝宁叛乱后再次任命的官员。		《怀陵流寇始终录》卷十八；《明季南略》卷一。
均平府尹	刘懋先	湖广钟祥生员。均平府即河南禹州。	均平卫果毅将军周凤梧以兵二千守禹、郑二州。	《国榷》卷九九。《平寇志》卷六作"刘茂先"。
理刑	吴□周	《平寇志》卷六云"以尹从道为推官"。		《绥寇纪略》卷九，原作"均天"，应是"均平"之误。
学正	周翼时	湖广夷陵举人。		《平寇志》卷六。
彰德府尹	吕某			康熙《林县志》；乾隆《汤阴县志》。
卫辉府	佚名		都尉王进才。甲申八月，王进才与"伪府、县官率兵遁"。	乾隆二十年《汲县志》卷一。

地区	姓名	简况	当地武职	资料来源
归德府同知	陈奇	山西清溪举人。甲申二月经大顺政权考试授职，同年五月为南明参将丁启光擒送南京。		《再生纪略》。
延安府尹	贾我祺	因贪污被大顺政权处斩。		《绥寇纪略》卷九。
平阳府尹	张胤昌			康熙四十七年《平阳府志》卷三四；雍正《临汾县志》卷五。
潞安府尹	师心知	被清军所杀。		顺治《潞安府志》。
真定府尹	张晋明	三月初五日到任。		顺治元年九月井陉兵备道丘茂华揭帖，见《明清档案》A1-168。顺治三年《真定县志》卷四。
司理	许文耀			同上。
保定府尹	文华国	山西平阳举人。甲申三月大顺军左营占领保定后上任。五月初清兵至，"仍令文华国、崔志乾官其官"。	刘芳亮北上京师后，"留伪将张洪"守保定。五月，张洪遁。	康熙十九年《保定府志》卷十七。按，顺治元年六月招安山西大同等处地方恭顺侯吴惟华题本中写作"文国华"。

地区	姓名	简况	当地武职	资料来源
推官	崔志乾	见上。		康熙《保定府志》卷十七。
大名府尹	李灿然	在官绅叛乱中，随防御使张景辰逃去。		顺治元年七月《庆藩奉国中尉朱帅鍨启本》。
同知	宗洪圣	同上。		同上。
理刑	陈王纪	同上。		同上。
遵化府同知	张耀然	在官绅叛乱中被杀。		光绪五年《永平府志》。
广平府尹、同知	梁栋和鸣喈	此二人排在防御使和县令之间，推测为府尹、同知。后因大顺军失利，逃去。	都尉郭某、掌旅常某领兵五百镇守广平。	乾隆十年《永年县志》卷十二。
兖州府尹	高克家	山西举人，在官绅叛乱中被擒。	掌旅傅龙统兵五百驻守。	乾隆五十年《济宁直隶州志》卷三一。
运河同知	刘主敬	在官绅叛乱中被擒。		同上。
推官	董觊玺	山西举人，在官绅叛乱中被擒。		同上。

地区	姓名	简况	当地武职	资料来源
济南府尹	高丹桂	在官绅叛乱中逃去，后仕于清，任江南按察司金事。		乾隆三十七年《历城县志》卷四一。参见中国第一历史档案馆藏，顺治六年十二月十二日敕书。
同知	吕升			康熙《海丰县志》卷四作"济南伪吕同知"；乾隆《历城县志》作"伪军粮厅吕升"，实即一人。
推官	李世显	在官绅叛乱中逃去。		乾隆《历城县志》。
东昌府尹	宋炳奎	山西洪洞进士。原为明东昌知府。		《再生纪略》。
莱州府尹	王毓奇	山西清源进士。在官绅叛乱中遇害。		《怀陵流寇始终录》卷十八，《石匮书后集》卷三五《满之章传》作"王之相"。参看光绪《清源乡志》卷十三。
青州府尹	冯大京	在官绅叛乱中被擒。		顺治元年七月《庆藩奉国中尉朱帅鋔启本》。
军粮同知	薛柱	同上。		同上。

地区	姓名	简况	当地武职	资料来源
淮安府尹	巩克顺	甲申三月为明巡按御史王燮擒杀。		《平寇志》卷八。

四、州牧及其僚佐

地区	姓名	简况	当地武职	资料来源
湖广				
荆州牧	韩瓒			《绥寇纪略》卷九。
扬武州牧	冯复金	湖广宜城人。	都尉陈老虎，曾引兵击败地主官绅武装。	乾隆六十年《钟祥县志》卷二〇。按：《明季北略》卷十九等书说，起义军攻克承天府后，改为扬武州，以宜城生员张联奎为"伪知州"。
	姚钦明	崇祯十六年三月，冯复金革职，以湖广光化人姚钦明为州牧。		乾隆《钟祥县志》。
州同知	霍挥	河南人。		同上。
州判	张凌			同上。

地区	姓名	简况	当地武职	资料来源
吏目	张士俊			同上。
归州牧	武张			《绥寇纪略》卷九。
固州牧	高粹	李自成改湖广云梦县为固州，以高粹为州牧。甲申二月，官军趁大顺军主力在北方，进攻云梦等地。高粹坚守，不克。清军占领德安府后，复改固州为云梦县。	掌旅李某"领步骑兵数百人驻守"。	康熙六年《云梦县志》卷九；光绪重修《德安府志》卷八。《国榷》卷一○○作"伪固州牧高翠"；《绥寇纪略》卷九作"高孝"；均误。
随州牧	汪鹭			康熙六年《随州志》卷一，《绥寇纪略》卷九另列洪翼圣为随州牧，误，当作陈州牧洪翼圣。
荆门州	佚名	明郧阳副将张文富据仙居寨训练乡勇，一度袭破州城。大顺政权州牧隐藏在群众当中，安全脱险。	都尉叶云林以兵六百守荆门。	康熙《荆门州志》卷六；《国榷》卷九九。

地区	姓名	简况	当地武职	资料来源
澧州牧	俞兴言		王文耀守澧州。后在优势官军围攻下撤退。	《绥寇纪略》卷九。乾隆十五年《澧州志林》卷十九。
河南				
信阳州牧	王珩	崇祯十六年十月为官军所擒。		《平寇志》卷七。《绥寇纪略》卷九作"王璞"。
邓州牧	徐即达	湖广襄阳生员，崇祯十五年冬设。自成入陕后，官军来攻，徐即达设守甚严，被提升为陕西鄜州防御使。		郑廉：《豫变纪略》卷三，康熙《内乡县志》卷十作"徐上"，误。参见顺治二年四月《陕西署分巡道臣徐即达奏本》。
	吴绍先	《邓州志》云："自成据邓州，署伪牧徐即达、吴绍先。"吴绍先大概是在徐即达提升后，继任州牧。		顺治《邓州志》卷二。
祁州牧	万国定	州名可能有误。		《绥寇纪略》卷九。
裕州牧	吴腾芳			同上。

地区	姓名	简况	当地武职	资料来源
光州牧	方遂	崇祯十六年夏上任，同年十月为沈万登部所擒。后地主武装刘洪起攻杀万登，方遂得释，下落不明。		康熙三十一年《光州志》卷十；《平寇志》卷七；《国榷》卷九九；《绥寇纪略》卷九，均作方燧。
州判	邓来凤	崇祯十六年十月为沈万登部所擒。		《平寇志》卷七。
项州牧	赵之璧	甲申初，自成改项城县为项州，"令州牧赵某、州尉陶某礼聘名贤"。	州尉（都尉）陶某。	顺治十六年《项城县志》卷八；乾隆十一年《项城县志》卷四。《绥寇纪略》卷九误作"邛州"。
尉州牧	申毅	自成改尉氏县为尉州。		《绥寇纪略》卷九。
许州牧	刘定	按：张永祺《偶然遂纪略》中说，许州"伪知州苏□，许人也"。	有"伪巡捕王法唐"。	《绥寇纪略》卷九；《明季南略》卷一。
郑州牧	彭奕			《绥寇纪略》卷九。
开州牧	佚名	甲申三月初七日上任，五月大顺军败，逃去。		康熙十三年《开州志》卷四。

地区	姓名	简况	当地武职	资料来源
汝州牧	裴叔度		都尉李养纯。崇祯十六年九月初八日，孙传庭部官军至汝州，李养纯投降。	《绥寇纪略》卷九。
宝州牧	陈可新	自成改河南宝丰县为宝州，以湖广应城举人陈可新为州牧。崇祯十六年三月任，九月十三日明孙传庭部官军陷城，陈可新、姜鲤、孙明威均被杀。	城守千总孙明威。	乾隆八年《宝丰县志》卷五。《平寇志》卷六云陈可新为"夷陵人"，误。此据《宜城县志》。
州判	姜鲤	见上。		乾隆《宝丰县志》。《平寇志》卷七作"伪州判姜渭"，误。
州牧	熊某	崇祯十六年十月，起义军击败孙传庭部官军后，以熊某继任州牧，不久被鲁山县地主执送明朝巡按。		乾隆八年《宝丰县志》卷五。
代州牧	宋元圃	大顺政权自西安派生员宋元圃来权知州事。		同上。

地区	姓名	简况	当地武职	资料来源
州牧	杨某	甲申十一月闻起义军失利，逃走。		同上。
□陵州牧	田储			《绥寇纪略》卷九。
陈州牧	洪翼圣	崇祯十六年十月为官军所擒。		《平寇志》卷七；《国榷》卷九九。
州判	初安国	同上。		《平寇志》卷七作"祁安国"，顺治十七年《陈州志》卷十一，乾隆十九年《淮宁县志》均作"初某"。
州牧	惠在公	甲申九月南明"河南总兵许定国擒陈州伪牧惠在公"。		《怀陵流寇始终录》卷十八：《明季南略》卷一。
陕西				
商州牧	鲁大儒			康熙四年《续修商志》卷九。
耀州牧	杨鼎瑞	大顺军失利后逃走。		乾隆二十七年《续耀州志》。
安州牧	赵璟	大顺政权改兴安州为安州，以陕西富平人赵璟为州牧，后为郧阳官军所擒。	掌旅某领兵二百驻防兴安。按，原文作"改守备为长闾"。	康熙三十四年《兴安州志》卷三。

地区	姓名	简况	当地武职	资料来源
鄜州牧	袁某	因贪污被大顺政权处死。		《绥寇纪略》卷九。
山西				
蒲州牧	刘修道			光绪《永济县志》卷二三。
岢岚州牧	唐绍祖	甲申三月任，八月清军至，逃去。		康熙十一年《岢岚州志》卷一。
永宁州牧	张某			中国第一历史档案馆藏顺治元年十月二十八日山西镇守高勋为恢复永宁州塘报。
典史	冯士遇	甲申十月为清军所擒。		同上。
平定州牧	乔某			顺治元年八月清保定巡抚丘茂华启本，见《明末农民起义史料》，第四七〇页。
辽州牧	蔡仕	后降清，又与大顺政权保持联系。顺治元年十一月，清廷将其拘捕，解京途中逃脱，结果不详。		中国第一历史档案馆藏顺治元年十月二十五日保定巡抚王文奎题本；顺治二年四月山西巡按《为据报伪官脱逃事》题本。

地区	姓名	简况	当地武职	资料来源
吉州牧	佚名	甲申正月十六日到任，曾进行追赃助饷和调集生员赴府考试等活动。同年十月初十日在官绅叛乱中逃走。		康熙十二年《吉州志》卷下。
忻州	佚名	柳同春顺治元年十一月率马步兵三百余人降清。	守将柳同春。兼辖定襄县。	乾隆十二年《忻州志》卷二；《清世祖实录》卷十一。
平阳府	任芳	山西平阳府稷山县生员，流贼原授其知州，后来归顺，授河南汝州知州。		《清初内国史院满文档案译编》中册，第九十五页。
北直隶				
景州牧	贾元麟	甲申五月在官绅叛乱中被害。		康熙十一年《景州志》；康熙十六年《河间府志》卷二一。又见顺治元年七月《庆藩奉国中尉朱帅鉂启本》。
教官	张文斗			见上引启本。
冀州牧	卢传第	甲申四月上任，五月初六日在官绅叛乱中被杀。		乾隆十二年《冀州志》卷十八。

地区	姓名	简况	当地武职	资料来源
昌平州	李道春 周祥 刘恺	甲申五月初一日在官绅叛乱中被擒杀，三人官职不详。昌平在明代属顺天府，今属北京市，暂附于北直隶项下。	在同叛军交锋时，大顺军被杀一百余人，被俘一百二十名。可见，镇守该地的大顺军至少有二百多人。	《日下旧闻》卷三四。
通州牧	孙一脉	山东临沂进士，明翰林院检讨。自成入京后授职。		《甲申传信录》卷五。按，民国五年《临沂县志》卷九，《孙一脉传》与此不同。
涿州			都尉李某。又有投降之明参将李志耀协守涿州。在甲申四月三十日官绅叛乱中，李都尉被杀。	《明清史料》丙编，第五本，第四〇六页，《顺天巡抚宋权揭帖》。
定州牧	董复	原为明大同知府。甲申五月初三日定州官绅叛乱，董复被杀。		《怀陵流寇始终录》卷十八；《明季北略》卷二〇。
山东				
济宁 州牧	任崇志	山西寿阳生员，在官绅叛乱中被擒。		乾隆五十一年《济宁直隶州志》卷三一。

地区	姓名	简况	当地武职	资料来源
滨州牧	贾见前	山西生员，自成败后逃去。		康熙《滨州志》卷八。按，顺治元年七月《庆藩奉国中尉朱帅锹启本》中说，滨州牧为"绅民义兵"所杀。
泰安州牧	史可保	清兵南下时西逃，在肥城为地主武装所杀。		康熙《泰安州志》卷四。
武定州牧	张均田	在官绅叛乱中遇害。按，原文作"伪令"。		顺治元年七月《庆藩奉国中尉朱帅锹启本》。
德州牧	吴征文	甲申四月二十七日在官绅叛乱中被杀。		康熙十二年《德州志》卷十。
高唐州牧	裴隆遇	甲申三月到任，五月初七日在官绅叛乱中被杀。		康熙十二年《高唐州志》卷三。按，顺治元年七月《庆藩奉国中尉朱帅锹启本》。
临清州牧	刘师曾	在凌骃等官绅叛乱中被擒。	"伪州官刘师曾坐堂中……伪兵集者千余。"	《明清史料》甲编，第一本，第七四页；胡蕊明：《凌御史传》。
州同知	郝肖仁	同上。		顺治元年七月《庆藩奉国中尉朱帅锹启本》中，写作"裴遇隆"。

444

地区	姓名	简况	当地武职	资料来源
四川				
广安州牧	杜某	甲申，自成派兵入川，攻克顺庆府，以明朝顺庆知府杜某"知广安州"。后为张献忠所杀。		顾山贞：《客滇述》。
南直隶				
徐州牧	杨桂栋	上任途经山东时，被地主武装擒获。		顺治元年七月《庆藩奉国中尉朱帅欶启本》。
扬州同知	涂原	同上。按，有可能是扬州府同知。		同上。

五、县令及其属佐

地区	姓名	简况	当地武职	资料来源
湖广				
襄阳令	杨士科			《绥寇纪略》卷九。
汉阳	石作霜			同上。
宜城	王克圣			同上。

地区	姓名	简况	当地武职	资料来源
保康	芮作圣	崇祯"十六年七月，官军复保康，擒伪令苗佐舜"。		《平寇志》卷七。此处姓名根据高斗枢《详述秦郧情形疏》，见《甬东正气集》卷一。
谷城	陈知	崇祯十六年八月，明郧阳道高斗枢部官军来攻，"伪官陈知携印出降"。		上引高斗枢奏疏。又见同治《谷城县志》卷八。《绥寇纪略》卷九作"陈智"。
均州	鲍一骏			《绥寇纪略》卷九。
光化	吴元鼎 李湛 吴鼎焕	崇祯十五年十二月，义军攻克光化后，以吴元鼎为县令。十六年三月吴调去，以李湛继任；同年七月明郧阳官军来攻，李遁去。甲申正月，又"置伪将侯御封，伪令吴鼎焕"。顺治二年春清军至，撤走。	冯养珠、侯御封前后领兵守光化。	光绪九年《光化县志》卷八。《绥寇纪略》卷九作武湛，误。
京山	蔡国瑞			《绥寇纪略》卷九。
潜江	赵国珍	崇祯十六年六月十日到任。	有"贼将陈良保"守潜江。	《潜江旧闻》卷七。

446

地区	姓名	简况	当地武职	资料来源
沔阳	王良佑 张来			《绥寇纪略》卷九。同上。
当阳	朱维世		另有武官"伪弁"。	《绥寇纪略》卷九；康熙八年《当阳县志》卷一。
江陵	张允恭			《绥寇纪略》卷九。
公安	朱三宿			同上。
石首	张维寰			同上。（参见康熙手抄本《石首县志》卷二）
监利	田振训			同上。
松滋	张勉			同上。
枝江	王鼎新			同上。
宜都	韩令卿			同上。
长阳	张耀国			同上。
远安	王第魁			同上。
巴东	王一恒			光绪六年《巴东县志》卷十四。《绥寇纪略》卷九巴东作"司东"，王一恒作"王一垣"，均误。
梁山	汪植	此县名有误，待考。		《绥寇纪略》卷九。

447

地区	姓名	简况	当地武职	资料来源
安陆	邓允渐			《绥寇纪略》卷九；康熙五年《德安安陆郡县志》卷一云"伪知县邓某"。
	胡钌	崇祯十六年白旺平定官绅叛乱后，以胡钌为县令。顺治二年清军占领德安府，胡钌投降，被提升为德安知府。	武官有掌旅。	光绪重修《德安府志》卷八，康熙五年《德安安陆郡县志》卷一。
孝感	田助功	河南归德府人，崇祯十六年正月李自成军攻克德安府，以田助功为孝感县令。		顺治《孝感县志》卷九《兵事考》。《绥寇纪略》卷九作"田助公"。
内城	魏文彪			《绥寇纪略》卷九。
应山	陈帝道		有武官部总张某领兵防守。	康熙十二年《应山县志》卷二；光绪重修《德安府志》卷八。《绥寇纪略》卷九作"陈当道"。
景陵	张采	景陵即今湖北天门，崇祯十六年义军占领该县后，以张采为县令。	武官有都尉马某、掌旅徐某领兵镇守景陵。顺治二年清军南下，马、徐撤走。	康熙七年《景陵县志》卷二。

地区	姓名	简况	当地武职	资料来源
湘阴	张光世			《绥寇纪略》卷九。
华容	江一洪	李自成占领荆州后，华容县人"群起而请贼。贼遣其酋江一洪据华"。不久，明巡按御史刘熙祚派兵攻陷华容，江一洪被擒杀。	江一洪抵任后，县之"东山特其险固，抗贼与敌，贼乃益其众来攻，谓之洗山"。	乾隆十一年《岳州府志》卷二九，《事纪》。按，《绥寇纪略》作"汪一洪"。
安乡	吴之锡	崇祯十六年二月十八日任。同年三月十七日吴之锡、颜逢圣被官军擒杀。	有"伪将"颜逢圣驻守。	乾隆十五年《澧州志林》卷十九。乾隆十三年《安乡县志》卷一"颜逢圣"作"顾逢圣"。
	吴绍先	崇祯十六年夏，李自成复派吴绍先为安乡县令。不久，官军至，绍先遁。		乾隆十五年《澧州志林》卷十九。
	金甡	崇祯十六年十二月，又任命金甡为安乡县令。甲申二月二十四日，官军擒斩金甡。	有"伪将"罗一雄、毛老觋、陈天治驻守，后败走。	同上。乾隆十三年《安乡县志》卷一金甡作"林甡"。
河南				
南阳	吴鄞			《绥寇纪略》卷九。

地区	姓名	简况	当地武职	资料来源
镇平	夏之弼			同上。
泌阳县令	康昇	崇祯十六年任，同年夏"以丁忧去"。		康熙五十三年《泌阳县志》卷二。《绥寇纪略》卷九作"康升"。
	石维翰	继康昇为泌阳县令。崇祯十六年九月，石维翰与主簿秦祖庚、学谕萧荐鼎均在官绅叛乱中被擒。		康熙《泌阳县志》卷二。
主簿	秦祖庚	见上。		同上。
学谕	萧荐鼎	见上。		同上。
南召	李延大			《绥寇纪略》卷九。
内乡县令	左懋延	崇祯十六年三月任，同年九月被地主武装执系商州狱。		康熙三十二年《内乡县志》卷十。
主簿	梅某	同上。		同上。
县令	徐绳祖	大顺军右营袁宗第部平定叛乱后，于十六年十一月任命徐绳祖为内乡县令。	"以伪部总守护焉。"	同上。
新野	徐龙光			《绥寇纪略》卷九。
叶县令	王家桢			同上。

地区	姓名	简况	当地武职	资料来源
教谕	张国荐	原为明教谕，降于起义军。后袁宗第"恶国荐反复，数其罪杀之"。		乾隆十一年《叶县志》卷八。
真阳县令	朱师熹	崇祯十六年九月被地主武装沈万登擒杀。		《绥寇纪略》卷九。《平寇志》卷七作"朱师喜"。
学正	李胤祥	见上。		《绥寇纪略》卷九。
汝阳县令	樊仲表	崇祯十六年十月为明官军所擒。		《平寇志》卷七；《国榷》卷九九。
主簿	胡定国	同上。		同上。
学正	胡朋	同上。		同上。
上蔡	熊新运	崇祯十六年十月为地主武装申友志所擒。		《平寇志》卷七；《绥寇纪略》卷九。康熙《上蔡县志》卷十二云，十六年"遣伪知县熊姓者来任蔡，自成入关，熊遁去"。
	冯安遇	到任时间不详。甲申十二月被地主武装刘洪起所擒。		《怀陵流寇始终录》卷十八。
西平	武显祖			《绥寇纪略》卷九。

地区	姓名	简况	当地武职	资料来源
新蔡县令	徐必达	在地主叛乱中"伪典史蔡人李复引"被擒杀，必达逃去。		康熙三十年《新蔡县志》卷七。
典史	李复引	见上。		同上。
县令	吕某	汝宁防御使金有章平定叛乱后，"复置伪官吕某"。		同上。又《平寇志》卷七、《国榷》卷九九云，新蔡县令闻圣喻于崇祯十六年十一月为官军所擒，录以备考。
遂平	杜握瑜			《绥寇纪略》卷九。
罗山	张丹庭			同上。
确山	吕承显			同上。
光州	郑允孝			同上。
商城	梁凝祉			同上。

地区	姓名	简况	当地武职	资料来源
固始	吕相周	崇祯十六年十月为官军所擒。		《平寇志》卷七。《绥寇纪略》卷九作"吕相围"。康熙三十二年《固始县志》卷九云：十六年"闯贼送伪官至县，（明）知县魏藩祚令营官……率士卒屯郊外逐却之。"顺治十六年《固始县志》卷九《灾异》云："崇祯十六年癸未三月，闯贼送安民官姓王至县，县令魏藩祚令东西两营韩奇、赵继明等尽出郊外扎营，逐回，贼官未得近县城关，因此不经残破。"
商水	郁宏功	崇祯十六年任。		《绥寇纪略》卷九。
	王仁宇	顺治二年四月清军至，逃去。		顺治十六年《商水县志》卷八。
沈丘县令	田维新	崇祯十六年官军来攻时，田维新"悉力拒守"，本县士绅缚维新献于官军。		《平寇志》卷七；《国榷》卷九九。《绥寇纪略》卷九作"沈平"县。

地区	姓名	简况	当地武职	资料来源
典史	司广			《平寇志》卷七；《国榷》卷九九。
学正	胡澄寿			同上。
息县	张文彬	崇祯十六年十月为明官军所擒。		《平寇志》卷七。《绥寇纪略》卷九作"恩县"，误。
均平	稽锡	自成改禹州为均平府，府治设均平县。		《绥寇纪略》卷九。《平寇志》卷六云："稽鹤羽为均平县令。"
太康	姚通方			《绥寇纪略》卷九。
	安中外	甲申冬，南明河南巡按御史陈潜夫报"获太康伪知县安中外等"。		《怀陵流寇始终录》卷十八；《明季南略》卷一。
淅川	郑际明			《绥寇纪略》卷九。
鄢陵	薄封贤			《绥寇纪略》卷九。
	王度	甲申十二月，南明"副将刘铉、郭从宽……擒鄢陵伪知县王度"。		《明季南略》卷一。《怀陵流寇始终录》卷十八作"王庆"。
扶沟	陈周南		有武职"部总"。	《绥寇纪略》卷九。
中牟	梁肯建			同上。
西华	姚聘			同上。

地区	姓名	简况	当地武职	资料来源
临颍	王邦醇			同上。
长葛	陈济鸣			同上。
	马浚	乙酉正月，"伪长葛令马浚为明河南副总兵，郭从宽械入京，伏诛"。		《国榷》卷一〇四。
新郑	王克宽			《绥寇纪略》卷九。
襄城	武彦芳			同上
密县	冷英	后为官军所擒。		嘉庆二十二年《密县志》卷十五。
登封	冷英兼管			同上。
郾城县令	王槐允	镇平人，崇祯十六年五月任。同年八月郾城为地主武装刘洪起所占，王槐允下落不明。	崇祯十六年十一月，自成派部将"刘忠领兵二千入城据守"。	《绥寇纪略》卷九；顺治十六年《郾城县志》卷八。
军粮衙	张某	襄阳人。		顺治《郾城县志》卷八。
河阳	萧象新			《绥寇纪略》卷九。
鲁山	刘尔麂			同上。

地区	姓名	简况	当地武职	资料来源
郏县令	周英	崇祯十六年九月郏县为孙传庭部官军所破，周英等文武官员均被擒。	都尉蒋三、掌旅李大孝、"千总"孙月。	《平寇志》卷七。
主簿	刘溥	见上。		同上。
南阳	金汝砺			《绥寇纪略》卷九。
嵩县	曹翰国			康熙二十一年《嵩县志》卷十。
卢氏	武新化			康熙三十三年《卢氏县志》卷四。
浚县	马世聪	生员出身。曾将追赃所得送交刘汝魁充作军饷。		顺治朝《副都御史董天机揭帖》（残本），原件藏中国第一历史档案馆。
内黄	赵二良	甲申三月上任，六月三十日因大顺军失利逃去。	随赵二良上任的有大顺军二百骑。	乾隆四年《内黄县志》卷六；又见咸丰四年《大名府志》卷四。
长垣	李伯元		都尉李如琮，本县人，招练乡勇三千守卫地方，后为清政府所擒。又有宋朝相亦授大顺政权都尉职，驻守杜胜营，在官绅叛乱中被杀。	康熙十一年《大名府志》卷二四；《明清史料》丙编，第五册，第四五二页。

地区	姓名	简况	当地武职	资料来源
商丘	贾士俊	山西蒲州生员，甲申春在平阳府经大顺政权考试授职，同年五月为南阳参将丁启光所擒。		陈济生《再生纪略》。
柘城	郭经邦	同上。		同上。
鹿邑	孙澄	同上。		同上。
宁陵	许成荫	山西赵城县生员，余同上。		同上。
考城	范隽	山西蒲州县生员，余同上。		同上。
夏邑	尚国隽	山西洪洞县生员，余同上。		同上。
林县	佚名		都尉（原文作"县尉"）袁文耀。	康熙三十二年《林县志》卷七。
滑县	刘三晋	甲申三月上任，五月平定了当地官绅叛乱。七月因形势恶化逃去。		康熙二十五年《滑县志》卷十。
陕西				
蓝田	梅某			雍正《蓝田县志》。
山阳	魏某			康熙《山阳县初志》卷三。

457

地区	姓名	简况	当地武职	资料来源
邰阳	熊连	清军入潼关后降清，不久身死。		顺治十六年《邰阳县志》卷五。顺治三年三月初九日，刑部尚书吴达海等题本，见《顺治录疏》。
中部	陈尚新	中部县即今黄陵县。陈尚新为三原县生员，甲申正月上任。大顺军失败后，陈尚新被拿获，以保存大顺政权颁发县契处死。	部总刘尔德、曹养体、武国祯。	中国第一历史档案馆藏顺治朝陕西巡抚黄尔性《为贪婪伪官匿藏伪印事》题本，文见刑部同一内容之题本。
三水	李三楚	因贪污被大顺政权处死。		《绥寇纪略》卷九。
朝邑	佚名	同上。		同上。
华县	曹士抡			《华岳全集》书前识语。
韩城	王业昌	在官绅叛乱中被杀。		《石匮书后集》卷三二，《顾咸正传》。
淳化	蒋天麟	明崇祯十三年任永寿知县，大顺政权"檄任本县"。后降清，仍任该县知县。		乾隆四十八年《淳北县志》卷十六，《职官》。

地区	姓名	简况	当地武职	资料来源
清水	丁国昌	年六十岁，西安府咸宁县人。先系逆闯伪授巩昌府清水县知县，至顺治二年三月内归顺，奉英王令札照旧理事，当年初十日到任。		顺治六年正月二十二日刑部尚书吴达海、党崇雅等《为特纠贪吏以肃计典事》题本，见《明清档案》第十册，A10-8号。
长安	杜生辉	陕西西安府长安县贡生，流贼原授其知县，然能保民。今授河南省河南府宜阳县知县。		《清初内国史院满文档案译编》中册，第九十五页。
山西				
壶关	张绂	清军至，逃走。		康熙二十年《壶关县志》卷一。
临晋	柳化楠	甲申十月清军至，"携印西逃"。		乾隆三十八年《临晋县志》卷六。
猗氏	安四达	"以酷暴褫革"，由许广大接任。		雍正七年《猗氏县志》卷六。
	许广大	甲申冬，清军至，逃去。		同上。

地区	姓名	简况	当地武职	资料来源
太谷	周士达	甲申二月派设。李自成从北京败归时叛变，闭城以拒大顺军。五月十五日，大顺军攻克太谷。		乾隆四年《太谷县志》卷五。
垣曲	麻绍	甲申九月被清政府拘捕下狱，麻绍潜派人往曲沃约大顺军来克城。后清军再至，乃遁。		光绪五年《垣曲县志》卷五；康熙十一年《垣曲县志》卷十二。
襄垣	赵浩	官绅叛乱时，赵浩潜逃。		乾隆四十七年《襄垣县志》卷八。
黎城	佚名		"伪将"管国银至县，追赃助饷。	康熙二十一年《黎城县志》卷三。
长子	刘历延	清兵迫近时逃去。		康熙四十四年《长子县志》卷一。《潞安府志》的说法略有不同，"伪长子县令刘历延伏诛"。
屯留	张士英	为清兵所杀。		顺治《潞安府志》。
静乐	第五浪	"甲申，逆闯设伪官第五浪，民无大害"，被清兵活捉。		康熙三十九年《静乐县志》卷十。《明清档案》第一册，A1-71。

地区	姓名	简况	当地武职	资料来源
榆次	萧恒	陕西三原县生员。大顺军失利后逃去。入清中举，成进士，任安福、黄安知县，邛州知州。	掌旅某。"贼又有掌旅官，凡被携驱以行者，皆掌旅司之。"	乾隆十三年《榆次县志》卷八、卷七、卷十三。
洪洞	吴东壁	原为明朝洪洞知县，降大顺政权后仍管县事。		戴廷栻《半可集》卷一；《国榷》卷一百。
定襄	曹连擢	陕西汉中府生员，甲申二月十七日到任。大顺军失利后逃去。后中清朝进士，任山东齐河知县。		康熙五十一年《定襄县志》卷五。
	戴某	曹连擢离任后，大顺政权改派戴某继任。		同上。
陵川	程某	"垣曲知县休（麻字之误）、陵川知县程，皆闯所设。"		《甲申传信录》卷六。
绛县	佚名	甲申正月二十一日上任，搜捕乡绅追赃。十一月清兵至，逃去。		顺治十六年《绛县志》卷上。

地区	姓名	简况	当地武职	资料来源
蒲州	曹汉国（曹翰国）	山西平阳府蒲州廪生，流贼原授其知县，后持印降。今授河南省河南府嵩县知县。		《清初内国史院满文档案译编》中册，第九十五页。
吉州	陈虎	山西平阳府吉州贡生，流贼原授其知县，后又持印来降。今授河南省河南府孟津县知县。		《清初内国史院满文档案译编》中册，第九十五页。
汾西	王国勋	山西平阳府汾西县廪生，流贼原授其知县，后又归降。今授河南省汝州伊阳县知县。		《清初内国史院满文档案译编》中册，第九十五页。
稷县	宁碧	山西平阳府稷山县生员，流贼原授其知县，后又归降。今授河南省河南府洛阳县知县。		《清初内国史院满文档案译编》中册，第九十五页。
北直隶				
真定	秦廷献			顺治三年《真定县志》卷四。

地区	姓名	简况	当地武职	资料来源
馆陶	程文焕	河津县生员。后为明兵科给事中凌骃等擒杀。		康熙十四年《馆陶县志》卷十二。
元氏	李若案	甲申三月初六日至，五月初六日在官绅叛乱中被擒。		顺治六年《元氏县志》卷七。
沙河	刘祚远	山西诸生		乾隆十五年《沙河县志》卷末。
饶阳	佚名	甲申五月初五日，在官绅叛乱中被杀。		乾隆十四年《饶阳县志》卷下。
庆都	房心尾	甲申三月至，"居二月随寇亡去"。		康熙十七年《庆都县志》卷三。
曲周	孙应震	甲申春上任，不久在官绅叛乱中被擒。其心腹张守忠平定叛乱，孙应震得释，杀参与叛乱者五人。		乾隆十二年《曲周县志》卷十五。
安平	樊景星	大顺军失利后，逃去。	招地方农民军康文斗部入城据守。康文斗后被清兵擒杀。	康熙二十六年《安平县志》卷十。又见《深州风土记》卷五。

地区	姓名	简况	当地武职	资料来源
丘县	李初阳	甲申正月二十八日上任，五月逃去。		乾隆四十七年《丘县志》卷七。
武邑	马麟生	在官绅叛乱中被擒杀。		顺治元年七月《庆藩奉国中尉朱帅𬭼启本》。
献县县令	王日都	同上。		同上。
典史	曹怀真	同上。		同上。
东光	张光南	在官绅叛乱中被擒		同上。
武强	晋九锡	同上。		同上。
交河县令	张善继	同上。		同上。
教官	朱正色	同上。		同上。
大名	吕乾炀	在官绅地主叛乱中逃去。		同上。
定兴	刘钟泰	山西洪洞县人。"时法令甚严，吏不敢舞文，民不敢犯禁……邑甚安之。"自成兵败后，逃去。		光绪《保定府志》卷七九。

地区	姓名	简况	当地武职	资料来源
滦州牧	刘弘谞	"伪官刘弘谞来，士民逐之。"据顺治元年九月永平府滦州州同余绍魁揭帖，云："四月流贼猖獗，有州、道二官俱各投印。职衔护印二颗，从平西王檄府，身守城垣……随遭伪官刘弘谞逐□出州城。"		康熙《续滦志》世编等四。《明清档案》第一册，A1－154，刘弘谞为滦州牧。
开平	佚名	甲申四月二十八日，"关平知县不知其姓名，而即流贼所署者，清人执斩之"。按，关平当为开平之误。		李洼：《沈馆录》卷七。
清苑	王则禹	五月清兵至，遁去。		康熙十九年《保定府志》卷十七。
故城	周萧	原为明故城知县，降于大顺政权。		《再生纪略》。
	梁磐石	大顺政权所派，在官绅叛乱中被害。		顺治元年七月《庆藩奉国中尉朱帅𨰥启本》。

地区	姓名	简况	当地武职	资料来源
任丘	曹怀玉	任丘县人边大绶曾任明米脂知县，掘毁李自成祖墓，曹怀玉上任后出票将边拘捕。		边大绶：《虎口余生记》。
漳安	郭维垣	大顺政权为避李自成讳，改成安县为漳安，任命郭维垣为漳安县令。大顺军失败后，郭维垣逃去。		康熙十二年《成安县志》。
吴桥县令	符执蒲	在官绅叛乱中被擒杀。		康熙十二年《吴桥县志》；顺治元年七月《庆藩奉国中尉朱帅鏉启本》。
典史	易正乾	同上。		上引启本。
南皮	王之秀	甲申三月抵任。		康熙十九年《南皮县志》。
清河	李擎柱	崇祯"十七年二月，流寇入城置伪县令李擎柱……至五月闻大清定鼎……逃去"。		同治十一年《清河县志》卷四。

地区	姓名	简况	当地武职	资料来源
灵寿	郭廉		"伪权将军马拐子"（指大顺军大将、真保节度使马重禧）曾派兵镇压灵寿县官绅叛乱。	康熙二十四年《灵寿县志》卷一。
遵化	李廷瑗	在官绅叛乱中被杀。		光绪五年《永平府志》；又见《绥寇纪略》卷九。
阜城	郭宁图	大顺军失败后逃去。		雍正《阜城县志》卷十四；《国榷》卷一〇〇。
肥乡	石传声	甲申"四月，自成败，传声狼狈逃去"。		雍正十年《肥乡县志》卷二。
永年	高一代	大顺军失利后逃去。	"贼使党将官率兵二百人，护伪县令高一代到任，遂将四门严守，又绕城巡视。"	乾隆十年《永年县志》卷十二。
庆云	冯任			乾隆四年《天津府志》，《祥异》。
鸡泽	秦植		掌旅曹龙泉。	《天问阁集》卷中，《殷渊传》。
高阳	王瑞图	甲申四月上任，曾进行追赃助饷。五月清兵至，逃去。		雍正八年《高阳县志》卷六。

地区	姓名	简况	当地武职	资料来源
元城	乔廷秀	曾进行追赃助饷，甲申六月三十日逃去。		康熙十五年《元城县志》卷一；顺治元年七月《庆藩奉国中尉朱帅㳠启本》。
大兴	贾永年	五月初，清兵入京后，为原明朝大兴知县所擒。按，大兴属顺天府，今属北京，附于北直隶项下。		顺治元年七月二十四日《顺天府大兴县知县吴闻诗启本》，原件藏中国第一历史档案馆。
静海	王某	"新选伪县令姓王者到任。"		《再生纪略》。
兴济	张文才			同上。
临城	段献珠	甲申三月初四日上任，"索饷银，毁坊扁，免荒税"。五月初七日，明知县发动叛乱，段献珠被擒杀。		康熙三十年《临城县志》卷八。
山东				
汶上	李士源	山西人，在官绅叛乱中被擒杀。		乾隆五十年《济宁直隶州志》卷三一。

468

地区	姓名	简况	当地武职	资料来源
鱼台	尹保衡	山西人，在官绅叛乱中被擒杀。		乾隆《济宁直隶州志》；康熙三十年《鱼台县志》卷四作："有伪官尹姓者入县署，闻大兵南下，即遁走。"又，《再生纪略》中作"尹宗衡"。
巨野	曹家麟	在官绅叛乱中被擒。		乾隆《济宁直隶州志》卷三一。
邹县	杨名升	山西人，在官绅叛乱中被擒。		同上。
嘉祥	赵廷献	同上。		同上。
莱芜	刘扶炎 李开方	在官绅叛乱中被擒杀。大顺军将领郭升闻讯，"以重兵弹压，复置伪令李开方"。后开方又为官绅武装所擒。		顺治元年七月《庆藩奉国中尉朱帅鋠启本》。
利津	杜滋培	在官绅叛乱中被擒。		同上。
德平	贾时升	同上。		同上。
禹城	张继昌	同上。		同上。
长清	陆升御	上任途中为官绅地主所擒。		同上。

地区	姓名	简况	当地武职	资料来源
济阳	车辇	官绅密谋杀害，"辇觉之而遁"。		同上。
平原	武大正	在官绅叛乱中被擒。		同上。
临邑县令典史	杨浣徐光启	同上。	在杨浣、徐光启被俘后，大顺军将领郭升率部攻克临邑，活捉发动叛乱的原明朝临邑知县金灿。	同上。
阳信	郭肇祥	被明朝原署任知县擒杀。	"都司"孙邦奇亦被杀。	孙奇逢：《夏峰集》卷六。顺治元年七月《庆藩奉国中尉朱帅鉽启本》中只说被擒，又说发动叛乱者为生员张吕韬、朱玉等。
邹平	王世传	山西汾阳人，大顺政权失败后回原籍。		康熙三十四年《邹平县志》卷四。
新城	贾三俊			康熙三十二年《新城县志》卷十。汪琬：《尧峰文钞》卷三四。
日照	王良翰	在官绅叛乱中被杀害。		康熙五十四年《日照县志》卷十。

地区	姓名	简况	当地武职	资料来源
昌邑	曹养素	逃出自缢。		乾隆七年《昌邑县志》卷上，《祥异》附《兵燹》。
海丰	王相极	甲申四月二十二日到任，后为明署知县擒斩。		康熙十年《海丰县志》卷四。顺治元年七月《庆藩奉国中尉朱帅鍨启本》中仅云被擒。
福山	李振纲	后为招远县地主武装所擒。		乾隆二十一年《福山县志》卷十二。
高密	孙握玉	后在明官绅叛乱中被擒。		康熙十二年《胶州志》卷十六；又见乾隆《莱州府志》卷十一、卷十六。参见乾隆十八年《高密县志》卷十，《杂稽》。
东明	王秉纯	甲申五月十五日为乡官张力等所杀害。	部总张梦熊，本县人，在叛乱发生后，囚张力等五人送怀庆府大顺军驻军处杀之。	康熙十一年《大名府志》卷二四；康熙十一年《东明县志》卷八。咸丰《大名府志》云，王秉纯遁去。
安丘	刘宪卿	在官绅叛乱中被杀。		康熙六十年《青州府志》卷二二；康熙二年《续安丘县志》卷一。

地区	姓名	简况	当地武职	资料来源
夏津	裴钦	"甘肃人，家世皮工，精于骑射。""到任月余，闻自成败……出西门而遁，不知所终。"		乾隆六年《夏津县志》卷九。
高苑	杨某			乾隆《高苑县志》卷十。
聊城	王捷			《再生纪略》。
武城	曲星	辽东人，原为明朝知县，降于大顺。		同上。
	兰珍	大顺政权所选派，后在官绅叛乱中被擒。		顺治元年七月《庆藩奉国中尉朱帅𬭬启本》。
定陶	范凝鼎	甲申四月上任，七月逃去。		顺治十二年《定陶县志》卷七。
峄县令	薛承宣	甲申五月十六日，在地主官绅叛乱中被擒杀。		康熙十二年《峄县志》卷二。
县丞典史		均由明朝旧吏充任。		同上。
新泰县令	周祚鼎	清山东巡抚等"招抚再三，到底不服"。八月派兵进攻，后不详。		中国第一历史档案馆藏顺治元年八月二十二日山东巡抚方大猷启本。

地区	姓名	简况	当地武职	资料来源
典史	冯可兴	原明朝典史留用。		同上。
沾化	李调鼎	甲申六月在官绅叛乱中被杀。		《清史列传》卷七九，《李鲁生传》。
蒲台	刘光祖	山西生员，清军至乃遁去。		康熙三十二年《蒲台县志》卷八。
淄川	孔仕鲁			乾隆八年《淄川县志》卷三。
冠县	阎养粹	"伪权将军马委生员阎养粹为冠令。"五月清军入京，"阎养粹闻风而遁"。		道光十一年《冠县志》卷十。
历城	乔茂桂	甲申四月初到任，五月逃去。		乾隆三十七年《历城县志》卷四一。
文登	邢某	到任未及一月，"莱阳乡宦宋璜起义兵讨贼"，邢某遇害。"邑人葬之香岩寺东路旁。今（指乾隆初）寒食诸节，尚有以纸钱数陌为之扫墓者。"		乾隆七年《续登州府志》卷十二。

表二 大西政权地方官员表

地区	姓名	简况	资料来源
湖广			
总督	张以泽	镇守蕲黄。	《绥寇纪略》卷十。《平寇志》卷六云："以张以泽为伪蕲黄游击。"
巡抚	李时荣	黄冈诸生，不久病死，以谢凤洲代之。	《绥寇纪略》卷十。《平寇志》卷六云："以李时荣为巡按。"
	谢凤洲	江夏举人。崇祯十六年八月，献忠启程南下湘赣时，以谢凤洲与总兵张其在留守武昌。同年冬，官军来攻，张其在兵败撤退，谢凤洲自杀。	《平寇志》卷七。魏赏延《竹中记》云："谢凤洲先病故，土人仍斩其头。"
守道	谢凤洲	后升任巡抚，见上。	《平寇志》卷六。
巡道	萧彦		同上。
学道	陈驭六		同上。
天授府知府	周综文	献忠改武昌府为天授府。	《绥寇纪略》卷十。
教授	龙掼	黄冈贡生，明应城教谕。	《竹中记》。

474

地区	姓名	简况	资料来源
汉阳知府	沈会霖	孝感解元。曾暗中勾结明政府擒杀献忠主要谋士潘独鳌。后逃去。清初任大同府推官。	《绥寇纪略》卷十；《竹中记》；光绪八年《孝感县志》卷十五。
	彭永观	黄陂人，继沈会霖为汉阳知府，后被官军擒杀。	《竹中记》。
黄州知府	黄元凯	崇祯十六年八月，为黄州地主武装所擒。	《绥寇纪略》卷十。
通判	张以敬		《平寇志》卷七。
同知等官		崇祯十六年十二月初三日，兵部题行安庐巡抚黄配玄塘报中说，在麻、黄、罗田招抚四十九寨，"其各寨原经逆献所立伪官同知、游击、都司、守备、千总等官"共四十九名。	《.明清史料》辛编，第十本，第九七三页。
长顺州知府	周文江	献忠改麻城为长顺州，以麻城生员周文江为知州，以奴变首领汤志为游击将军，领兵四千驻守。献忠入湘后，明凤阳总督马士英派人勾结周文江"反正"，杀大西军守将方子雄，汤志也被擒杀。	康熙九年《麻城县志》卷三云，献忠改麻城为常顺州；民国《麻城县志》前编卷五作"长顺州"。《绥寇纪略》卷十。不少书说周文江任献忠兵部尚书，似为虚衔。
黄陂知县	欧阳玖	原为明乡绅，后为黄陂地主武装所杀。	《怀陵流寇始终录》卷十六。
黄安	白云飞	崇祯十六年八月，官军"次第复黄安、黄陂，擒伪官白云飞"。白云飞职务不详。	《平寇志》卷七。

地区	姓名	简况	资料来源
黄冈知县	黄尔忠	崇祯十六年八月被官军擒获。	《平寇志》卷七。《绥寇纪略》卷十作"王尔忠"。
罗田知县	余高升		《崇祯长编》，原作"雷田"。
汉阳知县	燕厥中	后被官军擒杀。	《竹中记》。
大冶知县	奚鼎铉	崇祯十六年设，后为官绅擒杀。	康熙二十二年《大冶县志》卷四；《绥寇纪略》卷十。
蒲圻知县	涂良极	崇祯十六年八月，为官军所擒。	《平寇志》卷七。
湖南			
长辰常巡抚	史可镜	原为明工科给事中。投降大西军后，被委任为长沙辰州常德巡抚。大西军主力出湘后，被官军擒杀。	《绥寇纪略》卷十等。
巡抚	谭嘉瑞	崇祯十六年九月设于衡州，辖地范围不详。十月，大西军经鄂入川，留谭嘉瑞等守衡州。十二月，明督师吕大器遣兵重占衡州，谭嘉瑞被擒。	乾隆二十八年《衡州府志》卷二九；乾隆二十六年《衡阳县志》卷十。
长岳道	任维弼	原为明朝通判。	《平寇志》卷七。
郴州道	胡茂权	原文仅云"伪道"，辖地不详。	康熙二十二年《郴州总志》卷十二。
永州	吴继嗣	经历。	王夫之《永历实录》卷一。

地区	姓名	简况	资料来源
"湖南道"	徐某	原文作"湖南道"，辖地不详。徐为崇祯十五年举人，明衡阳知县。任职大西政权后仍暗通明政府，保护被大西军俘获之桂藩安仁、永明二王（永明王即后来之永历帝朱由榔）。徐某后死于乱军中。	《残明纪事》。
岳州知府	舒日长	崇祯十六年九月初七日，左良玉部官军重占岳州时被擒。	《绥寇纪略》卷十云："以蒲圻令李凤起知岳州。"此据《平寇志》卷六。
常德知府	周圣楷	湘潭人，崇祯十六年十一月二十二日设。	《孤儿吁天录》。
司理	王宇畔		同上。
衡州知府	吴之才	崇祯十六年九月设。	乾隆二十八年《衡州府志》卷二十九；乾隆二十六年《衡阳县志》卷十。
推官	陶焕	同上。	同上。
巴陵知县	胡兆	十六年九月为官军所擒。	《平寇志》卷六。
湘乡知县	何和衷	十六年九月设。	康熙十二年《湘乡县志》卷十。
湘潭知县	冯某	原为明朝典史。十六年九月任大西政权知县。十月，大西军大批过县，因冯调理有方，"大喜，不戮一人"。	《湘上痴脱离实录》。又见民国二十二年《宁乡县志》，《故事编第六》。

地区	姓名	简况	资料来源
平江知县	姜维	到任后，"招连云山寇为羽翼，盘踞邑境"。大西军入川时逃去。	乾隆八年《平江县志》卷二四。
浏阳知县	余梦彬	十六年九月设。到任后招纳本地农民起义武装协守。	康熙十九年《浏阳县志》卷十。
郴州知州	谭三阳	"伪守备、佐贰、儒学及五县知县等到任。"按，郴州下属永兴、桂东、兴宁、桂阳、宜章五县。十六年十二月，明广东官军至，将谭三阳等俘至江西赣州杀害。	康熙二十二年《郴州总志》卷十二；嘉庆二十三年《永兴县志》卷二五。
桂阳知县	陶某	崇祯十六年九月，选授县令陶某及教职、典史等，发游击姜维新领四千人送至县。十二月，明南赣官军，"尽获伪官至赣州伏诛"。	同治六年《桂阳县志》卷一。
长沙	刘秩辅	原文仅云"遣伪官刘秩辅征"，邑人林朝宪出仕。刘当是长沙知府或知县。	康熙四十二年《长沙县志》卷八，《灾异志·附兵事》。
临武知县	朱衣点	"伪承、尉、教职等官随至焉。"后为明乡绅缚献官军。	同治六年《临武县志》卷二四。
益阳知县	庄天成	十六年九月，大西军先锋王国用与庄天成同至益阳。	同治十二年《益阳县志》卷十一。
临湘知县	丰某	十六年十一月，马士秀等部官军重占临湘，丰某奔岳州。	《平寇志》卷七。

地区	姓名	简况	资料来源
江华 知县 县丞 学官 主簿 典史	童佐圣 刘笃之 范日焕 李文晟 晋起升	童、刘、范"俱官墙败类"，李、晋"乃市井无赖"。十六年十一月，明将曹志建，"擒道州、永明、江华各伪官杀之，止释范日焕一人"。	同治九年《江华县志》卷七。
永明 知县	李文昌	上任匝月即为官军曹志建部所擒。	康熙六年《永明县志》卷九。
县佐	孙腾芳	同上。	同上。
	杨吉士	同上。	同上。
县尉	周再春	同上。	同上。
教谕	王佐才	同上。	同上。
新化 知县	贺相如	十六年九月到任。十月，明新化知县领乡兵重占县城，贺相如被擒。	康熙七年《新化县志》卷十一。康熙二十四年《宝庆府志》卷二一，作十一月"杀贺伪官"。
醴陵 守将	毕凤云	曾开染坊于江西萍乡。十六年十月领兵攻克萍乡。	康熙二十二年《萍乡县志》卷六。
江西			
遂川 知县	吴侯	吉安人，读书不售。十六年大西军占领吉安，开科取士，吴侯中进士，授龙泉（遂川）知县。到任仅半月，即在十一月间的官绅叛乱中被擒杀。	同治十二年《遂川县志》卷十八。

地区	姓名	简况	资料来源
袁州守将	丘仰寰	原为万载棚民起义首领。大西军入湘后，受张献忠札付领兵攻占袁州。后左良玉部官军重占袁州，丘仰寰被杀。	康熙五十九年《西江志》卷三二等书。
监军道	李天隉	崇祯十六年十一月，左良玉部重占袁州时，约被擒。	《平寇志》卷七。
袁州守道	尹苏民	同上。	同上。
中军	郭守恒	同上。	同上。
宜春知县	王志宏	同上。	同上。
教官	吴良才	同上。	同上。
四川			
川北巡抚	吴宇英	原为明给事中。后同清政府勾结，阴谋叛乱，被献忠处死。	《明末农民起义史料》第四八九页；孟乔芳：《孟忠毅公奏议》卷上顺治二年闰六月初十日题本。
上南道	周士贞	后逃去。	欧阳直《蜀乱》，又名《欧阳氏遗书》。
	郝孟旋	绵州举人，受职后阴怀异志，后公开叛变。	《雅安追记》《蜀难叙略》。《客滇述》云郝为"茂州举人"。
顺庆知府	赵司铉	明举人，后与邹简臣逃往重庆，投靠明总兵曾英。	《纪事略》。
通判	邹简臣	明举人，见上。	同上。

地区	姓名	简况	资料来源
巴州副将	都归极	"巴州士民因献忠所设巴州伪官虐民，民间另举都归极者诣献忠，愿守州城。献忠授以伪副将使守城。"	《滟滪囊》。
夹江知县	王日孟	原为明朝夹江知县，降大西政权后仍管县事，后叛变。	同治二年《嘉定府志》卷四八；嘉庆十八年《峨眉县志》卷九。
西充知县	高凌云		顺治《西充县志》卷七。
峨眉知县	胡銮		嘉庆《峨眉县志》卷九。
洪雅知县守备	严赓潘璘	乙酉正月初三日，守备潘璘勾结城外官绅武装，将严赓杀害。	沈荀蔚：《蜀难叙略》。嘉庆十八年《洪雅县志》卷二三以严赓作"阎羹"。
芦山知县	李国杰	土官高际泰纠合土司攻杀国杰于芦城。	乾隆四年《雅州府志》卷十。
通江知县主簿典史	陈三捷魏射斗甘得禄	为南明督师阁部王应熊指使官绅叛乱所擒。	《滟滪囊》。
知县主簿典史副将	史钻传黎廷甲华处精翟仙桂	在官绅叛乱后，张献忠派孙可望剿川北，重新任命之官员。可望回成都后，官绅武装击杀翟仙桂，黎、华亦被杀，史钻传被俘后释放。	同上。

地区	姓名	简况	资料来源
嘉定知府	任元祐		《蜀碧》卷二记："贼陷嘉定改为府，以伪官任元祐守之。"乾隆十一年《犍为县志》卷七所收《任元祐传》云："元祐，贼所署伪令也。"
筠连县	董绍武	职务不详，仅云："分贼董绍武据县。"后为明巡抚樊一蘅设宴诱杀。	同治九年《筠连县志》卷七。

表三　山海关战役后三个月内官绅叛乱情况表

时间	地方	叛乱为首者	简况	资料来源
四月二十七日	德州	明御史卢世潅、赵继鼎、主事程先贞、推官李讃明、生员谢陛（明大学士谢陛之弟）发动叛乱，推明宗室朱帅𨰜为盟主，号称济王	杀大顺政权武德防御使阎杰、德州牧吴征文，以"济王"名义传檄附近州县，山东和北直官绅多有起而效尤者。	康熙十二年《德州志》卷十，《纪事》；《清史列传》卷七九，《谢陛传》。
四月二十九日	泰安州	明游击将军高桂	杀大顺政权防御使郭都。	王度：《伪官据城记》，见《荆驼逸史》；乾隆三十七年《历城县志》卷四一。
四月三十日	涿州	明大学士冯铨、知州张锦、参将朱万祺、生员朱延祚	杀大顺政权李都尉，"随将贼徒尽杀"。	《明清史料》丙编，第五本，第四〇六页。康熙《涿州志》卷八，《义勇·朱充祚传》记叛乱日期为五月初一日，所杀者为李书办。

时间	地方	叛乱为首者	简况	资料来源
约四月底	灵寿	士绅马国琳等	因大顺灵寿县令郭廉"逼乡绅捐饷"。"士民愤，击之。伪权将军马拐子（真保节度使马重禧）系诸倡义者百余人，将被杀。会国朝兵大至，乃得免。"	康熙十二年《灵寿县志》卷一，《地理》附《纪事》。
约四月下旬	曲周	生员冀运洪、岳霆、王瀛、霍度	"四生首义举，奉旧丞张天爵摄县事，执伪令孙应震系别所，发崇祯帝丧，歃血盟众。闻德州义师起，遣使结援，布置未定，伪令腹心张守忠等惧祸及，遂作乱鼓噪。破械出伪令，次第捕逐天爵及四生，皆被执，不屈，死之。"	乾隆十二年《曲周县志》卷十五，又见同治《曲周县志》卷十七。
四月三十日	保定	大宁都司神维显等	"四月三十日，保定闻贼西遁，群拥旧大宁都司神维显出，击杀未去贼，迎国朝师。"	陈僖：《明崇祯十七年保定府纪事》，见《燕山草堂集》卷三。

时间	地方	叛乱为首者	简况	资料来源
五月初一日	沧州	明尚宝寺卿程正揆、山东参将王祯等	俘大顺政权防御使、盐运使、知州。随即派人往兴济、东光、青县、献县传谕"擒伪官解军前","是夜，官皆就缚"。	程正揆《沧州纪事》，见《荆驼逸史》。参见顺治元年七月《庆藩奉国中尉朱帅锹启本》，藏中国第一历史档案馆。
同上	昌平州	明密云副将张诚、生员孙繁祉、乡官王廷授、举人杨春茂	俘杀"贼渠李道春、周祥、伪官刘恺泽等四人"。	《日下旧闻》卷三十四；康熙《昌平州志》卷二六，《纪事》。
五月初	大兴	明大兴知县吴闻诗	"擒伪知县贾永年等。"	顺治元年七月大兴知县吴闻诗启本。
四月底	密云	明都司王应龙	"获假印并斩本县伪官首级。"	《明清史料》丙编，第三本，第二〇五页。
约五月初	香河	明游击将军范可法	"获香河县假印、伪官首级"。	同上。
五月初	真定府	明真定府同知朱帅锹	"自贼逃窜之际，统率合镇绅衿军民人等，乘机鼓舞，亲冒锋刃，颇斩多贼，保全城池。"	顺治元年七月十二日，清署大名府知府朱帅锹启本，原件藏中国第一历史档案馆。
五月初三日	定州	定州士人	杀大顺政权定州牧董复。	《怀陵流寇始终录》卷十八。

时间	地方	叛乱为首者	简况	资料来源
五月初	天津	明副总兵娄光先	"本地总兵娄姓者结义兵，缚贼官，尽歼其众。甫定，而□（虏）至，乃出迎。"	杨士聪：《甲申核真略》。
约五月初	曹州	明参将张成福	"擒伪官。推郡官原任户部尚书郭允厚行宪使事，原任邢台知县刘浚源署州事，保国境土以待朝命。"	康熙十二年《曹州志》卷十九，《灾祥》。
约五月上旬	青州府	明青州守备李士元	清兵占领北京后，李士元侦得消息，即率其部下健卒数十人杀大顺军镇守青州将领姚应奉。	康熙六十年《青州府志》卷二二，《艺文》。
五月初七日	平定州	不详	"李自成自燕京败归，州人闭门不纳，伪将陈尚智劈东门入。"	乾隆五十一年《平定州志》，《建置志·营制》附《兵事》。
五月初六日	冀州	武举方我荣、石璞玉，"义绅王凤淳，麻光宁"	杀州牧卢传第。	乾隆十二年《冀州志》卷十八，《拾遗·故事》。参见顺治元年七月《庆藩奉国中尉朱帅鉣启本》。

486

时间	地方	叛乱为首者	简况	资料来源
五月初五日	饶阳	明吏部尚书田唯嘉	"田太宰唯嘉誓绅士于城隍庙，缚伪令肆于市。"	乾隆十四年《饶阳县志》卷下，《文纪》上；《清史列传》卷七九，《田唯嘉传》。
五月初七日	临城	明知县王继祖	擒杀大顺政权临城县令段献珠。	康熙三十年《临城县志》卷八，《述考志·事迹》。
同上	高唐州	州人张根若、李文升及明知州杜名世等	杀大顺政权高唐州牧裴隆遇。	康熙十二年《高唐州志》卷三，《兵燹》。
五月上旬	济南府	明都司刘世儒	"德州讨贼檄至，都司刘世儒欲起义诛伪官。五月初五日，西关失火，伪官有备，不得施。世儒将卒乃横肆剽掠于城东北诸村，而伪官次第逃去。"	乾隆三十七年《历城县志》卷四一。

时间	地方	叛乱为首者	简况	资料来源
五月初	遵化地区	遵化巡抚宋权、总兵唐钰	"率将吏绅士擒斩伪官，起应王师（指清兵）。"大顺军守将黄锭、马应湖等被杀；防御使潘跃龙、同知张耀然、县令李廷瑗被擒。	宋荦：《记文康公遵化平伪始末》，见光绪五年《永平府志》卷三〇，《纪事》中。
五月初八日	宣化地区	明宣府巡抚李鉴、守道程绍孔、署总兵王应晖	杀大顺军守将黄应选等，以宣府地区降清。	《明清史料》丙编，第五本，第四八三至四八四页。
同上	海丰	明署县事利津县丞包守恒	杀大顺政权县令王相极。	康熙十年《海丰县志》卷四，《事纪》。
约五月间	东昌府	明兵部侍郎张凤翔、副总兵王国栋等	"驱除伪将、伪官。"	顺治元年七月《庆藩奉国中尉朱帅𬀩启本》。
同上	河间府	明守备李鼎铉等	"奋勇进剿，平复河间、任丘、肃宁、兴济、阜城等八州县。"	同上。
同上	大名府	阖城乡官	"各率义兵用大炮伤贼无数。"大顺政权大名文官武将遂遁。	同上。
同上	武定州	明都司马弘化、刘万都	"斩伪令张均田。"	同上。

时间	地方	叛乱为首者	简况	资料来源
同上	平原县	"义绅宋开春、张吉士、任有鉴等"	"擒执伪官，收伪凭一张。"	同上。
同上	德平	生员葛元社、参将高捷等	"擒执伪令贾时昇，收伪印一颗。"	同上。
同上	临邑	明知县金灿等	"擒伪令杨亮、伪典史徐光启。"	同上。
同上	禹城	"义绅"韩养醇勾结德州官绅武装	"擒伪令张继昌。"	同上。
同上	莱芜	明德王府指挥毕维地	杀大顺政权莱芜县令刘扶炎。大顺军郭陞部平叛，复置县令李开方。毕维地向德州叛党请援，复擒李开方。	同上。
同上	利津	明典史周文都、"义绅"李植等	擒大顺利津县令杜滋培	同上。
同上	济阳	"义绅"邢其谦	密谋擒斩大顺县令车辇，"辇觉之而遁"。	同上。
同上	商河	明都司张化一	"逐伪令离境。"	同上。

时间	地方	叛乱为首者	简况	资料来源
同上	齐东	生员李联芳、毛禧勾结德州官绅武装。	"共擒伪令，收伪印一颗。"	同上。
同上	故城	明千总许子龙、生员满国显勾结德州官绅武装	擒杀大顺县令梁磐石。	同上。
同上	武邑	明游击袁灿然等	"擒斩伪令马麟生。"	同上。
同上	武城	张调元、吴廷试勾结德州官绅武装	"擒伪令兰珍。"	同上。
同上	交河	明知县王应昌	"擒伪令张继善、伪教官朱正色，全城反正。"	同上。
同上	献县	"济王"所委官绅	"擒斩伪令王日都、伪典史曹怀真。"	同上。
同上	武强	明知县郑君锡	"擒解伪令晋九锡。"	同上。
同上	东光	生员马之骙	"擒伪令张斗南。"	同上。
同上	清河	张调元、明守备张问达等	"擒斩伪令李擎柱。"	同上。

时间	地方	叛乱为首者	简况	资料来源
五月十一日	榆次	城内绅士	大顺军自北归，该县县令萧恒出城迎接，城内绅士乘机闭门不纳。起义军反复晓谕，不听，乃大举攻城平叛。至十二日黎明攻克，搜捉乡绅六姓解往陕西。	康熙及乾隆《榆次县志》。
五月十三日	太谷	大顺政权所委县令周士达及城内"士民"	大顺军自北京败回经过太谷时，周士达等闭门不纳。十五日，义军攻克县城，平定叛乱。	乾隆《太谷县志》卷五。
五月十日	大同地区	明大同总兵姜瓖、山西总兵王钺	杀大顺军镇守大同地区制将军张天琳，"保大同全镇地方以附清朝"。	《明清史料》甲编，第一本，第一〇二页；《明清史料》丙编，第五本，第四九四页；《明末农民起义史料》第四六七至四六八页。
同上	天城卫	明副将王大业	与姜瓖叛乱相呼应，攻杀天城卫大顺军守兵。	《明清史料》丙编，第四六九页。

时间	地方	叛乱为首者	简况	资料来源
五月	景州	明千总高廷试、绅士曹思诚与德州叛乱武装相勾结	杀大顺政权景州牧贾元麟。	康熙十一年《景州志》卷四，《灾变》。
五月	吴桥	乡官李天经、举人王翰、都司范汝湛等	俘杀大顺政权吴桥县令符执蒲、典史易正乾。	康熙十二年《吴桥县志》卷四，《官师》。参见顺治元年七月《庆藩奉国中尉朱帅𨥦启本》。
五月十日	顺德府	诸生殷渊（其父殷大白，原为明关南兵备道）、明鸡泽训导马腾龙，邢台生员黄祐等	殷渊率乡勇入鸡泽县，"擒斩伪官，凡逆闯政令一切革去"。邢台黄祐亦起，攻占府城。"诸路望风皆擒斩伪官与祐应。一时顺德府九县伪官皆擒斩，县皆复。"不久，大顺军郭陞部三千人来平叛，杀殷渊、马腾龙等。	李长祥：《天问阁集》卷中，《殷渊传》；顺治四年《鸡泽县志》卷十，《事纪志》、《兵变》。
五月	元氏	明知县董有声及本县乡绅	将大顺政权元氏县令李若柰下狱，推董有声权理县事。	顺治六年《元氏县志》卷七。

时间	地方	叛乱为首者	简况	资料来源
同上	大城	不详	大顺军西撤后，当地人士即将大顺政权官员"与同党七人"擒杀。	《甲申核真略》。
五月初十日	临清州	明工部主事于连跃、兵部主事凌骊、东昌府同知王崇儒等	俘大顺政权防御使王皇极、临清州牧刘师曾，"传檄东昌府十八州县，擒捕伪官苏民安、程文焕等枭示正法"。	《明清史料》甲编，第一本，第七四页；康熙十四年《馆陶县志》卷十二，《兵警》。按，程文焕为大顺政权馆陶县令。
五月十一日	济宁州及兖州府	明侍郎潘士良、知县任孔当等	俘杀大顺政权济宁防御使张问行、府同刘主敬、州牧任崇志、掌旅傅龙。又传檄附近府、州、县，擒大顺政权兖东防御使刘浚本、兖州府尹高克家、推官董觊玺、汶上县令李士灏、鱼台县令尹保衡、巨野县令曹家麟、邹县令杨名升、嘉祥令赵廷献。	郑与侨：《倡义记》，见乾隆五十年《济宁直隶州志》卷三十一，《艺文》。

时间	地方	叛乱为首者	简况	资料来源
五月十五日	滑县	举人王良翰等	五月十五日，诸绅衿"定盟起兵，将斩伪令以待王师"。五月二十二日，大顺政权滑县令刘三晋，在当地群众支持下杀王良翰等。六月，大顺军将领刘汝魁带兵到滑县，把浚、滑、长垣三县的明朝官绅强行押往陕西，安置于边远州县。	康熙二十五年《滑县志》卷十，《丛志》，《荒乱纪略》；《南疆逸史》卷三十八。
五月	浚县	明典史李化桂等	密谋逮捕大顺政权浚县令马世聪，阴谋败露后李化桂被处死。	嘉庆六年《浚县志》卷十九，《循政》。
五月中旬	长垣	明兵部侍郎王家桢、堂邑知县杨希震	阴谋杀害大顺政权长垣县令李伯元。事发，王家桢自杀，杨希震被处死。	康熙十一年《重修大名府志》卷二四，《外传》。

494

时间	地方	叛乱为首者	简况	资料来源
五月十五日	东明	明莱州府司理张力、即墨知县刘璧星、崇信知县范春骏、中书舍人李允樟、庠生辛广慈	"五人于五月望日，刑牲誓众，各率苍头十余人持梃铤击贼。"杀大顺政权东明县令王秉纯。大顺军部总张梦熊平定叛乱，逮捕张力等五名首恶，送河南怀庆处死。	康熙十一年《东明县志》卷二下，辛广恩：《五宦殉难传》。
五月十六日	归德府	明睢阳参将丁启光，归德府知府桑开第	擒大顺政权归德府管河同知陈奇、商丘县令贾三俊、柘城县令郭维邦、鹿邑县令孙澄、宁陵县令许承荫、考城县令范隽、夏邑县令尚国俊，押往南京，向弘光朝廷献俘。	李天根：《爝火录》卷四；《再生纪略》。
同上	峄县	明练总张茂才	"率部曲入城，擒缚（大顺县令薛）承宣，为怀宗发丧设位恸哭，杀承宣以祭。招集兵马号称义师。"	康熙十二年《峄县志》卷二。

495

时间	地方	叛乱为首者	简况	资料来源
五月	高密	明巡抚曾化龙等	"获高密县闯贼伪官孙握玉斩之。"	康熙十二年《胶州志》卷六，《大事记》。
同上	夏津	不详，仅云"邑人"	大顺政权县令裴钦四月到任，一个多月后自成败讯传来，"邑人将起义兵诛之。有高萃环者党于钦，执械入署告曰：事急矣可速去。遂引出西门而遁"。	乾隆六年《夏津县志》卷九，《杂志·记遗》。
同上	安丘	明都司李星隆	杀大顺政权安丘县令刘宪卿。	康熙二年《续安丘县志》卷一，《总纪》，卷二十，《武胄传第五》。
五、六月	日照	绅衿	"阖邑绅衿百姓"捕杀大顺政权日照县令王良翰，推原明朝知县孟佳士管理县事。	康熙五十四年《日照县志》卷十，《兵火》。
同上	阳信	明署阳信县事赵申宠	杀大顺政权阳信县令，派人往京师降清。	乾隆二十四年《阳信县志》卷三，《灾祥》；孙奇逢：《夏峰集》卷六。

时间	地方	叛乱为首者	简况	资料来源
同上	福山	生员杨威	擒大顺福山县令李振纲。	乾隆二十七年《福山县志》卷十二，《记事》。
约在五月	莱州府	不详	"时癸未进士王之相为贼守莱州。适贼败，百姓咸起杀之，并乡绅之从贼者，自名起义。"	《石匮书后集》卷三五，《满之章传》。
同上	文登	莱阳乡宦宋璜	宋"起义兵讨贼"，遣数骑至文登县，捕杀大顺县令邢某。	乾隆七年《续登州府志》卷十二。
六月	沾化	明兵科右给事中李鲁生	"偕其乡人斩流贼所置沾化伪知县李调鼎，赴（清）招抚侍郎王鳌永纳款。"	《清史列传》卷七九，《李鲁生传》。
五、六月	章丘	明南京兵部右侍郎谢启光	杀大顺政权章丘县令，募壮士二千余人拒守。	同上，《谢启光传》
六月	益都	明乡宦房可壮	"可壮率乡人杀流贼所置伪益都令，奉表投诚（清朝）。"	《清史列传》卷七九，《房可壮传》。

时间	地方	叛乱为首者	简况	资料来源
五月二十五日	徐州	明徐州卫指挥王文明	南明巡抚路振飞"潜约徐州卫指挥王文明内应"，发动叛乱，擒大顺政权徐淮防御使武愫，占领徐州。	《平寇志》卷十二。
五月	杞县	开封府推官陈潜夫	"潜夫率死士三千，先驱杞县，擒杀伪官。"西平地主武装刘洪起亦起兵一万，号称五万。大顺政权河南节度使梁启隆逃去。	《石匮书后集》卷四五，《陈潜夫传》；夏燮《明通鉴》附编卷一上。
五、六月	汝宁、许州、登封、裕州、襄城	地主武装刘洪起韩甲第李际遇李好刘铉	"有土寨豪杰如刘洪起、韩甲第、李际遇、李好、刘铉等久有歼寇大志，闻贼败北，皆奋臂疾呼，思截击以抒夙愿，愤张旗帜，直书'杀贼报仇'四字，正与朝廷仁义之师为先帝复仇之意遥相照应。"	顺治元年七月清国子监司业薛所蕴启本，原件藏中国第一历史档案馆。

时间	地方	叛乱为首者	简况	资料来源
七月	永宁州（今山西吕梁市）	明都司崔有福	崔有福曾投降大顺政权。大顺军败归后，他于七月间叛变，拘捕永宁州牧，占领州城。聚集乡兵数万攻掠临县、宁乡。当时大顺军正积极部署反攻。八月，大顺军一部攻入固关，占领河北井陉县，活捉清知县。崔有福叛乱发生后，大顺军不得不"移兵围（永宁）州城"，于八月二十五日攻克，崔有福逃走。这说明崔有福的叛变打乱了大顺军的部署，后果是相当严重的。	康熙四十一年《永宁州志》卷八，《灾祥》。

激发个人成长

多年以来，千千万万有经验的读者，都会定期查看熊猫君家的最新书目，挑选满足自己成长需求的新书。

读客图书以"激发个人成长"为使命，在以下三个方面为您精选优质图书：

1．精神成长

熊猫君家精彩绝伦的小说文库和人文类图书，帮助你成为永远充满梦想、勇气和爱的人！

2．知识结构成长

熊猫君家的历史类、社科类图书，帮助你了解从宇宙诞生、文明演变直至今日世界之形成的方方面面。

3．工作技能成长

熊猫君家的经管类、家教类图书，指引你更好地工作、更有效率地生活，减少人生中的烦恼。

每一本读客图书都轻松好读，精彩绝伦，充满无穷阅读乐趣！

认准读客熊猫

读客所有图书，在书脊、腰封、封底和前勒口都有"**读客熊猫**"标志。

两步帮你快速找到读客图书

1. 找读客熊猫君

2. 找黑白格子

马上扫二维码，关注"**熊猫君**"

和千万读者一起成长吧！